À QUEIMA ROUPA!

O CASO PIMENTA NEVES

Vicente Vilardaga

LeYa

Diretor editorial Pascoal Soto
Editora executiva Tainã Bispo
Editora assistente Ana Carolina Gasonato
Produção editorial Fernanda Ohosaku, Renata Alves e Maitê Zickuhr

Preparação de texto Mariana Pires Santos
Revisão de texto Iraci Miyuki Kishi
Checagem de conteúdo Simone Costa
Projeto gráfico e diagramação HiDesign Estúdio
Capa Mateus Valadares

Dados Internacionais de Catalogação na Publicação (CIP)
Angélica Ilacqua CRB–8/7057

Vilardaga, Vicente
À queima-roupa : o caso Pimenta Neves / Vicente Vilardaga; – São Paulo : LeYa, 2013.
396 p.

Bibliografia
ISBN 978-85-8044-743-9

1. Jornalismo 2. Reportagens e repórteres 3. Crime 4. Economia I. Título

13-0519 CDD 070.4

Índices para catálogo sistemático:
1. Jornalismo - Reportagens investigativas

2013

TEXTO EDITORES LTDA.
[Uma editora do Grupo LeYa]
Rua Desembargador Paulo Passaláqua, 86
01248-010 – Pacaembu – São Paulo – SP – Brasil
www.leya.com.br

SUMÁRIO

CAPÍTULO 1 7

CAPÍTULO 2 41

CAPÍTULO 3 105

CAPÍTULO 4 163

CAPÍTULO 5 219

CAPÍTULO 6 263

EPÍLOGO 343

NOTA DO AUTOR 379

CRONOLOGIA 380

BIBLIOGRAFIA 382

PERIÓDICOS 383

REPORTAGENS REFERÊNCIAS 384

INDÍCE ONOMÁSTICO 385

Para Dani, Dora, Júlia, Matias e Ricardo, meus companheiros de jornada

"Qualquer jornalista que não seja demasiado obtuso ou cheio de si (...) sabe que o que ele faz é moralmente indefensável"

Janet Malcolm,
O jornalista e o assassino: uma questão de ética

CAPÍTULO 1

Era um domingo de agosto do ano 2000. O céu azul se escancarava quase sem nuvens e amanhecia com um delicioso frescor. A temperatura ficava abaixo de 20 graus naquelas horas da manhã e não restavam mais vestígios de neblina nos vales que cercam o Haras Setti, localizado a 14 quilômetros do centro da cidade de Ibiúna, mais ou menos a uma hora de São Paulo. O clima por ali é brando, sem estiagem prolongada, um pouco diferente do que se vê na capital. A secura do ar raramente castiga os pulmões durante o inverno.

A Mata Atlântica e as araucárias que cresciam pela região não existem mais. No lugar das florestas nativas o que mais se vê agora são pinheiros e eucaliptos, pastos e plantações de frutas e hortaliças, além de muitos projetos imobiliários. As serras alongadas que cercam o haras, cheias de reentrâncias suaves e com oscilações que não passam de 200 ou 300 metros de altura, perdem-se no horizonte. São os conhecidos "mar de morros", ondulações descampadas que parecem, às vezes, estar em movimento. É um terreno ideal para cavalgadas, sem mudanças bruscas de altitude. Quando o vento bate forte e uma leve poeira sobe, cria-se a ilusão de que tudo se mexe.

Ibiúna é muito conhecida como estância turística. Conta com uma enorme represa de 936 quilômetros quadrados, chamada Itupararanga, construída pela Light[1], em 1911, que depois passou a abastecer de energia as empresas do grupo Votorantim que operam na região. Os efeitos

1. Empresa canadense que operou até o início dos anos 1980 o sistema de produção, transmissão e distribuição de energia na Grande São Paulo e em muitos municípios paulistas.

da represa são sentidos com mais ou menos intensidade no microclima de todo o município, tornando-o mais úmido e agradável. Nos caminhos que cercam o Haras Setti, localizado no bairro do Recreio, observam-se ao longe as gigantescas torres de transmissão que levam a energia da usina para as fábricas.

Em tupi-guarani, Ibiúna significa terra preta, lugar ou lado escuro. A cidade tornou-se conhecida nacionalmente em outubro de 1968, quando um congresso clandestino da União Nacional dos Estudantes (UNE) foi descoberto pela polícia da ditadura, o Departamento de Ordem Política e Social (Dops). Líderes do movimento estudantil, como José Dirceu e Vladimir Palmeira, foram presos. Cerca de mil estudantes participavam do encontro, que acontecia em um sítio nos arredores da cidade.

Nas décadas seguintes, junto com o clima e a proximidade da capital, uma mística libertária talvez tenha ajudado a atrair para a cidade muitos intelectuais de esquerda da Universidade de São Paulo (USP). Gente poderosa, que hoje atua na política, especialmente no Partido da Social Democracia Brasileira (PSDB). Um dos primeiros a ter uma casa de campo em Ibiúna, no início dos anos 1970, foi o ex-presidente Fernando Henrique Cardoso. Depois dele chegaram José Serra, ex-ministro da Saúde, José Gregori, ex-ministro da Justiça, Luiz Carlos Bresser Pereira, ex-ministro da Ciência e Tecnologia, o historiador Boris Fausto, entre outros. Todos se instalaram no primeiro loteamento do município, o Mirim-Açu.

Mal o dia havia amanhecido, o proprietário do Haras Setti, Deomar Setti, conhecido na vizinhança como Gaúcho, já circulava em torno de sua casa e conversava com os funcionários. Viu o sol brilhar e ficou animado. Tomava um café e contemplava a paisagem. Sua expectativa era a melhor possível. Tudo conspirava para uma deliciosa jornada de cavalgadas e, principalmente, de churrasco. O churrasco seria especial. Só de pensar ficava com água na boca. Podia esperar casa lotada e muito trabalho e diversão pela frente. Todo o seu pessoal estava a postos para receber os visitantes.

Deomar passava boa parte de seu tempo na propriedade. Fundado em 1990, o haras estava em um de seus melhores momentos na virada do século. Os negócios iam bem. Deomar era criador de cavalos manga-larga e, inclusive, diretor de fomento da Associação Brasileira dos Criadores de Cavalos da Raça Mangalarga. Nascido em Gramado, na serra gaúcha, começou a mexer com cavalos quando ainda era garoto. Entendido do assunto, participava de concursos e defendia seus reprodutores em exposições no Sul do país e também em São Paulo e no Rio de Janeiro, acumulando centenas de prêmios, graças à excelente prole do garanhão Dinasta Lago de Cisne. Parte de seu plantel ficava no Rio Grande do Sul, onde ainda tinha família. Além disso, mantinha algumas éguas em outra propriedade não muito longe do haras.

Quase todo fim de semana viajava para Ibiúna e se instalava na casa-sede, uma construção espaçosa e confortável que tinha uma excelente vista para os vales. Ia com a mulher, Marlei, que o ajudava na administração. No haras, exibia seus animais para potenciais compradores e oferecia serviços de hospedagem, pista de salto, aulas de equitação e organizava cavalgadas. Bem ao lado da casa, ficava o centro hípico, com todos os obstáculos, mas ainda sem uma arquibancada para o público. Deomar pretendia construí-la em breve – tinha planos de expansão. O espaço de hospedagem, onde se alinhavam 60 cocheiras em três níveis, abrigava cerca de 80 cavalos. A entrada do haras ficava quase em frente à casa, do outro lado da estrada Armindo Setti, homenagem ao tio de Deomar. Bem atrás da última fileira de baias, em uma área que se estendia por mais de mil metros, estavam localizados os pastos.

Deomar notou quando o jornalista Antonio Pimenta Neves, seu cliente mais ilustre, diretor de redação do jornal O Estado de S. Paulo, chegou, por volta das oito da manhã. Passou pela estrada com um Renault Clio preto, um pouco acelerado, e virou à direita no estacionamento do haras. Fazia tempo que Pimenta não aparecia. E pelo segundo dia consecutivo chegava cedo, muito antes do horário costumeiro. Tinha madrugado também um dia antes, no sábado. Normalmente, cavalgava à tarde ou chegava por volta das onze, perto da hora do almoço. Há dois meses, pelo menos, desde que tinha se separado da namorada, a também jornalista Sandra Gomide, ele não passava em Ibiúna. Deomar soube pela esposa, Marlei, que o namoro tinha acabado em junho e considerou que a explicação para a longa ausência de Pimenta provavelmente era essa. Da sua varanda, Deomar não conseguia enxergar se havia alguém no banco de passageiro quando o carro passou pela estrada, mas logo soube, pelo seu capataz, João Quinto de Souza, que ele estava sozinho. Deomar ficou contente com a volta de Pimenta à rotina de equitação. Mais do que um cliente, já o considerava um parceiro de conversas.

Quando vinha, Pimenta estava sempre com Sandra. Raríssimas vezes chegou desacompanhado. Parou o carro bem em frente ao galpão onde havia uma balança para pesagem dos animais e um letreiro no alto com a inscrição "Haras Setti". Estacionou e caminhou até a selaria, que estava logo em frente. Lá, pegou suas tralhas e saiu andando em direção à cocheira onde ficava seu cavalo Quecé, um lusitano preto que tinha comprado de Deomar por 5 mil reais. Era seu preferido. O outro cavalo, um andaluz também mestiço, só era usado de vez em quando. Logo que chegou, Pimenta encontrou João Quinto, que ficava por ali, recepcionando os clientes. Estava parado no começo da rampa, justamente para receber e dar alguma ajuda a quem chegasse. Pimenta o cumprimentou friamente. Costumava ser um pouco mais atencioso, mas naquele dia não sorriu, nem estava com cara de muitos amigos. João Quinto não se incomodou. O sujeito, afinal, queria ficar sossegado. "Ninguém é obrigado a ser simpático e animado a toda hora", pensou. Pimenta pegou suas coisas e desceu caminhando devagar até as baias de baixo, onde estava Quecé. Levava uma sela em uma mão e os arreios, o cabresto e o chicote na outra.

Deomar queria convidar o diretor do Estadão para o churrasco. Era um encontro diferente porque, pela primeira vez, um bezerrinho seria abatido no haras e haveria carne para dezenas de pessoas. Um açougueiro viria coordenar os trabalhos e fazer os cortes. Matariam o bicho, que tinha sido engordado naqueles pastos, iriam desossá-lo e depois assariam a carne. Renderia mais ou menos uns 250 quilogramas de carne. Seria uma grande festa e a comunidade ficaria satisfeita. Era o tipo de evento que todos lembrariam durante muito tempo. Funcionários, vizinhos, frequentadores, todos estavam envolvidos. Deomar fazia os planos para o abate e pensava qual seria o melhor lugar para realizá-lo. Sabia que teria bastante trabalho pela frente. O animal reage, tenta escapar, é uma luta – são necessários vários homens para amarrá-lo e imobilizá-lo.

Por coincidência, o bezerrinho foi vendido a Deomar pelo próprio Pimenta Neves. Até romper com Sandra, o jornalista era figura muito assídua no recanto dos Setti, onde convivia à vontade com os frequentadores. Pimenta ganhara o bezerro em meados de 1999, em uma rifa na sede da Associação dos Moradores do Bairro do Recreio. Ele e Sandra passeavam animados pela festa. Ainda estavam bem. Depois de um ano sabático, dedicado a estudos de pós-graduação, ela se preparava para entrar no Estadão como repórter especial, a convite do namorado. O namoro seguia morno, mas sem sobressaltos. Era dia de rodeio e o casal se divertia. Costumavam frequentar as festas da associação, que aconteciam no terreno ao lado do posto de saúde. Comiam espetinho de churrasco, bebiam cerveja e passavam horas agradáveis.

Pimenta era razoavelmente enturmado pelos lados do Recreio. Os pais da ex-namorada, João Florentino e Leonilda, eram donos de um pequeno sítio em Ibiúna, com um terreno de mais ou menos meio alqueire onde tinham uma casa simples, na encruzilhada da Rua das Andorinhas. A família Gomide estava ali todo fim de semana. Os pais iam para o interior na sexta e retornavam para São Paulo no domingo, religiosamente às duas da tarde. Sandra chegava com seu carro, uma picape S10, e era mais flexível, assim como seu irmão Nilton e as sobrinhas, Millá e Andrea, que não tinham dias tão certos para chegar nem horários para sair.

Depois da separação de Pimenta, Sandra costumava pernoitar na casa dos pais nos seus fins de semana de cavalgadas e se divertia com as meninas – era madrinha da mais nova, por quem tinha um enorme carinho. Gostava de brincadeiras de crianças e jogos infantis. Um de seus maiores prazeres era passear de picape com as garotinhas pela região. Ir à padaria Espiga Dourada, em Vargem Grande Paulista, ou até a praça no centro de Ibiúna eram programas habituais. Levava as duas também ao haras, onde havia uma gaiola com alguns coelhos. Enquanto Sandra ficava com os cavalos, suas sobrinhas brincavam por perto com os bichinhos, em total segurança.

No meio do povo, em uma quermesse em uma zona rural perdida no mapa, Pimenta ainda parecia se orgulhar de Sandra, da sua juventude e alegria. Circulava, à vontade, com sua jovem namorada, quando ouviu o resultado da rifa pelo alto-falante. Era um dia de bons auspícios. Pegou o número da rifa a que tinha direito na entrada e sorriu discretamente. Levou o prêmio. Pimenta tinha sorte nas rifas. Sandra festejou.

Pimenta e Sandra se encontravam nesse ambiente caipira, nas histórias do mundo rural e da vida country. Para o diretor do Estadão, essa era uma forma de desanuviar, de tirar a carapuça de homem cosmopolita e chegar mais perto da natureza. Já nos Estados Unidos, onde morou por vinte e um anos, vivera essa experiência, com seus cavalos sempre por perto. Sair do lugar de intelectual e ser pensante e entrar num ambiente mais rude eram deslocamentos que lhe davam prazer. Vestir calças jeans, chapéu, botas de cano alto e sair por aí cavalgando significava liberdade. E nesse ponto o casal se encontrava perfeitamente.

Nada fazia Sandra se sentir mais livre do que andar a cavalo. Descobriu-se nesse passatempo tão nobre. Uniu sua paixão por animais, que até conhecer Pimenta se manifestava principalmente em sua afeição por cachorros, a uma atividade esportiva e elegante. Saía da letargia da redação e se exercitava como uma princesa. Em Ibiúna, pelos lados do bairro do Recreio, o casal encontrou as condições ideais para praticar sua atividade predileta. Relevo perfeito e preço de hospedagem aceitável. Deomar cobrava uma mensalidade razoável, em torno de mil reais por cavalo. Seu serviço era de primeira. Dava toda atenção aos clientes e era boa-praça e conversador. O casal fazia passeios de quatro ou cinco horas que avançavam até a represa de Ibiúna ou seguiam, em direção inversa, pelas colinas de Vargem Grande. Terminavam a tarde comendo um macarrão ao alho e óleo e bebericando uma cerveja na casa dos Gomide.

Sandra, às vezes, parecia uma funcionária do haras, tal o envolvimento que tinha com as atividades corriqueiras. Chamava atenção seu carinho pelos bichos. Ela gostava de todo o ritual hípico, do início ao fim. Parecia realmente um gosto autêntico e não um simples capricho. Dava a sensação de que os cavalos eram a prioridade de sua vida. Aos poucos, as roupas de amazona passaram a ser adotadas no dia a dia. Sandra estava sempre preparada para montar, de calças jeans ou culote e camisa de flanela. A bota estava completamente incorporada à sua indumentária. E, em situações inesperadas, ela aparecia de chapéu.

A propriedade do pai de Sandra era modesta, mas bem cuidada. Tinha lareira, forno de show, churrasqueira, e foi construída com materiais de primeira. Contava com uma casa principal, dois quartos grandes, uma cozinha de 40 metros quadrados e uma sala espaçosa, que se abria para a varanda, além da casa do caseiro. Todo o terreno era rodeado por pinheiros e tinha uma cerca alta de arame trançado, como as das quadras de tênis. Não tinha muita área livre. Faltava espaço para um pasto, por exemplo.

Quando Pimenta e Sandra deixaram a quermesse, pensaram no que fariam com o bezerrinho e onde o engordariam. Iriam buscá-lo perto do posto de saúde no dia seguinte. Sandra brincou, dizendo que poderiam deixá-lo no sítio do pai. Mas seria impossível. Estava ocupado por um pomar e uma bela horta, que o boi comeria inteiros. Seu João Florentino não dispunha de terra suficiente para criá-lo nem gostava de carne bovina. Era uma propriedade acanhada e, se fosse criar um animal pra comer, seria um porco ou uma ave. Sem contar que os cachorros que circulavam por ali eram bravos, como a pastor-alemão de Sandra, Natasha.

Outra possibilidade considerada foi levá-lo para o sítio de Pimenta em Mailásqui, um bairro de São Roque, há quinze minutos dali. Mas essa ideia também não daria certo. O terreno era muito íngreme, uma pirambeira. O lugar era bom, a vista era excelente e o clima, delicioso. Mas não servia para pasto. Talvez para um cabrito. Por acaso, Mailásqui era o lugar que registrava as maiores variações topográficas da região e altitude de até 1.100 metros. O sítio tinha grama, mas o bezerro viraria um boi musculoso de tanto subir e descer morro e sua carne ficaria dura. Isso se ele não se arrebentasse caindo de um barranco.

Pimenta contou para o pai de Sandra que comprou o sítio de um casal de franceses que mantinha uma cerâmica no local. O homem ficou doente e sua esposa decidiu vender a propriedade. O jornalista fechou o negócio em 1998. O declive acentuado do terreno não importava.

Crianças não frequentariam o lugar e ele não tinha planos de produzir nada. Havia uma pequena cocheira onde poderia manter dois ou três cavalos, o que fez por algum tempo até decidir transferir seus animais para o Haras Setti, a fim de ficar mais perto de Sandra.

O importante era ter uma casa confortável. Pagou 180 mil reais pelo imóvel, nos tempos em que ainda existiam pechinchas. Embora Pimenta tomasse suas decisões de negócios com total independência e seguindo seus próprios critérios, seu amigo José Carlos Cafundó, editor de Agropecuária do Estadão, o estimulou a fazer a transação, dizendo que a valorização seria rápida e que o lugar tinha um clima muito bom. Ficava a pouco mais de 50 quilômetros de São Paulo. Uma hora de viagem, no máximo, seguindo pela Rodovia Raposo Tavares, logo depois de passar o pedágio de Vargem Grande. Sem trânsito, podia fazer o percurso do Estadão até Mailásqui em uma hora, sem pisar fundo no acelerador.

Ganhar um bezerrinho é um desses lances de sorte que criam um problema, é o tal bode na sala. Quando você se livra do bode, tudo na sua vida se resolve. Assim que encontrou Deomar, Pimenta brincou dizendo que tinha ganhado um presente de grego. Deomar falou que iria cobrar para ficar com o bicho. Depois de uma rápida negociação, Pimenta recebeu 200 reais do gaúcho e teve a sensação de que havia feito uma excelente venda e se livrado de um estorvo. Deomar também ficou contente. Sabia que em breve o bicho serviria de pretexto para um belo festejo.

Manteve o bezerro no seu pasto para engordá-lo por mais de um ano. Agora tinha chegado a hora de abatê-lo. Já havia convidado para o churrasco vários conhecidos e amigos que encontrou pelas redondezas no dia anterior. Os menos sensíveis também foram chamados para ver o abate do bezerrinho. Sua ideia era fazê-lo por volta do meio-dia, no máximo à uma da tarde, na área de apoio, no fim da rampa, logo na entrada do corredor das baias de baixo. A mesma área que usava para dar banho nos cavalos e que tinha um bom escoamento de água, o que favoreceria a limpeza do sangue. Prenderia o animal atrás da última cocheira e haveria bastante espaço para todo mundo circular.

No dia do churrasco, quando viu Pimenta chegar, Deomar logo lembrou da história do bezerrinho. Gostava de bater papo com o jornalista. Considerava sua vida emocionante e se impressionava com suas façanhas. Às vezes, enquanto falavam, Pimenta precisava atender ao telefone para resolver problemas do Estadão. Um avião tinha caído ou as bolsas asiáticas estavam despencando e ele ditava para seu interlocutor, do outro lado da linha, o título que deveria sair na primeira página do jornal no dia seguinte. Depois voltava a papear como se não tivesse acontecido nada. Ligava naturalmente para o Estadão quando tinha uma ideia. Era impressionante vê-lo ali, com seu chapéu de caubói e um chicote na mão, dando ordens à redação de um dos maiores jornais do Brasil. E Pimenta tinha poder. O que ele falava era lei.

Quando soube que Deomar havia ganhado uma disputa judicial por causa de uma falha de fabricação em um veículo zero-quilômetro, determinou a realização de uma matéria sobre o caso para a editoria especializada. Era uma questão de defesa do consumidor que envolvia uma montadora de automóveis. Gaúcho foi ressarcido pela empresa e teve direito a uma picape nova. A notícia saiu na capa do caderno Autos.

Pimenta gostava de montar a cavalo, mas nada que se comparasse com o que Sandra sentia. Quando ele estava no haras, se encontrasse um interlocutor, muitas vezes preferia jogar conversa fora e tomar um vinho a cavalgar. Gostava de falar de tudo: de política, dos políticos com quem conversava, de tendências econômicas, de grandes negócios e de arte, mas também de coisas pequenas e insignificantes. Com Deomar falava muito sobre os acontecimentos da época, entrando em qualquer discussão com a propriedade de um especialista. Entendia de tudo, de etnologia à etimologia.

Desde o início, Pimenta passou a impressão, a todos que trabalhavam por ali, de ser um cavaleiro experiente, que entendia do manejo dos animais. Sabia tratar o animal e se fazia respeitar. Na juventude, em Araraquara, teve experiências com montaria. Falava que os seus antepassados da região de Batatais eram conhecidos criadores. Nos Estados Unidos, a partir dos anos 1980, quando se mudou para uma mansão no Estado da Virgínia, a 40 minutos do centro de Washington, passou a manter uma cocheira no seu jardim e dois cavalos no terreno da casa.

De qualquer modo, mesmo que nunca tivesse visto um cavalo na vida, Pimenta se apresentaria como um especialista no assunto.

Como Deomar logo percebeu, não havia conversa iniciada com Pimenta em que ele não tomasse o ponto e terminasse. Ele não deixava ninguém terminar um caso sem se apropriar do mando das ideias. Diante de um engenheiro, por exemplo, ou de um oleiro, depois de algum tempo de conversa, ele dava uma aula sobre fabricação de tijolos. Tomava o assunto quase como se o engenheiro, no fim do papo, tivesse de aprender com ele como se erguia uma casa. Era uma habilidade, mas também uma presunção. Ninguém podia saber de tanta coisa. Pimenta era muito dono e senhor de todos os assuntos e não tinha humildade para admitir que não sabia uma ou outra coisa.

Era até chato, às vezes, mas Deomar propunha-se a ouvi-lo. Pimenta chegava sábado à tarde, sentava do lado de fora, na varanda da casa, abria uma garrafa de vinho e puxava assunto. Enquanto isso, Sandra cavalgava ou passava o tempo nas cocheiras. Em algumas situações, Deomar estava ocupado, cheio de problemas para resolver, mas Pimenta passava a tarde inteira querendo conversar e não deixava o outro se desvencilhar. Dali, da casa de Deomar, de repente, ele ligava para a redação e queria uma equipe de repórteres acompanhando o presidente Fernando Henrique ou tentava saber alguma novidade sobre os efeitos da crise russa. Estava também muito intrigado com os negócios da aviação brasileira naquele primeiro semestre de 2000. Todas as empresas do setor estavam em crise e sua curiosidade jornalística se voltava especialmente para o empresário Wagner Canhedo, dono da Vasp[2], uma das companhias mais endividadas da época.

Deomar achava que Pimenta era um homem carente, um sujeito que vivia na solidão do poder. Senhor de todos os assuntos e vaidoso da própria inteligência, não era capaz de abrir canais de afeto. Deomar, que nunca foi de engolir sapos, frequentemente entrava em debates mais intensos com o jornalista. Pimenta enunciava seu pensamento e queria ser ouvido.

2. Viação Aérea São Paulo, estatal do governo paulista privatizada no início dos anos 1990. Depois que a comprou, Wagner Canhedo decidiu investir em empresas e novas linhas internacionais e não conseguiu honrar seus compromissos.

Mas não tinha o mesmo respeito pelo interlocutor. Atravessava a exposição do outro e interrompia raciocínios. Não tinha briga. Tudo terminava com um brinde. Mas pairava uma tensão intelectual no ar.

Da mesma forma que Pimenta o interrompia, Deomar dava o troco. Começava a falar sobre um assunto e Pimenta acabava desvirtuando seu raciocínio, fazendo-o esquecer o que estava falando. Deomar ficava com raiva e também tentava rachar o raciocínio de Pimenta ao meio. Enfrentá-lo era bem difícil – costumava perder. Mas ficava com raiva da prepotência de Pimenta, de sua mania de achar que só sua verdade tinha importância. No duelo retórico e intelectual com o diretor do Estadão, Deomar em geral levava desvantagem. Pimenta era treinado nesse tipo de enfrentamento com outros de sua espécie.

Com Sandra, era mais discreto e comedido e exibia sua vaidade intelectual de outras formas. Falava de suas viagens e dos lugares incríveis que conhecera pelo mundo. Citava pinturas e fazia análises qualificadas sobre a arte. Situava seu conhecimento em um nível elevado e tentava impressioná-la com erudição. Não demonstrava afeto publicamente. Ficavam comportados, no máximo de mãos dadas, e havia um certo cuidado de Pimenta ao falar com Sandra. Ele não a desautorizava ou desmentia na frente de seus amigos do haras, como poderia fazer com algum colega no trabalho, e parecia ouvi-la com atenção. Se havia alguma relação de dominação entre o casal, parecia ser muito mais favorável a Sandra do que a Pimenta. A diferença de idade entre eles, de mais de 30 anos, não se traduzia em nenhum tipo de submissão da parte de Sandra. Tampouco ela se via em uma posição inferior na relação. Nessa altura, ela nem se sentia uma aprendiz de Pimenta e estava longe de vê-lo como seu tutor.

Notava-se que Pimenta não era um sujeito que deixava transparecer fraquezas e vulnerabilidades. Quando se aproximava de uma roda, podia exibir inicialmente um comportamento tímido ou um pouco mais recatado e depois se engrandecia. Montado em seu cavalo, podia ser confundido com um duque ou um conde. E sempre mantinha uma postura de superioridade intelectual em qualquer discussão. Podia ser no trabalho ou mesmo em uma loja de ferragens onde fosse comprar um parafuso ou um chuveiro elétrico. Mas no Haras Setti havia uma convivência quase familiar. Era uma oportunidade de tirar um pouco a máscara. Pimenta podia comer pipoca e participar de rifa. Quando fazia festas de aniversário em casa, ou qualquer tipo de comemoração, Deomar convidava Pimenta e Sandra e sua família. João Florentino e dona Leonilda passeavam pelo haras. O irmão, Nilton, também frequentava o lugar com as meninas, mesmo na ausência de Sandra.

Mesmo assim, Deomar percebia que Pimenta, às vezes, se isolava da família de Sandra e dos conhecidos do haras. Atribuía esse comportamento à prepotência do jornalista, cujo modo de ser acabava afastando as pessoas. Pimenta queria mostrar que tinha poder, que tudo o que possuía era melhor, que conhecia mais que os outros, e isso acabava com a paciência até daqueles que o admiravam e respeitavam. Se alguém dissesse a ele que comprou um relógio de 300 reais, ele dava um jeito de dizer em algum momento que o seu tinha custado mais caro. Não elogiava ou comentava positivamente a conquista do outro, percebia o dono do haras. Não fazia concessão intelectual à amizade, não afagava os colegas, pelo menos não a turma de Ibiúna. Tudo isso incomodava muito a Deomar. Um dia ele se encheu e disse:

– Pimenta, posso perguntar uma coisa? Vou entrar um pouco talvez na sua individualidade. Você é um homem de bastante poder e conhece o mundo inteiro. Eu queria saber se você transformou isso tudo em dinheiro. Você tem dinheiro? Você poderia parar de trabalhar hoje?

– Não, não posso – respondeu Pimenta, um pouco acabrunhado.

Deomar cutucou o jornalista.

– Meu pai era pedreiro e hoje eu já tenho alguma coisa, tenho um patrimônio e acho que posso parar de trabalhar.

Deomar tentou fazer Pimenta entender que as coisas não eram exatamente como ele achava, que em alguma coisa Pimenta não era tão bom. Seu cobertor financeiro era mais curto do que o do gaúcho pobre da serra, que quase sem estudo tinha construído um belo patrimônio. Mas não adiantou. Deomar percebeu que Pimenta não entendeu sua mensagem. Talvez ele não entendesse que as pessoas podem ser boas em algumas coisas e ruins em outras, pensou o gaúcho. Pimenta, no fim das contas, era um cara que tinha suas certezas, que não se permitia entrar em devaneios sobre sua condição de macho dominante e parecia controlar a própria mente. Sempre muito educado e formal, defendia suas teses e, com frequência, achava que o outro pensava tolices ou estava deixando sua razão ser dominada por fraquezas do espírito. Deomar tinha, às vezes, uma relação conflitante com Pimenta e quis testá-lo. Foi o seu jeito de responder à arrogância do diretor do Estadão. E isso só aconteceu um dia. De um modo geral, a convivência entre os dois era tranquila.

Pimenta não perguntou por Sandra ao pessoal do haras, mas estava evidente que o jornalista só tinha um objetivo naquele fim de semana: encontrá-la. Ela era o personagem oculto que motivava as idas e vindas de Pimenta. Ele passava a impressão, a todo momento, por sua atitude circunspecta ou forçada ao lado da baia, ou enquanto circulava pelo haras, de estar vigiando os movimentos ou esperando alguém. Saía e voltava, ficava fazendo hora, cuidava do cavalo de maneira artificial, como se estivesse encenando, e aproveitava para observar ao redor. Fez isso sábado e domingo. Andava pela cocheira e espiava em direção ao estacionamento quando ouvia algum barulho de carro. Notava-se que estava incomodado e um pouco mais frio e distante do que de costume.

Sandra tentava manter sua rotina em Ibiúna. Como fazia sempre, chegou sábado à chácara dos pais e pretendia ir ao haras à tarde para passear com seu cavalo, Oceano. No entanto, temia encontrar o ex-namorado. A barra estava pesada. Pimenta tinha dado alguns sinais de que perdia o controle sobre seus atos. Sabendo que ele circulava por ali com a clara intenção de vigiá-la, mudou de ideia. Passou o dia sem sair de casa, deitada na cama, lendo de pernas para cima como gostava de fazer.

A fase era difícil. Depois do fim do relacionamento, Pimenta a demitira do Estadão e ela estava em busca de emprego. Ligava para os amigos, participava de entrevistas e começava a pegar alguns frilas[3] de tradução. Sentia-se competente para enfrentar novos desafios, mas estava muito ansiosa em busca de um emprego. Ainda mais porque o ex-namorado

3. Serviços prestados sem vínculo empregatício, muito comuns no mercado de trabalho jornalístico. Do inglês *freelancer*.

demonstrava grande empenho em atrapalhá-la. Não queria que Sandra se acertasse e estava minando seus esforços. Ligava para amigos ou mesmo conhecidos, com quem não tinha muita intimidade, para fechar as portas para Sandra. Dizia que ela tinha sido corrompida pelo dono da Vasp. Afirmava que era desonesta. Gritava aos quatro ventos que ela o havia traído emocional e profissionalmente, no amor e no trabalho.

Ela continuava indo cavalgar sempre que podia. Separou-se do namorado, consciente, por achar que não era mais feliz na relação, e estava disposta a enfrentar as consequências. Foi convencida da sua competência e acreditava, afinal, que só fora editora do Estadão porque merecia. Não esperava que o ex-namorado passasse de certos limites. Com serenidade, fazia suas aulas de salto e aos sábados ou domingos dava um jeito de aparecer no haras para participar de uma cavalgada. Foi à casa de seus pais porque estava louca de vontade de andar a cavalo. Mas naquele fim de semana Sandra estava com medo.

Preferia não falar com Pimenta. Todas as possibilidades de diálogo se esgotaram. No meio de uma separação tumultuada, tentava relaxar. Na sexta-feira, dois dias antes, conversou com uma de suas amigas, Marli Lima, com quem tinha dividido uma reportagem no Estadão sobre as participações acionárias do empresário Wagner Canhedo, dono da Vasp, em empresas fora do Brasil. Marli foi para Cochabamba e La Paz, na Bolívia, e Sandra, para Quito, capital do Equador. Quando se falaram, Sandra garantiu a Marli que seu telefone estava grampeado e que Pimenta ouvia suas conversas. Marli achou que a situação estava muito complicada, mas tentou consolar Sandra. Falaram sobre vagas de trabalho. Marli havia acabado de assumir uma vaga de repórter na recém-lançada revista Forbes e Sandra queria saber se havia trabalho para ela. Marli disse que a redação era enxuta e nenhuma nova contratação aconteceria imediatamente, mas, quem sabe, surgiriam algumas oportunidades de colaboração eventual.

Deomar não tinha intimidade com Sandra e sabia um pouco sobre o fim do namoro com o jornalista. Sabia apenas o que Marlei lhe dizia. E Marlei lhe havia contado que os dois haviam brigado feio e que o fim da relação tinha deixado ressentimentos. Ele não ia se meter nessa encrenca. Queria que o casal se acertasse. Simpatizava com Sandra. Sabia que era uma boa mulher e esperava que conseguisse reencontrar seu caminho. Marlei ouviu de Sandra que a situação estava confusa. Uma semana antes, ela tinha visto um machucado no pescoço de Sandra. Marlei ficou preocupada. Sandra lhe disse que Pimenta havia invadido seu apartamento. Abriu a porta à noite e deu de cara com Pimenta, que surgiu do nada, saindo de dentro do guarda-roupa feito um louco para exigir a devolução de todos os presentes que lhe havia dado. Depois a ameaçou com um revólver e tentou asfixiá-la. Sandra estava com uma ferida um pouco acima do ombro. Contou para Marlei que registrou ocorrência policial. Disse que estava assustada, mas deu a entender que com a devolução dos presentes tudo estaria resolvido. Deomar soube dos acontecimentos, mas achava que eram águas passadas e que tudo terminaria bem, pois gente civilizada sempre consegue resolver seus conflitos de uma maneira pacífica e racional.

Pimenta disse para a ex-namorada que era seu direito ter os presentes de volta e estava ali para recuperá-los, um a um. A opinião de Sandra era diferente. Ela, no início, não achava certo devolvê-los. Se tinham sido dados por Pimenta, então lhe pertenciam. Preferia doá-los para uma instituição de caridade, já que eram seus. Pimenta não aceitou a proposta. Quis levar tudo o que podia no dia que entrou no apartamento e exigiu a devolução do que faltasse. O pai de Sandra lembra que alguns dias depois da invasão, acompanhado de dois funcionários do Estadão, Pimenta foi buscar as coisas na sua oficina. Estavam todas em um saco de lixo, daqueles pretos de 100 quilogramas. Roupas, joias e até livros foram devolvidos. João Florentino entregou tudo.

De uns tempos para cá, Sandra só encontrava refúgio ao lado de sua família ou cuidando do manga-larga Oceano, de cor marrom, e de Platina, uma égua preta com manchas brancas que ela usava para saltar. Circular pelas cocheiras era o que mais gostava de fazer, seu hobby principal desde 1997. Conseguia esquecer da realidade enquanto escovava Oceano ou preparava Platina para mais uma aula no centro hípico. Desde os tempos da Gazeta Mercantil percebeu que os estábulos eram seu esconderijo.

Sandra era uma amazona alegre e uma grande motivadora de cavalgadas e da equitação. Queria muito evoluir em seus esforços hípicos. Reunia e agitava as pessoas em torno desses interesses. Decorou sua mesa de trabalho e os móveis da sala de sua casa com fotos em que aparecia ao lado de seus cavalos. No Haras Setti era quase uma liderança.

Assim que adotou Ibiúna, Sandra trouxe a égua Platina, que antes ficava no Centro Hípico Morumbi, onde a jornalista deu suas primeiras trotadas. Era uma hípica que ficava no começo da Rodovia Regis Bittencourt, em São Paulo, pelos lados de Taboão da Serra. Sandra trabalhava em Santo Amaro e conseguia chegar lá em meia hora seguindo de manhã pela Avenida Giovanni Gronchi até a Francisco Morato. Ia de manhã nas aulas de salto e seguia direto para a Gazeta Mercantil. Passou alguns meses nessa rotina. Algum tempo depois, quando tudo se ajustou no Haras Setti, investiu em um trailer para transportar Platina e levá-la para a casa nova. Em seguida, comprou Oceano de Deomar.

Platina, uma égua de salto, era um tipo de animal que precisa ser treinado todo dia, senão se acomodava e não servia mais para nada. Sandra tinha ambição de saltadora, tinha confiança nos animais e transmitia o mesmo para eles. Carregava, porém, aquela insegurança de quem começou a praticar uma atividade muito tarde. Sua relação com os cavalos não era algo natural, espontâneo, o que ela compensava com esforço. Mostrava-se muito interessada em praticar as duas especialidades. Gostava das longas cavalgadas e fazia suas aulas semanais de hipismo com o professor Zé Galinha. Deomar havia acabado de instalar uma pista completa de equitação e todos os dias Platina era colocada na pista para treinar.

O preço da mensalidade cobrada no Haras Setti estava ao alcance de Sandra. Ela gastava cerca de 1.800 reais por mês para deixar seus dois animais saudáveis, bem alimentados, sob cuidado permanente de tratadores e veterinários e sempre preparados para os passeios. Pimenta gastava a mesma coisa.

Não se pode dizer que a situação dos Gomide fosse difícil naquela altura. A família prosperava. João não tinha do que reclamar do movimento da oficina e da loja de escapamentos e Sandra estava em boa condição financeira. Tinha deixado o Estadão com mais de 300 mil reais em aplicações de renda fixa e com planos de comprar um imóvel. Teria bastante fôlego a curto e médio prazo. Seu problema não era financeiro. Poderia sustentar sua rotina de amazona por longo tempo.

Naquele fim de semana, Pimenta estava esquisito. Fez o que tinha de fazer e parecia prático demais. Havia uma estranha objetividade na sua presença. Buscava algo mais. Não transmitia a sensação de que estava ali para andar a cavalo e espairecer. Tampouco queria socializar. Mal conversou com as pessoas ou exibiu seu intelecto. Manteve-se distante. Cavalgou por algumas horas no sábado e no domingo e dedicou-se aos cavalos mais do que de costume. Tentava encontrar um pretexto para passar o tempo nas cocheiras. Ficava enrolando, esperando. No sábado passeou algumas horas. E não queria companhia. Pretendia ficar só e tinha um olhar rutilante. Passou muito tempo na cocheira com Quecé, que usou naqueles dois dias, e mal deu atenção a Sicrano. Não era muito de cuidar dos preparativos da cavalgada ou de perder muito tempo escovando os animais.

No sábado, assim que chegou, por volta das sete horas da manhã, preparou Quecé e saiu trotando devagar pela trilha que ladeia os pastos do haras. Cavalgou mais ou menos uns dez minutos por ali, parou um pouco e ficou contemplando o horizonte e observou as torres de transmissão de energia. Depois seguiu pela estrada Armindo Setti, saiu do condomínio Recreio Residencial Ibiúna, endereço oficial do haras, e avançou pelas estradas de terra que se emaranhavam ao largo da Rodovia Bunjiro Nakao, entre Ibiúna e Vargem Grande Paulista. Ficou uma hora e meia circulando pelas estradas da região, mas sem se afastar muito da chácara dos Gomide.

Quando viu que a estrada estava livre, galopou mais ou menos um quilômetro numa reta, passou perto do posto de saúde do bairro do Recreio e foi direto para a rua das Andorinhas. Quando passou pela chácara dos Gomide, percebeu que havia movimento. Viu a picape S10 de Sandra estacionada no quintal e não teve mais dúvida de que a ex-namorada estava em Ibiúna. Era, no fundo, o que mais queria saber. Pimenta estava atrás de Sandra. Até então ainda estava em dúvida se ela estaria ou não no interior. Queria encontrá-la nem que fosse pela última vez. Sabia que ela estaria na chácara dos pais, mas não podia ter certeza absoluta. Precisava confirmar. Pimenta esperava que chegasse sexta e ficasse até domingo à noite, pelo menos, como costumava fazer. João e Leonilda sairiam da chácara em direção a São Paulo no começo da tarde, mas Sandra, o irmão Nilton e as meninas, às vezes, ficavam um pouco mais.

Chegou como se não quisesse nada, desceu de Quecé, amarrou o cavalo no poste e bateu palmas enquanto cruzava o portão. Ao ver Pimenta, João se surpreendeu. Avançou pela varanda, apoiado em sua bengala, e encarou o ex-quase genro. Três anos antes, havia colocado uma prótese no quadril e andava com dificuldade. Um problema causado por esforços repetitivos no seu trabalho de várias décadas como mecânico especializado em escapamentos lhe criava muita dificuldade de movimento. Pimenta se aproximou e estendeu a mão para João. O pai de Sandra bem que pensou em deixá-lo com a mão no ar. Acabou cumprimentando-o de maneira displicente. Na porta da cozinha, dona Leonilda, a mãe, observava a cena. Deu bom-dia e esperou Pimenta dizer alguma coisa. Percebendo a chegada do ex-namorado, Sandra se escondeu no quarto e não mais saiu enquanto ele esteve na chácara.

Pimenta chegou conversando normalmente, sem demonstrar animosidade. Disse que estava sentindo falta dos passeios a cavalo, que tinha saudade do lugar. Aceitou um café e foi logo sugerindo, bem no seu estilo, para dona Nilda, como a chamava, que preparasse uma galinha ao molho pardo. Parecia que nada tinha acontecido, que ele ainda namorava Sandra e ela ainda era editora de Economia do Estadão. Sua frieza chegava a ser perturbadora. João achava que era desfaçatez, mas queria acreditar que Pimenta encontraria um novo amor e novas motivações para sua vida. Além disso, queria que sua filha tivesse paz e preferia não radicalizar.

– Posso almoçar aqui hoje? – perguntou Pimenta depois de sugerir o prato principal do cardápio.

O casal se entreolhou e João, depois de algum silêncio, respondeu que sim. Leonilda acenou positivamente com a cabeça.

– Dá para a senhora fazer uma galinha para nós? – perguntou Pimenta.

Disse que estava com muita vontade de comer o quitute. Parecia, naquele instante, viver num mundo próprio, só dele. Queria comer sua galinha ao molho pardo com farofa e abstraiu todo o resto. Colocou uma nuvem de fumaça sobre as sandices que vinha praticando e repentinamente aparecia com um comportamento conciliador.

João Florentino estranhou seu comportamento e Leonilda mais ainda. Pimenta agiu como sempre. De modo geral, era educado e, ao mesmo tempo, espaçoso. Não dava muita bola para os pais de Sandra. Entretanto, a situação era outra. Pimenta tinha sido violento com Sandra. E agora, depois de um descalabro, exibia a cara de pau de conversar como se nada tivesse acontecido. João notava esse comportamento no jornalista: ia longe demais e depois fingia que não tinha feito nada. Parecia um moleque travesso. João chegou a pensar que Pimenta estaria armado – sabia que ele gostava de armas. Deixou, então, seu revólver cheio de balas preparado no criado-mudo.

Como estava a cavalo, Pimenta pretendia voltar para o haras e pegar a Blazer. Retornaria em duas horas, no máximo, para almoçar, por volta da uma da tarde. Deomar estava no haras quando Pimenta trouxe Quecé de volta. E não tiveram tempo para conversar. Assim que chegou, entregou o cavalo aos tratadores, subiu a rampa a passos rápidos e deu partida na picape. Antes de seguir para a chácara dos Gomide, parou em um boteco no caminho para comprar uma dúzia de pãezinhos. Almoçar juntos em Ibiúna era o máximo de intimidade que tinha com João e Leonilda. Jamais havia saído para jantar ou convidado o casal para qualquer tipo de programa. João não conhecia a bela casa com piscina onde Pimenta morava, na Rua Senador Vergueiro, no Alto da Boa Vista, em São Paulo. E tampouco conhecia o sítio em São Roque.

Sandra lamentou que o pai tivesse concordado com a proposta do almoço. Achava muito arriscado. João, por sua vez, acreditava que uma conversa os levaria a uma solução para os problemas que estavam vivendo. Leonilda foi a um sítio nas imediações comprar a galinha que prepararia para Pimenta. O vendedor matava na hora, cortava o pescoço da bichinha na frente do freguês. Comprou logo duas. Seu João não colocou empecilho ao almoço. Estimulou sua mulher a preparar a galinha.

Estava incomodado com aquela situação, mas queria fazer um almoço em família, tentar contemporizar, acalmar Pimenta e tentar dissuadi-lo de perseguir a filha.

A situação estava tensa e o pai de Sandra queria desanuviá-la. Falou com Leonilda que todos deveriam conversar, alegou que Pimenta era muito poderoso e que deveriam chegar a um acordo. Pensou que se tratava de um sujeito sofisticado, que tinha estudado muito e escrevia coisas difíceis, e que acabaria sendo razoável. Afinal, entenderia que o relacionamento tinha acabado. Eram dois homens quase da mesma idade e João acreditava que era hora de conversar seriamente e acertar qualquer pendência.

– Sandra, vamos servir a galinha a ele. Todo emprego que você arruma, ele estraga – argumentou o pai. – Eu quero conversar com ele. Esse homem tem um poder danado. Vou mostrar que posso ser violento também. Quero que ele saiba que ninguém tem medo dele.

– Pimenta é ruim – disse Sandra. – Não adianta agradá-lo.

– Vamos tentar. Ruim por ruim eu também sei me defender.

João era um homem simples e rude. Era um cara grande, maior do que Pimenta, e tinha um jeito bruto que podia se tornar ameaçador. Mas ali ele era o sensato. Queria chamar o diretor do Estadão à razão, sugerir que deixasse a relação com sua filha para lá. Ela se queixava de várias ameaças. No máximo, pretendia dissuadi-lo de fazer qualquer mal contra Sandra. Andava armado desde os quatorze anos e fez curso de tiro na Escola de Sargentos das Armas, em Três Corações, em Minas Gerais. Tinha porte de arma e mantinha um revólver em casa, transportando-o em suas viagens para Ibiúna. Mas nunca foi violento nem dado a explosões de fúria. Pensava só na defesa de sua família.

Sabia que Pimenta também tinha porte de arma e carregava um revólver calibre 38 para todo lado nas últimas semanas. Estava com a arma em punho quando invadiu o apartamento da filha duas semanas antes. João conhecia o gosto de Pimenta por armas, algo que o jornalista não costumava demonstrar publicamente. Tinha visto um revólver feito de titânio, também um 38, que pertencia a Pimenta. Naquele momento, como era de se imaginar, Pimenta tinha uma arma no carro, debaixo do banco de passageiros. Outra notícia estranha e preocupante veio da faxineira de Sandra, a mesma que fazia serviços para Pimenta. Um dia antes, João passou no apartamento da filha, na Rua França Pinto, na Vila Mariana, bem ao lado de sua oficina, e conversou com a moça. Não perguntou seu nome, mas soube que um dia antes, quinta-feira, ela viu o patrão diante de uma mesa sobre a qual havia um revólver, uma pistola e um monte de balas espalhadas. Quando viu que a faxineira observava a cena, Pimenta a chamou e lhe deu 50 reais, metade do pagamento da diária, e pediu, educadamente, que fosse embora, dispensando-a do serviço naquele dia.

– Seu João, vou falar uma coisa para o senhor. Seu Pimenta encheu a mesa de balas e carregou as duas armas. Precisa ter cuidado com ele porque ele está mexendo com uns revólveres.

Embora achasse a situação arriscada, no fundo João não acreditava que um sujeito importante como Pimenta, um intelectual que escrevia coisas sofisticadas, fosse chegar a extremos. Sandra não queria sair do quarto, preferia não vê-lo. Disse que seria melhor não encontrá-lo. No dia da separação, quase dois meses antes, uma frase dita por ele começou a ecoar em sua mente:

– Se você não for minha, não será de ninguém – disse.

Sandra preferia ficar lendo seus livros no quarto durante o almoço. Mas o pai insistiu e acabou convencendo a filha a participar. Achava que um encontro em família contribuiria para baixar a animosidade e acreditava que Pimenta o temia e respeitava. Conhecia seu passado de militar.

João nunca achou que aquele namoro fosse dar certo. Trinta e um anos de diferença era muito tempo. Quando viu o jornalista pela primeira vez, pensou que era velho demais para ela. Agora o mal estava feito. Aos 63 anos, já inseguro com sua virilidade e cheio de delírios de macheza, Pimenta sentia dificuldades em abrir mão de sua jovem namorada, pensava João. O veterano jornalista achava que Sandra lhe pertencia como um objeto e não queria se desfazer dela. Pimenta estacionou a picape e foi logo entrando na chácara. Entregou os pãezinhos para Leonilda e só faltou lhe dar um beijinho. João lhe ofereceu uma cerveja e ele instantaneamente aceitou. Estava com sede e desfrutou do primeiro gole com evidente prazer. Depois, foi até a rede e se esticou, enquanto esperava a galinha ao molho pardo ficar pronta. Sandra ajudava a mãe preparando a salada e arrumando a mesa.

O almoço transcorreu tenso, cheio de frases dramáticas. Mas não houve nenhum transbordamento. Houve ameaças, mas não gritaria. João pensou em agredir o ex-namorado da filha. Considerou seriamente a possibilidade de resolver tudo em um rompante de fúria. Estaria legitimado. Nada mais justo que defender sua prole de um sujeito agressivo e mal-amado. Pensou um pouco mais e conseguiu se controlar.

– Ô, Pimenta – disse em certo momento –, você está desmoralizando minha filha na internet, você está ameaçando minha filha. Vamos parar com isso porque não é justo. Se o problema eram os presentes, todos foram devolvidos.

Pimenta pareceu concordar. Meneou a cabeça e deu a entender que estavam quites. Não ergueu a voz ou tentou se defender.

– Isso aí não tem problema, não senti falta de nada – respondeu.

Pimenta falava calmamente. Não demonstrava ira ou orgulho ferido. Diante de João pareceu, por um momento, que havia contido sua raiva. E mudou o padrão que prevalecia naquele período turbulento em que se alternava entre propostas de reconciliação e declarações de amor e ameaças de vingança. Dessa vez, tratou o namoro como algo do passado. Admitiu que a relação tinha acabado. Dava uma de vítima e dizia que Sandra não soube valorizá-lo.

Logo que Sandra decidiu terminar o namoro, Pimenta tratou de visitar os pais dela, com a esperança de que interviessem a favor de uma reconciliação. Disse, olhando nos olhos de João, que queria casar. Repetiu que a amava. Foi sua última cartada para tentar reconquistá-la. Depois disso virou o cão. Viu que seu esforço não deu resultados e partiu para o ataque. Ligava para amigos e falava que Sandra o estava traindo e, com arrogância, bradava que ela jamais conseguiria um emprego decente sem sua ajuda. Ameaçava a ex-namorada como se fosse o todo-poderoso, capaz de controlar seu destino.

– Você não sabe do que eu sou capaz – Pimenta repetira várias vezes nas semanas anteriores.

Da parte de Sandra, a possibilidade de reconciliação estava descartada. Ameaças de separação haviam acontecido às dezenas e dessa vez era sério. A relação tinha se esgotado. Começou a se sentir entediada ao lado de Pimenta. Sua conversa já não lhe agradava e a idade começava a pesar. Além disso, estava realmente interessada em outro homem, o jornalista equatoriano Jaime Mantilla, que havia conhecido em uma viagem a Quito, onde investigava a companhia aérea local, a Ecuatoriana de Aviación[4], controlada pela Vasp, de Canhedo. Era impossível prever se o novo relacionamento prosperaria ou não, mas para Sandra a grande curiosidade que Mantilla lhe havia despertado era motivo suficiente para decidir se separar do outro. Não achava, por exemplo, que seria honesta com Pimenta se decidisse sustentar o namoro com o equatoriano dominando sua mente.

– Se eu me separar, você vai me demitir, Pimenta? – perguntou, curiosa, uma semana antes de decidir acabar o namoro.

– Na mesma hora – respondeu, sério.

No dia 4 de julho, Pimenta cumpriu o prometido. Depois de tomar um fora, mandou a ex-namorada embora do jornal.

Sandra, afinal, ajudou a mãe a preparar a comida e a servi-la. Depois sentou à mesa e falou pouco. Pimenta contou mais uma vez da filha mais velha, Stephanie, que sofria de um tipo raro de câncer no útero. Pimenta tinha duas gêmeas e a caçula chamava-se Andréa. Admitiu que o drama da filha estava afetando muito seu humor e seus dias. Declarava que uma das causas de suas preocupações e perturbações era a doença de Stephanie. Não parava de falar desse assunto e parecia querer usá-lo como um recurso de vitimização. Pimenta buscava, de todas as formas, mostrar que a vítima era ele. Dizia também que estava com os olhos machucados, por causa de um acidente durante uma cavalgada algumas semanas antes e trabalhava sem parar. Para esconder o curativo no olho ficava o tempo todo de óculos escuros, mesmo em locais fechados.

– O senhor tem sua filha e está preocupado com ela – comentou João. – Deve entender como eu também estou preocupado com a minha.

4. O Estadão fez um esforço de reportagem para investigar a saúde financeira das empresas controladas pela Vasp fora do Brasil. Sandra, enviada especial para Quito, descobriu que a Ecuatoriana de Aviación passava por sérias dificuldades.

Pimenta fingia que ouvia e voltava a falar de Stephanie. Ia levando os seus assuntos e tentava evitar que João entrasse numa discussão mais séria sobre a campanha que ele vinha fazendo para difamar a ex-namorada. João dizia que Sandra tinha currículo e que precisava da oportunidade de conseguir um novo trabalho. Não entendia o empenho do outro em prejudicá-la. Leonilda pediu que Pimenta parasse de incomodar Sandra, disse que os namoros acabavam e que ele precisava aceitar a situação.

Não houve desculpas, nem explosões de fúria. Falaram das coisas superficialmente, até mesmo sobre o fato de Pimenta ter agredido Sandra. Referiram-se aos acontecimentos daquele dia no apartamento de maneira genérica. Pimenta tentava se mostrar mais equilibrado. Rigorosamente, ele tinha um único objetivo naquele almoço: parecer inofensivo. Queria deixar Sandra tranquila para que ela saísse de casa e fosse ao haras. Se causasse medo nela e na família, poria a perder seus planos de encontrá-la a sós.

João chegava a pensar que estava se acovardando. Estava atormentado com os problemas vividos pela filha e se sentia impotente. No dia que Pimenta bateu em Sandra, correu até o apartamento dela para tentar salvá-la. Estava armado e pensava em fazer justiça com as próprias mãos. Nas semanas anteriores, chegou a perguntar para a filha se ela queria que ele matasse o jornalista. Disse que por ela, e só por ela, seria capaz de fazer isso. Sandra pediu que o pai tirasse essas ideias malucas da cabeça, que isso não ia levar a nada.

– E depois, pai? Vai passar a vida na cadeia?

O pai ficava dividido. Reagia como uma pessoa normal. Tinha fantasias de acabar com Pimenta, mas era um homem consciente, que conseguia resistir a seus impulsos. Até onde o ex-namorado de Sandra chegaria?, perguntava-se. Achava que já tinha ido longe demais. Não imaginava que fosse mais além. Leonilda pedia que ele se acalmasse. Como João, a mãe também tinha esperanças de que as coisas chegassem a um bom termo e Pimenta esquecesse Sandra.

Em agosto, logo depois da invasão do apartamento, João chegou a contratar um conhecido para cuidar da segurança da filha. Durante dez dias, o homem a acompanhou por toda parte tentando dissuadir o ex-namorado de qualquer avanço inadequado. Não levava armas. Na verdade, era um primo truculento de João. Nesse período, Pimenta não ameaçou Sandra nenhuma vez. Foi um momento de trégua. João se sentiu tranquilizado e dispensou os serviços do primo. Tinha motivos para pensar que a situação havia voltado ao normal.

Os pais de Sandra tinham ouvido falar do equatoriano no encontro em que Pimenta implorou para que os dois o ajudassem a reatar o namoro. Sandra gostou de Mantilla e trocou alguns e-mails com ele nas semanas seguintes à viagem, mas não falou nada de suas fantasias românticas para os pais. Pimenta tinha certeza de que estavam tendo um caso. Falou de Mantilla para João, e ele disse que Pimenta não tinha nada a ver com isso, afinal eles não namoravam mais. João respondeu a Pimenta que, se a filha quisesse arrumar um novo namorado, era problema dela e que ele deveria tentar encontrar uma mulher de sua idade.

Naquele almoço não teve coragem de xingar Sandra de vadia, como vinha fazendo de maneira repetida para todos os conhecidos que encontrava. Conteve seus impulsos e não teve qualquer rompante. Ouviu mais do que falou e bebeu várias cervejas. Assim que Sandra terminou o almoço, levantou-se da mesa e saiu. Dessa vez, Pimenta, pelo menos, não havia insistido em reatar. Quando invadiu seu apartamento, declarou que "vinha ficar com ela para sempre" antes de golpeá-la no pescoço com violência. Antes de se retirar, Sandra lembrou-se da demissão de Carlos Franco e afirmou que Pimenta não podia ter feito algo tão injusto. Pimenta resmungou e disse que era um assunto dele, que Sandra nada mais tinha a ver com os assuntos do Estadão.

– Foi uma injustiça o que você fez com Franco – teve tempo de dizer antes de sair de cena.

Nessa hora, Sandra decidiu voltar aos livros. O irmão Nilton e as meninas, que também estavam em casa, tinham acabado de chegar. As meninas ficaram assistindo televisão e Nilton se manteve em silêncio – não gostava muito de se meter nessa história. De qualquer forma, a presença das crianças por perto definia alguns limites para extravasamentos e obrigava todos a manter alguma compostura. Pimenta se esticou na rede. Encheu uma xícara de café e foi tirar uma soneca na varanda.

João abriu sua casa mais uma vez para o diretor do Estadão, ofereceu sua comida e sua bebida e o acolheu sem prevenções – praticamente implorou ao jornalista para que deixasse sua filha em paz. Pimenta assentiu. Não disse que deixaria de perturbar Sandra, nem prometeu nada, mas fez um movimento de cabeça que parecia algum tipo de concordância. A certa altura do almoço, quando Sandra já não estava mais à mesa, João pediu ao jornalista que liberasse os caminhos para que ela arranjasse um outro emprego e seguisse sua vida. Falou de homem para homem.

Achava, ingenuamente, que um sentimento de solidariedade tinha nascido em Pimenta naquele encontro. Imaginou que a comparação entre Sandra e a filha de Pimenta sensibilizaria o jornalista. Se o diretor do Estadão estava tão arrasado por medo de perder sua cria, por que ele desejaria isso para o outro? Por algum motivo completamente equivocado, João acreditou que tinha colocado panos quentes na discussão. Pensou também que talvez fosse se arrepender de não ter pegado seu 38 no quarto e metido uma bala na testa de Pimenta naquela mesma hora.

No fim da tarde, depois de se refestelar de galinha ao molho pardo, encher a cara, tomar café e ainda comer uns biscoitinhos, Pimenta deixou a casa dos Gomide e seguiu para seu sítio. Tinha deixado o revólver no carro. Deve ter se lembrado dele várias vezes. Não tinha mais nada para fazer em Ibiúna naquele dia. Ainda estava determinado a encontrar Sandra e falar com ela a sós, sem a presença dos pais. Faria isso no domingo, quando certamente ela estaria lá. Achou que tinha sido convincente no almoço e tranquilizado a ex-namorada. Conseguiu manter a calma e pareceu inofensivo. Se não foi cavalgar sábado temendo encontrá-lo, estaria mais relaxada no dia seguinte.

Diante da confusão em que sua vida havia se transformado, Sandra começou a dizer que queria voltar no tempo, que estava arrependida de ter começado uma relação com alguém com uma personalidade tão diferente da sua. Disse ao pai, certo dia, que se pudesse teria escolhido outro caminho. Tinha sido mais feliz antes de encontrar Pimenta. Confidenciava para seus amigos mais íntimos que sua vida era simples e havia se complicado de uma hora para outra. Pensou que talvez nunca devesse ter começado o relacionamento com Pimenta. Quando o conheceu, estava em busca de alguém que cuidasse dela, de um homem que pudesse satisfazer seus caprichos, disse, certa vez, para uma das boas amigas que conheceu na Gazeta Mercantil, Claudia Mancini, repórter da editoria de Transportes. Disse isso logo depois de se separar de um ator que não tinha onde cair morto e fora morar na sua casa por um tempo. Quando a convivência com o namorado naufragou, Sandra dizia para Cláudia que não queria mais cuidar de ninguém, que queria ser cuidada e protegida. E essa capacidade seria indispensável para quem quer que fosse seu próximo namorado sério. Alguém que pudesse cuidar dela, talvez alguém como Pimenta. Agora o sonho do homem protetor havia se transformado em pesadelo; o macho provedor se convertera em uma espécie de Freddy Krueger.

Sandra também se perguntava se teria ido tão longe na carreira e avançado tão rapidamente sem a ajuda de Pimenta, e concluía que não. Nem tão rápido, nem tão alto, mas o preço que pagava agora neutralizava as vantagens adquiridas. Estava passando momentos terríveis e tinha humildade para recomeçar. Acreditava em sua capacidade de jornalista e continuava cheia de vontade e confiança. Não estava desanimada no que se refere ao recomeço de sua vida profissional. Ao contrário queria ser provada pelo mercado.

Sandra buscava um novo emprego e tratava de refazer os vínculos com velhos amigos e fazer novos. Queria reconstruir sua vida e não imaginava que seria tão difícil. Pimenta fazia marcação cerrada, não permitia que nenhuma chance de emprego fosse explorada pela ex-namorada. Abastecia-se de informações obtidas por seus subordinados de confiança e alertava potenciais empregadores sobre a falta de ética da ex-namorada. Também ameaçava boicotar no Estadão aqueles que lhe acenavam com alguma oportunidade. Sandra passara a semana fazendo contatos e soube, na quinta-feira, que Franco havia sido demitido só porque tentou ajudá-la a encontrar trabalho. Apesar de até então declarar uma admiração incondicional pelo repórter, quando soube do apoio a Sandra, decidiu demiti-lo de maneira intempestiva e grosseira, com palavrões e todo tipo de ofensas. Se havia alguém perturbado e com dificuldades para lidar com seu futuro profissional depois do fim do relacionamento, era Pimenta. Tanto assim que ele tinha pedido demissão do Estadão no fim de julho. Disse que não tinha mais condições psicológicas de cumprir suas funções. Declarou que na situação em que se encontrava estava enganando aqueles que confiaram nele para dirigir o jornal, em especial o diretor-presidente, Ruy Mesquita, e por isso se demitia. Ruy, incrivelmente, não aceitou seu pedido. Achava que seu diretor de redação, um homem vivido e maduro, seria capaz de contornar os problemas sentimentais que enfrentava com uma garota 31 anos mais jovem.

Mas Pimenta estava em outra órbita. Não se interessava mais pelo trabalho, por outras mulheres ou por qualquer coisa. E estava alienado das questões jornalísticas. Tinha uma única obsessão: Sandra. Convenceu-se de que tinha sido manipulado por ela e pensava em vingança. Apesar da crença de João, a devolução dos presentes não tinha sido compensatória o suficiente. Sentia-se humilhado e não podia se livrar da sensação pegajosa da traição. Foi de lobo em pele de cordeiro que deixou a casa dos Gomide. Deu uma de bonzinho, mas o fato é que não sabia o que pensar de si mesmo. Como um homem poderoso vivia uma sensação de desproteção tão forte? Ao entrar no carro, alisou o cabo do revólver embaixo do banco e pensou que estava na hora de se recolher.

Naquela noite, em Mailásqui, Pimenta não quis lembrar que gostava muito de Sandra, que a amava de verdade e adorava passar a noite com ela naquele quarto e naquela mesma cama. Durante o namoro, nos fins de semana em que se livrava dos plantões no Estadão, tratava de ficar no sítio com a namorada, onde normalmente pernoitavam depois de um dia de cavalgadas. A viagem de São Paulo até ali era rápida. Saindo tarde do jornal, depois das 11 horas da noite, seguiam pela Marginal Tietê em direção à Lapa e, na altura da Cidade Universitária, pegavam o caminho da Rodovia Raposo Tavares. Com trânsito livre, chegavam ao centro de Vargem Grande Paulista em 40 minutos, no máximo. Escapavam da loucura de São Paulo por poucos dias e retornavam revigorados. Quando fazia frio, preparavam um fondue e se enchiam de vinho. Velhos tempos. Pimenta tentava não pensar nessas coisas. Nos últimos meses, mesmo antes do fim do namoro, Sandra preferia dormir na casa dos pais, em Ibiúna, a ficar em sua casa. O relacionamento foi esfriando, o sexo acabou e as alegrias se converteram em mágoas. Pimenta preferia pensar que a ex-namorada o traía e foi desleal com ele. Aturdido pela separação, preferia estimular a raiva e o desprezo por Sandra a ter lembranças saudosas. Mal conseguiu dormir na noite de sábado para domingo. Andava para todo lado. Deitava e levantava. Tentava prever todos os passos que daria nas horas seguintes. Imaginava como seria seu encontro com Sandra no haras. A que horas ela chegaria? Pensou que quanto mais cedo fosse para Ibiúna, mais chances teria de encontrá-la.

Domingo, às cinco da manhã, estava tomando um café e pronto para sair de casa. O céu estava claro e límpido. Decidiu ir com o Clio, um carro mais discreto, e deixar a Blazer no sítio. Pegou uma roupa de montaria, calçou as botas e pegou sua arma. No caminho do haras, ao passar por Vargem Grande, teve a ideia de comprar guloseimas para a família de Sandra. Queria fazer uma gentileza e dar mais uma demonstração de que suas intenções eram amigáveis. Entrou na padaria Espiga Dourada, na praça central, e comprou uma cesta grande de pães e doces das mais caras. Ao estacionar o carro diante da chácara dos Gomide, não percebeu nenhum movimento na casa ou em torno dela. Mas ao se aproximar do portão notou que Leonilda cuidava das plantas perto da porta da cozinha. Chamou a mãe de Sandra e foi entrando, com a cesta na mão. Fez um comentário banal sobre o tempo e elogiou o sol sem entusiasmo. Leonilda se surpreendeu. Não se lembrava de ver Pimenta chegar tão cedo a sua casa, ainda mais cheio de mimos. O jornalista passou cinco minutos fazendo média com Leonilda e tentando descobrir se Sandra estava acordada. Mas todos estavam dormindo. De dentro da casa, não vinha nenhum ruído. Na saída deixou um abraço para seu João e fez questão de dizer que voltaria para tomar o café da manhã e compartilhar as delícias da Espiga Dourada.

Saiu a baixa velocidade e seguiu sossegado para cruzar o portão do condomínio e chegar ao Haras Setti. Em nenhuma hipótese queria parecer ansioso para os pais de Sandra. Prestou muita atenção ao engatar a primeira marcha do carro. Precisava se segurar para não descontar sua raiva no acelerador. Parecia que cada vez que saía derrapando se livrava de uma gota de maldade em seu espírito e, em certas horas, é bom se policiar. Além do mais, andava distraído. Nas últimas semanas, tinha batido o carro duas vezes, de tão disperso que ia ao volante. Nada sério, duas pequenas colisões, mas que serviam de indicador de instabilidade. Deomar acompanhou o exato momento em que Pimenta chegou ao haras. Viu o jornalista passar bem em frente a sua casa e virar à direita para estacionar ao lado do galpão, entre a rampa e as baias da parte de cima, onde Sandra deixava seus animais.

Pimenta pegou suas tralhas e desceu a rampa. Viu o capataz pelo caminho e foi direto buscar Quecé no estábulo. Preparou o cavalo e saiu para passear. Fez um roteiro básico, muito mais para vigiar a estrada e passar o tempo do que realmente para se divertir. E não voltou para a chácara dos Gomide para tomar o café da manhã. Mudou de ideia e ficou circulando pelo Recreio. O dia estava agradável para andar a cavalo. Pimenta dava como certo que, em algum momento, Sandra chegaria para passear com Oceano.

Ao acordar de manhã, por volta das dez horas, Sandra se deparou com a cesta de pães que Pimenta havia deixado em sua casa. Leonilda explicou como a cesta havia parado ali e João não entendeu por que motivo Pimenta agia com desprendimento. Se estava tão preocupado com os presentes que tinha dado a Sandra, por que dar mais? Era, no mínimo, estranho. Sandra se sentiu desconfortável. O pai pegou aquela cesta cara e atirou no lixo. Não seriam comprados com presentinhos de merda, disse.

Pimenta voltou para o haras e ficou circulando pelas cocheiras, com pinta de quem estava cuidando dos cavalos. Nunca fizera isso na vida. Não era a sua. Ou andava a cavalo ou ficava papeando. Deomar o achou meio apreensivo naquele domingo – não era o mesmo cara. Parecia atuar num novo papel. Abandonou o estilo de sempre e assumiu um novo comportamento. Ficou fazendo hora e, quando um dos ajudantes, Paulinho, chegou perto, ele foi dizendo que não precisava de nada, que estava tudo sob controle. Deomar chegou logo depois e, finalmente, conseguiu falar com Pimenta. Reforçou o convite para o churrasco e falou que o queria por ali, junto com todos os seus amigos. Mas o jornalista respondeu que não poderia participar, que precisaria ir embora dentro de poucas horas.

– Preciso ir embora, Gaúcho. Não vai dar tempo.

Naquela mesma hora, Marlei estava saltando na pista de hipismo. Deomar convidou Pimenta e mais um grupo de pessoas que se juntava ali por perto para subir até a pista e vê-la saltar. Pimenta topou.

A turma foi andando e Deomar começou a notar uma certa apreensão do jornalista com relação ao movimento na estrada. Cada vez que ouvia um barulho de carro, tratava de se contorcer para ver quem chegava. Afastava-se do muro branco onde todos observavam Marlei saltar e se deslocava para mais perto da cerca. Deomar pensou na recente separação do casal. Sabia que ele estava abalado e que só se encontrava naquele momento em Ibiúna porque queria ver e falar com a ex-namorada. Qualquer barulhinho o distraía. Estava tão atento aos movimentos na estrada que contaminava os outros. Todo mundo queria saber o que estava acontecendo. Ficou evidente que ele estava esperando alguém. Estava impaciente por causa de Sandra.

Por volta das onze horas, Sandra pegou as duas sobrinhas e foi de picape até o açougue em Vargem Grande comprar bifes para fazer para o pai. Depois passaram no mercadinho para comprar mantimentos. Gostava muito de ficar com as sobrinhas. Era um de seus grandes prazeres. Gostava de crianças em geral, mas as sobrinhas eram suas grandes companheiras. Levava as duas para todo lado e, agora, sem namorado e podendo fazer o que bem entendesse no seu tempo livre, ia sempre com elas ao haras, um lugar seguro e cheio de diversões. Tinha mais afinidade com a pequena, com quem, inclusive, era parecida, mas admirava a outra pela inteligência e perspicácia. Estava feliz de ficar com as meninas no domingo. Podia se desligar das chatices do dia a dia.

João não gostava muito de carne de boi, mas se deliciava com qualquer comida que Sandra fazia para ele. Era mais ou menos uma hora da tarde quando ela voltou para casa e começou a preparar o almoço. E avisou que logo depois que o pai comesse iria para o haras. Estava sentindo falta de Oceano e Platina e o dia estava lindo. Nem pensou em Pimenta. Simplesmente se esqueceu da sua existência.

– Vou fazer o bife do pai primeiro – disse para as sobrinhas, que não viam a hora de brincar com os coelhinhos no haras.

João estava sentado na varanda ouvindo a conversa e ficou orgulhoso da filha.

Sandra preparou um bife grande, caprichado e sem cebola.

– Esse aqui é do vovô, porque ele não gosta de cebola – disse para as meninas.

Depois que Marlei terminou de saltar, o grupo que estava em torno da pista voltou para a área das baias. Naquela altura havia por ali cerca de dez pessoas. Deomar já tinha telefonado para o açougueiro para combinar que o boi seria abatido a uma da tarde. Marcaram lá embaixo, no fim da rampa, do lado dos pastos. Pimenta, discretamente, tratou de se isolar. Era o único que não se divertia. Separou-se do grupo e se afastou até a cocheira, onde começou a escovar seus bichos.

Antes de pegar no pesado – teria de organizar o churrasco e não sobraria muito tempo para comer –, Deomar decidiu almoçar. E, vendo o colega isolado, convidou-o para acompanhá-lo até a casa. Insistiu muito, mas Pimenta não quis.

– Pimenta, vamos almoçar? Vamos lá! Eu vou ter que almoçar porque a uma hora vem o cara matar o boi e eu preciso voltar. Senão vou ficar com fome.

– Não, não vou.

– Vamos! Fica até chato você não ir. Vem comer comigo.

– Não. Quero ficar aqui.

– Então quer que eu traga uma cerveja?

– Pode ser.

Deomar foi até a casa, pegou a cerveja gelada e levou-a para Pimenta. Convidou o jornalista mais uma vez para ir até sua casa comer alguma coisa. Viu que o outro não mudava de posição e deixou para lá. Almoçou rapidamente, em mais ou menos vinte minutos, e assim que acabou soube que o rapaz do açougue havia chegado. A partir daí, iriam pegar o boi, que estava solto no piquete, e puxá-lo até a área do abate, o que seria muito mais difícil do que todos imaginavam. Foi ao local combinado e no caminho tentou convencer Pimenta a participar do evento.

– Vamos descer, Pimenta. Nós vamos pegar o boizinho agora para matar – disse Deomar. – Depois tem o churrasco.

– Não. De jeito nenhum – respondeu Pimenta. – Não posso ver sangue. Vou embora, Gaúcho. Não quero ver isso, não.

E repetiu:

– Não posso ver sangue.

Parecia um vegetariano radical ou outro tipo qualquer de defensor da natureza que não mataria nem uma formiga. Falou com indignação, como se fosse a mais cruel das selvagerias.

Os homens se uniram e começaram a puxar o boi. No meio do esforço coletivo, Pimenta desistiu de ficar nas cocheiras, passou perto do grupo, que tinha cerca de dez pessoas, e avisou que ia embora. Despediu-se com um aceno e subiu a rampa em direção ao estacionamento. Lá em cima, quando tinha dado partida no Renault Clio, lembrou que tinha esquecido o cabresto e voltou para pegá-lo.

Mais ou menos na mesma hora Sandra deixava a chácara dos pais em direção ao haras. No momento em que arrastavam o boi para o matadouro, Sandra dava a partida na sua S10 e Pimenta descia a rampa para pegar o cabresto, sabe-se lá por que motivo. Por que ele precisaria voltar para pegar o cabresto?

Sandra vestia uma calça culote bege e camisa branca, mas, em vez de botas, optou por usar um sapato. Chamou as duas sobrinhas para acompanhá-la e elas foram correndo. Despediu-se do pai, que elogiou o almoço, e pediu que ela tivesse cuidado com Pimenta. Sandra esperava que ele tivesse ido embora. Não acreditava que ele faria algo mais contra ela. Só pensava em cavalgar e preparar o espírito para seus novos tempos.

– Estou levando as meninas e espero você lá – disse a Nilton.

Foi a última frase que pronunciou antes de se dirigir ao haras. Em menos de cinco minutos sua S10 cruzaria com o Clio de Pimenta na Estrada Armindo Setti. No momento em que ela virava à esquerda, em direção ao portal do condomínio, Pimenta passou em sentido contrário. Tinha acabado de deixar o haras e sabe-se lá para onde iria. Vendo, porém, a picape de Sandra, deu meia-volta e a seguiu. É bem provável que Sandra tenha visto, a algumas centenas de metros, a manobra de Pimenta. Ou, quem sabe, distraída, nem lembrou que um dos carros do ex-namorado era um Clio – no dia anterior, ele guiava a Blazer. Enquanto conversava com as sobrinhas, Sandra se desligava da realidade e se esquecia de Pimenta, do Estadão e de qualquer outro problema. Podia ser de novo aquela menina cheia de sonhos que bem no fim dos anos 1980 conquistava uma cobiçada vaga de repórter no jornal Gazeta Mercantil e só pensava em ser uma destacada jornalista de economia. Naquela época namorava com quem quisesse sem ninguém que a vigiasse. Agora, aos 32 anos, estava envolvida numa interminável trama amorosa que minava seus esforços de desenvolvimento profissional. Seria, no entanto, só um entrave momentâneo. Felizmente, ela não tinha perdido as esperanças de recuperar o bom rumo. Tentava manter o pensamento positivo. O dia estava lindo. E ela queria recuperar a fibra das suas origens, a vontade de evoluir e encontrar um novo amor. Conversou com Mantilla sobre a possibilidade de se encontrarem em Miami. Chegava até a pensar em passar um tempo em Nova Orleans e fazer um curso de pós-graduação em história do jazz. Estava com uma boa reserva financeira e tinha a vantagem de poder escolher entre várias opções de futuro. O que ela precisava era resgatar os valores que a tinham movido antes de conhecer Pimenta. E seguir em frente. Não queria ser mais a namorada do Pimenta, a primeira-dama, nem nada disso. Queria ser só a Sandra Gomide.

CAPÍTULO 2

No segundo semestre de 1992 o Brasil era um país em frangalhos e a situação ficou bem ruim para o presidente Fernando Collor de Mello. Suas doses de uísque Logan já não desciam redondas e suas gravatas Hermès[1] brilhavam menos. Com o tempo, os brasileiros se convenceram de que o primeiro presidente eleito no Brasil depois de longos anos de ditadura era pouco confiável. Lançou um plano macroeconômico excêntrico, idealizado de maneira improvisada pela equipe comandada pela economista Zélia Cardoso de Mello, que estabeleceu o confisco monetário e o congelamento temporário de preços e salários. A pedra de toque do seu projeto era congelar a caderneta de poupança da população, investimento sagrado e último refúgio financeiro dos pobres e remediados, e diminuir, abruptamente, a disponibilidade de dinheiro na economia para conter o consumo e a inflação.

Em um primeiro momento, aquela parte da população que tinha feito uma aposta política em Collor acreditou no plano e, apesar de sua aparência absurda, o recebeu com resignação, pensando que seus efeitos trariam, a curto prazo, benefícios para todos. Havia uma ingenuidade reinando entre gente que dava os primeiros passos para se transformar em cidadão. Percebia-se certo voluntarismo. O Brasil era um país sem grandes perspectivas, e qualquer iniciativa para colocá-lo na trilha da prosperidade era bem-vinda. As pessoas mais politizadas e lúcidas, tendo estudantes do ensino médio e universitários na linha de frente, sabiam

1. O uísque escocês Logan e a gravata francesa Hermès eram marcas consumidas com avidez e promovidas pelo presidente Collor e seus homens de confiança.

que Collor era um aventureiro e se preocupavam com o engajamento da classe média e da população mais pobre em um projeto insano. A jovem Sandra Gomide era uma das pessoas incomodadas com a situação. Não tinha votado em Collor porque o considerava um enganador. Seu pai encrencava com ela por causa de sua simpatia pelo PT. João era janista, inclusive fez campanha para Jânio Quadros em outros tempos e votaria em qualquer que fosse contra o sindicalista Luiz Inácio Lula da Silva, adversário de Collor naquelas eleições. Mas Sandra enxergava a política mais à esquerda do que o pai e achava que Collor era uma armação da mídia. Era adolescente na época da campanha das Diretas Já e julgava que Lula tinha história e era confiável, enquanto Collor não passava de um aventureiro. Bem feito para seu pai que tinha votado nele, dizia. Bem que ela avisou que ele ia se dar mal... Não adiantou. João era cabeça dura e demorou a admitir que tinha feito uma besteira.

Deu para perceber logo que não havia nenhuma ciência na política econômica do governo, e a revolta se alastrou. Era tudo feito com despreparo e improviso. E apareceu também Paulo César Farias, o PC, que carregava no seu DNA os piores instintos da roubalheira nacional. PC era o operador das contas eleitorais de Collor, o homem do dinheiro sujo de um governo concebido de maneira oportunista nos rincões de Alagoas. Seu negócio era cobrar propinas para oferecer facilidades. Acabou se tornando onipresente no governo e não permitia que nada fosse para a frente sem que ele azeitasse as engrenagens. Dizia-se que suas comissões ficaram altas demais e que, por isso, Collor começou a cair. De uma hora para outra, seu mundo desabou. O fato é que chegou um momento em que a maioria concluiu que ele era uma fraude. A reação foi explosiva. Todo mundo ficou com a sensação de que estava sendo roubado e de que os sacrifícios não tinham valido a pena. Entregaram a eleição para a turma errada. Ficaram com medo do PT e venderam a alma ao diabo. Quem eram aquelas pessoas? Qual era o esquema? Quem era PC?

Um dos irmãos do presidente, Pedro Collor, deu uma entrevista à revista Veja, em que contava todo o esquema. Isso destroçou de vez o governo. A inflação subia. O plano econômico fracassava. Collor estava com a corda no pescoço e, ameaçado de *impeachment*, cometeu a besteira de pedir à população um ato de apoio à sua permanência no poder. Para reagir às passeatas organizadas por jovens estudantes universitários de norte a sul do país e testar suas últimas forças, convocou o povo a defendê-lo nas ruas. Para o presidente, aquelas eram manifestações isoladas que não refletiam o pensamento das massas que o elegeram. Pediu então que todos vestissem verde e amarelo para demonstrar adesão ao presidente e às suas políticas. Mas o tiro saiu pela culatra. A convocação foi repudiada e a população decidiu sair às ruas de preto para pedir a cabeça de Collor. Aquele dia fatídico ficou conhecido como "domingo negro". Todos usavam preto em sinal de luto contra a corrupção. Collor perdeu no plebiscito cromático.

As pessoas começaram a chegar cedo à Avenida Paulista. Por volta de uma da tarde, Sandra estava lá. Deixou seu carro na Alameda Santos, perto da Rua Manoel da Nóbrega. Era um fusquinha azul ano 1966, que ela, às vezes, chamava de "espetacular". Foi caminhando com sua cadela Lola, uma *setter* preta de três anos, em direção à Avenida Brigadeiro Luis Antônio. Caminharia um pouco mais e chegaria ao prédio da Fundação Cásper Líbero, onde havia cursado a faculdade de jornalismo. Foi mais ou menos por ali que seu grupo de colegas da faculdade e do trabalho ficou de se encontrar, na esquina da Brigadeiro com a Paulista. Muita gente combinou de se reunir naquela esquina. Os que iam chegando agrupavam-se com seus conhecidos e formava-se uma multidão. Estavam todos alegres com a possibilidade de desmoralizar Collor, achando engraçada essa história de ele querer que a população o apoiasse. Não havia a mínima condição de isso acontecer. Ninguém mais acreditava no presidente. Ele ridicularizava o Estado e representava um simulacro de poder. Além disso, todos estavam fartos de uma inflação sem fim, que não tinha sido aniquilada por aquele plano patético, e não queriam perder a oportunidade de participar de eventos políticos de grandes proporções.

Os jovens universitários que cresceram nos anos 1980 idealizavam a rebeldia e o radicalismo das décadas anteriores. Mesmo os mais politizados tinham ideias românticas sobre o passado recente. Achavam que a atualidade era entediante e o mundo anterior, vibrante e cheio de paixão hippie. Alguns viviam o saudosismo do movimento estudantil e de manifestações públicas vigorosas. Um adulto, jovem ou mesmo adolescente um pouco mais crítico naquela época sentia-se inútil. Os heróis tinham ficado para trás. Todos tinham morrido. Nem os centros acadêmicos funcionavam direito. Faltavam pretextos imediatos para tirar as pessoas da insistente letargia política, que era um dos males daquela época. E Fernando Collor era o pretexto de que todos precisavam. Expulsá-lo do governo transformara-se em questão de honra para milhões de eleitores lesados por uma política esdrúxula.

Depois de algum tempo andando na Paulista, Sandra viu um conhecido, o arquiteto Álvaro, militante petista que vivia indignado com a desfaçatez do governo Collor e que ela andava namorando. Chegou também José, um jornalista que trabalhava com ela no jornal Gazeta Mercantil, e sua amiga de faculdade, Marli Prado. Muita gente foi chegando e, em pouco tempo, toda a avenida estava ocupada, e as pessoas começavam a descer a Brigadeiro e caminhar em direção ao centro da cidade. Apesar da tensão política, tratava-se de uma festa cívica sem espaço para radicalismos. Dona Leonilda ficou preocupada e ligou duas vezes para Sandra de manhã para saber se ela iria mesmo à passeata. Ao contrário da filha, ela não era nem um pouco destemida e tinha muito medo dessas manifestações de rua. A polícia poderia chegar a qualquer momento e bater nas pessoas com cassetetes – a polícia que Leonilda tinha em mente era a da ditadura, que chegava dando porrada. Sandra disse para a mãe que não se preocupasse, que tudo seria tranquilo. Ninguém esperava que a tal manifestação evoluísse para a violência.

Naquela época, homens como seu João Florentino, que viviam do seu trabalho e não tinham "boquinha" no governo, se davam mal. Ele, em particular, contratou um advogado logo depois do congelamento da poupança e conseguiu recuperar seu dinheiro. João sentia a inflação corroendo os seus ganhos e aprendeu a se defender. Fechava o conserto de um carro e, entre um dia e outro, aumentava o preço das peças. Chegava a ter prejuízo e não podia voltar atrás para não perder o cliente. E quando parcelava o pagamento? A última prestação já não valia nada. Sandra conhecia bem as dificuldades do pai. O dinheiro suado que ele guardava na poupança tinha sido levado por um plano que não tinha dado nenhum resultado positivo. Falou para Sandra que ela faria bem em protestar na Paulista, que já era hora de acabar com a bandalheira. Qualquer cidadão mais ou menos consciente estava revoltado.

Os Gomide nunca foram pobres. Remediados, talvez, quando começaram a criar os filhos. Moraram quase a vida toda na Rua dos Operários, 1360, no bairro Água Funda, em São Paulo, a cerca de um quilômetro do Parque do Estado, e sempre lutaram para progredir a pequenos passos. Com a oficina e loja de escapamentos na Rua França Pinto, João Florentino conseguiu sustentar sua prole e mantinha naquela época um nível de vida que ele considerava digno. Nunca foi de luxos e também não pagou escolas privadas para os filhos, mas, sempre que pôde, tratou de ajudá-los. Tinha acabado de instalar Sandra no apartamento alugado anteriormente pelo irmão Nilton, casado com uma francesa. O casal tinha ganhado uma filhinha, Millá, e precisava de um espaço maior. Sandra queria se emancipar e era capaz de pagar o aluguel. O pai achava que aquele apartamento tinha o tamanho certo para uma moça sozinha e, além do mais, ficava bem perto da oficina. O primeiro carro, o fusca, também foi o João Florentino que deu para Sandra. Comprou de uma sobrinha. Sempre que tinha possibilidades, dava uma mão para os filhos.

– Ele passou dos limites. Acho que vamos conseguir tirar esse cara do governo – dizia Sandra para quem quisesse ouvir, enquanto caminhava orgulhosa. – Se ele não tivesse pedido que todo mundo usasse verde e amarelo, talvez se salvasse, mas agora está condenado.

Sandra era uma menina sem travas na língua, que falava o que pensava, às vezes mais do que devia. Gostava de fazer piadas e falar frases de efeito. Podia ser grosseira ao criticar a camisa de um colega da qual não gostasse ou o mau gosto de alguém que apreciava uma música que ela considerasse ruim ou brega. Agora estava revoltada. Embora não fizesse o estilo militante, sentia-se enganada e estava disposta a ajudar a derrubar o "caçador de marajás". Nem muito politizada ela era. Estava mais em busca da rara emoção naqueles anos pós-ditadura de se envolver com um movimento popular. De modo geral, pouco ligava para a política. Gostava de economia. E de cultura. Perseguia esse conhecimento e sua profissão ajudava a obtê-lo. Na faculdade, nunca se interessou muito pelo movimento estudantil, por exemplo. Estava, desde o primeiro ano do seu curso, muito ocupada trabalhando. Assim que entrou na Cásper Líbero, uma das melhores faculdades de jornalismo de São Paulo, começou a trabalhar. Dava duro e não tinha muito tempo para fazer articulações políticas ou participar de reuniões.

Na época da mobilização dos "cara-pintadas", Sandra trabalhava na Gazeta Mercantil há três anos e era uma jornalista responsável e esforçada. Estava prestes a completar 25 anos, tinha boa experiência no mercado, mais do que a média dos seus colegas de curso. Quando começou a faculdade, Sandra tratou de arrumar estágios e, no segundo ano, conseguiu uma vaga na assessoria de imprensa da multinacional IBM, com uma boa condição de trabalho. Pagou todo o seu curso universitário com seu próprio esforço – seu pai nunca precisou colocar a mão no bolso para isso. Falava inglês muito bem, fruto de muita dedicação, e se destacava por essa qualidade. Saiu-se bem com línguas estrangeiras na escola desde cedo e, depois, com a ajuda do pai, conseguiu uma bolsa de estudos na União Cultural Brasil Estados Unidos e foi até o fim, ganhando o diploma de proficiência. Usufruiu da bolsa no primeiro ano e depois passou a pagar o curso de inglês. Não perdia uma aula e estudava com afinco.

Sandra foi boa aluna desde os primeiros tempos de escola. Estudou o que se chamava primeiro grau em uma escolinha particular perto de casa e depois foi transferida para a escola estadual Conde José Vicente de Azevedo, no Ipiranga. Fez todo o ginásio e o colegial na mesma escola e nunca repetiu um ano. Se havia uma característica marcante em Sandra, era a perseverança. Era uma menina esforçada, estudiosa, que corria atrás de seus objetivos e estava sempre em busca de conhecimento. Pequena, metia-se também com atividades artesanais, como a cerâmica, por exemplo. Quando tinha oportunidade de aprender algo de novo, aproveitava. Dedicava-se com afinco a seus projetos e sempre foi muito determinada. Seu espírito era alegre e, em geral, era bem-humorada, mas eventualmente tornava-se um pouco ranzinza ou sarcástica.

Tinha cabelos pretos e grossos e uma beleza comparada a de mulheres do interior de Portugal ou de outros países do Mediterrâneo.

Para alguns homens, era mais graciosa do que bonita. Para outros, era atraente e sensual. Nunca teve dificuldade em arrumar namorados. Seu rosto tinha um formato ovalado e sua fisionomia parecia um pouco infantil. Os olhos eram ligeiramente afastados e carregavam olheiras precoces. Seus lábios eram finos e o sorriso, cativante. Ela tinha especial orgulho do seu cabelo e gostava de acariciá-lo. Tinha a mania de fazer um rabo de cavalo com as duas mãos e segurá-lo do lado direito. Depois mudava para o lado esquerdo. Às vezes, distraía-se e passava um longo tempo penteando o cabelo.

Não dava grandes demonstrações de vaidade. Vestia-se com discrição, como se exigia dos rapazes e moças que se iniciavam na Gazeta Mercantil. Tinha altura entre média e baixa e raramente usava salto. Preferia usar calças jeans a vestidos e saias. Sempre adotou roupas mais práticas, que pudessem ser usadas em várias situações, e nunca fez o estilo sensual, o que era uma qualidade para as mulheres jornalistas, que zelavam pela pureza da profissão e não queriam confundir, nem seduzir, suas fontes ou parecer pouco profissionais.

Muito rapidamente, Sandra abandonou a condição de aprendiz e soube se comportar no ambiente corporativo. Depois de quase três anos na IBM, entendeu como funcionava o trabalho de relações-públicas e decidiu que queria outra coisa: trabalhar com jornalismo econômico. Fez faculdade para ser repórter e não assessora de imprensa. Seduzia-lhe muito a mística da profissão. Queria fazer entrevistas, mergulhar na realidade, contar histórias e sentia-se confiante com seu texto. No fim da faculdade, leu um livro chamado *A regra do jogo*, de Cláudio Abramo, o lendário chefe de redação do Estadão e da Folha de S.Paulo, conhecido por ter profissionalizado as redações paulistas. O livro reforçou suas convicções e acabou sendo muito importante na sua formação. Deu-lhe ainda mais vontade de redigir em jornais e revistas do que ser porta-voz de uma empresa ou fazer serviços de comunicação corporativa. Sabia de que lado do balcão queria estar: do lado da reportagem.

Aprendeu a gostar de informática nos tempos da IBM, mas preferia assuntos mais gerais e sem tantas minúcias. Gostava de macroeconomia e de grandes negócios. Assim que teve oportunidade, candidatou-se a uma vaga na Folha de S.Paulo e foi chamada alguns meses depois. Por conta de sua experiência na área, colaborou com o caderno de tecnologia e também escreveu matérias sobre portos e transporte marítimo. Chegou a indicar outros amigos e mesmo o namorado, Luiz Henrique Amaral, que tinha conhecido no terceiro ano de faculdade, para os testes de seleção do jornal. Foi bastante generosa com seus colegas nesses primeiros tempos de profissão e nunca pareceu mesquinha.

O interesse por economia foi crescendo e ela passou a buscar uma oportunidade na Gazeta Mercantil. A Folha, um jornal de informação geral, deixava a economia em segundo plano e era muito mais influente na área de política. Na época, a Gazeta era o maior diário especializado em economia do país. Sua circulação paga, somando as assinaturas às vendas em bancas, girava em torno de 80 mil exemplares, e o jornal parecia realmente importante e influente. As vendas nas bancas, segundo informações do departamento comercial, representavam menos de 5% do total, já que o jornal não tinha forte impacto visual. Era antiquado, sem fotografias, mas tinha um desenho harmonioso, fontes de bom gosto, retratos em bico de pena e muitas matérias esclarecedoras, bem escritas, embora predominasse um tom burocrático e excessivamente técnico.

A Gazeta Mercantil buscava a exatidão e a correção das informações de maneira implacável, quando isso não era nada comum no jornalismo nacional. Qualquer leitor percebia que se tratava de um jornal sério, às vezes sisudo. Além da cobertura da economia brasileira, publicava informações e matérias de agências de notícias, revistas e jornais internacionais. Trazia traduções em geral bem feitas de matérias sobre publicidade de uma revista chamada *Business Week* e de jornais como o *Financial Times*, da Inglaterra, e o *The Wall Street Journal*, dos Estados Unidos, ambos de economia. Era muito cosmopolita e chique. Para completar, antes que essa leitura se tornasse lugar-comum entre os mais pensantes do Brasil, a Gazeta Mercantil publicava traduções de matérias da *The Economist*. Enfim, era um jornal "classudo" e cheio de ideias que contribuíam para aperfeiçoar um claudicante capitalismo brasileiro.

Quando descobriu que a Gazeta Mercantil tinha algumas vagas, no fim de 1989, assim que se formou, Sandra entrou na disputa para ocupar uma delas. A Gazeta Mercantil era um jornal muito prestigiado entre os próprios jornalistas, políticos e empresários. Seus principais executivos comerciais e de marketing, por exemplo, diferentemente de outras empresas concorrentes, eram formados no ambiente da redação. Tinha uma credibilidade absurda nos tempos pré-internet e chegava a ponto de servir de referência para negócios em áreas longínquas do Brasil. Às vezes, quando um fazendeiro precisava fechar um contrato de soja ou de alguma outra *commodity* no interior distante, até o fim dos anos 1980, usava as informações da Gazeta Mercantil como parâmetro. Fechava-se o contrato com base na cotação que seria publicada pela Gazeta Mercantil no dia seguinte ou no mesmo dia, conforme o caso. Na falta de uma economia conectada, o jornal era um dos poucos parâmetros confiáveis de alcance nacional.

Sandra trabalhava na área de relações públicas da Agência Ambiental Paulista, a Cetesb, quando soube, pelo repórter Antônio Gutierrez, especialista em Meio Ambiente, que havia um lugar na editoria[2] de Construção da Gazeta Mercantil. Sandra conversou com o editor David Friedlander, que gostou do seu currículo e sentia que ela tinha fibra, decidindo então contratá-la. Naqueles anos do governo Collor, o jornal estava bem por cima. Recebia propaganda aos montes do governo federal, da administração direta e das estatais, e até dos governos estaduais, que também tinham seus bancos e empresas. A Gazeta tinha muito prestígio não só nacional como internacional. No exterior, era comum que as fontes procuradas por um jornalista da Gazeta Mercantil conhecessem o jornal, muitas vezes citado na imprensa americana em notícias sobre o Brasil. Os leitores estrangeiros podiam não conhecer o diário econômico, mas liam referências sobre ele. *The Wall Street Journal* e *Financial Times* citavam regularmente a Gazeta. Os correspondentes dos jornais americanos em países da América do Sul o citavam para dar

2. Nome das áreas de interesse em que dividem os jornais. Jornais especializados em economia costumavam ter sessões técnicas, como editoria de Meio ambiente e de Infraestrutura.

um lastro de credibilidade a suas matérias. Vez ou outra, a Gazeta publicava na íntegra documentos importantes, leis e medidas provisórias, para que seus leitores pudessem guardá-los e lê-los com mais atenção. Publicou o relatório final da Conferência das Nações Unidas sobre o Meio Ambiente e o Desenvolvimento (Eco-92) e todos os documentos conclusivos do encontro, por exemplo. A Gazeta era um jornal realmente útil, sem ser especificamente um jornal de serviços. Suas informações ajudavam presidentes de empresas a entender melhor seus concorrentes ou mesmo funcionários a compreender as estratégias das companhias em que trabalhavam. Muitos altos executivos que tinham motoristas particulares liam a Gazeta a caminho da reunião do *board* e chegavam atualizados, cheios de informações sobre a valorização das *commodities*, as tendências macroeconômicas e os últimos acontecimentos econômicos relevantes.

Alguns jornalistas da Gazeta Mercantil eram bem próximos do governo Collor. Na verdade, o jornal sempre teve conexões com o poder. Seu vice-presidente e comandante editorial, Roberto Müller Filho, tinha sido chefe de gabinete do ministro da Fazenda, Dilson Funaro, durante o governo de José Sarney. Getúlio Bittencourt, correspondente de Nova York, foi secretário de Comunicações de Sarney. Um dos editorialistas[3] da Gazeta, João Santana, também foi ex-assessor de Funaro e era bem conhecido de Zélia Cardoso desde os tempos do Plano Cruzado, lançado em 1986. Zélia fez parte da equipe que desenvolveu o Plano Cruzado. Santana passou dois anos na Gazeta Mercantil e depois entrou para o governo. Foi convidado por Collor para ser ministro da Administração. Um ano depois fora destacado para ser o superministro da Infraestrutura. Não teve brilho, diga-se de passagem, nem no jornal e nem nos cargos públicos que ocupou. Sua nomeação talvez seja um dos indícios mais gritantes da precariedade do governo Collor – Santana não tinha experiência para assumir cargos tão estratégicos.

3. Editorialistas são os jornalistas que escrevem os editoriais – textos que expressam a opinião dos donos dos jornais. É um texto opinativo, que tem uma página certa para ser publicado. Os jornais podem ter um ou mais editoriais diários.

Outro indício de afinidade entre o governo e a Gazeta Mercantil vinha de um antigo namoro da ministra Zélia Cardoso com um dos principais editores do jornal, Glauco de Carvalho. Namoraram em 1983, mas a relação terminou porque os horários dos dois eram incompatíveis. Glauco saía do trabalho todo dia à meia-noite, quando Zélia já estava cansada e com sono. Esse é um dos problemas da profissão de jornalista. Às vezes, é difícil manter um namoro com alguém de outra profissão. Zélia também era amiga de longa data, desde o cursinho universitário, de Celso Pinto, jornalista proeminente e correspondente do jornal em Londres.

Até que a corrupção no governo se tornasse gritante, a Gazeta Mercantil procurou apoiar, com seu tom liberalizante responsável, algumas das medidas de Collor, como a abertura das importações, que fez aparecerem, de uma hora para outra, nas ruas das cidades brasileiras, concessionárias de uma marca de carro russa chamada Lada. O jornal, antes que isso se tornasse uma ideia hegemônica, posicionava-se a favor do livre mercado e estimulava os negócios. Depois, quando viu que o plano de Zélia naufragava, tratou de desconstruí-lo e denunciou suas falhas, mas sempre separando a economia da política. Dava para perceber, porém, que diante de tantas relações políticas diretas e vínculos internos, a Gazeta Mercantil acabava ficando em cima do muro na sua cobertura.

Sandra trabalhava duro. Seu momento de "cara pintada" terminou naquele domingo, na manifestação pelo *impeachment*. Nos meses seguintes, Collor caiu, Itamar Franco assumiu, convidou o senador Fernando Henrique Cardoso para ser ministro das Relações Exteriores e, sete meses depois, ministro da Fazenda. A partir daí, a Gazeta Mercantil aproveitou a chance de se tornar um dos principais canais de entendimento das transformações que estavam por vir. Traduzir a realidade econômica com equilíbrio e sem contaminação política era algo que ninguém fazia no Brasil. E a Gazeta Mercantil tinha se tornado uma máquina de produzir notícias segmentadas e de qualidade. A rotina por lá era pesada e intelectualmente prolífica. Repórter tinha que ir atrás de boas histórias, entender como o mercado funcionava, encontrar personagens e escrever bem. Pesava também a favor uma boa capacidade analítica. Sandra costumava chegar entre onze horas e meio-dia, sempre achou esse o horário ideal para começar a trabalhar. Ia sempre até as nove ou dez horas da noite, pelo menos, se não tivesse chamada na primeira página do jornal.

No dia a dia de trabalho, se um repórter conseguia emplacar uma matéria na primeira página, precisava esperar a aprovação final dos chefes, e isso podia demorar um pouco. Todos achavam muito bom conseguir um lugar de destaque na capa, embora isso significasse mais trabalho. Não que fosse um problema para os jovens, mas às sextas-feiras isso podia se tornar maçante. A Gazeta Mercantil não circulava nos fins de semana. Chegava ao leitor entre segunda e sexta-feira e era um jornal com dois grandes cadernos, que englobavam várias áreas de interesse. O primeiro caderno reunia os assuntos de macroeconomia, política e alguns setores ligados à infraestrutura. No segundo caderno, ficavam as matérias de finanças e os assuntos de agropecuária. Havia um terceiro caderno, menor, que abrigava anúncios legais e balanços durante o período em que as empresas divulgavam seus resultados, entre fevereiro e abril, além de uma ou duas páginas editoriais dedicadas a temas de legislação.

O jornal saía, naquele tempo, com 23 editorias, fora a de variedades, representada pelo caderno Fim de Semana, que circulava às sextas. A lista incluía Internacional, Nacional, Editorial, Política, Indicadores, Trabalho, Indústria, Tecnologia, Informática, Transportes, Energia, Meio Ambiente, Construção, Matérias-primas, Agropecuária, Finanças, Investimentos, Conjuntura, Empresas, Suprimentos, Mercados, Administração e Serviços (que reunia os assuntos de marketing e publicidade) e Legislação e Insolvências, no terceiro caderno. Buscava-se a especialização como uma maneira de atingir os leitores dos vários setores e segmentos da economia, que encontravam as questões de seu interesse organizadas e expostas com clareza na Gazeta Mercantil. Cada editoria tinha um editor, que funcionava como uma espécie de repórter especial, correndo atrás das matérias de fôlego e das exclusivas; um subeditor ou editor assistente, que cuidava do fechamento da página, de ajustar as matérias ao espaço disponível, dar títulos e fazer o acabamento (às vezes, esse subeditor se dividia entre duas editorias "menores" ou mais "frias"); e um ou mais repórteres, que corriam atrás das ocorrências do dia a dia e uma hora ou outra tentavam algumas matérias mais complexas e davam uma força no fechamento.

Sandra era repórter da editoria de Construção e cobria assuntos relacionados à engenharia civil, mercado imobiliário e arquitetura. Seu primeiro chefe, Friedlander, deixou o jornal logo depois de sua chegada e foi substituído por Amarilis Bertachini, que já trabalhava na Gazeta Mercantil desde 1986. O editor assistente era Mario Zamarian. Havia outra repórter, chamada Denise Arakaki, que havia sido transferida da editoria de Política e Trabalho, onde antes cumpria funções de subeditora. Sandra era a mais jovem e inexperiente do grupo, mas em pouco tempo passou a compartilhar tarefas adicionais, como o eventual fechamento da página de Construção, que ficou também sob sua responsabilidade no período de três meses em que Amarilis usufruía de seu direito à licença-maternidade. Quando algum jornalista saía de licença ou de férias, o trabalho pesava para quem sobrava, mesmo nas editorias frias, como a de Construção, que não dependiam das notícias urgentes do dia a dia. Denise era uma fechadora responsável e apoiava Sandra no seu trabalho. Sem Amarilis, Sandra era muito pressionada para encontrar notícias – em uma cobertura jornalística especializada o repórter tem obrigação de arrumar assuntos exclusivos todo o tempo. Sandra e Denise eram bem próximas e costumavam sair para jantar juntas e conversar. Denise participava de algumas reuniões de amigos na casa de Sandra.

Sandra tinha uma boa relação com seu grupo de trabalho e com a redação em geral. Fazia parte da nova geração do jornal. Era um grupo promissor, de gente irrequieta e entusiasmada que, frequentemente, tinha outro diploma além do de jornalismo. Na mesma época que ela, entraram na Gazeta Mercantil, no programa de treinamento, outros jovens jornalistas, como Amália Safatle, Ana Florence, Claudia Facchini De Cesare, Maria Cristina Fernandes, Cláudia Trevisan, Claudia Mancini, Marcio Aith, Hilton Hida, Fernando Dantas, Milton Gamez, Eugênio Melloni, Nora Gonzalez e Luciana Magalhães. Além disso, chegaram outros, mais veteranos, como a própria Denise Arakaki e Teresa Navarro, que veio trabalhar na área de Legislação, além de Luíza Pastor, Mariluce Moura e Marinete Veloso, que antecedeu Zamarian como subeditora de Construção e, logo em seguida, foi promovida a editora de Administração e Serviços. Sandra acompanhava os movimentos dentro da redação e percebia que tinha alcançado um bom nível em pouco tempo, embora visse que outros jornalistas tão jovens e com um tempo às vezes menor de jornal ganhavam mais espaço e recebiam promoções mais rapidamente. Gostava da área de construção, mas depois de um ano na editoria começou a ter muita vontade de mudar. Queria explorar assuntos que envolvessem mais raciocínio, como macroeconomia, e conquistar uma presença mais constante na cobiçada primeira página.

Durante o tempo em que trabalhou na editoria de Construção, em média a cada dois meses Sandra conseguia uma chamada na primeira página para suas reportagens. Fazia muitas matérias sobre financiamento de imóveis e também sobre projetos imobiliários de alto padrão. Um de seus primeiros trabalhos de destaque, com uma apresentação curta na capa, falava, por exemplo, do lento retorno proporcionado pelo imóvel alugado: a remuneração para imóveis residenciais girava em torno de 0,7% ao mês. Meses mais tarde, Sandra escrevia um longo texto sobre apartamentos diferenciados que vinham sendo oferecidos no mercado paulistano no início de 1990. Comunicava, em seguida, que a Cesp (Companhia Energética de São Paulo) havia cancelado a venda de um de seus prédios no centro da cidade.

O dono da Gazeta Mercantil era o empresário e político chamado Herbert Levy. Banqueiro, presidente do conselho do Banco Itaú por dezesseis anos e deputado federal por dez mandatos consecutivos por partidos como UDN, Arena, PFL e PSC, Levy deu sempre ao jornal um toque de liberalismo ilustrado e de capitalismo sensato. Comprou em 1934 o que não passava de um boletim diário de informes econômicos e anúncios legais e levou quarenta anos para transformá-lo em um jornal de verdade. Herbert foi também criador e dono de outro diário, o Notícias Populares, que, para resolver algumas dívidas no Banco da América, um dos bancos formadores do Itaú, acabou sendo vendido para Octavio Frias de Oliveira, proprietário da Folha da Manhã, empresa editora da Folha de S.Paulo.

No começo dos anos 1970, Levy, entusiasmado com o milagre econômico – o Brasil crescia como nunca e o mundo dos negócios fervilhava –, decidiu investir em jornalismo. Acreditava que haveria cada vez mais demanda por informação econômica e queria um produto bem-feito. Foi atrás dos melhores especialistas do mercado, que não eram muitos e se espalhavam pelas redações dos grandes jornais e de algumas revistas, como Visão e Veja, e nas revistas técnicas da Editora Abril, como Transporte Moderno e Química e Derivados.

Depois de uma curta experiência com um veterano chefe de redação chamado Hideo Onaga, Herbert selecionou Roberto Müller, então um jovem de 33 anos, mas com longa experiência e passagem por várias publicações destacadas, para dirigir o jornal. Formado em química industrial e membro do Partido Comunista Brasileiro (PCB), morou na Baixada Santista e foi funcionário da Cosipa, em Cubatão. Chegou a ser preso pela ditadura militar no ano do golpe e, assim que deixou a prisão, veio para São Paulo, onde se iniciou no jornalismo. Foi para a Folha de S.Paulo, onde passou a fazer parte do time de talentos formado por Cláudio Abramo. Antes de ir para a Gazeta Mercantil, Müller trabalhou quatro anos no governo de São Paulo como assessor de Funaro na secretaria de Planejamento. Ainda trabalhou nas revistas Realidade, Veja, Visão e Expansão.

A Gazeta Mercantil funcionou durante a maior parte de sua história em um anexo da Folha de S.Paulo, na Alameda Barão de Limeira, ao lado da gráfica onde era impressa. A administração estava instalada em outro escritório, também no centro de São Paulo. Em 1975, logo depois que Müller assumiu a direção, o jornal mudou-se para a antiga sede do Jornal da Tarde – Estadão – na Rua Major Quedinho. A redação ficava no quarto andar, logo abaixo da diretoria. Era espaçosa e pouco iluminada. As janelas do prédio eram pequenas e estreitas, entremeadas por várias colunas paralelas. Tinha um estacionamento não muito grande, reservado a uns poucos privilegiados, e um hall de entrada imponente.

Foi uma declaração de independência da Gazeta, que passava a ter sede própria. Em poucos meses, um jornal de uma ou duas páginas editoriais passava a ter doze páginas ocupadas por reportagens, muitas delas exclusivas e interessantes. A redação duplicou de tamanho e passou a ter quase cem jornalistas. Para completar sua cobertura e não perder de vista os fatos principais do dia, mesmo que não fossem relacionados à economia, a Gazeta comprava notícias da Agência Jornal do Brasil e da Agência Estado, além de agências internacionais, como Reuters e AP Dow Jones. Nesse período o jornal começou a repercutir no meio jornalístico. Tinha uma tiragem de 18 mil exemplares, que passou a crescer de maneira consistente, a um ritmo anual de 15% nos dez anos seguintes. Em 1985, ano em que o jornal passou a ser auditado pelo Instituto Verificador de Circulação (IVC), sua circulação paga diária ficava próxima de 70 mil exemplares.

Com o tempo, a Gazeta Mercantil começou a se destacar por méritos jornalísticos: análises acertadas, informações corretas e muita lucidez. Além disso, exibia um refinamento que não se via na imprensa brasileira. Müller juntou uma equipe jovem e dinâmica, que incluía o próprio Glauco de Carvalho, alguns de seus colegas da Veja e da Abril, como Claudio Lachini e Dirceu Brisola, e o espanhol Matías Molina. Manteve também alguns jornalistas que vieram com Hideo, como Klaus Kleber, que assumiu a editoria de Indústria. Em pouco tempo modernizou o jornal, pagando salários bastante competitivos para o mercado, a fim de atrair profissionais de qualidade, e criando uma boa rede de correspondentes nos Estados Unidos e na Europa.

Herbert cuidava de sua carreira política e pouco interferia no desenvolvimento do jornal. Adquiriu plena confiança em Müller e deixava a área editorial se desenvolver sozinha. Ficava satisfeito com o impacto positivo da Gazeta no mercado e do aumento do seu prestígio junto dos chamados formadores de opinião. Falavam bem de suas matérias no mundo empresarial. O jornal não se precipitava nem publicava bobagem. Os políticos gostavam do jeito sensato com que o jornal tratava temas complexos e polêmicos, sem tomar partido e sem paixões. Tampouco se percebia qualquer reacionarismo. Liberais e comunistas concordavam que se tratava de uma publicação séria, avançada e globalizada, quando mal se falava em globalização. Em seu esforço de segmentação e em abrir várias frentes de cobertura, uma ideia de Müller, no fim dos anos 1970, o jornal criou uma sessão de Política, que veio a ser comandada por Brisola. Isso aconteceu logo depois da criação de uma editoria de Trabalho. Eram tempos de crescimento do movimento sindical no ABC paulista, do surgimento de Lula como líder e de abertura política. A Gazeta Mercantil estava bem atenta a todas essas mudanças.

Herbert tinha um excelente retorno com o jornal, que alimentava seu prestígio. Era seduzido pelos elogios e pela margem de manobra política que o jornal lhe dava. Não era o dinheiro o que mais interessava nessa época: a Gazeta não dava lucro, mas influência. Quando chegava o fim do ano, Müller fazia um discurso de agradecimento ao empenho e à dedicação de todos, e Levy assinava um cheque cobrindo os pagamentos que faltavam e garantindo o décimo terceiro salário. Era o tipo de relação informal que acabou se entranhando no DNA da empresa. Havia também uma cordialidade e um tratamento humano que encobriam as incompetências. O jornal nasceu com problemas administrativos e trabalhistas, sempre rolando dívidas e acumulando pendências tributárias. Quando começou a dar dinheiro, os outros negócios da família Levy não iam tão bem e passaram a tragar os investimentos e a receita que a Gazeta obtinha.

Com o jornal, Herbert Levy queria dar rédeas ao filho Luiz Fernando, em quem via a vocação para os negócios editoriais. Luiz Fernando começou a trabalhar com o pai e virou seu braço direito e chefe de seu gabinete nos tempos em que foi secretário estadual da Agricultura durante o governo de Roberto Costa de Abreu Sodré. Trabalhou também na diretoria de marketing e comunicação da Cesp. Depois, ajudou a Gazeta Mercantil a encontrar uma plataforma e um discurso. Além de perceber logo cedo que havia espaço para um projeto desenvolvimentista de alcance nacional – diferentemente do pai ele via o jornal como um vetor de negócios e transações comerciais –, Luiz Fernando concluiu, estimulado por Müller, que deveria haver um comprometimento firme com a democracia. O que faltava no Brasil, em meados dos anos 1970, era um ambiente democrático, eleições diretas para presidente e outros cargos do poder executivo e direitos elementares que os cidadãos usufruem em um sistema aberto. E a Gazeta Mercantil soube propor essa mudança sistêmica em meio a empresários e gente de poder e, com um discurso favorável à economia de mercado, conseguiu um grande apoio. Aos poucos, Müller e Luiz Fernando foram fortalecendo a posição do jornal no debate público e criaram, em 1977, o Fórum de Líderes, uma organização independente para articulação de empresários de todo o Brasil. Müller, além do mais, era suficientemente hábil para impedir interferências indevidas da família Levy na rotina de trabalho jornalístico, o que só contribuía favoravelmente para a imagem da Gazeta Mercantil.

Apesar dessas boas iniciativas, a seriedade editorial e a qualidade jornalística da Gazeta Mercantil nunca encontraram respaldo na empresa que a editava. O jornal tinha repercussão, enchia-se de anúncios, via seu prestígio catapultado, mas sempre sofria com falta de caixa e problemas financeiros. Era uma empresa confusa. Sandra percebeu isso logo que chegou. Para quem tinha experiência na IBM, a situação era, no mínimo, chocante. Os atrasos de pagamentos eram comuns e benefícios trabalhistas eram negligenciados. A Gazeta era uma contradição ambulante: ditava as regras da economia e era um fracasso financeiro. Diziam, em tom de piada, que era um jornal em busca de uma empresa.

A situação por ali era permanentemente tensa. O terror do atraso salarial estava sempre presente. No segundo andar, ficava o posto do Banespa, onde eram feitos os pagamentos dos salários. Como havia uma espécie de casta superior, diretores e jornalistas com salários mais altos recebiam em um posto do Citibank, no quinto andar. Nos dias em que os salários saíam, às vezes com uma semana de atraso, filas quilométricas de gente do baixo escalão se formavam em frente aos caixas do Banespa e avançavam até o elevador. Sandra notou logo e vivia esses atrasos com grande ansiedade. O pagamento do décimo terceiro salário, em novembro e dezembro, era sempre um sofrimento, e, por precaução, as férias tinham de ser tiradas com uma certa margem de segurança. No fim, em situações de demissão ou em acordos amigáveis, a Gazeta Mercantil acabava cumprindo seus compromissos, ou seja, o funcionário recebia seus direitos, mas depois de muita insistência e reclamação.

Apesar desses percalços, o ambiente de trabalho era vibrante e animado e o dinheiro curto tinha várias compensações. O time de repórteres era jovem e havia a possibilidade de discutir com liberdade a economia brasileira e vasculhar o mundo dos negócios. As tarefas de apuração de notícias e fechamento da edição eram executadas com entusiasmo. As iniciativas do jornal costumavam ser pouco planejadas, mas acabavam dando certo porque a redação reunia um grupo grande de pessoas inteligentes que tinham boas ideias e disposição para levá-las adiante. A aparência vetusta da Gazeta Mercantil encobria um ambiente fervilhante e intelectualmente renovador.

Os jornais econômicos no Brasil enfrentavam problemas de sazonalidade no seu faturamento com propaganda porque dependiam muito da chamada publicidade legal[4]. A Gazeta Mercantil, ao longo de sua história, dominou esse mercado. Mas havia um problema: essa publicidade concentrava-se no começo do ano. A publicação dos balanços acontecia entre fevereiro e abril. No segundo semestre havia uma pequena "safra" por conta do balanço dos bancos e, depois, a coisa parava. Era importante economizar na alta para investir na baixa estação, mas isso nem Herbert nem Luiz Fernando nunca souberam fazer. E se com o pai era ruim, com o filho ficou ainda pior. A solução foi inventar novos produtos a fim de conseguir a receita necessária para manter a empresa girando nos períodos em que a propaganda legal escasseava. Assim, Herbert e Luiz Fernando, depois da sacada do Fórum de Líderes, que, inclusive, motivou alguns empresários a colocarem dinheiro no jornal, decidiram lançar o Balanço Anual, um suplemento parrudo que fazia um mapeamento completo e um grande ranking baseado no faturamento e nos resultados das empresas brasileiras ou multinacionais com operações de todas as áreas no país.

Para obter receita extra, o jornal produzia também relatorios especiais que tratavam de questões específicas, de indústrias, de setores

4. A publicidade legal, estabelecida pela lei n. 6.404 das sociedade anônimas (S.A.), de 15 de dezembro de 1976, envolvia, entre outras coisas, a publicação anual dos balanços das empresas de capital aberto e fechado, e de bancos com ações em bolsa em jornais de circulação nacional.

da economia e dos destaques econômicos de uma ou outra região do Brasil. Esses produtos especiais atraíam muitos anunciantes e, às vezes, alcançavam faturamento superior a 1 milhão de reais. Embora exigisse exclusividade de seus funcionários, não permitindo que eles assinassem seus nomes em outras publicações, a Gazeta oferecia alguns frilas internos para a produção desses relatórios. Para os jornalistas, era um dinheiro extra que entrava. Sandra, quando tinha oportunidade, tratava de colaborar com os relatórios. Cada editoria, afinada com as demandas do departamento comercial, procurava produzir pelo menos um destes por ano.

Embora o chefão da Gazeta Mercantil fosse Müller, logo que entrou na redação, Sandra percebeu que quem mandava ali era Matías Molina, editor-chefe, para quem tudo convergia no dia a dia. Era ele o epicentro da produção jornalística e quem detinha o controle da edição. Espanhol de nascimento e formado em História na Universidade de São Paulo (USP), Molina, como o chamavam, trabalhava no jornal desde 1975. Passou os primeiros quatro anos como correspondente em Londres, onde montou o escritório do jornal, e estava no comando da redação desde 1985. Antes de entrar na Gazeta foi um dos editores das antigas revistas técnicas da Editora Abril e um dos criadores da revista Exame, originalmente um encarte das revistas técnicas. Também trabalhou na Folha e foi um dos jovens jornalistas formados por Cláudio Abramo depois do golpe militar. Acertava-se perfeitamente com Müller e soube levar adiante o projeto de segmentação de áreas do jornal com maestria.

Molina era um profissional meticuloso e exigente. Forjava jornalistas por seu amor à exatidão e sua preocupação com a pesquisa e a boa apuração. Era ele que definia a temperatura da redação, os profissionais que fariam parte dela e garantia o padrão de qualidade do jornal. Quando contratava um jovem repórter, sempre perguntava o que estava lendo. Fazia parte de seu questionário básico. Uma ótima resposta era dizer que tinha acabado de ler o último de Eric Hobsbawm, historiador britânico e marxista. Quem sabe, a *História social do jazz*. Molina não era marxista, muito longe disso, era um liberal, mas se impressionava com jovens jornalistas que liam Hobsbawm.

Sua aprovação era fundamental para a sobrevivência de qualquer profissional por ali. Era implacável com os erros e impiedoso com aqueles que os cometiam. Erros factuais eram os mais abomináveis e ele tinha olho de lince para detectá-los. Na hora do fechamento da edição, jogava a gravata para trás de um dos ombros e começava a fazer anotações a lápis, nunca a caneta, no diagrama[5] da primeira página.

Molina era um homem cosmopolita. Fez escola na Gazeta e definiu a identidade do profissional do jornal. Parecia onipresente, normalmente com a cara fechada, mas garantindo que no dia seguinte o diário não estamparia nenhuma tolice. Em assuntos econômicos era uma enciclopédia ambulante. Tinha especial capacidade para detectar erros geográficos. Certa vez percebeu que alguém escrevera que os Países Baixos eram Holanda, Bélgica e Luxemburgo e seu alarme tocou. Na verdade, os tais "países" limitam-se à Holanda. Por conta de sua visão de jornalismo, a Gazeta Mercantil, às vezes, pecava por falta de informações, mas nunca por excesso. Preferia não publicar uma denúncia, por exemplo, a publicá-la incompleta ou com algum erro. E Molina era um artista para esconder notícias ou para falar de assuntos politicamente desagradáveis, abordando-os por algum de seus aspectos positivos. Por isso a Gazeta nunca arrumava problema com políticos e empresários, embora tivesse uma cobertura crítica e profunda. Tentava explorar o fato consumado e sair do raio das especulações. Quando a Gazeta Mercantil falhava, era mais por não dizer ou dizer pouco do que por falar demais. Assuntos excessivamente polêmicos da política eram tratados de maneira secundária e raramente colocados na primeira página.

Naturalizado brasileiro em 1970, Molina era o arquiteto da especialização do jornal em dezenas de editorias. Na Inglaterra, instalou a sucursal da Gazeta Mercantil na cidade londrina, no Bracken House, mesmo prédio do mais afamado diário de economia local, o *Financial Times*, e

5. Representação visual estruturada e simplificada da primeira página no jornal. No diagrama, uma folha branca do tamanho da página de um jornal, eram identificadas as matérias de capa e o espaço exato que era destinado a cada uma delas.

conseguiu estreitar relações não só com a redação do diário inglês mas com jornalistas de todas as partes do mundo. Isso aconteceu na época em que Müller apostou em uma cobertura globalizada, com uma rede de correspondentes em várias capitais. Naquela ocasião, além de Molina, Müller foi buscar outros jornalistas tarimbados para trabalhar no exterior.

Em Washington, o escolhido para a abertura do escritório foi, justamente, Antonio Pimenta Neves, que já trabalhava como correspondente da Folha nos Estados Unidos havia três anos e aceitou o convite da Gazeta Mercantil. Foi sua primeira passagem pelo jornal. Era grande amigo de Müller. Instalou a sede da sucursal no The National Press Club, prédio centenário localizado na 14th Street Northwest, no distrito de Columbia, reunindo correspondentes de todo o mundo. Em Paris, Mário Alberto de Almeida, outro jornalista da turma de Cláudio Abramo, também inaugurava a sucursal local na segunda metade de 1970.

Molina falava inglês com fluência, apesar do forte sotaque espanhol, e era um admirador empedernido da imprensa inglesa. Seu estilo era decisivo para dar um tom britânico à redação da Gazeta. Era um anglófilo convicto. Estava afinado com o empirismo dos ingleses e seu apego aos fatos. Vestia-se com blazers de *tweed* com reforço no cotovelo e comprava gravatas em lojas de Londres. Gostava especialmente da Marks & Spencer, onde encontrava roupas com preço justo e muito duráveis, e da Tie Rack. Era esbelto e empertigado, tinha cabelos brancos – precocemente – e mantinha sempre uma barba rala. De modo geral, mostrava-se fleumático, mas, diante de um erro ou atraso no fechamento do jornal, adquiria um tom ríspido, falava mais alto e era dominado pela irritação. Tinha um jeito agitado e muito rápido para falar e para andar.

Para reforçar o clima britânico da redação, uma das editoras executivas da Gazeta, Cláudia de Souza, casada com o diretor de marketing e ex-correspondente do jornal em Londres, Tom Camargo, e admiradora de Molina, tomava seu chá das cinco todos os dias. Esquentava a água quente em uma chaleira elétrica e preparava a infusão tranquilamente.

Depois a bebia, com o dedo mínimo da mão que segura a xícara ligeiramente levantado. No período em que foi correspondente, Tom também trabalhou em Bracken House e foi meticulosamente orientado por Molina na execução de seu trabalho.

Numa mesa a poucos metros de Cláudia, pontualmente às cinco da tarde, o editor do suplemento de Fim de Semana, Glauco de Carvalho, chegava exalando perfume por todos os poros, com a camisa impecável, passadíssima, para participar da reunião da tarde e se transformar, depois, em personagem onipresente na redação. Andava para cá e para lá, sempre sorridente, batia papo com um e com outro e mantinha o ambiente sempre civilizado. Pernambucano, ex-assessor do sociólogo Gilberto Freyre, gostava especialmente de disparar críticas a todo mundo que fosse de esquerda, a quem chamava de gente sem classe e desqualificada. Assumia um ar grã-fino, mas era simpático e não se acanhava de falar com a turma do baixo clero. Embora fosse elitista, era democrático e igualitário na busca de interlocutores. Acreditava, por exemplo, que só famílias tradicionais podem controlar jornais de credibilidade. Por isso, era um perfeito avalista dos Levy, além de ser um jornalista famoso por suas sacadas para dar títulos. Um dos mais conhecidos deles foi grafado no dia seguinte à renúncia do presidente dos Estados Unidos, Richard Nixon, em agosto de 1974. Diante do desconcerto mundial e das incertezas imediatas, Glauco cravou: "Especula-se em Wall Street".

Pela redação da Gazeta Mercantil, línguas estrangeiras eram faladas com perfeição e todos viajavam bastante. Vários editores já tinham passado temporadas na Europa ou nos Estados Unidos como correspondentes ou fazendo cursos de especialização e tratavam o mundo como seu território. Falavam de regiões longínquas com conhecimento de causa. Alguns jornalistas conheciam a Ásia, países como Japão, China, Malásia e Singapura, em uma época em que isso era bem raro. Naquele tempo, o prédio da Gazeta ficava nas profundezas paulistanas, ao lado do bar Mutamba, um dos "sujinhos" frequentados outrora pelo sambista Adoniran Barbosa e bem em frente à lanchonete do Estadão, famosa pelo delicioso sanduíche de pernil e pelos sucos sempre feitos com frutas frescas.

A Rua Major Quedinho, que tem um viaduto sobre a Avenida Nove de Julho, é a via de ligação do centro com o bairro da Bela Vista e o Bixiga. Era um lugar deteriorado e, no fim da tarde, normalmente, quando o dia começava a escurecer, ficava cheio de lixo acumulado diante das portas dos edifícios. Mesmo assim, sentia-se por ali uma ótima vibração urbana e a região tinha charme. O jornal funcionava perto das bolsas, das sedes dos bancos, da Avenida Paulista e das outras referências da vida econômica naquele tempo, como a Federação das Indústrias do Estado de São Paulo (Fiesp) e a associação comercial. Um pouco antes de encarar o trabalho duro do fechamento, em tardes frescas e ensolaradas, os jornalistas da casa frequentemente caminhavam até o Hotel Eldorado, na Avenida São Luís, do lado da galeria Zarzur, para beber um cafezinho ou um chá, no melhor estilo londrino. Se estivesse mais frio, depois do expediente, valia passar no restaurante para tomar uma sopinha de cebola.

Molina gostava do cafezinho do Estadão. Um convite seu para um café significava um pequeno salto para cima na escala de prestígio do convidado. Era um sinal de que ele simpatizava com a garota ou com o rapaz. Normalmente era bem educado com seus subordinados, mas não era uma pessoa constante. Podia cumprimentar alguém num dia e fazer inclusive algum comentário bem-humorado e, no outro, passar direto, resmungando, sem nem olhar na cara do sujeito. Pelo trato geral que dispensava aos subordinados e pelos jornalistas mais vistos ao seu lado, parecia se dar melhor com as mulheres do que com os homens. Tanto que se cunhou internamente o termo "molinete" para definir as mulheres que faziam parte do seu grupo de seguidoras permanentes. Não havia qualquer ambiguidade nem interesse sexual nessa relação. Tentava-se fortalecer os vínculos profissionais. Era um salutar encontro de companheiros de trabalho. Molina, sem pretensão nenhuma e sem politicagem, era o grande guia. Uma das líderes naturais das "molinetes" era Cynthia Malta, namorada e depois esposa do editor-chefe. Ela havia entrado no jornal para trabalhar como repórter em 1987 e, quatro anos depois, assumira o cargo de editora de Nacional, responsável pelas notícias de macroeconomia.

Sandra começou a se entediar nessa época com o trabalho na área de Construção. Às vezes, quando não gostava do assunto, boicotava pautas ou as deixava esquecidas. Conversava com os amigos sobre o fato de ter pouca oportunidade de sair na primeira página e conquistar mais destaque profissional. Avaliava que a editoria na qual trabalhava era pequena demais para o seu talento. Passou a se mover internamente para arrumar uma nova função. Falou com Molina e com a própria Cynthia. Via que o jornal estava mudando rápido, assim como o mercado e a sociedade brasileira. Por um lado, ela tinha razão. Era uma editoria pequena, que tinha pouca visibilidade e ficava só com assuntos do mercado imobiliário. Ela sofria para cravar uma notícia estrondosa ou mesmo para descobrir algum grande investimento no país. A inflação e o desatino econômico afastavam os investidores e grandes fundos interessados em mercados do terceiro mundo, que ainda não se chamavam emergentes. Molina gostava da editoria de Construção. Queria saber de novidades do mercado, novos investimentos, mas Sandra não podia fazer milagres. As notícias se repetiam e era muito rara uma manchete principal do setor. Na editoria de Infraestrutura, por exemplo, que envolvia os gigantescos projetos públicos, havia mais chances de descobrir notícias de impacto. Assim que viu alguma possibilidade de mudar de área, Sandra tratou de evidenciar seu interesse por macroeconomia pensando em conseguir transferência para a editoria de Nacional.

Dava para perceber em Sandra certa rusticidade e também uma ansiedade para elevar sua cultura e alinhar-se com aqueles jornalistas que ela considerava mais preparados intelectualmente. Faltavam-lhe, algumas vezes, conhecimentos básicos para entender processos e fenômenos econômicos. Viam-se algumas lacunas de formação, que ela tentava compensar avidamente. Algumas pessoas percebiam em Sandra, às vezes, uma revolta com essa questão, em parte porque alguém como ela, que se dedicou ao trabalho desde cedo, não tinha tempo sobrando para estudar. Durante o período em que cursou a Cásper Líbero, aproveitou os horários livres para aprender a falar bem inglês, mas descartou, por sentir sobrecarregada, fazer outra faculdade, como direito, sociologia ou letras. Quando tinha alguma chance, aproveitava para fazer viagens

– acreditava que o turismo era um agradável caminho de aprendizado. E tinha em mente, desde que iniciou no jornalismo, o projeto de fazer um curso de extensão universitária ou de pós-graduação em economia, área que, definitivamente, tinha escolhido para se desenvolver. Vivia cheia de veleidades intelectuais e perseguia mais a arte erudita do que a cultura popular. Isso causava uma certa tensão em seu espírito, não era algo tranquilo para ela, e para compensar seus atrasos lia sem parar nos seus momentos de lazer.

Nos tempos em que se entusiasmava com a editoria de Construção, achava, por exemplo, que escrever sobre arquitetura e urbanismo seria um bom caminho para se diferenciar como jornalista e fazer matérias realmente interessantes. Buscava assuntos elevados e artísticos. Mas as discussões arquitetônicas passavam longe das prioridades da Gazeta Mercantil, que estava muito mais interessada em monitorar o Plano Diretor ou acompanhar a Lei de Zoneamento do que em refletir sobre questões mais profundas, sem relação com o mercado e o mundo dos negócios. Normalmente, quando o jornal publicava matérias de urbanismo, eram traduções da *The Economist* ou do *Financial Times*. Em casos excepcionais uma reportagem local, se fosse muito boa, podia ter algum destaque na primeira página. Sandra, de maneira meio idealista, perseguia esses assuntos e tentava sair do lugar-comum da cobertura de Construção.

A redação da Gazeta Mercantil podia até ser culturalmente opressora para pessoas preguiçosas ou que não se esforçassem em estudar e também para aquelas que se impressionavam facilmente com medalhões do jornalismo. Em alguns momentos, dava a sensação de que alguns chefes da redação posicionavam seu intelecto um andar acima do resto da humanidade, talvez por pura presunção ou por insegurança. E o "foca"[6] que não estivesse à vontade no meio do olimpo deveria simplesmente procurar outro lugar para trabalhar. De modo geral, os profissionais do jornal tinham ou desenvolviam uma autoestima bastante elevada. Para quem chegasse ali, era importante correr atrás da informação, tentar

6. Apelido do repórter iniciante que dá os primeiros passos em uma redação de jornal.

entender a estrutura de poder e respeitar as hierarquias. Também era fundamental escrever bem e com clareza. Uma das funções mais nobres dos jornalistas é traduzir a realidade em miúdos – transformar um assunto complexo em algo compreensível. Quem tem essa capacidade, como Sandra, de entender um fato e depois de explicá-lo bem, com um texto direto e objetivo e sem passar vergonha diante de especialistas, carrega um grande trunfo profissional.

Na Gazeta Mercantil, um número de jornalistas acima da média demonstrava essa capacidade analítica. O jornal sempre procurou evoluir no sentido de se tornar mais esclarecedor do que investigativo, como querem ser os jornais de informações gerais[7]. Seus "furos"[8], muitas vezes, não eram nada mais do que a evolução na análise de determinado fato – o jornal surpreendia com uma mudança de perspectiva ou com um lance de inteligência. Olhava para um ponto ou para um aspecto da questão que ninguém estava olhando. Molina, além do mais, tinha o mérito de eliminar a politicagem da redação e valorizar o desempenho técnico do profissional. Exigia, por exemplo, que os repórteres ouvissem várias fontes ao longo da apuração. Queria sempre que ouvissem mais gente e, principalmente, que o outro lado fosse escutado, a fim de transmitir uma visão equilibrada do fato. Se a reportagem era sobre uma empresa, por exemplo, era aconselhável ouvir um concorrente? Achava, como todo jornalista de antigamente, que lugar de repórter era na rua, correndo atrás da notícia.

A redação da Gazeta Mercantil era agitada afetivamente. Flertes, namoros e casamentos aconteciam o tempo inteiro. Os membros da diretoria mal chegavam aos 50 anos, todos jornalistas cheios de fama e charmosos, e boa parte da redação tinha menos de 30. Estava longe de ser um ambiente casto ou sexualmente conservador. Relações sentimentais e casos fortuitos existiam aos montes, em todos os níveis hierárquicos, mas alguns eram verticais, entre chefes e subordinadas. Na redação da Gazeta Mercantil, no período entre os governos Collor e Itamar Franco, existiam

7. São aqueles jornais não especializados, que tratam de todos os assuntos, como a Folha de S.Paulo ou O Estado de S. Paulo.

8. É aquela informação exclusiva que um veículo publica antes dos concorrentes.

pelo menos quatro casais oficiais desse tipo, com chefes que, invariavelmente, promoveram suas subordinadas ao longo do tempo em que durou o relacionamento. Todas elas, por acaso, podiam até ser competentes, mas isso não era suficiente para extinguir a dúvida sobre o privilégio. De qualquer forma, ninguém se indignava nem havia qualquer questionamento sobre a falta de governança corporativa, algo sobre o qual ainda se falava pouco no início dos anos 1990, e sobre o nepotismo que a promoção das mulheres evidenciava na Gazeta Mercantil.

Além do casal Tom Camargo e Cláudia de Souza, que ao voltarem para o Brasil assumiram os cargos de diretor de marketing e editora executiva do jornal, o próprio Molina tinha um relacionamento afetivo na redação e tratava esse assunto com normalidade. Sua namorada Cynthia Malta primeiro foi repórter, depois editora assistente, e, finalmente, subiu para editora do caderno de Nacional, quando já viviam juntos. Também o diretor geral e *publisher* licenciado Roberto Müller tinha nomeado a sua mulher Claudia Izique para o cargo de editora de Política. Celso Pinto, o correspondente do jornal em Londres, era casado com Célia de Gouvea Franco e, ao voltar para o Brasil, assumiu a vaga de redator-chefe. Célia, alguns meses depois, ficaria com a coordenação de um novo caderno do jornal. Sem contar as relações informais que nasciam e acabavam poucas semanas depois na redação, as que duravam muito e não se confessavam, e aquelas que podemos classificar de horizontais, entre duas pessoas do mesmo nível hierárquico, nas quais, a curto prazo, não se percebe qualquer benefício mútuo.

À parte desse desvio essencial de governança, ficava a sensação de que as virtudes dos bons profissionais prevaleciam sobre qualquer privilégio. Molina, por exemplo, para compensar qualquer vantagem que parecesse dar à esposa, tratava-a, muitas vezes, com rigor excessivo. Também não rompia regras internas para dar nenhum benefício à companheira e exigia mais dela do que de outras profissionais. Além disso, percebia-se que ele podia antipatizar com algumas pessoas, mas não as perseguiria se elas fizessem um bom trabalho. Notava-se que era um sujeito justo. Apenas não promovia seus desafetos ou pessoas em quem não confiava. Quem não caísse nas suas graças dificilmente teria futuro naquela redação. Por melhor que fosse, o jornalista ficava encostado com um salário baixo até abrir o bico. Além disso, perdia qualquer chance de viagem, que era outro bom parâmetro de prestígio no jornal. Embarcar num trem da alegria de uma Câmara de Comércio e Indústria Brasil-Alemanha ou do governo de Singapura, por exemplo, era sinal de que sua promoção ao elitizado grupo dos editores estava próxima e de que seu trabalho e comportamento estavam agradando.

As regras de viagem eram simples: não se aceitava qualquer convite de empresa privada ou estatal, a não ser que fossem viagens em que a logística e a hospedagem da empresa, em alguma etapa, fosse imprescindível ou inevitável, como foi o caso, por exemplo, de uma viagem para uma mina da Companhia Vale do Rio Doce ou para uma reserva de terras raras no deserto. Nesses casos, se o repórter não vai com a empresa, não chega ao lugar, e, como a divulgação daquela notícia tem interesse jornalístico, a aceitação do convite é justificável. Também se aceitavam convites de governos e de entidades públicas e privadas, como câmaras de comércio e associações de indústrias de outros países. Por algum motivo, o comando da redação acreditava que governos e câmaras de comércio são menos parciais e interessados do que empresas. Na verdade, os países mais ricos faziam permanecentes esforços de marketing para persuadir os países mais pobres de suas ideias. Assim, cooptar jornalistas promissores ou prestigiados, convidá-los para convenções e cursos e transformá-los em parceiros é uma das táticas mais corriqueiras nessas relações assimétricas. A Gazeta acabava aceitando esses convites, talvez por pragmatismo, para dar notícias que possivelmente ninguém mais fosse dar. Mantinha as aparências, dava um verniz ético e, ao mesmo tempo, abria a oportunidade para um representante da redação conhecer lugares distantes, alcançáveis só a alto custo, e trazer notícias interessantes que só evidenciavam a vocação global do jornal. Tudo isso praticamente sem custo. E quem viajava se sentia com uma dívida de confiança e acabava trabalhando dobrado, fazendo entrevistas fora da agenda e, assim, muitas vezes, obtendo informações exclusivas.

Molina demonstrava vários níveis de afinidade com os jornalistas da casa. Além das promoções ou das chances que dava para um ou outro fazer uma viagem a um desses lugares exóticos, havia um outro indicador imediato de prestígio junto ao editor-chefe ou, pelo menos, uma demonstração de apreço da parte dele: um convite para a pizza de sexta-feira depois do fechamento, que podia acontecer em muitos lugares, como na tradicional Castelões, na Rua Jairo Goes, no Brás, que frequentava desde os tempos em que cursava a faculdade de História, ou na Pizzaria Camelo, em Higienópolis. Ali se discutia jornalismo de modo geral e, obviamente, falava-se das edições recentes da Gazeta e de vários assuntos culturais e de cinema e literatura. Embora dissesse que todos estavam convidados para as pizzas, nada como receber um convite diretamente do chefe. Quem tinha esse privilégio sentia que estava crescendo, ganhando moral, entrando na turma. Na segunda vez, iria sem ser convidado. O convite de Molina era a superação de uma barreira de entrada. Era uma demonstração objetiva de que o funcionário fazia parte daquela confraria, daquele seleto grupo de especialistas da Gazeta Mercantil, de jornalistas que entregavam o que prometiam.

Sandra, certa vez, foi convidada. Molina chegava do lado, tocava no ombro e dizia para a pessoa aparecer na pizzaria. Falava rápido e timidamente. Costumava girar um dos pés enquanto falava. Se o convidado tivesse marido ou mulher, podia levá-lo. Para Sandra foi motivo de enorme alegria participar de um evento tão simbólico. Sentiu o convite como se fosse um rito de passagem. Já nos últimos tempos de seu namoro com Luiz Henrique, contou a ele toda feliz que tinha ido à pizzaria a convite de Molina. Várias chefes estavam lá. Havia um predomínio feminino nesses encontros. Mas muitas delas levavam seus maridos. Denise Arakaki, por exemplo, ia com o seu marido, o professor de literatura Luiz Roncari. A repórter Nora Gonzalez fazia o mesmo. Sempre respeitoso e professoral, Molina contava histórias e parecia mais relaxado e tranquilo do que de costume. Sandra não era uma de suas preferidas, mas também não era preterida. Nessas sextas-feiras de pizza, Molina pagava a conta.

Sandra desejava ser uma "molinete", mas sabia que era café com leite nessa turma. Contava com alguma simpatia do chefe, que a tratava cordialmente, a ponto de dar-lhe uma chance, certo dia, de participar de seu grupo privilegiado, mas não lhe fazia qualquer tipo de concessão. Não via nela um brilho particular. Considerava-a uma boa repórter, achava que ela era esforçada e dedicada, mas não via nela nada de especial, nenhuma chama de brilhantismo, muito menos vocação para ser editora e lidar com reportagens mais complicadas. Ela não cometia erros e tinha um comportamento apropriado na relação com as fontes, o que bastava para uma avaliação profissional positiva. Não ia trabalhar de minissaia nem com roupas extravagantes, o que era uma virtude. O que se pode dizer, resumidamente, é que Sandra não empolgava Molina. E ela sabia disso. E isso mexia com seu orgulho e a fazia querer se superar.

Ela percebia ascensões mais rápidas do que a sua, mas não sentia inveja nem fazia maledicências. Tentava entender seu lugar na engrenagem e considerava que era hora de mudar de área para tentar crescer profissionalmente. Tinha consciência, porém, de que não era um dos destaques de sua geração e não seria promovida de cargo, nem ganharia um salário mais alto, tão cedo. O seu caminho seria cheio de pedras. Dois jornalistas que tinham a mesma idade que Sandra e que tinham entrado no jornal mais ou menos na mesma época que ela serviam de parâmetro para o seu desempenho. Um deles era Marcio Aith, que não contava com o diploma de jornalista, mas era formado em direito na prestigiada Faculdade do Largo São Francisco, da qual muitos editores da Gazeta Mercantil fizeram parte em outros tempos. Na Gazeta Mercantil, partia-se do princípio de que jornalistas formados em Direito eram, de cara, melhores do que aqueles que vinham de faculdades de jornalismo. Marcio voou e, em um ano de casa, foi promovido de repórter para editor. Outra era Maria Cristina Fernandes, que entrou no jornal um ano depois de Sandra e havia estudado história em Pernambuco, sua terra natal. Maria Cristina entrou na editoria de Política, chefiada por José Casado, e se destacou rapidamente. Recebeu um convite da revista Veja e deixou a Gazeta Mercantil dois anos depois, com novos desafios pela frente.

No jornalismo percebe-se rapidamente quem tem futuro não só pela capacidade de apurar as notícias e de escrevê-las com clareza e estilo, mas também pelo traquejo em assumir novas funções e cumprir missões difíceis e resolver problemas. Tão importante como atender aos fundamentos da profissão, caso do bom texto e cuidado com a qualidade das notícias, é saber se relacionar, falar com a pessoa certa na hora certa e conquistar a confiança das fontes da área em que se atua. Também é bom ser amigo do chefe ou namorar com ele, como Sandra, observando os exemplos ao redor, rapidamente percebeu. Um repórter da Gazeta Mercantil, por ser um diário especializado, precisava se transformar em uma referência no seu setor. Se fosse setorista na área de energia, por exemplo, não podia tomar furos sobre novos projetos de usinas hidrelétricas ou sobre fontes alternativas de eletricidade. Se fosse da área de construção, precisaria ser detalhista e cultivar fontes nas maiores empreiteiras e incorporadoras para obter notícias exclusivas. Sandra talvez não tivesse o mesmo traquejo e desenvoltura para falar com as pessoas, principalmente as poderosas, nem tanto conhecimento como esses dois colegas que se destacaram muito mais do que ela no jornalismo apesar do mesmo tempo de profissão.

A mudança de pessoal, o que se chama em inglês de *turnover*, tinha ficado muito alta na empresa naquele início dos anos 1990. Cada vez mais, jovens jornalistas bem formados e promissores deixavam a Gazeta Mercantil, depois de um ou dois anos de aprendizado, em troca de salários ou cargos mais altos, com pagamento em dia em outros grandes jornais. Uma das principais razões para a perda de profissionais de talento era a má administração do jornal. Os atrasos frequentes nos pagamentos deixavam as pessoas vulneráveis e desmotivadas. Por mais que gostassem do jornal, uma hora ou outra viam a empolgação desaparecer e partiam para outros empregos. Perdiam-se muitos bons jornalistas por causa de convites de outras empresas que a Gazeta não conseguia cobrir. Salários mais altos eram oferecidos, e repórteres e editores eram seduzidos. Molina mantinha certo rigor orçamentário que lhe dava pouca flexibilidade para cobrir ofertas de jornais concorrentes para seus melhores funcionários. E acabava perdendo gente mesmo quando cobria propostas, por causa do desleixo trabalhista da Gazeta Mercantil. Alguns bons profissionais ficavam sonhando em receber um convite e sair o mais rápido possível da armadilha dos Levy porque se sentiam lesados e temiam, em algum momento, ficar sem salário.

Uma das táticas de Molina para preservar bons jornalistas na redação da Gazeta era desqualificar o veículo concorrente. Ele dizia que ficar em um jornal de qualidade ganhando pouco era preferível a ir para um veículo desprestigiado com um bom salário. Certa vez, uma boa repórter iniciante, de uma editoria técnica, recebeu uma proposta para trabalhar em outro jornal diário e pediu para falar com Molina. Foi à sua sala, comunicou o convite, disse que iria ganhar mais e que pretendia sair.

– Ah, muito bom. E qual é o jornal? – perguntou Molina.

– Notícias Populares – respondeu a repórter.

– Que merda! – retrucou o diretor, com seu indefectível sotaque espanhol, sem lembrar imediatamente que o velho jornal sensacionalista fora uma invenção de Herbert Levy.

Além de menosprezar jornais populares, Molina também tratava com certo desdém os convites que vinham das assessorias de imprensa, que ofereciam empregos cada vez mais interessantes do ponto de vista salarial, só que do outro lado do balcão. As assessorias que faziam trabalhos de relações públicas e comunicação corporativa queriam profissionais com vivência de redação e especialidade em suas áreas de atuação. E naquela época muitas empresas brasileiras começavam a montar grupos de comunicação interna para passar a sua versão dos fatos e influenciar a mídia independente. Só a Gazeta tinha jornalistas especializados em varejo ou em mineração, por exemplo. Esse tipo de profissional não era abundante no mercado.

Molina sabia que a Gazeta Mercantil tinha outro grande apelo: destacava o nome de seus jornalistas no alto de todas as suas matérias, algo incomum na imprensa brasileira até então. Não se assinavam, regra geral, as matérias dos jornais. Bons e maus trabalhos permaneciam anônimos. A Gazeta Mercantil mudou isso e transformou a assinatura em regra. Molina apelava também à vontade do profissional de ser jornalista. O sujeito estava na profissão porque queria escrever e publicar reportagens isentas e não para defender o interesse de empresas como relações-públicas. São lados diferentes do balcão de notícias. Todo mundo quer achar e exercer a sua vocação. E um repórter interessado em economia poderia fazer isso plenamente na Gazeta Mercantil. Assim, Molina dizia que trabalhar em assessoria não era interessante, mas, mesmo assim, acabava perdendo vários profissionais para o mercado corporativo. Não que quisesse sair, mas Sandra, às vezes, pensava que um convite de outra redação ou de uma assessoria seria um bom negócio. Seu salário, depois de três anos na empresa, se mantinha estável e, se recebesse uma proposta, teria condições de medir seu prestígio na redação e, quem sabe, receber um aumento.

O lugar-tenente de Molina entre 1992 e 1994 era o jornalista Marco Antônio Gomes, que tinha dirigido a rádio Eldorado, que funcionava ao lado da Gazeta Mercantil, na Rua Major Quedinho, antes de se meter na imprensa econômica. Ele era secretário de redação e tentava colocar o jornal na trilha das redações modernas. Ocupava um cargo que, na prática, o convertia em uma espécie de capataz, no sujeito que colocava a máquina para funcionar. Fumando sem parar, sua principal função naquele momento era cobrar o horário do fechamento das editorias. A Gazeta era um jornal dos velhos tempos, que fechava na hora em que a edição ficava pronta, às vezes depois da meia-noite. A partir dos anos 1980, a situação mudou drasticamente nas grandes redações brasileiras por causa da Folha de S.Paulo, principalmente, que havia dado um choque de profissionalismo no mercado, e o cumprimento do *deadline*, ou seja, do horário estabelecido para o fechamento da edição, passou a ser a grande virtude de um jornalista. O que adiantava um jornal cheio de notícias quentes e exclusivas que não chegasse ao público no horário porque não ficava pronto? Agora o que valia era se comprometer com as rotinas e não interromper os processos. Para ser realmente útil, a Gazeta precisaria chegar antes das nove horas da manhã, se possível às oito horas, na mesa de seu leitor. E Marco Antônio era linha-dura. Cuidava para que o jornal fechasse no horário certo.

Naquela época, várias redações de grandes jornais já eram informatizadas, mas a Gazeta foi a última de São Paulo a ganhar computadores. Até meados dos anos 1990, escrevia-se ali com máquinas de escrever Olivetti modelo Underwood 198 ou Lettera 35i, algumas caindo aos pedaços, e em laudas de papel com 20 marcações de linhas e cerca de 70 caracteres por linha, o que dava mais ou menos 1.400 toques por página.

As matérias eram escritas e corrigidas na lauda e as páginas eram coladas umas às outras. Usava-se cola em bastão. Havia um diagrama onde se desenhava a página e se distribuíam as matérias do dia. Quem cuidava do desenho da página era o subeditor. No horário certo, o tal diagrama tinha de estar preenchido e todas as matérias encaminhadas para a sala dos revisores, antes de ir para a impressão. Com a entrada de Marco Antônio, Molina tentava antecipar os horários de fechamento das editorias e fazer que esses horários fossem cumpridos. A editoria de Construção precisava estar pronta às 20 horas, por exemplo. A primeira página, que resume o jornal e é a última a fechar, não podia passar das 23 horas.

Tudo isso para que o jornal fosse impresso cedo e distribuído em lugares distantes do país ainda pela manhã. Não adiantava fazer um jornal que não chegasse ao seu destino na hora certa, e, no caso da Gazeta, a maioria dos leitores eram assinantes. Apesar de seus processos antiquados, o diário dispunha de um recurso avançado, desde 1985, para a produção do jornal: a transmissão por satélite do arquivo digital do jornal para cinco capitais brasileiras – São Paulo, Rio de Janeiro, Brasília, Salvador e Porto Alegre – para ser impresso simultaneamente nos locais onde seria distribuído. Era um grande trunfo para um jornal com ambição nacional. Naquele momento, em que não existia internet nem qualquer outro serviço de informação eletrônica, a Gazeta era a única fonte de notícias para produtores rurais de regiões remotas ou para executivos atuando em missões no interior. O leitor aceitava porque não tinha outra opção. Quando começou a se tornar possível a obtenção da notícia com uma consulta no computador, os atrasos começaram a se tornar preocupantes. Os jornais já não concorriam só consigo mesmos e chegar no horário certo passou a ser uma demonstração de eficiência e uma forma de preservar clientes em pontos remotos.

Nos fins de tarde, sempre acontecia algo que comprometia o planejamento, um imprevisto, normalmente algo que, se publicado, deixaria o jornal melhor. As notícias, por incrível que pareça, são inimigas da boa gestão de uma redação. Jornais, como se imagina, vivem de imprevistos. Mais quente ele será quanto mais imprevistos estampar em suas páginas. Podia sair um pacote econômico de última hora – vivíamos a era dos pacotes econômicos –, um ministro poderia cair ou uma empresa poderia adquirir outra – e nunca há um horário predeterminado para que isso aconteça. Sempre havia alguém com um furo no fim do dia para comprometer o fechamento. Além disso, havia problemas sérios com a distribuição. Muitas vezes o jornal fechava no horário, mas não chegava ao endereço do assinante na hora adequada. A capilaridade tornava muito complexa a entrega da Gazeta Mercantil em localidades mais afastadas, principalmente onde a receita obtida com assinatura de, às vezes, menos de dez assinantes nem cobria os custos de distribuição, por falta de escala.

De qualquer forma, havia uma febre de eficiência e a Gazeta Mercantil começava a preparar seu projeto de expansão, o que causava pressão adicional sobre todos os que estavam ali. Luiz Fernando queria crescer, aumentar a circulação do jornal, capilarizar a distribuição ainda mais, vender a Gazeta Mercantil do Oiapoque ao Chuí e levá-la até outros países – a Gazeta era uma marca de referência, que podia ser editada em versão em espanhol, por exemplo. O jornal buscava um novo rumo, tentava se modernizar. A redação era formada por muitos jornalistas que entraram na área conscientes de que sua profissão passava por uma importante transformação. Sandra sabia que os tempos eram outros. A época do romantismo havia acabado. Já havia colaborado para a Folha de S.Paulo e aprendera a cumprir prazos. Sabia que, nos novos tempos, a rapidez para cumprir tarefas era um dos pilares do bom trabalho jornalístico.

Sandra sentava-se bem perto da secretaria de redação, onde ficava Marco Antônio, e atrás de uma das muitas colunas espalhadas pelo andar. Havia 20 dessas colunas dispostas em várias linhas paralelas, ocupando todo o grande saguão, desde a entrada do elevador até a parede do fundo, o que dava uma sensação geral de falta de acabamento – era como se houvesse uma grande estrutura desmontada, com várias salas cujas paredes foram derrubadas. Sandra escrevia com sua máquina Olivetti – cada repórter ou editor tinha a sua. Entre as colunas, mais de uma centena de jornalistas e diagramadores se espremia em mesas de três metros quadrados. Cada uma dessas mesas, onde cabiam quatro pessoas, abrigava uma editoria do jornal. Num primeiro olhar tudo parecia muito caótico, mas havia uma organização. A redação não tinha ar-condicionado e, quando ficava muito quente, os ventiladores eram ligados e começavam a voar laudas para todos os lados. Rapidamente, quem estava na mesa tratava de procurar um peso para segurar a papelada. Outra deficiência era a falta de linhas telefônicas suficientes para todos. Os jornalistas precisavam pedir linha para fazer seus telefonemas e, com frequência, tinham de esperar sua vez. A sensação geral era de precariedade.

A única sala fechada que havia no andar era a de Molina, à esquerda dos velhos elevadores e ao lado dos banheiros. Lá, ele ficava desde a manhã até o início da tarde, intercalando visitas ao telex, onde avaliava o material das agências de notícias que depois distribuía entre as editorias especializadas. Do lado oposto, perto da parede do fundo, ficavam as mesas do fechamento, onde o próprio Molina e outros editores executivos envolvidos com a primeira página, como Glauco de Carvalho, se instalavam no começo da noite para cuidar do acabamento da edição. Os editorialistas também ficavam ali por perto escrevendo seus textos de opinião. A partir das sete da noite aquele era o lugar que fervilhava.

Ao longo do processo de produção do jornal, aconteciam duas reuniões. A da manhã, quando se discutiam as pautas do dia, e a da tarde, para finalizar o jornal e destacar o que merecia entrar na primeira página. Quem participava das reuniões eram os editores. Na falta deles, o editor assistente ou um repórter era destacado. Para um jovem jornalista era sempre uma oportunidade para mostrar que sabia se expressar e "vender" as matérias para Molina. Os representantes das editorias diziam o que havia de notícia naquele dia e revelavam os principais assuntos. Se argumentasse bem, ganharia espaço na primeira página do jornal.

Sandra sentiu-se realmente orgulhosa e prestigiada no dia em que Molina decidiu editar a primeira página colocando uma matéria sua no segundo destaque, na posição que era chamada de "dobra". Tinha esse nome porque ficava, justamente, no meio do jornal, no lugar em que ele era dobrado. Na hierarquização das chamadas de primeira página só perdia para a manchete principal, que se situava no alto e recebia um título de três colunas. Até então não havia um texto com sua assinatura naquela posição tão nobre. Era a primeira vez que Sandra tinha esse privilégio. E o assunto lhe despertava especial interesse. A matéria tratava de urbanismo, mais precisamente da reconstrução do bairro do Chiado, em Lisboa, que havia sido destruído por um incêndio de grandes proporções, em 1988.

Embora falasse inglês muito bem, Sandra ainda não havia sido destacada para viagens por Molina, mas imaginava que estava no páreo para fazer trabalhos de fôlego no exterior mais cedo ou mais tarde. Viajar era o que Sandra mais gostava de fazer. Queria conhecer o maior número possível de países e seguir o caminho dos jornalistas da Gazeta, que se lustravam em visitas ao museu do Louvre ou ao British Museum. Logo que entrou no jornal, passou a juntar dinheiro para fazer viagens. Guardava um pouco todo mês e conseguia se programar para conhecer várias partes do mundo. Faria seus périplos internacionais de qualquer jeito. Se não fosse a trabalho, iria a lazer.

Era muito econômica e, para alguns, chegava a parecer sovina. Seu pai não se lembra de uma única ocasião em que ela tenha pagado uma conta de restaurante para ele. Cuidava do dinheiro direitinho, fazia economias e sabia aplicar. Com pouco, ela se virava bem. Não que se privasse das coisas sofisticadas – sabia diferenciá-las perfeitamente e não deixava de usar seu dinheiro para consumir boas comidas, bebidas e conhecimento. Apesar dos atrasos de salário, a Gazeta Mercantil, afinal, pagava o que devia, inclusive férias. Sandra se organizava e tudo acabava dando certo. Vivia sozinha e não tinha muitos gastos. Tinha acabado de sair da casa dos pais, na Rua dos Operários, onde morou desde criança e, pela primeira vez, era realmente dona de seu nariz. Tinha trabalho, casa e carro e ainda sobrava algum para viajar.

Mesmo arcando com aluguel e outras despesas mensais, Sandra conseguia juntar dinheiro. Naqueles tempos pouca gente viajava de avião, segundo cálculos das companhias aéreas, menos de 7% da população. Para um jornalista iniciante, era financeiramente desafiador. Mas assim que completou seu primeiro ano na Gazeta e teve direito a férias, Sandra fez sua estreia em viagens internacionais. Viajou com o então namorado, Luiz Henrique Amaral, que tinha encontrado uma vaga de repórter na Folha de S.Paulo. Ansiosos por saber e cultura, foram dar um giro pela Europa, conhecer museus fabulosos e lugares medievais, começando e terminando em Londres e fazendo escalas de trem em cidades como Amsterdã, Paris e Colônia, na Alemanha. Viajaram quinze dias pelo velho continente e, na volta, Sandra ainda ficou mais duas semanas em Londres, aperfeiçoando seu inglês. Luiz Henrique voltou antes para o Brasil.

No ano seguinte, mesmo sob o impacto do congelamento das cadernetas de poupança[9], Sandra foi conhecer a Espanha: circulou por Barcelona, Madri e Sevilha e voltou pra redação maravilhada. Já não namorava Luiz Henrique. Foi sozinha e aproveitou cada minuto da viagem para mergulhar na cultura espanhola. Trazia na mente as obras de Gaudí[10], principalmente o Parque Güell, e também não esquecia o Museu do Prado e o impacto de ver *Guernica*, quadro de Pablo Picasso que ficava exposto no Palacio del Buen Retiro, no parque de mesmo nome. Sentiu muito calor em Madri, mas não deixou de passear na Plaza Mayor. Sandra era muito curiosa e usava suas viagens para conhecer tudo o que fosse possível. Frequentava restaurantes tradicionais e provava vinhos de qualidade. Em Barcelona, almoçou no restaurante 7 Portes, foi ao Museu Picasso, onde há telas da juventude do artista, e visitou o pavilhão Mies van der Rohe. Andou nas Ramblas e tomou *horchata*[11]. Voltou cheia de energia e teve certeza de que a melhor coisa que podia fazer com suas economias era viajar. Mas voltou rápido à realidade. A situação financeira do país, passada a pior parte da crise política de Collor, estava periclitante. Os radares da Gazeta estavam ligados e todo mundo precisava ficar atento e trabalhar firme para trazer notícias para o jornal.

Nesses tempos, tinha deixado o lado afetivo um pouco de lado. Depois da separação de Luiz Henrique, arrumava alguns namorados,

9. O congelamento, determinado por Zélia Cardoso de Mello, comprometeu as finanças pessoais e encolheu o orçamento de muitos brasileiros.
10. Antoni Gaudí (1852-1926), arquiteto catalão.
11. Bebida de origem vegetal, não alcoólica e de aspecto leitoso, consumida pricipalmente na Espanha, em regiões como Catalunha e Valência.

mas seu objetivo não era encontrar um relacionamento sério. Suas amigas não viam nela qualquer dificuldade para começar e terminar seus namoros. Era uma mulher sem dramas sentimentais. Costumava ser prática nas relações afetivas e gostava de homens com um perfil mais responsável e sério, não necessariamente mais velhos. Fugiu do seu padrão habitual quando chamou um namorado que tentava a sorte como ator em São Paulo para morar com ela. O rapaz tinha vindo do interior e não tinha onde morar. Acabou passando mais de três meses na casa de Sandra, até que ela não aguentou mais a convivência forçada e o mandou embora. Não era muito de contar suas intimidades sentimentais. Contava o mínimo possível. Mas levava uma vida liberal. Não era reprimida nem desatinada. Conhecia gente da sua idade, jornalistas, intelectuais, arquitetos e namorava uma semana, um mês, às vezes um pouco mais. Eventualmente tinha seus casos na redação. Frequentava festas, fazia alguns jantares em casa para seis ou oito pessoas, bebia pouco, uma cerveja ou um vinho, e circulava pela cidade, sempre sem gastar muito. Gostava de ir a festas. Foi, por exemplo, com sua amiga Ana Florence, ao show de Tim Maia no Sindicato dos Jornalistas. O próprio Marcio Aith era um namorado eventual. Passavam fins de semana intensos na casa dele, na Vila Madalena. Sandra era uma moça alegre que tentava aproveitar sua vida da melhor forma e ser feliz.

O governo Itamar Franco enfrentava uma inflação galopante e se organizava para levar adiante mudanças estruturais que Collor mal chegara a fazer. Em maio de 1993, Itamar nomeou Fernando Henrique para a pasta da Fazenda, com a incumbência de encontrar uma solução para o problema da inflação. O presidente deu todo poder a Fernando Henrique para que ele levasse adiante um plano de recuperação. O então ministro foi ao mercado em busca de economistas talentosos capazes de tirar uma boa ideia da cartola e com capacidade de gestão para colocá-la em prática. Atraiu, assim, para o governo, nomes como Pérsio Arida, André Lara Resende, Gustavo Franco, Edmar Bacha e Clóvis Carvalho, além de Pedro Malan. Todos tratavam de inventar fórmulas para acabar com a indexação, que fazia os preços subirem na mesma medida da inflação do período anterior, o que gerava uma inércia inflacionária e uma movimentação especulativa infernal. Em julho, a inflação chegou a 33,53% e, logo em seguida, a primeira medida de impacto do novo ministro foi tomada. Pela sétima vez, o Brasil mudava de moeda e o Cruzeiro se transformava em Cruzeiro Real. De agosto até julho do ano seguinte os índices inflacionários nunca ficaram abaixo de 30%.

A Gazeta vivia um dilema, estava passando por um momento de inflexão, naquele ponto em que as águas se dividem, em que "ou vai ou racha". Nas duas décadas anteriores, o jornal havia crescido muito, deixado de ser um boletim de comunicados de falências e concordatas e se transformado em um jornal de verdade, com alcance nacional e credibilidade a toda prova. Depois de crescer sem parar, de se tornar um jornal influente, comprometido com a economia de mercado e a informação de boa qualidade, de criar o Fórum de Líderes, o Balanço Anual, articular grandes empresários brasileiros na luta pela democracia, seu fôlego dava sinais de esgotamento. Seu estoque de assinaturas, que havia alcançado 75 mil exemplares e representava mais de 90% de sua circulação – o restante era de vendas avulsas –, caía sem parar desde o início da década. Baixou para 70 mil e já apontava para 60 mil. E isso não por causa do aumento da concorrência, mas de certa forma pela acomodação e esgotamento de uma fórmula. Mais de dois terços de seus assinantes eram pessoas jurídicas, ou seja, empresas. Não era um produto de banca beneficiado por compras por impulso. O jornal, que já parecia antiquado, estava ficando realmente velho. Organizava-se de maneira técnica demais. O que tinha sido uma virtude até então passou a ser um defeito. E o sinal de alerta acendeu.

Em três anos, a partir de 1989, enquanto a circulação paga dos grandes jornais brasileiros crescia 30%, o estoque de assinaturas da Gazeta caía 13%. No período, o jornal perdeu três pontos de participação no mercado. Ao mesmo tempo, tinha visto secar sua principal fonte, a publicidade legal. Por ser o jornal que mais cobria o mercado financeiro e os negócios na Bolsa de Valores na época da Lei das S.A., soube aproveitar o momento e abocanhou a maior parte desse filão publicitário, que se revelou milionário. Com o tempo, porém, os jornais generalistas, que também tinham suas seções de economia e negócios, passaram a atrair a publicidade legal. Deram grandes descontos, quando a Gazeta tinha uma política de preços irredutível, e passaram a oferecer a publicação dos balanços como bônus para grandes anunciantes de produtos e serviços. A partir da segunda metade dos anos 1980, o mercado, medido em volume ou em centímetros, começou a declinar e, até o início da década seguinte, ficou 58% menor. Na Gazeta, que obtinha mais da metade de seu faturamento com anúncios de balanço, o volume caiu na mesma proporção.

Outro fato importante foi a saída de Müller, que não tinha mais tanto interesse em continuar no jornal e testava suas chances no governo e na política. Já acumulando a função de secretário executivo do Fórum Paulista de Desenvolvimento[12], Müller decidiu se licenciar da vice-presidência da Gazeta e assumiu o cargo de secretário da Ciência, Tecnologia e Desenvolvimento Econômico, a convite do governador Luiz Antonio Fleury Filho, do PMDB. O jornal perdia seu *publisher* e clamava por uma reordenação editorial. O substituto natural de Müller, o diretor adjunto, Sidnei Basile, outro jornalista do "núcleo duro" da Gazeta, onde trabalhava há dezoito anos, assumiu o comando editorial interinamente, mas também deixou o jornal depois de alguns meses, a convite do Citibank, para chefiar o departamento de pesquisa e análise que o banco americano decidiu criar no Brasil. Para substituir Müller, Luiz Fernando acabou optando por Dirceu Brisola, ex-diretor da sucursal de Brasília, que, naquele exato momento, ocupava o cargo de diretor de marketing. Dirceu era um jornalista com visão comercial, cheio de ideias e entusiasmo para modernizar o jornal. Acabou seduzindo Luiz Fernando com seus projetos e ficou com o cargo.

Era o momento de uma grande reformulação, e a primeira tarefa de Dirceu era pensar em uma nova estrutura para a redação e cuidar do planejamento estratégico de marketing do jornal. Seria um planejamento trienal. A meta principal, o alvo no horizonte de dezoito meses, até

12. Fórum criado em 1991 e coordenado pelo vice-governador Aloysio Nunes Ferreira para promover o desenvolvimento do Estado de São Paulo.

1996, era sair da paralisia e alcançar a circulação paga de 150 mil exemplares. Esse era o número que fervilhava na cabeça de Luiz Fernando e dos executivos da empresa, principalmente na de Dirceu. Falava-se em transição interna, reposicionamento de produto, exploração de novos mercados, comemoração de 75 anos de existência, e em novos lançamentos em um cenário de estabilização econômica e política. Ainda que houvesse muitas incertezas em relação ao sucesso do plano econômico do presidente Itamar Franco e do ministro Fernando Henrique, bons ventos sopravam e a Gazeta Mercantil não podia parar. O futuro imediato parecia promissor e aquele era o momento de reagir. Em poucos meses, as iniciativas do governo passariam a dar resultados.

O principal ativo da Gazeta era a credibilidade, além da especificidade e de uma base de assinantes altamente qualificada. Mesmo pesquisas independentes encomendadas por outros jornais a indicavam como o veículo mais confiável do país – e isso justificava o uso dos indicadores que o jornal publicava em contratos privados e públicos assinados em todo o Brasil. Suas tabelas eram feitas com rigor e raramente falhavam. O problema é que sua base de leitores estava envelhecendo e pertencia a um grupo limitado de pessoas – os altos executivos de empresas e bancos, políticos e funcionários públicos de alto escalão e gente graúda em geral. Se quisesse crescer, o jornal precisaria atingir os jovens e também alcançar hierarquias intermediárias nas empresas, ser mais forte no chamado nível gerencial e não só no alto da pirâmide.

A Gazeta Mercantil tampouco queria continuar sendo apenas um jornal de segunda leitura. Isso queria dizer que os leitores tinham um primeiro jornal, de informação geral, como a Folha ou o Estadão, onde realmente se informavam, e depois liam a Gazeta para se aprofundar em um ou outro assunto e buscar informações específicas. A nova Gazeta não precisava mais ser assim. Podia ser mais completa, dar outras informações importantes, além das econômicas, e ser o primeiro jornal dos seus leitores. Para isso, como em qualquer redação que tentava evoluir e se tornar competitiva, uma das metas era superar o velho desafio de chegar mais cedo às mãos do leitor. A Gazeta era um jornal verdadeiramente nacional no seu alcance, embora tivesse uma baixa penetração em várias regiões. Estava em todo lugar, tinha leitores em todos os estados, mas em várias praças a sua circulação era irrisória. Mesmo assim, esses poucos leitores podiam ser grandes fazendeiros ou políticos importantes, e atendê-los era fundamental para a manutenção do prestígio do jornal.

O índice de renovação de assinaturas do jornal alcançava 75%, um percentual razoável, mas com potencial de crescimento. E a credibilidade do jornal não vinha do nada. Vinha de um trabalho jornalístico e analítico bem-feito, reconhecido também pelos leitores, que não consideravam a Gazeta tendenciosa. Sustentado nessas virtudes, Dirceu preparou seus planos de expansão. Conhecia bem as qualidades da Gazeta e sabia que sua vitalidade vinha da redação. Como editor-chefe e depois vice-presidente, Müller, com o apoio de Molina, foi capaz de erguer um projeto editorial independente, que não era manipulado pelos interesses do patrão ou de quem quer que fosse. Müller tinha toda confiança da família Levy e funcionava como um intermediário entre a redação e os acionistas. Herbert e Luiz Fernando sempre respeitaram a autonomia da redação, mas a saída de Müller criava um impasse nessa relação entre o dono da empresa e o comando editorial. Luiz Fernando não via ninguém com a mesma legitimidade de Müller para mandar na redação.

Dirceu, por seu lado, queria manter a "muralha chinesa" entre as áreas editorial e comercial. Só assim a credibilidade do jornal, que seria a principal alavanca para seu crescimento, seria preservada. Molina estava com os dias contados na redação. Cairia para cima, seria aproveitado em novas funções na diretoria, ainda não muito bem definidas, mas ficou acertado que deixaria sua função. Para mudar o jornal, precisariam de outro editor-chefe, que pensasse de maneira diferente de Molina. Na nova fase, o sistema de editorias especializadas seria deixado de lado e a organização dos assuntos seria feita de outra forma ainda não claramente definida.

Paralelamente à mudança na estrutura interna, Luiz Fernando desenvolvia um plano de capitalização e tentava envolver a Gazeta Mercantil em grandes negócios. Os efeitos de seus esforços logo foram sentidos. Ele conseguiu montar uma equação financeira atraente que seduziu os fundos de pensão das estatais do governo a investir no jornal. Luiz Fernando conseguiu o dinheiro novo de que precisava com uma proposta de abertura de capital, algo inédito nos meios de comunicação no Brasil. Os fundos de pensão estavam cheios de dinheiro para investir na iniciativa privada, e a Gazeta Mercantil podia pleitear uma pequena parte do bolo. No fim de 1980, com a criação do Fórum de Líderes, a família Levy havia envolvido alguns dos principais empresários do país em seu projeto de democracia e de abertura do mercado, engordando seus cofres com alguns aportes milionários. Agora, buscava recursos de maneira inovadora. Iria à bolsa e atrairia investidores sem interesse em interferir na gestão da empresa e na redação do jornal.

A abertura de capital da Gazeta Mercantil foi um sucesso. Os fundos de pensão chegaram em peso, apostando em um excelente negócio. A empresa Poli Participações S/A, controladora da Gazeta Mercantil, vendeu 16,91% de suas ações preferenciais, sem direito a voto, para os maiores fundos do país[13]. Controlada por Luiz Fernando e seu irmão, Paulo Roberto, a Poli conseguiu, na transação, manter o controle da gestão da empresa nas mãos da família Levy. Luiz Fernando e Paulo Roberto mantiveram 95,46% das chamadas ações ordinárias, com direito a voto, e conseguiram o capital de que precisavam. Uma bolada de 22 milhões de reais entrou na empresa ou, pelo menos, deveria ter entrado – nessa época começava a ficar evidente que os outros negócios dos Levy, como as imensas áreas de reflorestamento na região do Triângulo Mineiro ou projetos de pecuária e criação de cavalos sugavam as forças do jornal. Mesmo assim, a notícia do dinheiro oxigenou as mentes de quem trabalhava lá. E por menor que tenha sido o volume de recursos que entrou, de fato na Gazeta Mercantil serviu para resolver compromissos de curto prazo e passou a sensação de prosperidade para o mercado e para todos os seus funcionários.

O jornal precisava se modernizar, entrar em uma nova era. Na cabeça de Luiz Fernando seria tudo ou nada. Na precariedade de sempre e

13. Os fundos de pensão que investiram na Gazeta Mercantil foram Funcef, Fipecq, Faceb, Fundação Cesp, Previdência B-F.M.I.A, Life, Luxor, Previbanerj, Petros, Previ, Sistel e Telos.

sem resolver problemas administrativos fundamentais, ele partiu para a expansão, movido por um discurso otimista que vislumbrava o rápido desenvolvimento do Brasil e a inserção do país no mercado global. Via a Gazeta como um instrumento de integração nacional e de promoção das empresas brasileiras no exterior. Deu carta branca a Dirceu para disparar a mudança gráfica do jornal e pensar em uma nova chefia para a redação. A experiência de Molina seria aproveitada em outros novos produtos da empresa. Precisariam de alguém de mentalidade mais alinhada com os novos tempos e uma visão moderna da economia. E nenhum nome soava tão harmônico entre os candidatos a editor-chefe como o de Celso Pinto, correspondente em Londres.

Celso Pinto era o nome preferido de Molina para sucedê-lo, e de boa parte da redação, talvez da maioria. Era o candidato das bases e contava com a simpatia de Dirceu, mas estava longe de entusiasmar Luiz Fernando. Trabalhou com Molina na Folha na primeira metade dos anos 1970. Eram amigos desde então e se admiravam mutuamente. Celso estava em Londres, em um posto que podia ser considerado a antessala do comando de uma redação, passando pela mesma experiência de correspondente que Molina tivera no passado e sendo testado para voos mais altos. Dirceu concordava que era o melhor jornalista da casa, mas ainda precisava ser testado em uma posição de comando. Achava que lhe faltava experiência de executivo e algum tempo subordinado a Molina em São Paulo poderia encaminhá-lo naturalmente para a chefia. Também havia restrições ao seu comportamento – Celso não era de meias palavras e costumava dizer o que pensava, inclusive ao presidente da empresa. Não era dócil nem subserviente com os patrões como Molina. "Ele é um jornalista muito independente para o meu gosto", disse Luiz Fernando certa vez para um de seus homens de confiança.

Dirceu pensava em fazer uma transição suave, mas radical. Sua primeira decisão foi, justamente, resgatar Celso em Londres, no fim de 1993, para ocupar o cargo de redator-chefe, subordinado a Molina. Ficaria nessa posição pelo menos um ano e, a partir daí, seriam definidos os novos cargos. Celso chegaria ao Brasil como o jornalista mais capacitado para decifrar equações financeiras e traduzir políticas complexas, como eram aquelas que a equipe de Fernando Henrique vinha realizando. Chegava para ajudar a compreender o plano econômico e também as mudanças rápidas na economia, por conta da maior abertura para as importações e das privatizações, que dariam novo ânimo ao mercado de capitais do Brasil.

Também estava programada uma reforma gráfica no jornal, que passaria a ter seis colunas nas páginas internas e manteria oito colunas apenas na primeira página. Junto com isso, viria o mais importante de tudo, a "cadernalização", que separaria os assuntos do jornal de uma maneira diferente daquela que vinha sendo feita até então. As editorias especializadas que estavam separadas em dois grandes cadernos, desapareceriam e seus assuntos seriam distribuídos, segundo novos critérios, em três grandes cadernos. Dirceu e Celso trabalhariam juntos nessa grande reforma.

O Caderno A reuniria os assuntos de governo, macroeconomia, infraestrutura, política, além das notícias internacionais e de legislação; o Caderno B seria o de finanças, destinado para a cobertura jornalística do mercado de capitais e de investimentos financeiros, com suas duas páginas finais destinadas aos agronegócios; e o Caderno C ficaria com o noticiário de empresas e negócios. Notícias sobre empreendimentos imobiliários, por exemplo, que antes faziam parte da editoria de construção, seriam abrigadas no caderno C. Já os investimentos em infraestrutura, em hidrelétricas, por exemplo, iriam para o A, junto com os assuntos governamentais. Era uma mudança estrutural que imporia transformações na feitura do jornal e na relação do leitor com o produto. Bem na época em que esse novo projeto editorial estava sendo concebido, Sandra conseguiu, finalmente, uma transferência para uma nova editoria, exatamente a que queria, a Nacional, comandada por Cynthia Malta. Molina achou que era hora de lançá-la em novos desafios. Passaria a falar de assuntos mais nobres – de maior repercussão – e poderia fazer reportagens de verdade. Posteriormente, no reposicionamento da redação, essa mudança a colocaria no Caderno A. Se continuasse na editoria Construção, iria para o caderno C, tratar de mercado imobiliário. Com a "cadernalização", não haveria mais a camisa de força que obrigava todas as editorias a terem notícias diariamente. Uma mesma editoria poderia ocupar uma página, duas ou meia, a depender do noticiário do dia. Um acidente de aviação, por exemplo, valorizaria muito o tema dos transportes, que ganharia espaço, e vários repórteres do caderno se concentrariam numa mesma cobertura.

A primeira página da Gazeta Mercantil, na edição de 1º de janeiro de 1994, anunciava uma reportagem sobre o projeto de estudo de uma área mais abrangente de livre-comércio na Europa, uma prolongação da União Europeia que incluiria também países do leste europeu. O jornal não publicou na capa, mas naqueles mesmos dias o México também ingressava oficialmente no Nafta, o Acordo de Livre Comércio da América do Norte, e os índios de Chiapas, região do sul do México que faz fronteira com a Guatemala, faziam o primeiro ataque de sua guerrilha, que iria chamar a atenção do mundo nos meses seguintes. A Gazeta Mercantil dava destaque também ao ranking das maiores economias do mundo, que colocava o Brasil na décima posição, pelo tamanho do seu PIB. Logo à frente do Brasil aparecia o México, que já deslanchava no seu projeto de desenvolvimento. A situação estava quente. As peças do jogo da globalização estavam sendo colocadas na mesa, mas o Brasil ainda parecia desajeitado na sua inserção econômica. Os novos países emergentes só começavam a arreganhar seus dentes. E por aqui se articulavam as forças do Mercosul.

Era um período de reorganização geopolítica e o Brasil tentava ganhar espaço. Era cedo para sonhar com uma expansão internacional além dos limites da América Latina. E o caminho mais pragmático era se juntar com Argentina, Paraguai e Uruguai. O país ainda estava na defensiva. Tentava primeiro se fortalecer antes de testar suas chances na disputa pelo mercado global. O ambiente econômico estava tenso e o aumento da inflação era galopante. No fim de janeiro, a Gazeta Mercantil noticiava que o Congresso vinha negando apoio à reforma econômica proposta pelo ministro da Fazenda. Editorialmente, a Gazeta apostava nos planos de Fernando Henrique Cardoso, cujo grupo técnico inspirava mais confiança que o de Zélia Cardoso, mas a situação política era delicada. Com fontes qualificadas nos meandros do governo, o jornal virou quase um canal de comunicação direta entre o Ministério da Fazenda, o Banco Central e os homens de negócios e profissionais do mercado financeiro brasileiro que acompanhavam com lupa as decisões e indecisões da política econômica.

Fernando Henrique demorou para conseguir as garantias necessárias para levar adiante seu plano anti-inflação. O governo teve de adiar, por falta de apoio político, a criação da nova moeda de indexação, a Unidade Real de Valor (URV). A URV seria a referência monetária de transição para uma nova e definitiva moeda, ainda sem nome, que seria criada em julho e, segundo Malan, lastreada nas reservas cambiais. Esperava-se alguma medida do Ministério da Fazenda a qualquer momento. No início de março, em reação ao índice de inflação de 42,19% do mês anterior, o governo instituiu a URV e definiu as novas regras de conversão de moeda. Apesar das reservas cambiais[14] relativamente baixas, o governo soube conter a especulação e controlar a inflação. A Gazeta tinha livre acesso aos figurões da economia do governo. Em Brasília, jornalistas como Claudia Safatle e Maria Clara R.M. do Prado, sustentadas em São Paulo por Celso Pinto, faziam a festa. Com seriedade, conseguiam quase todas as informações que queriam. Fernando Henrique era fonte permanente, assim como Malan e todo o pessoal do primeiro escalão. Mas o jornal também falava com o segundo e o terceiro escalões, o que os jornais generalistas não faziam, e conseguia descobrir sutilezas ou conhecer os bastidores, oferecendo sempre algo mais ao seu leitor.

Naqueles primeiros meses do ano, o novo plano econômico ainda gerava muitas dúvidas e, até mesmo, para seus próprios executores, ele só foi se descortinando gradualmente. A inflação não cedia e havia um jogo político delicado, que culminaria com as eleições presidenciais do segundo semestre e poderia travar o desenvolvimento técnico do plano. Resolver o problema econômico do Brasil credenciaria Fernando Henrique imediatamente para a disputa à presidência. Seu êxito inclusive o tornava favorito na disputa com Lula, que tentaria a eleição pela segunda vez, agora beneficiado pela imagem de injustiçado pelo malvado Collor. O ideal de

14. Reserva de moeda estrangeira de que dispõe o Banco Central. Destina-se a cobrir eventuais déficits nas contas internacionais.

um jornal sério era minimizar esse efeito político e desvendar o plano tecnicamente, pensando no interesse do Estado. Para ser útil para a sociedade e dar uma contribuição para a melhoria do sistema, cabia a um diário especializado como a Gazeta traduzir com objetividade tanto a evolução do plano quanto os movimentos políticos a ele associados, para permitir um julgamento equilibrado e levar o público ao bom-senso.

No negócio com os fundos de pensão, Luiz Fernando conseguiu um prédio fantástico, no bairro de Santo Amaro, perto do novíssimo hotel Transamérica. O prédio pertencia a um dos novos acionistas – o fundo Sistel, que tinha dificuldades para alugá-lo – e estava perfeitamente adaptado para receber uma empresa jornalística. Por um aluguel justo e o conforto de ter um sócio como avalista, o futuro se abriu para o jornal. Luiz Fernando dizia que a Gazeta Mercantil seria levada para um prédio inteligente. Alguém respondeu, brincando, que o mais certo seria levar inteligência para a administração da empresa. A construção tinha dez andares, quase 1.200 metros quadrados por andar, elevadores com sensores ópticos, perfeita iluminação, e permitia que os jornalistas tivessem condições de trabalho dignas de um jornal internacional. Luiz Fernando e seus convidados contavam também com um heliponto na cobertura do prédio.

Perto das antigas instalações apertadas e escuras da Major Quedinho, era uma mudança e tanto. Além disso, unia em um só lugar todas as operações da empresa, anteriormente espalhadas em vários edifícios no centro da cidade. Nem todos os funcionários gostaram porque, afinal, o novo endereço era muito distante para quem morava na área central ou na Zona Leste. Mostrando que os tempos eram outros, porém, a empresa garantiu transporte de ônibus executivo com saída da Major Quedinho para levar os funcionários até Santo Amaro. A arquitetura do novo prédio apontava para o futuro. O edifício era cheio de janelas, com uma redação bem iluminada, e bem preparado para receber uma rede de computadores. Na cobertura foi colocado o luminoso da Gazeta Mercantil, que era avistado já na altura do hotel Transamérica. O prédio ficava próximo da estação de trem de Santo Amaro. É uma estação com estrutura de ferro oxidado instalada à margem do Rio Pinheiros.

O jornal começou o ano com os cofres supostamente cheios de dinheiro dos fundos de pensão e havia a perspectiva de uma boa safra de propaganda. Os meses de fevereiro e março costumavam ser o período de colheita da publicidade legal. As empresas de capital aberto e todas aquelas obrigadas a publicar seus balanços em um jornal de circulação nacional o faziam no primeiro trimestre. A sazonalidade favorecia a Gazeta Mercantil naquele verão e haveria muito interesse por assuntos de economia nos meses seguintes. Para fazer dupla com Brisola e tentar botar ordem na casa, ou pelo menos dar uma aparência de que queria organizar a empresa, Luiz Fernando contratou um novo diretor administrativo e financeiro, José Ruy Alvarez, que vinha da Editora Abril. Alvarez, que levou consigo um grupo de executivos bem pagos e supostamente preparados, cuidaria de colocar as contas do jornal nos trilhos, enquanto Brisola levaria adiante o aperfeiçoamento editorial e os planos estratégicos comercial e de marketing. Um cuidaria dos custos e o outro definiria os novos investimentos.

Celso Pinto tomava as rédeas da redação e passava a comandar as grandes coberturas. Molina ia, naturalmente, ficando de lado, mais como um conselheiro. Celso dominava todos os assuntos macroeconômicos, tinha fontes de primeiro nível e, bem articulado com suas diretoras de sucursal, não só Claudia Safatle mas também Heloisa Magalhães, do Rio, esmiuçava os primeiros tempos do Plano Real – como foi batizado o plano nos meses seguintes – e também acompanhava com lupa os movimentos relacionados ao processo de privatizações, principalmente da Companhia Vale do Rio Doce e das empresas de telecomunicações. Aos poucos, Celso se adaptava às novas rotinas no Brasil e tentava conquistar a redação. Sua rudeza e ansiedade às vezes o atrapalhava nesse objetivo. Junto com Brisola, passava a colocar de pé o plano de divisão do jornal em três cadernos. Começavam a pensar na nova estrutura e em como poderiam acomodar tantos editores especializados. A solução foi distribuí-los entre os cadernos e colocá-los para fazer reportagens, a mais nobre tarefa em um jornal. Celso decidiu também criar uma superequipe de repórteres especiais que trabalharia para todos os cadernos e seria coordenado pela editora-executiva Vera Brandimarte, que em outros tempos comandou várias editorias, como Agronegócios e Matérias-primas. Como os editores do jornal já funcionavam mesmo, na prática, como repórteres especiais, o mais óbvio seria colocá-los atrás de notícias.

Com a divisão em cadernos, a Gazeta ganharia, por exemplo, duas capas internas. Cada caderno teria uma capa, que seria a matéria de maior destaque do dia e que, provavelmente, estaria estampada também na primeira página do jornal. Repórteres e editores seriam reunidos sob um novo nível de comando, o dos coordenadores dos cadernos, que seriam supereditores responsáveis pela organização geral do fechamento de 12, 16 ou, às vezes, mais de 20 páginas. Além desse coordenador, haveria um time de quatro ou cinco fechadores, responsável pelo ajuste da matéria, títulos e outros acabamentos da página. Para os repórteres e editores do jornal que se viam mudando de funções, esse era um momento de adaptação. Havia um esforço geral para entender quem mandaria na redação nos novos tempos e para encontrar um lugar na estrutura comandada por Dirceu e Celso. Era necessário atender às expectativas, que não eram muito claras, e se posicionar no lugar certo.

Ir para um caderno ou outro fazia muita diferença para qualquer jornalista da casa. Havia uma disputa pelos assuntos, às vezes velada, outras explícita. Quem dominava uma área queria preservar direitos difusos de cobertura e não era adequado entrar na seara alheia. A sensibilidade era aguçada na defesa do território – quem cobria indústria química às vezes não podia se meter com a indústria do papel, por exemplo, ou na automobilística. Para furar esse esquema territorialista, só arrumando fontes muito boas, com informações exclusivas. E nesses casos ganhava-se, inevitavelmente, um inimigo. Então não se tratava apenas de escolher os assuntos, apurar e escrever. Era fundamental preservar o feudo. Depois que entrava em um caderno, o jornalista precisava manter a linha e encontrar um foco.

Na editoria de Nacional, que estava sendo absorvida pelo Caderno A, Sandra começou a escrever matérias mais ambiciosas sobre as sazonalidades do comércio paulistano, o crescimento do consumo durante o Natal ou sobre qualquer comportamento constante ou atípico que pudesse encontrar nos indicadores da economia, como o déficit primário ou a evolução da dívida pública. Outra oportunidade era tratar de educação, saúde e saneamento básico, sempre sob a perspectiva econômica. Continuava em busca de mais espaço na primeira página do jornal e suas chances aumentavam com o novo arranjo. Circularia em uma área que rendia mais notícias e que o jornal valorizava muito. Sua situação começava a melhorar. Era o primeiro salto, ainda meio lateral, que dava desde sua entrada no jornal. O aumento de salário foi ínfimo. Agora, no entanto, falava com economistas de primeiro nível, desenhava cenários para a inflação e a dívida pública, e tinha acesso ao ministro da Fazenda ou ao presidente do Banco Central em suas visitas a São Paulo.

A editoria de Nacional cobria assuntos de destaque obrigatório que o jornal não devia ignorar. Se uma entrevista coletiva sobre o índice acumulado de inflação do ano era marcada na Fundação Instituto de Pesquisas Econômicas (Fipe), Sandra era destacada e, no dia seguinte, seu nome aparecia na capa da Gazeta. Em grandes esforços de cobertura, como as eleições, a editoria de Política pediria naturalmente reforço para a de Nacional. Sandra colaborava com a cobertura do Plano Real e estava metida com as notícias mais quentes. Sempre haveria uma oportunidade de arrumar uma boa história. Imediatamente depois de assumir o novo posto, assim que pegou jeito para fazer as matérias, a presença semanal de Sandra na capa triplicou e a exibição de seu nome na manchete principal tornou-se frequente. Fazia as coisas direito. Mas não se via grande brilhantismo nas suas pautas ou no seu texto. Celso pensava como Molina, considerava-a uma repórter mediana, que cumpria bem suas funções e não surpreendia, nem para o bem nem para o mal. Além disso, era uma boa menina, custava pouco e entregava quase tudo o que lhe pediam.

Mais ou menos nessa época, Sandra cismou que estava gordinha. Por causa do excesso de trabalho, acabou se desleixando com o próprio corpo. Muitas vitaminas de frutas caprichadas e pães de queijo devorados no bar do Estadão, em pequenos intervalos para descanso, contribuíram para o ganho de peso. Ficou obcecada com a ideia de emagrecer, embora, na verdade, nem estivesse tão pesada assim, e decidiu entrar em uma academia de ginástica para recuperar a forma. Passou também a fazer uma dieta radical, baseada em salada e água. Quando ia ao restaurante, pedia exatamente isso, mas às vezes escapava da dieta beliscando as guloseimas dos amigos. Mesmo assim, cumpriu suas metas e, em cinco meses, conseguiu atingir a marca que buscava. Perdeu mais de cinco quilogramas, o que causou a admiração de muitas mulheres que trabalhavam na redação. Sandra era realmente esforçada e corria atrás das coisas que queria, pensaram suas amigas. Decidiu emagrecer e emagreceu. Era assim com tudo. Não ficava parada e sabia resolver seus problemas. Ou, pelo menos, tentava não arrumar problemas maiores do que ela.

Depois de recuperar a velha forma, Sandra pensava em ir para a Jamaica. Tinha essa intenção fazia tempo, queria ir ao Caribe e conhecer o país do reggae por causas das praias e por ser um lugar diferente daqueles que tinha visto nos últimos anos, cheios de cultura clássica. Sonhava em conhecer o Caribe. Convidou a amiga Claudia Mancini, repórter de Transportes, que ia tirar férias na mesma época. Mas Claudia tinha outros planos. Queria ir para a Europa. Estava mais interessada na Grécia, de onde a editora de Agricultura, Cristina Aby-Azar, havia voltado de uma viagem recente. Sandra viu as fotos de Cristina e se convenceu de que ir para a Grécia seria uma boa pedida.

As duas amigas passaram quinze dias viajando entre Atenas e as ilhas de Mykonos e Santorini, no mar Egeu. Pouco ficaram na capital, que estava muito calorenta e abafada, mas Sandra foi ao Partenon e aos bares e restaurantes do antigo bairro de Placa, que concentrava o melhor da vida noturna da cidade, rodeando a Acrópole, cheio de tavernas e lojas de artesanato. Na maior parte do tempo, Sandra e Claudia tomaram sol e descansaram nas ilhas, principalmente em Mykonos, onde encontraram um hotel com ambiente e preço perfeitos. Durante todo o dia ficavam nas praias e, à noite, iam passear e jantar no centrinho. Sandra era irrequieta e andava para lá e para cá. Tirava fotografia de tudo, procurava conhecer a gastronomia e, se possível, ver algum espetáculo de teatro ou musical. Quando voltou ao Brasil, estava revigorada. Tinha recarregado as matérias e prometido para si mesma que seria mais decisiva no trabalho.

A redação estava pegando fogo. Um dos problemas que Dirceu tentava resolver era o dos correspondentes. Nos Estados Unidos, naquele momento, a Gazeta tinha, em teoria, dois correspondentes. Em teoria porque Paulo Totti não conseguia assumir a função em Washington. Em Nova York, o jornal contava com Getúlio Bittencourt e estava tudo bem. Já na capital, sede do Banco Mundial, que tanto interessava ao Brasil naqueles tempos, por causa das negociações da dívida externa, vivia-se uma transição. Apesar de constar no expediente como correspondente em Washington desde janeiro, Paulo Totti em maio ainda não havia assumido o cargo. Estava enfrentando obstáculos financeiros para deixar o escritório de Buenos Aires, onde passara três anos como correspondente, e se mudar para os Estados Unidos. O problema era a falta de organização da Gazeta Mercantil. Luiz Fernando tinha a virtude de querer ocupar espaços no mercado e achava que um importante jornal de economia no Brasil devia ter ramificações no exterior, com correspondentes nas principais cidades do mundo. O destemido Luiz Fernando queria estender suas linhas de ataque, lançar seus jornalistas em missões globais e cobrir de perto os principais acontecimentos econômicos do planeta. Mas o problema é que não conseguia abastecer seus postos avançados direito. Era capaz de deixar seus tenentes e soldados morrerem de fome em locais distantes.

O jornal precisava cobrir os custos da transferência de Totti e começar a pagar-lhe um salário mensal de US$ 5 mil, valor que o jornalista considerava adequado para assumir a vaga em Washington. Ele, porém, exigia o pagamento dos extras acumulados durante seu período como correspondente na Argentina. Queria resolver essas pendências, relacionadas com transporte, alimentação e outros gastos necessários para realizar suas reportagens. Seus créditos somavam 18 mil dólares e a Gazeta dificultava o acerto. Enquanto a situação não se definia, Totti ficou morando em um hotel no Rio de Janeiro junto com a mulher. O hotel era pago pela Gazeta na forma de permuta, um tipo de negócio que pode ajudar a reduzir alguns custos variáveis das redações. São comuns nas empresas jornalísticas as permutas de espaço publicitário por passagens aéreas ou por diárias de hotéis. Cobre-se, assim, parte do custo de uma reportagem. É para isso que essas trocas servem. O caso de Totti mostra, porém, que a empresa desperdiçava permutas, com um esquema que parecia ser glamuroso, em hotéis em frente à praia, mas que era improdutivo e fútil. Jogava dinheiro fora e disperdiçava a força de trabalho de um dos melhores jornalistas da casa. Isso demonstrava a cultura do atraso e a má administração da empresa. Seja como for, no fim, Totti se instalou em Washington.

Nessas idas e vindas, o novo correspondente conheceu Pimenta Neves. Ele era um funcionário graduado da comunicação do Banco Mundial, diretor responsável pela América Latina encarregado de falar com os jornalistas do Brasil e dos outros países da região. Trabalhava no banco há quase dez anos. A fama de Pimenta entre os correspondentes brasileiros que estavam nos Estados Unidos era a do cara que ajudava, que resolvia os problemas e abria portas. Na Gazeta, onde tinha vários amigos havia vinte ou trinta anos, era idolatrado pelos jornalistas do comando, como o próprio Müller ou Sidnei. Dava festas na sua fabulosa casa no bucólico Estado de Virginia, ao lado de Washington, para todos os jornalistas de veículos importantes que chegavam ou deixavam a capital. Era uma referência na cidade para os profissionais da imprensa do Brasil. Quando Totti foi para os Estados Unidos, todos o recomendaram a Pimenta. Gente confiável como Molina, Basile e Celso dizia que ele era um cara bacana. Celso, inclusive, quando viajava para Washington para fazer alguma cobertura, costumava se encontrar com Pimenta para almoçar ou jantar juntos. Molina chegou a ficar hospedado na casa de Pimenta nos Estados Unidos em uma viagem de turismo com seus filhos ainda garotos. Todo mundo que ia para Washington se encontrava com Pimenta, que indicava contatos para aluguel de casas e até emprestava carro, gentileza que fez para o repórter Moisés Rabinovich, que o substituiu como correspondente da Folha de S.Paulo assim que ele virou executivo do Banco Mundial. Além disso, ele era uma fonte fundamental com informações quentes sobre a dívida externa brasileira e sobre os bastidores da política americana.

Mas Totti se surpreendeu. Tomou um susto com Pimenta. Seu primeiro jantar com o diretor do Banco Mundial foi traumático. As três pessoas que haviam dado as melhores referências do assessor do Banco

Mundial, Basile, Molina e Celso Pinto, e o descreveram como um "amigo" da Gazeta, foram sumariamente desancadas por Pimenta. Fazia frio e Pimenta vestia-se elegantemente com um sobretudo preto. Totti chegou com roupas surradas e cheio de expectativas com relação às contribuições que Pimenta poderia dar ao seu trabalho. Esperava encontrar alguém que revelasse respeito pelos seus velhos companheiros da Gazeta, pelo menos um sentimento parecido ao que eles demonstravam por Pimenta.

Pimenta, no entanto, criticou cada um deles por um motivo diferente. Um porque não tinha tarimba de executivo, outro porque era preguiçoso e acomodado, e outro porque era provinciano. Ficou claro para Totti que ele caminhava em terreno pantanoso. Ainda bem que era só uma fonte do Banco Mundial. Era importante manter um bom relacionamento, mas a relação não exigiria um convívio tão regular. Como correspondente, Totti teria muitos outros assuntos para tratar nos Estados Unidos. Todas as pessoas que elogiaram Pimenta foram tratadas deslealmente. Para Totti, era o suficiente para desconfiar dele. Seu comportamento lhe pareceu traiçoeiro. E ficou preocupado, poucos meses mais tarde, quando soube que Pimenta poderia assumir a vaga de correspondente que pertencia a Celso Pinto em Londres. Mesmo assim, preferiu poupar seus amigos das maledicências de Pimenta. Guardou para si a triste experiência para não propagar a cizânia.

Dirceu tentava encontrar um jornalista para a vaga de Londres e pensava em alguns nomes. Um deles era o de Pimenta Neves, que ninguém sabia que estava de saída do Banco Mundial. Celso aprovava o nome. Em um contato com Pimenta, com quem falava com certa regularidade, inclusive em viagens aos Estados Unidos, Dirceu descobriu que ele tinha interesse na vaga. Soube que estava se aposentando, pensava em sair do banco e queria voltar ao trabalho jornalístico. Assim que teve oportunidade, entrou em contato com Pimenta e o convidou para o cargo. A recepção foi excelente. Pimenta confidenciou que estava se separando da mulher e, em princípio, gostou da ideia de viajar para Londres. Para Dirceu parecia a solução ideal, já que teria em uma sucursal importante um repórter veterano, cheio de experiência, com bom texto e uma excelente rede de relacionamento. Seria um substituto à altura para Celso. Começaram uma negociação que logo passou a envolver Luiz Fernando e avançou por alguns meses. Para exercer o cargo de correspondente na Inglaterra, não existiam restrições do comando da Gazeta a Pimenta. Era a pessoa perfeita, alguém chegou a dizer. Trazia grandiosidade para o jornal. Nas redações paulistas, o pessoal da velha guarda o considerava um dos melhores currículos da imprensa brasileira, senão o melhor.

No Brasil, o Plano Real tinha dado certo, a inflação, finalmente, parecia controlada e o governo mostrava-se capaz de sustentar o equilíbrio da economia. A crise aberta por Collor estava sendo superada. A Gazeta tinha feito uma cobertura exemplar, que só elevou sua credibilidade. A redação trabalhou em total sintonia e foi capaz de traduzir a vibração econômica do país. O segundo semestre tinha sido auspicioso em todos os sentidos. A seleção brasileira de futebol, sob o comando do técnico Carlos Alberto Parreira, depois de vinte e quatro anos, conseguira ganhar a Copa do Mundo, apoiada no gênio do atacante Romário. Nas eleições presidenciais, sustentado pelo sucesso do seu plano, que havia reduzido a inflação média mensal de 43% no primeiro semestre para 5,8% no segundo, o ministro Fernando Henrique venceu Lula. Os empresários estavam muito confiantes no crescimento da economia e havia grande expectativa sobre a privatização das empresas estatais, principalmente as de telecomunicações, que estavam paradas no tempo e já não eram capazes de atender às novas necessidades do mercado. Também estava prevista a privatização da Vale do Rio Doce.

Com a definição da criação dos Cadernos e da nova estrutura, Dirceu e Celso passaram a pensar em quem ocuparia as três vagas de coordenador. Souberam logo que as coisas em Washington não estavam dando muito certo para Totti e concluíram rapidamente que ele era o nome para chefiar o Caderno A. Ele não se adaptou à nova função e queria voltar. Para o Caderno B, de Finanças, a escolhida foi a discreta e competente Maria Cristina Carvalho, profissional de total confiança de Molina. E o Caderno C, de Empresas & Negócios, ficou com Célia de Gouvea Franco, mulher de Celso, que já havia exercido vários cargos no jornal e era especialista na área de negócios. Mais uma vez, tudo parecia indicar que Celso realmente ficaria no comando. Ninguém falava nada em contrário. Luiz Fernando estava satisfeito com o desempenho do jornal naquele ano, com a boa reação das assinaturas e o crescimento da receita publicitária. Tinha mais algum tempo para se decidir: o fato é que nunca quis e não queria Celso como editor-chefe e mesmo Dirceu nunca defendeu seu nome com veemência. Sempre pensou que ele deveria ganhar cancha antes de assumir a vaga.

Pimenta ofereceu uma festa de despedida para Totti em sua casa e juntou todos os jornalistas brasileiros de Washington. O desgaste inicial foi forte e Totti estava aliviado de voltar para o Brasil. Aceitou a homenagem e, uma semana depois, deixou a capital americana. Sentia-se satisfeito, mesmo sabendo que a Gazeta Mercantil, ao fim dessa nova transferência, lhe devia outros 32 mil dólares por conta dos gastos extras. Tinha certeza de que suaria para receber esse dinheiro. Em compensação, considerava que estava voltando na hora certa e, ainda mais, para participar de um projeto interessante, com Celso e um grupo de jornalistas com o qual estava plenamente identificado.

Diante da vaga aberta em Washington e depois de uma longa e tortuosa negociação para assumir o cargo de correspondente em Londres, Pimenta começou a propor um caminho inesperado: disse a Dirceu que gostaria de ficar na capital, ocupando a vaga de Totti. Argumentou que havia surgido um fato novo: gostaria de ficar na capital porque sua filha tinha sido diagnosticada com câncer. Não queria abandoná-la e achava que a melhor solução seria ficar nos Estados Unidos. Declarou a Dirceu que Londres já estava fora de cogitação. Passou a pleitear a vaga e a cúpula do jornal terminou por achar que seria uma boa opção. Afinal, Pimenta já tinha sido correspondente em Washington, tendo sido o responsável pela instalação do escritório na cidade, e conhecia todo mundo. A vaga de Londres acabou ficando sem correspondente durante mais de um ano e a negociação entre Pimenta e a Gazeta se prolongou por quatro ou cinco meses.

Certo dia, porém, entre abril e maio de 1995, Dirceu recebeu um telefonema de Pimenta com um pedido ainda mais inesperado. Ele queria ser editor-chefe ou algo parecido em São Paulo. Sabia que Molina sairia e se candidatava ao cargo. Na ligação, Pimenta estava nervoso. Disse que a única vaga que lhe interessava agora era no Brasil. Tinha deixado o Banco Mundial e não queria ser correspondente em Washington, nem em qualquer cidade da Europa. Queria ir para São Paulo. Disse para Dirceu que seu casamento estava arruinado e ele queria se afastar dos Estados Unidos por uns tempos. A mulher, Carole Neves, era americana e tinha ocupado cargos técnicos no governo dos Estados Unidos. Trabalhara no Ministério de Defesa durante a administração Ronald Reagan. Em uma mudança total de perspectiva, Pimenta contou que a doença da filha estava estabilizada e, sob esse aspecto, não haveria problemas em deixar Washington. Estava ansioso para chefiar a redação no Brasil. Naqueles dias ligou para Luiz Fernando com a mesma proposta. Pimenta era muito bem-visto pelos Levy. Era um nome sem qualquer restrição, um liberal que seria capaz de substituir Molina e colocar em prática os planos de transformação do jornal. Para Luiz Fernando, ele faria um jornalismo mais moderno e dinâmico que o de Molina e certamente mais quente.

A direção dos ventos mudou de uma hora para outra. Luiz Fernando decidiu que não queria Celso no comando da redação. Tampouco estava satisfeito com o trabalho de Dirceu e José Ruy Alvarez e decidiu tomar medidas radicais. Começou a levar a sério a hipótese de resgatar Pimenta em Washington. Sua saída do Banco Mundial era uma boa coincidência. Enfim, tinha um nome que considerava imponente para chefiar a redação. Celso não tinha alguns atributos para o cargo, pensava Luiz Fernando, e, além disso, tinha muita força na redação. Se não era hegemônico, pelo menos conseguia uni-la em torno de seus objetivos editoriais e deixá-la coesa. Isso não era bom. Luiz Fernando desenvolvia sua gestão de pessoas inspirado pela máxima de Nicolau Maquiavel, "dividir para governar". Além disso, Celso com frequência era intransigente e, algumas vezes, purista a ponto de parecer ingênuo. O presidente da Gazeta não via nele os atributos de um executivo. Pimenta parecia mais flexível e tinha traquejo e experiência no comando de várias redações. Precisava de um editor-chefe com um perfil diferente de Molina, que sempre teve Müller na linha de frente, ajudando o jornal a ganhar dinheiro e cuidando de sua articulação política. Buscava alguém que cuidasse do bom funcionamento da redação e também desse envergadura institucional para a Gazeta. Dirceu tinha esse lado positivo de seduzir o mercado, mas não era muito disponível para a rotina jornalística. Celso era o contrário. O que Müller e Molina fizeram por dez anos trabalhando em dupla e Dirceu e Celso tentaram realizar por alguns meses, poderia ser feito por um homem só a partir de agora.

Em junho de 1995, Luiz Fernando e Dirceu viajaram juntos para Tóquio para participar de um evento internacional da Gazeta e lançar um suplemento especial sobre a relação bilateral Brasil-Japão. Tentavam também uma parceria com o maior diário econômico japonês, o *Nihon Keizai Shimbun*. A viagem foi produtiva e permitiu que apresentassem um retrato bem positivo e promissor do Brasil. Na volta, Luiz Fernando faria uma escala na Costa Oeste, região de que mais gostava nos Estados Unidos. Voltavam pelo Pacífico. Parou no Havaí e depois seguiu direto para a Califórnia. Dirceu veio para o Brasil. Luiz Fernando desceu em São Francisco, onde passou alguns dias. Havia combinado de se encontrar com Pimenta na cidade. Foi um encontro completamente fora do roteiro. Ali se definiram as condições para Pimenta assumir o lugar de Molina. E mais do que isso, foi discutida a reorientação estratégica do jornal. Pimenta seria o interlocutor direto de Luiz Fernando com a redação. Não teria mais um *publisher*. Ele próprio cumpriria essa função, apoiado pelos seus diretores. Propunha uma gestão mais ágil, o que estava em linha com aquilo que o acionista queria. Percebia-se também que tinha muita ambição de poder. Desde logo, Pimenta deixou claro que para entregar tudo o que podia precisaria de controle total, colocar gente dele em alguns postos-chave e identificar novos talentos. Para tudo andar direito, é claro, dependia do pagamento de salário em dia e do cumprimento das obrigações trabalhistas.

A conversa foi longa e, no fim, Luiz Fernando aceitou as condições estabelecidas por Pimenta. Ele ocuparia o cargo de diretor de redação e não de editor-chefe, como Molina. Também teria um privilégio que nenhum outro tivera até então: seu nome sairia estampado no cabeçalho da primeira página, ao lado do nome do presidente do Conselho de Administração, Herbert Levy, e do diretor executivo, Luiz Fernando. Fecharam um salário de 20 mil dólares, mais uma parte variável por desempenho, condicionada aos resultados do jornal. Na verdade, o salário foi negociado em reais, que na época equivaliam ao dólar. Pimenta gostaria de assumir o cargo entre setembro e outubro. Teria de organizar sua mudança e não seria muito simples. Luiz Fernando achava que seria um bom momento, a redação teria tempo de se organizar para começar com tudo no ano seguinte. Quando Luiz Fernando voltou ao Brasil, já estava decidido que Pimenta seria o novo chefe da Gazeta. Defendeu seu nome protocolarmente para os pais e os irmãos e ele foi aceito. A informação vazou rápido. O próprio Brisola demorou para entender qual cargo Pimenta ocuparia dali para a frente. Soube-se que Pimenta estava chegando com carta branca de Luiz Fernando e sua vontade era mandar em tudo.

– Quem é Pimenta Neves? – perguntou Sandra para sua amiga Marli Prado, assim que soube que a Gazeta Mercantil teria um novo diretor.

Os boatos começaram a circular e, em alguns cantos da redação, o clima era de velório. Ao lado do hall dos elevadores, na entrada do café, alguns grupos falavam baixo. Marli, que trabalhava no serviço de informações eletrônicas da Gazeta Mercantil, o InvestNews, há um ano, respondeu que não sabia, que nunca tinha ouvido falar nesse nome. Sandra, afinal, lembrou-se do livro que havia lido no último ano de faculdade, com os depoimentos de Cláudio Abramo, *A regra do jogo*. Ali dava para saber quais foram os primeiros movimentos de Pimenta no jornalismo. Mas era pouco. Soube logo que o novo diretor havia ficado vinte anos fora do Brasil e estava afastado das redações há onze anos, por isso estava no esquecimento. Não sentiu alegria nem tristeza, decepção ou ansiedade com a mudança de rumo. Vinha fazendo seu trabalho, no Caderno A, chefiado agora por Cida Damasco, trazida por Molina do jornal Zero Hora, do Rio Grande do Sul. Entre Sandra e Cida havia dois níveis hierárquicos, ocupados por Cynthia Malta e Denise Arakaki. Sandra sabia que não era uma das preferidas da turma que mandava. No seu posto, não teria nada a perder com o desmoronamento do castelo que

Celso mal começou a erguer. Bastava fazer suas matérias e esperar que alguma porta se abrisse. De qualquer forma, pôde perceber imediatamente que uma transformação total da estrutura da redação se insinuava e que o jogo de poder mudava completamente. Tudo o que valia até então, os rituais de produção e os muitos códigos de comportamento que vigoraram, virava fumaça.

CAPÍTULO 3

Quando chegou à Gazeta Mercantil, após muitos anos fora do Brasil, Pimenta Neves era uma figura lendária. Os que o conheceram no passado comentavam seu currículo impressionante. A nova geração, porém, mal sabia dele, a não ser por referências bibliográficas. Não escrevia uma matéria de jornal havia pelo menos dez anos. Seu trabalho se desenvolvia nos bastidores do Banco Mundial, uma instituição tipicamente imperialista. Na redação da Gazeta Mercantil, cheia de jovens na faixa dos vinte e poucos anos, era quase um estranho. Suas possíveis façanhas jornalísticas, como a cobertura do caso Watergate quando era correspondente da Folha de S.Paulo em Washington, ou seu sucesso como diretor da revista quinzenal Visão, uma das principais publicações brasileiras no início dos anos 1970, já haviam ficado em um passado longínquo. Pimenta dirigiu a revista Visão por quatro anos, com o apoio de talentos como Paulo Francis, Zuenir Ventura e Vladimir Herzog. E, entre os jovens jornalistas, ninguém sabia, por exemplo, que ele fora um dos primeiros mensageiros das novidades da imprensa americana e um sujeito que tinha fama de importar boas ideias e trazer eficiência para as redações de São Paulo.

Pimenta foi, talvez, a principal "cria" de Cláudio Abramo. Precoce, era o delfim da nova geração, uma espécie de príncipe dos jornalistas nos tempos em que as redações eram cheias de bichos-grilos e militantes políticos. Fazia parte da turma "sem vícios" recrutada por Abramo na USP para trabalhar no Estadão. Era a época em que Juscelino Kubitschek deixava o governo e Jânio Quadros assumia. Abramo, um marxista de orientação trotskista, queria sangue novo no jornalismo, gente comprometida e curiosa, com boa formação e disposição de trabalho. Nos grupos que formou havia tanto comunistas como liberais. Era um trotskista pragmático, que fazia o que os patrões mandavam. Formou redações aplicadas, onde regras básicas de reportagem, como ouvir todos os lados da história, eram cumpridas, e perseguiam-se valores como imparcialidade e objetividade, que, no passado, pareciam tolice. Abramo queria se livrar da velha turma pouco profissional que não cumpria os horários de fechamento, fazia o que dava na telha e passava no bar antes de pegar no batente. Queria longe de suas equipes os chamados "jornalistas do tipo antigo, boêmios, jogadores e pessoas esquisitas"[1].

Pimenta era o contrário disso tudo e um exemplo de jornalista da nova era. De estilo moderno e elegante, vestia-se com cuidado, como um executivo. Chamavam atenção suas camisas bem passadas e os blazers que ele harmonizava com calças de algodão de cores discretas. Além disso, não frequentava o bar do Hotel Jandaia, na Alameda Barão de Limeira, depois do fechamento. Com Abramo, Pimenta trabalhou em dois lugares. Primeiro no Estadão, de 1960 a 1963, e depois na Folha de S.Paulo, a partir de 1967. Junto com Alexandre Gambirasio e Washington Novaes formava uma espécie de tríade de comando, subordinada diretamente a Abramo. Enquanto Pimenta comandava a seção de Política, Gambirasio podia ficar com a cobertura de Economia e Novaes, com a de Cidades ou de Meio Ambiente, temas que sempre lhes interessaram. Os três estudaram direito na Faculdade do Largo São Francisco, mas Pimenta não concluiu o curso. A rápida inserção profissional o levou a abandonar a faculdade.

Seu primeiro emprego como repórter, antes de ir para o Estadão, foi no jornal Última Hora, comandado por Jorge Miranda Jordão, braço direito de Samuel Wainer. Pimenta começou na editoria de Política, cobrindo o movimento estudantil, e também escrevia críticas de cinema, um de seus grandes interesses. A inauguração de Brasília foi tema de uma de suas reportagens nessa época. Trabalhava ao lado de dois amigos de Araraquara, Ignacio de Loyola Brandão e Marco Antonio Rocha. Loyola foi o primeiro a entrar no jornalismo. Algum tempo mais tarde, abriu

1. *A regra do jogo*, p. 33.

as portas para os outros dois conterrâneos. A "turma de Araraquara", como ficou conhecida, era unida e talentosa e chegou à cidade nos anos 1950. Primeiro foi Marco Antonio, depois, na segunda metade da década, vieram Loyola, Pimenta e também o futuro diretor de teatro José Celso Martinez Corrêa, o estudante de filosofia Luiz Roberto Salinas Fortes e o publicitário Enio Mainardi. Um dos programas preferidos de todos eles na adolescência era assistir a filmes no Cine Odeon, de onde Pimenta saía cheio de interpretações e análises cinematográficas e ideias de roteiros para seus próprios projetos artísticos.

Antonio Marcos Pimenta Neves nasceu no dia 13 de fevereiro de 1937, em Batatais (SP), onde sua família era grande e influente. Seu pai, o professor de inglês José Pimenta Neves, fora prefeito da cidade até um ano antes de seu nascimento. Na década de 1940, José conseguiu um posto de professor no tradicional instituto de educação Bento de Abreu, de Araraquara, e deixou Batatais com a mulher Letícia e os filhos – Pimenta tinha seis irmãos, cinco mulheres e um homem. Em Araraquara, instalaram-se numa boa casa na Avenida José Bonifácio, na área central da cidade, e Pimenta foi matriculado no Ginásio Estadual de Araraquara, antigo Colégio Mackenzie, transferido para o governo em 1932. Marco Antonio morava bem perto da casa da família Pimenta Neves. Logo os dois garotos, da mesma idade, ficaram amigos. Marco Antonio estudava no Bento de Abreu e tinha aulas de inglês com José Pimenta. Aliás, graças ao fato de o pai ser professor, Pimenta aprendeu inglês desde cedo, em uma época em que os estudantes, normalmente, optavam pelo francês como primeira língua estrangeira. Queria ser jornalista desde a adolescência e destacava-se por ser estudioso e disciplinado. No ginásio, antes de vir para São Paulo, começou a colaborar com o jornal O imparcial, tradicional em Araraquara.

Pimenta foi um menino tímido que enrubescia por qualquer motivo. Em certa altura entre a infância e a adolescência passou a ter o apelido de "Peru" por causa dessa característica. Nesses tempos, guardava na carteira a foto de uma menina chamada Marianita, um amor platônico que tivera na época. Na convivência com amigos libertários, tentava se destravar. Assim que chegou a São Paulo para estudar direito, passou algum tempo contribuindo com o curso Teatro Oficina, que Zé Celso, também estudante do Largo São Francisco, começava a criar. Não chegou a atuar, diferentemente de amigos como Salinas Fortes e Marco Antonio, que fez uma ponta em uma das primeiras peças escritas pelo dramaturgo, *A incubadeira*, encenada no Teatro de Arena.

Nessa época Pimenta já tinha encontrado sua plena vocação no jornalismo e sua carreira rapidamente deslanchou. Do Última Hora, foi convidado para trabalhar no Estadão e, em pouco tempo, chamou a atenção de Abramo. Era um dos protótipos daquilo que considerava um jornalista moderno. Fazia o tipo intelectual, que reflete sobre os fatos e os analisa, sem defesas apaixonadas de causas e perda de objetividade. Não era um sujeito que gostava de grandes investigações, daqueles que desafiam o sistema e gostam de se meter em enrascadas. Ainda com cara de menino, já tinha pinta de chefe. Revelava visão estratégica sobre o funcionamento de uma redação e resolvia problemas ou pelo menos identificava rápido quem os resolvesse. No campo político, sempre esteve mais à direita do que à esquerda, embora buscasse um discurso progressista, de capitalista avançado.

Nos primeiros tempos de estudante de direito, no entanto, militou, junto com Marco Antonio, na Mocidade Trabalhista, ligada ao Partido Trabalhista Brasileiro (PTB), e presidida na época por seu primo, Plínio Pimenta. Aproximou-se então do movimento estudantil, que depois acompanhou com atenção durante sua vida profissional. Era basicamente um liberal, que acreditava na economia de mercado e na livre iniciativa. Marco Antonio, por exemplo, passou a militar no Partido Comunista Brasileiro (PCB), mas Pimenta abandonou qualquer atuação partidária. Ao contrário de Abramo, nunca se incomodou nem se estranhou com os militares. Revelou desde o início um espírito patronal, mas não tinha estilo de feitor, nem era reacionário. Simplesmente defendia com civilidade os interesses do patrão. Foi assim durante toda sua história. Era um oficialista, como tão bem o classificou o jornalista Janio de Freitas em um artigo[2] escrito anos mais tarde.

2. Folha de S.Paulo, 31 de agosto de 2000.

Em 1966, Pimenta ganhou uma bolsa de estudos de pós-graduação em jornalismo do World Press Institute, nos Estados Unidos. Lá, estudou na Universidade de Minnesota, em Saint Paul, capital do estado, e fez um estágio de três meses no jornal californiano *Los Angeles Times*, outrora o 5º jornal mais influente do país. Gambirasio ganhou a mesma bolsa de estudos. Em Saint Paul, Pimenta conheceu Carole e começaram a namorar. Falava que foi amor no primeiro encontro. Carole era economista e tinha uma consistente formação acadêmica. Ambos eram intelectualizados e viam o mundo de maneira afinada. Ali mesmo se casaram e vieram juntos para o Brasil. Instalaram-se em um sobrado no bairro de Paraíso, e Pimenta, rapidamente, encontrou um lugar na equipe que Abramo estava formando na Folha de S.Paulo. O diário da família Frias entrava em um processo de modernização e Abramo introduziu sua filosofia de eficiência, testada no Estadão, nesse novo projeto. Mais uma vez, junto com Gambirasio e Novacs, Pimenta teve um lugar de destaque como editor e passou a participar do comando da redação.

O conhecimento adquirido em sua passagem pelos Estados Unidos orientou fortemente o trabalho de Pimenta[3], que disse ter aprendido na redação do *Los Angeles Times* a estruturar um jornal do ponto de vista administrativo. Trouxe uma visão organizacional para um negócio tradicionalmente caótico. O estilo de diagramação do *New York Herald Tribune* também o impressionou. Pimenta estudou o *Herald Tribune* e levou muitas das suas conclusões para os jornais que dirigiu no Brasil. Enquanto Abramo estava mais interessado na imprensa europeia e tinha como fonte de inspiração a escola francesa, Pimenta era mais ligado aos Estados Unidos. Os dois tentavam combinar seus interesses vislumbrando uma convergência entre os dois estilos.

Depois de um ano na Folha, Pimenta foi deslocado para chefiar o diário vespertino Folha da Tarde. O título tinha sido abandonado pela

3. Mais tarde, Pimenta seria citado várias vezes no livro *O adiantado da hora, a influência americana sobre o jornalismo brasileiro*, de Carlos Eduardo Lins da Silva, que o identificava como um dos responsáveis pela disseminação dos conceitos do jornalismo norte-americano na imprensa paulista. Lins da Silva dizia que Cláudio Abramo e Pimenta tentaram criar uma espécie de fusão dos modelos de funcionamento europeu e norte-americano.

empresa Folha da Manhã e Pimenta foi indicado por Abramo para dirigi-lo e resgatá-lo. Na Folha da Tarde, cuidou da transição que transformou a redação, antes formada por gente da esquerda revolucionária e depois, a partir de 1968, convertida em aparelho da ditadura. Ninguém enxerga qualquer relação de Pimenta com um grupo ou com outro. Ele trabalhou como executivo, sem se chamuscar e sem se identificar politicamente com qualquer dos dois lados. Ficou menos de um ano no cargo. Segundo Abramo, fez a Folha da Tarde atravessar uma "fase brilhante" e logo deixou o jornal porque sua promessa de reajuste salarial da redação não fora cumprida[4]. Sentiu-se traído pela direção e por isso decidiu buscar outros trabalhos. Acertou-se com a revista Visão, do empresário Said Farah, onde emplacaria o modelo noticioso das revistas semanais norte-americanas, como *Time* e *Newsweek*. Concentraria seus esforços em política, economia e cultura. A Veja, da Editora Abril, começava a circular semanalmente, dirigida por Mino Carta, mais ou menos na mesma época. Vinha para substituir a Realidade[5], mítica publicação mensal dedicada às grandes reportagens.

Em suas negociações com Luiz Fernando para voltar ao Brasil, Pimenta queria de fato, para além de qualquer outro motivo obscuro, retomar suas origens e reencontrar o ânimo naquilo que mais gostava de fazer: trabalhar em redações, coordenando funções, escrevendo reportagens e editando páginas. Desde que cogitou essa volta, teve certeza de que não lhe faltaria vaga em algum jornal ou revista de São Paulo. Isso não deveria ser tão simples, mas a imprensa brasileira não cultiva o bom hábito de impedir que ex-assessores de comunicação de políticos, governos e empresas saltem de lá para cá. Como ex-porta-voz do Banco Mundial, Pimenta seria imediatamente vetado para dirigir jornais em qualquer lugar do mundo. Mas não no Brasil, onde valem outras regras. No andar de cima, ele sempre soube cultivar seu prestígio junto aos patrões da mídia. Vinha sempre ao Brasil e nunca ignorou os amigos do

4. *A regra do jogo*, p. 87.
5. Revista de variedades lançada em 1966 pela Editora Abril e que circulou até 1976. Teve sua melhor fase entre 1966 e 1968, quando exibiu grande influência do jornalismo literário americano.

passado e mantinha a porta de sua casa nos Estados Unidos aberta para recebê-los. Cultivava vínculos com o comando dos jornais. Procurava Ruy Mesquita no Estadão e almoçavam juntos sempre que vinha ao Brasil. Conservava a amizade com os Frias, o pai e o filho – Otavio Frias Filho sempre teve respeito e admiração por Pimenta, que foi seu anfitrião na primeira viagem que fez aos Estados Unidos, ainda garoto, justamente na época do caso Watergate.

Pimenta também cultivava boas relações na Editora Abril, onde encontrou o último trabalho depois de sair da revista Visão e antes de se lançar em uma jornada de dez anos como correspondente internacional, primeiro na Folha e, na sequência, na Gazeta Mercantil e no Estadão. Trabalhou na Abril por alguns meses como assistente do editor da revista Veja, Roberto Civita, dando-lhe apoio editorial e administrando crises. Na época, participou, por exemplo, de um almoço com o ex-ministro do Planejamento Roberto Campos, a quem havia desagradado uma matéria da revista, em 1973, sobre a derrocada do Banco União Comercial, de sua propriedade. O almoço serviu para aplacar os ânimos do ex-ministro.

Por causa do trabalho pesado, Pimenta foi obrigado a abandonar a Faculdade de Direito do Largo São Francisco. Para conseguir o diploma, dez anos mais tarde matriculou-se em uma novíssima e obscura faculdade chamada Octávio Bastos, localizada em São João da Boa Vista, na divisa entre São Paulo e Minas Gerais, a 40 quilômetros de Poços de Caldas. Arranjou o diploma em 1973, um ano após a faculdade ser reconhecida pelo Ministério da Educação. As aulas aconteciam nos fins de semana. Se Pimenta as frequentou, ninguém sabe, o importante é que conseguiu o cobiçado diploma de curso superior antes de ir para os Estados Unidos e, para todos os efeitos, podia dizer que estudou no Largo São Francisco, já que ninguém queria detalhes de sua trajetória acadêmica.

Pimenta era amigo de Ruy Mesquita desde os tempos em que começou a se destacar no Estadão, quando se tornou editor da última página, criada por Abramo para abrigar assuntos de política e economia nacionais. Naquela época, a primeira página, da qual Ruy era editor, estava reservada apenas à cobertura internacional. Pimenta ficava com a última, que se tornou a mais lida do diário. Ruy era doze anos mais velho, e os dois se entenderam perfeitamente e a amizade se estenderia por décadas. Abramo deixou o Estadão em 1963, mas Pimenta continuou trabalhando lá. No ano seguinte, com o golpe militar que derrubou o presidente João Goulart, acabou a exclusividade do noticiário estrangeiro na primeira página e os assuntos nacionais passaram também a ocupá-la. A partir da década de 1980, quando voltou a trabalhar para o jornal como correspondente em Washington, Pimenta mantinha contato direto com Ruy Mesquita, chamado então de Doutor Ruy, independentemente do diretor de redação Miguel Jorge, seu superior hierárquico. Quando Pimenta voltou ao Brasil para trabalhar na Gazeta Mercantil, Ruy estava assumindo a direção geral do Estadão, substituindo seu irmão Julio de Mesquita Neto, que havia falecido.

Por sua história e qualidade profissional, não haveria qualquer motivo de questionamento do nome de Pimenta para comandar a Gazeta Mercantil. O único problema é que ele chegava causando decepção, balançando o coreto, alterando a estrutura e alguns destinos pessoais que pareciam bem desenhados. Ninguém podia esperar que ele mudaria um jogo totalmente definido. Cozinharam Celso durante mais de um ano, fizeram todo mundo crer que ele seria o sucessor de Molina e depois puxaram-lhe o tapete. Ficou claro que nunca quiseram transformá-lo em diretor de redação. Enquanto era subordinado a Molina, tudo bem, mas como editor-chefe, nada feito. A ordem vinha de cima. Luiz Fernando dizia que não se sentia à vontade com ele, não achava que estavam do mesmo lado. Considerava-o muito sisudo e incontrolável. Para muita gente dentro da Gazeta, porém, Celso representava a pureza do jornalismo, o melhor da inteligência do jornal. A nomeação de Pimenta foi uma ducha de água fria sobre aqueles que gostavam de Celso. Pimenta podia ser o melhor profissional do mundo, mas era um invasor. Tudo estava montado para que Celso imperasse.

Pimenta sabia disso, estava bem consciente de que quebrava expectativas. Concluía, no entanto, que esse não era um problema seu. Era um efeito inevitável de sua chegada – qualquer um causaria decepção. Assim que entrou na Gazeta Mercantil, deixou claro que Celso não seguiria nem como redator-chefe. Havia se acertado com Luiz Fernando a esse respeito e também queria que Molina ficasse distante da redação. Não queria ninguém que lhe fizesse sombra e foi muito claro ao negociar sua vinda para o Brasil – queria total liberdade para levar adiante seus projetos de modernização. Achava Celso temperamental. Percebia seu nervosismo e sentia-o muito alterado com a rotina do fechamento da primeira página, além de achá-lo excessivamente passional. Poderia até dizer que era o melhor repórter que tinha conhecido, mas não o via como editor-chefe. Na intimidade, temia o colega e sabia que para se impor como diretor de redação na Gazeta Mercantil teria de tirá-lo de perto. Sabia que sua garra jornalística era inesgotável. Pimenta não era assim. Não era instintivo. Movia-se pela razão e fazia questão de desprezar os apaixonados. Para ele, eram pessoas sem autocontrole. Com felicidade, recebeu o pedido de demissão de Celso algumas semanas depois de tomar posse. Conversaram rapidamente e Pimenta lamentou com hipocrisia a saída do outro. Chegou a dizer que tinha bons planos para ele, mas entendia sua decisão. Faria o jornal sem sua ajuda, o que seria muito difícil, mas agradecia a sua grande contribuição.

Uma primeira indicação evidente de que Celso não tinha lugar no novo organograma da redação foi o convite de Pimenta a Totti para que assumisse o cargo de editor-chefe e fosse seu braço direito. Totti era um dos que acreditavam que o lugar era de Celso e desconfiavam profundamente de Pimenta, desde aquele jantar de recepção em Washington. O convite, ventilado para a redação, foi sinal claro de que o projeto de sucessão de Molina tinha mudado completamente de rumo. Totti não apenas recusou a proposta como correu para arrumar outro emprego. Pressentiu que os próximos tempos seriam problemáticos. Por sorte, recebeu imediatamente uma proposta para trabalhar no Jornal do Brasil, no Rio, e com salário maior. O diretor de redação do JB, Marcelo Pontes, ofereceu-lhe 14 mil reais para ser editor-chefe do diário carioca, 37% mais do que recebia na Gazeta Mercantil. Ele aceitou na hora. Simplesmente comunicou a Pimenta que iria sair.

Logo em seguida, Totti convidou Celso para acompanhá-lo no JB, mas ele agradeceu e recusou. Tinha outros planos. Havia iniciado negociações com a Folha de S.Paulo, onde acabou assumindo a editoria de Economia. Seria editor e escreveria reportagens e artigos para o jornal. Iria também, logo depois, encabeçar novos projetos de informação especializada que o grupo Folha tinha em mente. Atrás de Celso, foi a vez de Célia, sua mulher, coordenadora do caderno de Empresas & Negócios, deixar a Gazeta Mercantil. Receberia também um convite para ser repórter especial da Folha. Quando comunicou sua decisão a Pimenta, ele respondeu apenas que ela fazia muito bem em sair, que era uma excelente ideia, demonstrando que não tinha o mínimo interesse em mantê-la no jornal. Para ele, essas mudanças espontâneas eram boas, na medida em que o poupavam de desgastes com demissões e deixavam o caminho livre para ele colocar sua gente nas posições de comando. A saída de Celso e Célia o aliviou muito. Ele queria as vagas dos dois.

Em outubro, Pimenta foi apresentado à redação, na sede do jornal em Santo Amaro. Molina o recebeu no décimo andar, onde Pimenta teria sua sala, bem ao lado da sala da presidência, ocupada por Luiz Fernando. Depois o levou ao quarto andar para apresentá-lo à redação. Acompanhou Pimenta de mesa em mesa, apresentou-o como o novo diretor de redação a cada um dos repórteres e editores que estavam por ali. Apesar de lamentar o fim do ciclo de Celso, tinha respeito por Pimenta e dele se considerava amigo. Achava o Banco Mundial um oráculo econômico – depois da inflação, o tema de maior destaque na imprensa especializada era a dívida externa e o Banco Mundial era um protagonista nessa discussão, além de produzir conhecimento e fazer análises conjunturais e estruturais. Molina tinha especial apreço pelos relatórios de Desenvolvimento e Meio Ambiente, muito bem sustentados. Molina, por sinal, tinha um desses relatórios autografado por Pimenta. Foram companheiros de trabalho na Folha e na Gazeta Mercantil e nunca tiveram qualquer rusga. Sempre se deram bem. Apesar de contrariado, Molina não tinha por que ser grosseiro. Tratou-o com toda a cordialidade e fez questão de transmitir o cargo sem qualquer tipo de ressentimento. A impressão inicial que todos tiveram de Pimenta foi a de um sujeito simpático. Aos editores e repórteres, ele explicou que ainda retornaria aos Estados Unidos, onde tinha de resolver pendências de sua mudança, e, no mês seguinte, assumiria, de fato, seu posto.

Dava para notar que era um homem cheio de segurança. Chegava por cima, pela "porta grande", como dizem os espanhóis, e estava determinado em se apropriar daquele ambiente complexo e cheio de armadilhas que era a Gazeta Mercantil. Quando assumiu de fato o cargo, Pimenta tratou de fazê-lo sem qualquer ansiedade. Passou a fazer contatos internos e externos para compor a nova equipe – que incluiria gente da casa e alguns novos profissionais. Destacou como assistentes, imediatamente, para cuidar da transição, gente que já conhecia: Klaus Kleber, com quem trabalhou na revista Visão, e Glauco de Carvalho, amigo dos tempos da Folha. Ainda não tinha acertado com o novo editor-chefe. Sua primeira opção era Washington Novaes e, se não desse certo, tentaria Alexandre Gambirasio. Para substituir Totti, pensava em Cida Damasco. Também pensava em nomes para o lugar de Célia no Caderno C. E estava decidido a acabar com o núcleo de repórteres especiais, de Vera Brandimarte. Na primeira reunião que fez com os editores, ainda sem grandes definições, tentou tranquilizar a equipe e convidou todos a fazer um grande jornal.

– Daqui a um ano vocês não vão reconhecer a Gazeta Mercantil – afirmou.

Disse que faria uma grande reforma editorial, muitas mudanças importantes, e falou também das sucursais. Estaria muito empenhado em reforçar as coberturas regionais, teria um time de primeira em todas elas e queria que a Gazeta Mercantil fosse um jornal realmente nacional, não só na sua base de leitores mas também em conteúdo, com notícias de todos os estados na capa. Anunciou seus planos para o caderno de Fim de Semana, que iria transformar em um verdadeiro suplemento cultural, dando-lhe mais importância e destaque. Pimenta também falou que seria absolutamente rigoroso nas questões éticas e na separação entre "igreja e estado"[6]. Falou ainda sobre a importância da preservação da integridade da redação e sobre as viagens dos jornalistas. A pedra de toque

6. É a metáfora que se usa para se referir à saudável separação entre os interesses comerciais e os princípios editoriais do jornal.

de sua ética era o veto a qualquer viagem financiada por qualquer tipo de fonte. Antes, sob a administração de Molina, quando o próprio jornal não arcasse com os custos de uma cobertura, aceitava-se pagamento de viagens somente de governos e de entidades públicas. Pimenta não aceitaria sequer esse tipo de oferta. No período em que esteve nos Estados Unidos, antes de realmente tomar posse, recomendou a Molina que vetasse uma viagem de Célia a Taiwan, a convite do governo. Foi um dos seus primeiros atos como diretor. Mas não foi ouvido. Célia viajou e suas matérias foram publicadas. Posteriormente, ao chegar ao Brasil, alegou que se tratava de uma quebra de hierarquia e da relação de confiança e alimentou com o fato restrições aos dois profissionais.

Questionado pelos editores se também seriam rejeitadas de maneira sumária viagens excepcionais para lugares que só seriam alcançados com o apoio da empresa interessada na reportagem, Pimenta pensou um pouco antes de responder. Um dos editores, Ivo Ribeiro, no jornal desde 1991 e convertido em repórter especial com a "cadernalização", foi mais específico e quis saber se poderia ser aceito um convite para visitar uma mina de ferro, por exemplo, em um lugar remoto, para onde não houvesse voos regulares, e para o qual a própria empresa oferecesse transporte e hospedagem. Alguém pensou em uma plataforma da Petrobras, por exemplo, ou em um projeto de extração de borracha. Depois de refletir um pouco, Pimenta respondeu que nesses casos talvez fossem abertas exceções. Dependeria muito do interesse jornalístico do acontecimento e das circunstâncias, se fosse uma cobertura exclusiva ou não, e de uma série de outros fatores. Os editores concluíram, de qualquer forma, que um novo estilo se impunha. Nessa questão das viagens, Pimenta seria ainda mais rigoroso do que Molina. Só seriam feitas se fossem bancadas pelo jornal. E só aconteceriam se houvesse interesse jornalístico. De qualquer forma, não faltariam recursos para as reportagens.

A maioria dos editores saiu tranquila do encontro, até porque, na distribuição das viagens, Molina criou ressentimentos por causa de suas escolhas, sempre privilegiando o mesmo grupo. Quem não se alinhava de jeito nenhum com a nova direção trataria de arrumar vagas em outros lugares nos meses seguintes e partir para outros desafios. Mas a maioria da equipe estava disposta a dar a Pimenta a chance de fazer seu trabalho e tratava da mudança sem passionalidade. Qualquer hostilidade contra ele seria uma reação gratuita e ninguém queria se envolver com problemas da chefia. O trauma da transição havia terminado. Todos deveriam tocar a bola para a frente e aceitar que o mundo mudava. Molina, por exemplo, deixava a redação e passava a ocupar uma sala no décimo andar. Cuidaria da implantação do Panorama Setorial, um serviço qualificado de análise de vários setores da economia, que seria vendido a peso de ouro, e também apoiaria a criação da Gazeta Mercantil Latino-Americana, apelidada de Gamela, jornal que circularia quinzenalmente encartado na Gazeta Mercantil em uma rede de diários latino-americanos. Molina, com seus contatos editoriais pela região, tratava de deixar essa rede cada vez mais robusta e de incluir nela o maior número de países. Estava subordinado ao vice-presidente Henrique Araújo, primo de primeiro grau de Luiz Fernando e responsável pelo serviço de informações eletrônicas, o InvestNews. Todos esses produtos ficaram fora do controle de Pimenta.

Quando tudo começava a engrenar, um acontecimento dramático afetou a Gazeta Mercantil. Glauco de Carvalho fora baleado na cabeça, durante um assalto, enquanto passeava com sua mulher na Rua Haddock Lobo, bem perto de seu apartamento nos Jardins. Era um domingo, dia 12 de novembro. Levaram seu relógio e deixaram um fragmento de bala no seu cérebro. O assaltante fugiu e o deixou estendido no chão. Graças a uma providencial cirurgia no hospital Nove de Julho, a dois quilômetros do local do crime, Glauco, que tinha 52 anos, sobreviveu. Pimenta e Müller foram os primeiros a visitá-lo no hospital. O tiro deixou sequelas. Glauco só recuperou os movimentos e a fala aos poucos. Passou longos meses fora do jornal. Pimenta parecia inconformado. Demonstrava profundo choque. Dizia que estávamos na barbárie. Clamou contra a falta de segurança e os problemas urbanos no Brasil.

Pela primeira vez desde que tinha chegado de Washington, pensou que talvez não devesse ter voltado para o Brasil, que os riscos com a violência podiam não compensar os benefícios. Nos Estados Unidos, acreditava que não sofria esse tipo de ameaça. Glauco era um homem de paz, dizia Pimenta, incapaz de matar uma mosca, e foi vítima de um ato covarde. Lamentava o ato e escreveu um artigo na semana seguinte na Gazeta Mercantil em que refletia sobre os problemas de segurança no Brasil e sobre nosso desamparo urbano. Também deu entrevistas para programas policiais e participou de outros da televisão, indignado com a vulnerabilidade dos cidadãos brasileiros e com a ausência do Estado. Declarou que a violência lhe pareceu sempre uma característica de pessoas e de sociedades primitivas. Defendeu penas mais severas para crimes violentos, mas não a pena de morte ou o porte de armas. Tinha toda autoridade do mundo para bater no peito e defender o amigo que tinha tomado um balaço na cabeça só porque um sujeito desajustado quis levar seu relógio. O caso de Glauco deixou todo mundo chocado. Mas sua sobrevivência e recuperação foram um alívio.

Quem não resistiu à chegada de Pimenta e caiu logo em seguida foi Dirceu. Além de ter sido surpreendido pela arrancada do outro, que inicialmente seria seu subordinado e, no fim, acabou levando seu próprio cargo, Dirceu terminou se desgastando muito com Luiz Fernando por causa dos conflitos com aquele que deveria ser seu principal parceiro na reforma do jornal, o diretor José Ruy Alvarez. Brisola e Alvarez não conseguiram entregar os resultados esperados. Luiz Fernando decidiu então afastar os dois de seus cargos: Alvarez saiu da empresa e Dirceu, que tinha longo tempo de casa, foi convidado para assumir a direção da unidade São Paulo, uma nova unidade de negócios que estava sendo criada e que seria multiplicada em todas as sucursais para cuidar de produtos e negócios regionais. "Caiu para cima", como se costuma dizer. Descontente, Dirceu aceitou a transferência, passou alguns meses na unidade, mas sentiu o desgaste e a perda de prestígio. No fim do ano, decidiu sair. Em seu lugar, Luiz Fernando colocou José Antônio Severo, ex-diretor da sucursal da Gazeta Mercantil em Porto Alegre e participante ativo do processo de negociação dos investimentos dos fundos de pensão, dois anos antes.

Apesar das baixas e feridas, a redação decidiu organizar uma grande festa de fim de ano. O local escolhido foi um salão na Alameda dos Arapanés, a 200 metros do Shopping Ibirapuera, em Moema. Era fora de mão para a maioria da redação, mas oferecia um bom preço de locação. Não era a festa oficial da empresa, mas uma comemoração exclusiva da redação, bancada pelos próprios jornalistas. Fazia-se isso todos os anos. Mas agora a ocasião era especial, havia um clima de despedida. Para alguns, a festa ganhou tom de lamento. Para outros poucos, beirou o desagravo. Os amigos de Celso e seus simpatizantes lamentavam sua saída e também a de Totti e a de Célia. Outras pessoas, não muitas, faziam planos de mudar de emprego porque achavam que não teriam oportunidades na nova gestão. Outras, mais encostadas e ocupando o banco de reservas do time anterior, pensavam justamente o contrário: uma nova chefia podia significar boas perspectivas.

Quem esperava um momento de intimidade da antiga patota se decepcionou. Com a queda de Celso, não havia mais nenhum bloco coeso. Gente favorável a ele imaginava que Pimenta não apareceria na festa. De fato, ninguém do antigo comando o convidou. Mas era uma festa para toda a redação e o novo diretor fazia parte dela. Não podiam impedi-lo de participar, o que seria muito deselegante, e ninguém tornou explícita qualquer restrição a sua presença. Quem pensava que aquele encontro seria um desabafo coletivo contra ele, contra um estranho que chegava para estragar os projetos dos "bons", enganou-se. A festa, na verdade, ajudou a minimizar a complexidade da situação. Muita gente, que não se ajustava tão bem com as ideias e os temperamentos de Molina e Celso e que já havia tomado patada de um dos dois, comemorava intimamente a mudança no poder.

À medida que avançava o fechamento do jornal, os convidados começavam a chegar. A festa rolava solta. Tinha álcool de sobra, cerveja, vinho e uísque. Todo mundo, afinal, queria esquecer um pouco das tensões e comemorar um novo ciclo, qualquer que fosse. Pimenta, afinal, apareceu por volta das 22 horas. Chegou sozinho e sorridente. Estava à vontade. Logo se aproximou de um grupo de editores onde estavam

Vera Brandimarte e Ivo Ribeiro. Depois foi conversar com Marcio Aith, editor de Política, em quem via grande talento e por quem sentia afeição. Tinha planos para Marcio.

Pimenta conversava com todo mundo e tentava ser agradável. Possuía uma fala peculiar, com a língua presa, que começou a se tornar folclórica desde que chegou. Estava retornando do exílio e queria socializar, redescobrir o Brasil. Arrumou um uísque com gelo e passou a circular em torno da pista de dança, pavoneando. Foi à festa para ser o centro das atenções, para roubar de Celso o último momento com sua equipe. Se havia alguém constrangido com sua presença, ele não notou. Movia-se rapidamente de um lado para outro, cumprimentando quase todo mundo e, atento, principalmente às mulheres, em particular às mais jovens e bonitas. Notava-se que queria conhecer as jovens repórteres da redação.

Estava disposto a seduzir. Chegou revelando uma faceta inesperada para um homem que estava perto de completar sessenta anos. Além de todos os seus objetivos profissionais, tinha mais um: queria arrumar uma namorada. Ou várias. Ninguém sabia ao certo seu estado civil. Dizia-se que era casado, mas que estava em processo de separação. Alguém garantiu que ele cuidava do divórcio. Não usava aliança. Fosse como fosse, ali se exibia um homem nada sisudo e muito festeiro que, se tinha mulher em casa, não estava preocupado com ela. Para sua alegria, o que não faltava na Gazeta Mercantil eram garotas bonitas. Chegavam aos montes, todos os anos, jovens repórteres para participar do programa de treinamento, querendo aprender o ofício em uma grande escola. As seleções mais recentes tinham recrutado mais mulheres do que homens, e várias delas atraentes. Poucas redações de São Paulo estavam tão floridas naqueles tempos como a da Gazeta Mercantil. Pimenta flertou com cinco jornalistas, no mínimo. Desinibido, até se arriscou na dança.

Sucessos de Jorge Ben Jor e Tim Maia esquentavam a pista. Pimenta aproximou-se da repórter Raquel Balarin, que havia chegado na redação dois anos antes. Seguia o mesmo ritual com todas. Conversava um pouco, elogiava a beleza da moça e tentava uns passos de dança sob a luz estroboscópica. Com Raquel, que era muito ligada ao grupo de Celso, seus avanços não deram certo. Assim que teve oportunidade, ela saiu dançando com o editor de Suprimentos e deixou Pimenta falando sozinho. Outros alvos imediatos de Pimenta foram as repórteres do caderno de Empresas & Negócios, Luciana Magalhães e Juliana Almeida, que vinham de safras recentes do programa de *trainees*. Conversou também com a editora assistente Cláudia Bergamasco, que cuidava de tarefas de fechamento. A certa altura aproximou-se de Sandra Gomide. Depois de uma rápida apresentação na redação, foi a primeira vez que conversaram. Sandra manteve uma distância protocolar. Deu atenção ao novo diretor e foi tão simpática quanto suas colegas. Tentou evitar seus avanços e safar-se deles com bom humor. Não deixou de dar atenção ao chefe, mas tampouco foi receptiva aos seus molejos.

Como muitos que estavam no salão de Moema, Sandra não achou que Pimenta fosse comparecer à festa. Estranhou um pouco a atitude do chefe. Além disso, achava que ele era velho demais para estar ali tentando conquistar suas subordinadas e levá-las para a cama. Paquerava mulheres que tinham idade para serem suas filhas. Outros diretores da Gazeta Mercantil tinham sido, historicamente, mais discretos nessas abordagens. Mas, por outro lado, o achou abusado, divertido e até atraente. Abusado, por ter aparecido de repente em um evento em que sabia era *persona non grata*. Parecia, além do mais, cheio de ideias e entusiasmo. Não deixou de notar os olhares gulosos de Pimenta na direção do seu decote e de outras partes de seu corpo. Era um galanteador. Elogiava a mulher, suas roupas e cabelos, sem parar.

– Esse velho é um babão – comentou com uma amiga no início da madrugada, quando se preparava para ir embora. – Se não sair de perto, ele não desgruda.

Para alguns, a festa de fim de ano da Gazeta deixou a sensação de que Pimenta passara dos limites. Essa, porém, não era a opinião geral. Nem todas as mulheres o rejeitaram sumariamente e uma parte ficou lisonjeada com suas palavras. Em nenhum momento ele fora grosseiro ou mal-educado. Quanto aos homens, só puderam perceber que Pimenta queria arrumar uma namorada. Além de mandar no jornal, entrava de corpo e alma na disputa pelas beldades da redação. Alguns de seus amigos mais antigos que estavam por ali confessaram desconhecer essa face de Pimenta. Havia sido um homem bem diferente, mais tímido e recatado com as mulheres. Chegava a fazer um tipo realmente respeitoso. Nunca revelou um caráter libidinoso.

Washington Novaes não aceitou o convite para ser redator-chefe. Ele vivia em Goiânia e havia se tornado um especialista em questões de meio ambiente. Não queria mudar de cidade e por isso recusou o convite do amigo. Falou que colaboraria escrevendo regularmente artigos e reportagens para o jornal, o que de fato fez, mas não gostaria de assumir uma função numa redação em São Paulo, algo que mudaria sua rotina. Outros reforços que Pimenta levou para o jornal foram Iris Walquiria, com quem trabalhou desde os tempos da Visão e que passava a ser editora dos suplementos especiais, e Marco Antonio, que chegaria para cuidar dos textos editoriais.

Em dezembro, Pimenta acertou-se com Alexandre Gambirasio. Italiano de nascimento, Gambirasio era um liberal de visão bem afinada com a de Pimenta. Casado então com a jornalista Lillian Witte Fibe, mais um relacionamento entre chefe e subordinada nascido na redação da Major Quedinho, trabalhava como assessor de comunicação do presidente da Federação das Indústrias do Estado de São Paulo (Fiesp), Carlos Eduardo Moreira Ferreira. Gambirasio deixara a Gazeta em 1993, depois de se indispor com Matías Molina por causa de uma divergência em uma matéria sobre o frigorífico Sadia. Embora não fosse um homem rancoroso, certamente não era simpático à antiga direção. Tinha, porém, uma longa história de contribuição com o jornal. Havia sido correspondente na Itália e passado longo tempo como editor, ocupando vários cargos destacados.

Na época em que Pimenta sondava Gambirasio, Lilian fazia história na televisão brasileira ao ser a primeira mulher a apresentar o Jornal Nacional, ao lado de Cid Moreira. Embora fosse a titular do Jornal da Globo, que entrava no ar por volta das 23 horas, ficaria vinte dias no Jornal Nacional, cobrindo as férias de Sérgio Chapelin. Àquela altura, Gambirasio havia se convertido em uma espécie de conselheiro de Lillian e a ajudava nas negociações de contratos com seus empregadores. Mesmo assim, achou que seria estimulante voltar à ativa, principalmente em um projeto tão grandioso como o da nova Gazeta, ao lado de um amigo. Acabou aceitando o convite de Pimenta e levou consigo três membros de sua equipe na Fiesp: Nair Suzuki, para ser a nova secretária de redação, e os repórteres João Luiz Rosa e Neide Magalhães, que assumiriam funções de fechamento das matérias no Caderno C. Abaixo de Gambirasio, como assistentes diretos do diretor escolhidos desde o início estariam Glauco de Carvalho, que ficaria licenciado por alguns meses, e Klaus Kleber.

No comando dos cadernos, além da substituição de Célia em Empresas & Negócios, rapidamente solucionada com a nomeação de Cristina Aby-Azar, que vinha da editoria de Agropecuária, haveria uma mudança no Caderno A, cujo comando estava vago desde a saída de Totti. A solução foi promover a editora de Nacional, Cida Damasco. Para chefiar o caderno de Finanças, foi destacada Vera Brandimarte. Era apoiada por Angela Bittencourt, especialista no mercado de capitais que vinha do serviço de tempo real da Agência Estado. Para a secretaria de redação, Pimenta chamou Rosvita Saueressig, que vinha da Companhia de Notícias, onde fazia assessoria de imprensa.

Depois de organizar o comando da redação, Pimenta tinha duas outras prioridades. Uma delas era ampliar o controle sobre as sucursais. Queria gente sua na chefia. Outra era dinamizar o caderno Fim de Semana, que havia sido sempre tratado como um apêndice do jornal. Pretendia transformá-lo em um projeto de cultura de verdade, a joia da coroa da Nova Gazeta. Daniel Piza fora chamado para ser o editor do caderno e dar a ele a guinada de que precisava. Piza era indicação de Paulo Francis, bom amigo de Pimenta. Um dos desafios de Pimenta era transformar um suplemento mirrado, esquecido atrás de temas econômicos e políticos, em um caderno cultural robusto, com dezenas de páginas dedicadas ao cinema, ao teatro, à literatura e à arte em geral. Até então, raramente o caderno saía com mais de oito páginas. Circulava todas as sextas-feiras e era um complemento sem identidade para um jornal pesado e especializado em assuntos de economia. Sua leitura deveria servir ao descanso mental do leitor, levá-lo para outras áreas do saber.

O Fim de Semana até então era editado por Glauco de Carvalho e vivia de colaborações de repórteres da casa e de artigos traduzidos.

Agora teria uma equipe própria e reportagens originais. Pimenta dava carta branca a Piza para que montasse sua equipe. Sugeriu alguns colaboradores, como Sonia Nolasco, mulher de Francis, uma das primeiras a chegar. Também vieram José Onofre, Pepe Escobar e Luiz Antônio Giron, para ser subeditor. Embora jovem, com apenas 25 anos, Piza tinha uma boa experiência no jornalismo cultural. Antes de se iniciar nas redações, aos 19 anos, mandou uma carta para Francis, que mantinha uma coluna chamada Diário da Corte, na Folha, falando de suas leituras e das incertezas que lhe geravam. Em sua resposta, Francis elogiou a qualidade do texto do jovem e sugeriu que ele se tornasse jornalista. Foi o que fez Piza. Conseguiu uma vaga no Caderno 2, do Estadão, na equipe do mesmo José Onofre, em 1992. Menos de dois anos depois, já na ativa, conheceu o mestre Francis pessoalmente e começaram uma boa amizade. A convite da Folha, foi trabalhar na Ilustrada. Deixou o jornal em 1994, por conta de um episódio complicado que envolveu um erro de informação. Em uma matéria sobre criadores marginais – gente criativa que vivia à margem do sistema, que levava o título de "Artistas periféricos passam despercebidos", Piza confundiu-se ao escrever que Jesus Cristo fora enforcado. A Folha amargou uma errata no dia seguinte, corrigindo a informação para crucificado, e o demitiu uma semana depois. No mesmo texto o jornalista dizia que a frase "No princípio era o verbo", do Evangelho de São João, pertencia ao Velho Testamento.

Aos olhos de Pimenta, o talento de Piza não se obscurecia por esses acidentes de percurso. A recomendação de Francis era clara e se sobrepunha a qualquer maledicência que algum ressentido pudesse lançar. Além da vocação literária e polígrafa e do conhecimento enciclopédico, Piza tinha um pensamento liberal e não se deixava intimidar por patrulheiros de esquerda. Além disso, lia muito, principalmente autores de língua inglesa. Logo que soube disso, Pimenta entendeu por que seu editor de cultura escrevia tão bem. Pimenta apreciava mais a escrita britânica do que a francesa e se surpreendia com a familiaridade do jovem jornalista com os textos de Wilson, Ezra Pound e T. S. Eliot.

O convívio com Piza, desde logo, tornou-se rejuvenescedor. Nas conversas sobre artes plásticas e música erudita, Pimenta voltava mentalmente aos seus primeiros tempos na redação, às discussões intelectuais do passado com Gambirasio que tanto alimentaram seu espírito e também recuperava a velha vontade criativa, despertada ainda na adolescência nas sessões de cinema no Odeon, de Araraquara, ao lado dos amigos do colegial, Loyola e Zé Celso, quando sonhava em escrever roteiros e dirigir filmes. Teve um impulso de mergulhar na arte quando ajudou Zé Celso nos primórdios do Teatro Oficina. Imaginou-se imerso em um processo de libertação dionisíaca. Mas não fez nada. Continuou jornalista. Disse, certa vez, a Piza, que se não fosse jornalista seria ator.

O convívio com Paulo Francis, que conhecia desde a época da revista Visão, também era muito estimulante para Pimenta. As conversas sobre teatro e cinema eram bastante prazerosas. Pimenta fazia questão de lembrar sua intimidade com o amigo famoso. Chegava ao ponto de dizer que tinha sido um dos idealizadores do Pasquim, que dera a sugestão para que Francis e Jaguar criassem o famoso tabloide, o que não era exatamente verdade, mas tampouco era uma falácia. Quando viajou para os Estados Unidos nos anos 1960, Pimenta afirma ter percebido na imprensa americana a dimensão da importância do cartum político. Foi desse entendimento que nasceu, na sua volta ao Brasil, uma página de humor político na Folha coordenada pelo humorista Jaguar. Apesar de sua curta vida, a tal página acabou sendo, de fato, inspiradora da criação do Pasquim. Francis, a partir de 1972, fez reportagens culturais e políticas em Nova York, para a revista Visão, comandada por Pimenta. Na cobertura do caso Watergate, Pimenta e Francis estiveram próximos.

Francis era um dos interlocutores preferidos de Pimenta e certamente uma das pessoas que ele mais admirava. Ele e Pimenta concordavam em muitas coisas, como, por exemplo, na defesa do direito de as pessoas terem armas, na orientação liberal da economia, ou mesmo no desprezo pela cultura pop. Mas havia uma diferença fundamental entre os dois: Francis não era moralista, nem escondia o que pensava, e Pimenta, no caso das armas e outros assuntos mais polêmicos, sempre mantinha uma posição ambígua. Enquanto cuidou da comunicação do Banco Mundial na América Latina, tratou sempre de privilegiar o amigo, acima de qualquer outro jornalista. Outros correspondentes se sentiam deixados de lado e se incomodavam com esses privilégios. Mas a maior parte das informações exclusivas do Banco Mundial, enquanto Pimenta esteve por lá, caía no colo de Francis. Evidentemente, além da amizade, o motivava a audiência da Globo, onde Francis fazia seus comentários no jornal das onze. Tinha em vista também sua popular coluna Diário da Corte. Muitos dos furos sobre dívida externa que Francis deu na Folha, onde publicou a coluna entre 1975 e 1990, e no Estadão, onde escreveu em seguida, vieram do amigo alto funcionário do Banco Mundial. Francis era um dos participantes fixos do programa *Manhattan Connection*.

Nas sucursais da Gazeta Mercantil, que passaram a ser chamadas de escritórios regionais, cabia a Pimenta nomear os chamados chefes de redação, que comandariam a cobertura jornalística em vários estados. Acima deles ficava o diretor regional, escolhido por Luiz Fernando. Pimenta queria gente de confiança na posição de chefe, mas ficaria sempre sem o controle da área comercial. A primeira sucursal que teve uma chefia escolhida por ele foi a de Belo Horizonte. Teodomiro Braga, que vinha do Jornal do Brasil, assumiu a função. Nos meses seguintes, Pimenta definiu um novo comando para todas as sucursais. No Rio de Janeiro, escolheu Rodrigo Mesquita, que nada tinha a ver com a família Mesquita do Estadão. Havia trabalhado no jornal alguns anos antes e estudado na Universidade de Navarra, em Pamplona, na Espanha. No Rio Grande do Sul, Pimenta fez a opção por um jornalista da casa, nomeando Sérgio Bueno, que já era repórter da sucursal.

Pimenta tomou posse da redação da Gazeta Mercantil naturalmente. Passou a circular por seus corredores todos os dias, fazendo-se presente, demarcando territórios e ocupando espaços. Embora tivesse sua sala no décimo andar, passava a maior parte do tempo conversando com os jornalistas no quarto andar. Cercou-se de gente de confiança que foi chegando nos primeiros meses do ano e procurava conhecer novas pessoas e identificar talentos. Cuidou, por exemplo, de contratar um novo assistente financeiro, um novo controlador do orçamento da redação, que o mantivesse informado das contas, principalmente de todo dinheiro gasto, e tratasse de identificar casos de desvios e de encontrar oportunidades de reduzir despesas. Por indicação de Marco Antonio Rocha, chamou Niles Simone Filho, que entendia do assunto.

Pimenta queria ter as contas na mão para dominar, de fato, a redação e, por isso, precisava de alguém em quem confiasse. Outra providência de Pimenta foi destacar um dos motoristas da redação para cuidar prioritariamente dos seus interesses. Escolheu Franklin, que se tornou então seu motorista preferencial, uma espécie de faz-tudo, sempre disponível. Franklin tinha mais de 50 anos, a voz grave e fumava muito. Dirigira caminhões Brasil afora antes de levar jornalistas para lá e para cá. Considerava-se um privilegiado por ter sido escolhido por Pimenta. Trabalhava bem menos do que o restante da turma e passou a ser o protegido do chefe, a quem era muito fiel. Diariamente levava e trazia Pimenta de casa para a redação. Nos seus primeiros meses no Brasil, até adquirir a casa do Alto da Boa Vista, morou em hotéis da Zona Sul, perto da Gazeta.

Afastados seus principais desafetos, tratava de comandar com cordialidade. Conversava com muita gente. Não falava apenas com seu subordinado imediato. Falava com a turma de baixo. Durante a maior parte do tempo, tratava dos assuntos que importavam para a edição do dia e de fazer recomendações sobre as matérias. Mas também jogava conversa fora, fazia piadas com os jovens repórteres, conquistando um pouco de intimidade, e lançava galanteios para as meninas. De modo geral, com elas Pimenta era cavalheiro, elevado e gostava de exibir cultura. Mas, de repente, disparava uma cantada. Quando falava com os homens era piadista, irônico ou sarcástico. Nesse caso, também gostava de mostrar que sabia de tudo. Se o amigo fosse mais baixinho do que ele, como Marco Antonio, dizia, por exemplo, que ele não poderia beijar determinada funcionária de um banco porque ela era alta. "Vai precisar subir em um banquinho", brincava. Gostava também da piada da camisa: "Na loja onde você comprou tinha para homem?". No corredor, entre as baias, que levavam da mesa do diretor de redação até o comando do caderno de Negócios, vários jornalistas, como o editor de Agricultura, Paulo Soares, ou o especialista em Energia, Eugênio Melloni, ouviram essa piada inúmeras vezes.

O andar da redação era quadrado e tinha grandes corredores que o contornavam. No meio do quadrado ficava o saguão dos elevadores. No tempo em que passava na redação, Pimenta ficava em uma mesa no aquário, na parte de trás do prédio, no canto esquerdo. Também ficava em uma sala no outro extremo, ao lado da mesa da sua secretária, e bem em frente à sala de reunião. Ali, em torno do aquário, concentrava-se o fechamento da primeira página. Se Pimenta seguisse em frente, passaria primeiro pelo caderno de Finanças, que estava à sua esquerda, e, depois de andar 25 metros, no próximo canto, chegaria a Empresas & Negócios. Virando à esquerda e seguindo o corredor principal por 10 metros, chegaria ao Caderno A. Depois dava a volta completa na redação e fazia uma escala na mesa de Niles para perguntar sobre as finanças ou pedir liberação de verba para alguma viagem. Em todo esse percurso, falava com chefes e "focas".

Conversava com todos, mas quando chegava perto da mesa de uma mulher bonita, detinha-se algum tempo. Empertigava-se e conversava um pouco sobre os planos da funcionária. Queria saber vivamente se ela estava satisfeita ou se sentia falta de algo. Dava a entender que poderia resolver qualquer problema. Chegava com um sorriso no rosto, em geral, no começo da tarde, quando as coisas estavam mais tranquilas, mas podia ser a qualquer hora. Se estivesse na redação por falta de compromissos externos, aproveitava para esticar as pernas e contar suas histórias a um ouvinte atento, de preferência do sexo feminino. Falava das ideias que tinha em mente para o jornal e às vezes fazia confidências sobre as estratégias e táticas que ele e Luiz Fernando planejavam. Quando passava pelo grupo de jornalistas do Caderno C, que cuidava de assuntos de varejo, por exemplo, sugeria à repórter Juliana Almeida, uma de suas preferidas, uma pauta sobre uma pequena rede varejista da Zona Leste que estava crescendo rápido.

Falava, por exemplo, para um grupo de jornalistas atentas sobre o aumento das vendas de iogurte e carne de frango depois do Plano Real. O controle da inflação, cuja média mensal caiu para menos de 2% ao mês, causava uma explosão de consumo. Em vez de deixar o dinheiro protegido na caderneta de poupança, o brasileiro foi às compras. A produção nacional de frangos cresceu um milhão de toneladas em três anos e a de iogurte dobrou no mesmo período. Nos dois anos anteriores, a produção de cerveja deu um salto de 15 milhões de hectolitros, superior a 20%, e o consumo *per capita* da bebida subiu de 41 para 50 litros por habitante ao ano. Naqueles primeiros meses de 1996, sentia-se também um grande impulso nas vendas de TV em cores e de geladeiras. As vendas de TV em cores seguiam em um ritmo de 650 mil aparelhos mensais e as de geladeiras, de 350 mil.

A competição no mercado de cerveja estava acirrada por causa da Kaiser, que tinha participação da Coca-Cola, e uma logística de distribuição muito competitiva. Na região metropolitana de São Paulo, a Kaiser era líder. Quem mais perdia era a Antarctica, que ficou sem forças em seu principal mercado e não tinha um produto novo. A Brahma liderava o mercado nacional, sustentada em grande parte no poderio de sua marca Skol. A repórter Andrea Licht de Moraes, que cuidava do mercado de bebidas, dizia que o pessoal da Brahma entendia muito do negócio, tinha uma gestão inovadora e que estava tentando entrevistar o presidente da empresa, Marcel Telles. Pimenta lembrava que o conhecia, assim como Jorge Paulo Lemann – a quem encontrou pelo menos duas vezes em eventos do Banco Mundial. Algumas meninas se impressionavam, mas a maioria não se surpreendia, pois ele de fato conhecia muita gente importante. Conhecia Jimmy Carter, por exemplo, e chegou a partilhar um voo com o então presidente americano em sua visita ao Brasil, em março de 1978. Conhecia também Bill Clinton e tinha acesso relativamente fácil ao presidente Fernando Henrique Cardoso.

Em geral, as jovens jornalistas o olhavam com atenção e respeito. Contra si tinha o fato de que muitas delas já tinham tomado partido e pertenciam a outro grupo de poder, o de Molina. Para essas, tudo o que dizia era visto como exibicionismo. Além disso, não era considerado muito atraente pelas mulheres. Com boa vontade, algumas, em geral as mais maduras, o consideravam charmoso ou até reconheciam que ele tinha certo apelo sexual. Ele estava em forma, com leve sobrepeso, mas a baixa estatura e a idade o desfavoreciam na competição sexual.

Procurava manter os cabelos na cor natural; e a calvície limitava-se à parte frontal da cabeça, no alto da testa. Mas a favor de si tinha o espírito, a ironia e a cultura, além, é óbvio, de poder e dinheiro.

Logo que bateu o olho na editoria de Finanças, que se espraiava diante do aquário, percebeu que estava em campo fértil. Havia muitas mulheres bonitas na área. Reparou em Raquel Balarin e também em outra jovem repórter, da turma de *trainees* de 1994, chamada Vanessa Adachi. E logo depois vinha Luciana Magalhães e, ao seu lado, à direita, Juliana Almeida. Sandra não estava em seu campo de visão, mas sua mesa, na curva do Caderno A, tornou-se um ponto frequente de paradas. Se tinha chance, convidava a moça para tomar um cafezinho no térreo, e muitas aceitavam. Se não aceitasse, fazia um comentário qualquer e seguia em frente. Seu estilo de cantada era bem peculiar. Certa vez, uma dessas repórteres bonitas escreveu um artigo e iria publicá-lo com um retrato de seu rosto feito em bico de pena, como era praxe na Gazeta. Assim ocorria não apenas em artigos e colunas, mas também em matérias, que em vez de fotos usavam ilustrações... Na ocasião, Pimenta chamou a repórter em sua sala, comentou o artigo, fez elogios e, no fim, soltou um gracejo sobre o bico de pena:

– Pena que não é de corpo inteiro...

Quem imagina a Gazeta daquela época como um mundo árido onde só circulavam senhoras e onde não havia sexo está parcialmente enganado. Havia algum sexo, relacionamentos paralelos, traições e paixões que não se expunham ou que se expunham demais. E como a história comprova, aquele era de fato um bom lugar para se arrumar um namoro ou casamento. E Pimenta estava nessa onda. Procurava parecer jovial e seguro de si e tentava refazer sua vida sentimental. Desde a conturbada separação de Carole, sobre a qual ele era sempre muito discreto, estava sozinho pela primeira vez na vida. Fora casado por quase mais de 30 anos e se sentia solitário. Criou as filhas em um ambiente saudável da classe média americana abonada, longe dos perigos do mundo. Vivia em uma espetacular casa no distrito de Fairfax, Virgínia, a 40 minutos de Washington, onde morou por mais de uma década. De tão grande, Pimenta precisava de um trator para cortar a grama do terreno e não de um mero cortador. Dentro da propriedade, o jornalista construiu um haras para manter seus cavalos. Agora, de volta às tentações dos trópicos, provava algo que nunca experimentara antes com a mesma intensidade: o gosto de seduzir e de conquistar. Buscava aventuras. Queria romper com a rotina americana que passou a considerar monótona e entediante.

Separou-se da mulher de uma hora para outra, de maneira aparentemente abrupta, da mesma forma que desistiu de seu trabalho no Banco Mundial. Nos meses anteriores comentou com velhos amigos que já estava cansado daquela rotina. Tudo lhe parecia muito repetitivo. Tinha a possibilidade de se aposentar e queria mudar de rumo, encontrar novas motivações e voltar ao Brasil. Andava confuso, sem saber direito o que fazer, como Brisola pôde perceber na longa negociação para trazê-lo para a Gazeta Mercantil. A separação da mulher, que poderia ser uma coisa tranquila e civilizada, como se espera de duas pessoas gabaritadas, transformou-se em uma grave crise, que Pimenta viveu intimamente nos primeiros meses em São Paulo. Soube-se que ele chegou a ser violento com a esposa, agredindo-a com o cano de um revólver e derrubando-a no chão. Foi denunciado à polícia do condado, mas, posteriormente, a denúncia foi retirada. Para sua satisfação a notícia não vazou nem em Washington nem no Brasil.

Carole, ex-assistente da Secretaria de Defesa dos Estados Unidos durante o governo de Ronald Reagan, era uma mulher educada e simpática. Mais do que tudo, porém, sempre foi inteligente. Formada em economia, PhD em políticas públicas, tinha tanta cultura quanto o marido. Sempre pareceram parceiros, se não amorosos, ao menos cúmplices. Na longa relação dos dois, a violência não era um componente. Altos e baixos existiam, com períodos de brigas e ameaças de separação. Pimenta, porém, sempre recuava. Alguma coisa nova passava por sua mente naquela época. Agredira a mãe de suas filhas e, no mesmo período, Stephanie, a mais velha, começava a apresentar os primeiros sintomas de um tipo de câncer raro. Havia um desajuste na sua família e ele desistiu de resolver o problema dentro de casa. Concluiu que não havia outro caminho além da separação e que o melhor seria deixar os Estados Unidos.

Para sua sorte, ninguém soube do seu ato de violência, com exceção da polícia dos Estados Unidos. Ele próprio esqueceu o assunto. Nunca mais se repetiria, pensava. Queria agora lavar a alma no Brasil e começar outra vida – ficou muito alegre quando costurou o acordo com Luiz Fernando. Pela primeira vez, sentia disposição de experimentar a liberdade e não ser o Pimenta travadão, o "Peru".

Em suas andanças pela redação, Pimenta começou a passar quase todo dia na mesa de Sandra. Ela era uma de suas preferidas desde a festa de despedida de Celso. Fora simpática naquele dia e Pimenta gostou de sua personalidade. Ficava à vontade diante dos poderosos, não se acanhava. Passou a ler suas matérias com mais atenção e também, sutilmente, a aumentar o destaque de suas reportagens na primeira página. Achou que era uma mulher divertida. E, principalmente, bonita. Gostou daquele seu ar de portuguesa do Alentejo. Deixou de pensar um pouco nas outras meninas e começou a concentrar atenção em Sandra. Passou, aos poucos, a ter um só alvo. Sempre que alguém fazia aniversário, organizava-se uma festinha com bolo e refrigerante na sala de reunião. No dia do aniversário de 59 anos de Pimenta, Sandra aproximou-se do chefe para cumprimentá-lo. Era dia 13 de fevereiro de 1996. Pimenta percebeu algo diferente, rolou um clima. Sentiu que havia sinceridade no cumprimento de Sandra, um afeto real.

Era tudo com que Pimenta sonhava. A conversa com Sandra fluía bem. Gostava dela, considerava-a uma mulher bem-humorada e sentia receptividade às suas brincadeiras e pequenos avanços. Passaram a descer com frequência para tomar um cafezinho juntos. Sentia que ela o divertia e parecia alegre ao seu lado, dando atenção de verdade para as coisas que ele dizia. Quando ele falava, Sandra se interessava. Não fazia cena. Logo, Pimenta começou a valorizá-la perante os chefes diretos, como a editora Tereza Navarro e Cida Damasco, e pedia que a destacassem para uma ou outra cobertura mais importante. Começou também a elogiá-la de maneira escancarada e a destacar suas virtudes. Ainda nessa época, disse pela primeira vez que Sandra transitava bem entre a micro e a macroeconomia, entre o negócio e a política econômica e que esse talento precisava ser mais bem aproveitado. Soube que ela trabalhava na empresa há sete anos e, ao saber seu salário, o considerou baixo demais.

A maior prioridade da Gazeta Mercantil naquele momento era o lançamento da Gazeta Mercantil Latino-Americana, apelidada internamente de Gamela, previsto para abril. Luiz Fernando vinha acalentando esse projeto há mais de um ano, desde antes da entrada em vigor do Mercosul. O suplemento circularia encartado na Gazeta Mercantil quinzenalmente e em todos os outros diários latino-americanos que quisessem encampá-lo. Na construção dessa rede de jornais associados, que, além de encartar a Gamela, trocariam conteúdo entre si, o trabalho de Molina foi fundamental. Com seus contatos internacionais, abriu, em pouco tempo, um grande leque de parceiros. A Gazeta Mercantil estava de olho na integração regional.

Assim que o Mercosul entrou em vigor, o jornal publicou um relatório especial sobre o potencial do mercado comum latino-americano. O bom faturamento do suplemento e sua repercussão política animaram a empresa a desenvolver um projeto de uma publicação regular e bilíngue que propagasse a marca dos Levy por toda a região e facilitasse a troca de informações entre os governos e os homens de negócios dos países envolvidos. Além da construção da rede de diários, antecedeu a criação da Gamela uma ampla costura política que chegava até a Presidência da República dos países do Mercosul, em Fernando Henrique Cardoso, no argentino Carlos Saúl Menem, no paraguaio Juan Carlos Wasmosy e no uruguaio Julio Maria Sanguinetti. Todos apoiaram o projeto politicamente e nos seus princípios, mas não, necessariamente, com publicidade.

No fim de fevereiro, foi marcada uma reunião entre Luiz Fernando e o presidente Sanguinetti, no Uruguai. Pimenta acompanharia Luiz Fernando na viagem, junto com Roberto Baraldi, que dirigia o novo jornal, e de um repórter destacado para cobrir esses encontros para a Gazeta Mercantil. O sócio argentino de Luiz Fernando, Luis María Moisés Trujillo, também participaria do encontro. Quem acompanhou a eleição uruguaia e os primeiros tempos de governo de Sanguinetti foi Luciana Magalhães, candidata natural a fazer a parte jornalística da viagem. Mas Pimenta decidiu indicar Sandra, determinando que Cida Damasco a destacasse para a viagem. Também falou com Tereza Navarro para que orientasse a repórter sobre os preparativos da cobertura.

Sanguinetti era um verdadeiro entusiasta de um jornal que pudesse apoiar a formação de um mercado comum na América do Sul. Certa vez, conversando com o primeiro-ministro espanhol Felipe González sobre a experiência da União Europeia, ouviu que, se houvesse um jornal de credibilidade costurando as diferenças entre os países europeus desde o início do processo, talvez os conflitos e as dificuldades pudessem ter sido superados com mais facilidade[7]. Depois de contar essa história ao presidente Fernando Henrique, recebeu a sugestão de procurar Luiz Fernando, da Gazeta Mercantil. Não o procurou, mas mandou dizer que gostaria de falar com ele. A informação chegou a Luiz Fernando em Buenos Aires e, imediatamente, transformou-se no projeto da Gamela. De certa forma, o presidente uruguaio foi o grande inspirador do jornal que a Gazeta Mercantil começava a tirar do forno. Ele abriu espaço na sua agenda para receber a comitiva de jornalistas brasileiros no fim da tarde, para que a conversa pudesse se prolongar. Foi simpático e encorajador. Na reunião falaram sobre a necessidade de integração dos países do continente e sobre o papel catalisador de um bom periódico de economia. Luiz Fernando disse, afinal, que tinha o projeto pronto, anunciou que a redação, inclusive, já estava funcionando em plena carga no Rio de Janeiro e que, em breve, o jornal circularia em português e espanhol, dependendo do mercado.

Na visita a Montevidéu, estava prevista também uma reunião com a diretoria do diário econômico *El Observador*, o mais importante do Uruguai, que também circulava na Argentina e no Paraguai. O grupo da Gazeta passou dois dias no Uruguai e, rigorosamente, houve mais tempo livre do que trabalho. Jantaram bem, tiveram conversas agradáveis, beberam vinho e comeram churrasco. O acordo com o *El Observador* ficou bem encaminhado e o jornal uruguaio, depois de alguns meses,

7. *Anábase:* a história da Gazeta Mercantil, p. 161.

tornou-se o primeiro parceiro da Gazeta Mercantil no projeto, distribuindo o suplemento regional.

Para Pimenta a viagem foi perfeita. Ele não tinha muito a ver com a Gamela – era um produto que estava fora de seu campo de controle, mas, como diretor de redação da Gazeta Mercantil, deveria apoiar seu lançamento e fazer esse tipo de trabalho institucional. Além disso, sabia que, em Montevidéu, teria a chance de se aproximar mais de Sandra. Era a oportunidade de que precisava. Os dois se deram muito bem, tiveram tempo para conversar e passear juntos. Apesar do verão, a temperatura caía abaixo de 13 graus, principalmente à noite. Sandra subestimara o frio uruguaio e não tinha se preparado adequadamente. Não levou nenhum agasalho. O grupo ficou hospedado no hotel Victoria Plaza, na praça Independência, nos limites entre a Ciudad Vieja e o centro de Montevidéu. Bem perto dali fervilhava o comércio de couros e lãs e, no primeiro dia de viagem, Pimenta acompanhou Sandra, que precisava comprar uma malha. Os demais notavam que Pimenta sempre parecia próximo e mais íntimo do que era de se supor. Ele mesmo sugeriu que saíssem para comprar a blusa de lã. Disse que não suportaria vê-la sentindo frio. Saíram juntos, caminhando na direção do Mercado del Puerto. Pimenta fez questão de pagar a compra. Disse a Sandra que era um presente. Ela agradeceu e aceitou acompanhá-lo em uma volta pelo bairro antigo. Já não pensava mais que era um homem velho demais para ela. A diferença de idade passou a ser insignificante.

A viagem para Montevidéu deu a Sandra uma oportunidade que ela nunca tivera na Gazeta Mercantil. Elevou seu status no jornal imediatamente. Não era mais uma menina provinciana, já havia participado de entrevistas com presidentes e viajado pelo mundo. Mas participar de um encontro especial como esse, entre Luiz Fernando e o presidente Sanguinetti, a colocava, por um momento, no topo da empresa. Até então, viagens desse tipo não eram para o seu bico. Nos tempos de Molina e Celso, nem pensar. Finalmente entrava num clube do qual sempre fora excluída. Tinha agora a possibilidade, quem sabe de entrar em uma rota de produção de notícias internacionais. Era uma primeira indicação de aumento do prestígio interno da repórter. Era um grande privilégio.

Sandra nunca havia se sentido tão valorizada. Sua vez havia chegado. Tudo graças a Pimenta. Bastou uma ordem dele e seu mundo se transformou. De uma hora para outra, passou a ser tratada como repórter-estrela. A chegada de Pimenta na Gazeta, enfim, tinha sido boa para ela e, se ainda sentia alguma falta da antiga direção, essa sensação desapareceu completamente.

Na volta da viagem, Sandra pegou carona em um jatinho alugado pela Gazeta Mercantil. Luiz Fernando preferia jatinhos a voos regulares. Sandra veio ao lado de Pimenta, cheia de chamegos. Baraldi sentou perto e Luiz Fernando, um pouco atrás. Percebia-se a satisfação de Pimenta. Parecia que ele tinha achado algo muito bom no Uruguai, descoberto a fonte da felicidade. Raras vezes, antes ou depois daqueles dias, mostrou-se tão espontâneo e despreocupado. Queria se exibir para Sandra. Dava para ver que naquele momento não estava nem aí para o trabalho. Mostrava-se desprendido e alegre, diferente do que costumava ser. Sandra também se divertia. Sentia-se confortável com a situação. Gostava daquilo. Ninguém achou que estivesse constrangida ou sem graça. O voo entre Montevidéu e São Paulo, que leva duas horas e quarenta minutos, passou num instante. Um falava ao ouvido do outro, riam como se estivessem entorpecidos. Pareciam namorados, embora ainda não o fossem. Desenvolveram tal intimidade naqueles poucos dias que era possível pensar que já se conheciam havia muito tempo. Nem perceberam quando o avião pousou. Para Sandra, a viagem fora perfeita e ela não podia deixar de imaginar que sua vida mudaria para melhor a partir dali, que talvez estivesse sendo traçado um destino que ela nunca havia imaginado.

A volta ao Brasil deixou Pimenta cheio de ideias. Teve certeza de que tinha encontrado a paixão que procurava. Sentiu algo que nunca tinha sentido e pensou que o campo era fértil, que valia a pena se aproximar mais de Sandra. Andava nas nuvens e acordou nos dias seguintes com uma sensação de plenitude. Ainda que nada tivesse acontecido, nenhum beijo, nem sexo, ele estava satisfeito. Sentia-se um garoto, achava que tinha alcançado alguma coisa, um amor talvez. Foi trabalhar cheio de inspiração. Queria saber como seria o reencontro depois do que ocorrera em Montevidéu. Franklin passou na sua casa na hora combinada. Achou o chefe animado e com um jeito diferente. Pimenta evitou a gravata porque queria parecer mais informal. E usou cores mais claras para transmitir leveza e tranquilidade. Estava ansioso para reencontrar Sandra. Na volta, no jatinho, percebeu uma coisa nova, um lampejo de felicidade, uma alegria juvenil que há muito tempo não sentia. E não era algo platônico, distante, irrealizável. Com um pouco de habilidade, Pimenta sabia que atingiria um de seus principais objetivos: encontrar uma namorada jovem para compartilhar uma nova vida.

Podia pensar, afinal, que tinha nascido entre ele e Sandra uma dessas "afinidades eletivas"[8], expressão que foi usada pela primeira vez pelo químico e mineralogista sueco Torbern Bergman, que a utilizava para designar as afinidades entre alguns elementos e substâncias que destroem um composto químico em favor de outras combinações. No campo psíquico, seria uma harmonização natural de ideias e sentimentos entre pessoas que se enamoram, sempre pensando em rearranjos mais prazerosos e interessantes. A princípio, Pimenta e Sandra podiam ser muito diferentes e os entraves para a relação seriam muito maiores do que os benefícios que ela traria.

Havia ali um conflito latente entre o impulso amoroso que surgia e os limites decorrentes da moralidade e, nos tempos modernos, da governança corporativa. Ou seja, limites comportamentais que as pessoas devem estabelecer no ambiente de trabalho, principalmente nas relações afetivas entre superiores e subordinados. Podia parecer estranho a um ex-funcionário do Banco Mundial, um homem que precisou passar pelo crivo do moralismo puritano da sociedade americana. Mas Pimenta pouco ligava para isso, como ficou claro desde a festa de fim de ano e, depois, na viagem para Montevidéu. Sob uma visão preconceituosa, era também um namoro improvável, com uma distância de três décadas entre os dois e estilos de vida que não pareciam combinar. Mas ninguém

8. O escritor alemão Johann Goethe usou a expressão "afinidades eletivas" como nome de um de seus livros.

podia saber o que Pimenta estava buscando, muito menos quem combinava com quem. Pimenta buscava uma mulher bonita e descomplicada.

E Sandra era isso. Não tinha grilos aparentes em questões amorosas. Fazia o que queria. Era uma moça normal, nem santa, nem devassa. Era possível defini-la como uma mulher do seu tempo. Iniciou sua vida sexual antes dos vinte anos e teve vários namoros sucessivos. Pimenta era mais travado nesse campo. Além disso, em breve sentiria o baque geracional, algo que ainda não passava pela sua cabeça naquele momento. Pimenta fora adolescente nos anos 1950, antes da pílula e dos movimentos de liberação sexual. Em questões de comportamento não era nada avançado. Era conservador e puritano, mas isso era algo que seu discurso envolvente e sua cultura erudita ocultavam num primeiro momento. Sempre pareceu levar uma vida monogâmica.

Pimenta dizia a amigos próximos que era fiel e nunca se soube que tivesse traído Carole de maneira persistente ou regular. Alguns de seus velhos companheiros contam que ele vinha duas ou três vezes para o Brasil todos os anos, a trabalho ou passeio, e não fazia parte de sua rotina contratar serviços de prostituição, por exemplo. Pelo Banco Mundial, passava por Brasília, pelo Rio e, quando dava, esticava até São Paulo. Só no começo dos anos 1990, quando seu casamento estava em crise e pouco antes de deixar Washington, perguntou certa vez a um amigo com quem jantava em um restaurante da Rua Amauri se ele tinha contatos de garotas de programa em São Paulo. Surpreso, já que não imaginava que Pimenta, o "certinho", tivesse esse tipo de interesse, o amigo descobriu um número de telefone. Não se sabe o que Pimenta fez depois que deixou o bar.

Pimenta era um homem refinado, que circulava em restaurantes caros e viajava de primeira classe nos aviões. Jatinhos, como aquele em que Sandra embarcava pela primeira vez em Montevidéu, eram algo banal em sua existência. Levava vida de diplomata, de profissional globalizado. Sandra estava no outro extremo da hierarquia jornalística. Ganhava menos de 10% do salário do diretor de redação, cerca de mil e setecentos reais. Enquanto Pimenta era o que se chama de medalhão, um sujeito "que chegou lá", Sandra ainda tinha muita lenha para queimar. Às vezes revelava um jeito meio suburbano e falava com sotaque italiano. Diferentemente de Pimenta, frequentava botecos de jornalistas, embora não fosse muito de beber. Mas houve uma acomodação natural entre os dois, uma mútua adaptação. Pimenta buscava a naturalidade de Sandra e ela queria seu verniz intelectual.

Carole era completamente diferente de Sandra. Estava familiarizada com as harmonias de Miles Davis, discutia textos de Noam Chomsky, havia lido vários livros de Norman Mailer e Tom Wolfe e talvez até conhecido os dois. Era uma acadêmica respeitável, intelectual politicamente correta. Sandra era uma menina do subúrbio paulistano que fazia piadas racistas e politicamente incorretas. A casa da sua família era bem diferente, em termos de qualidade de vida, da casa da família Neves na Virgínia. Sandra vinha de um bairro chamado Saúde, na distante Zona Sul paulistana, próximo do começo da Rodovia dos Imigrantes, caminho para a Baixada Santista. Nas imediações havia indústrias químicas e fábricas de borracha. Carole era uma economista sofisticada. Sandra não passava de uma jornalista proletária, mas era jovem e ainda poderia ser moldada. Pimenta rapidamente começou a admirá-la e a acreditar que ela viria a ser uma grande jornalista, uma repórter ousada e com capacidade analítica. Achava que ela se comportava bem em ambientes formais e de alto nível, como um gabinete presidencial.

À amiga Claudia Mancini, Sandra contou que estava à procura de alguém que lhe desse segurança, que cuidasse dela. Mas foi ambígua, não especificou se falava de algo emocional ou material. Com relação a esse aspecto, seus últimos relacionamentos tinham sido traumáticos. Seu namorado ator havia lhe dado um belo prejuízo. Enquanto ainda conhecia Pimenta, estava tendo um caso com um profissional da área de tecnologia, que cuidava do suporte dos computadores da redação. Era um iniciante, ainda mais jovem do que ela e com salário mais baixo. Gostava dele, se davam bem, mas não queria mais nenhum namorado que dependesse dela financeiramente ou que fosse mais duro do que ela. Queria alguém que pagasse suas contas em restaurantes e que não a comprometesse financeiramente. Sob esse aspecto, Pimenta era perfeito. Teria um protetor e alguém que lhe daria a tal segurança que buscava.

Inspirado talvez pela viagem ao Uruguai, naqueles dias Pimenta conversou com Sandra sobre cavalos. Disse que era o animal de que mais gostava, que teve vários nos Estados Unidos e que queria se organizar para cavalgar com regularidade no Brasil. Sandra adorava cavalos, entusiasmou-se com a conversa, fez várias perguntas, mas limitava-se a sonhar. Até então pensou que um cavalo estaria além do seu poder de consumo e contentava-se com seus cachorros. Pimenta disse que não era tão caro assim ter um cavalo. Para ele, qualquer pessoa de classe média que tivesse isso como prioridade podia bancar as mensalidades de um haras e o conforto necessário ao animal. Sandra então começou a pensar a sério em ter cavalos.

Nas semanas seguintes todos perceberam que Pimenta abandonara totalmente seus demais alvos sexuais e passara a privilegiar Sandra, fosse em seus passeios pela redação, fosse nos convites para esticadas até o café, no térreo. Começaram a almoçar juntos várias vezes por semana. Denise Arakaki, que sentava bem ao lado de Sandra e cuidava do fechamento de muitas das suas matérias, notou que Pimenta não saía mais da área. Fazia recomendações especiais para Cida Damasco, Tereza ou Denise sobre o trabalho de Sandra e começou a tratá-la por Sandrinha. Passou a elogiá-la abertamente e dizia que era a melhor repórter da redação. Gradualmente, Sandra passou a ter um status de repórter especial. Já não cuidava tanto de matérias do dia a dia, nem ficava atrás de entrevistas coletivas para divulgação de índices de inflação ou de taxas de juros. Dizia que queria se dedicar a reportagens mais complexas e de mais fôlego. Se alguma entrevista exclusiva era oferecida a Pimenta, ele determinava que fosse passada para Sandra.

Em suas conversas com Sandra, Pimenta falava de suas ideias e gostos ou comentava compromissos que tinha, como um concerto no Teatro Municipal ou um espetáculo da temporada do Cultura Artística. Falava muito de jazz, de Count Basie, Charlie Parker e Chet Baker, os maiores representantes de seu gênero predileto. Sandra ficava embevecida. Além dos cavalos, o jazz foi outro assunto que a aproximou de Pimenta. Era algo que conhecia pouco e lhe interessava muito. Pimenta citava a *História social do jazz*, de Hobsbawm. Quem não tivesse lido esse livro não tinha futuro na Gazeta Mercantil. Se havia algo que mexia com Sandra, era a cultura elevada. Ficava boquiaberta ouvindo Pimenta exibir seu saber e falar de suas experiências em Washington. O intercâmbio intelectual lhe era muito atraente e ela sentia que tinha muito a aprender ao seu lado. Sandra até pensava nos problemas da diferença de idade, mas estava convencida de que isso não era decisivo para o sucesso de um namoro. Pimenta era um homem charmoso e cheio de projetos. Na opinião dela, inclusive, ele aparentava uma idade menor do que a que realmente tinha.

O lançamento da Gazeta Mercantil Latino-Americana foi um sucesso. Teve ampla repercussão e, principalmente, qualidade editorial. O acabamento ficou impecável e as notícias eram relevantes, de real interesse para empresários e políticos. A editora do jornal era Cynthia Malta, que havia deixado o Caderno A e a redação para se envolver com outros projetos que pertenciam ao grupo de influência de Molina. O jornal fez sua estreia com 32 páginas e uma circulação total de 140 mil exemplares. Pimenta não se animava muito com a Gamela, era um negócio ligado àqueles que considerava adversários. Seguiria as determinações de Luiz Fernando para apoiar o produto, mas não passaria disso. Cuidaria da redação, que era sua responsabilidade. E ali, por sinal, voltava a ter alguns problemas. Rosvita Saueressig lhe comunicara que estava deixando a secretaria de redação poucos meses depois de ter assumido. Decidira aceitar um convite para ser assessora de imprensa da Credicard. Outra baixa inesperada e em tempo recorde foi na chefia de redação da sucursal de Belo Horizonte. Teodomiro Braga também deixou o cargo. Para seu lugar, Pimenta indicou a repórter de Finanças, Mara Luquet. A vaga de Rosvita ficou com Nair Suzuki, que vinha coordenando a abertura da edição e a reunião matutina.

Surgiu uma nova oportunidade de viagem para Sandra em meados de maio. Pimenta pediu que Tereza a enviasse ao Rio de Janeiro para cobrir o Fórum Nacional de Desenvolvimento que o ex-ministro João Paulo dos Reis Veloso realizava desde 1988. O encontro era um dos principais eventos do calendário de debates econômicos no país e servia para discutir as tendências do Brasil e analisar políticas públicas. O Fórum era um ambiente arejado onde circulavam novas ideias. Para um jornalista econômico curioso, cobrir esse tipo de evento era algo muito prazeroso. A Gazeta, normalmente, teria usado os repórteres da sucursal do Rio para resolver o assunto. Pimenta argumentou que pretendia reforçar a cobertura. Muitas fontes circulavam na área, gente do governo e da iniciativa privada que ajudava a compor um entendimento da conjuntura. Pimenta frequentava o Fórum desde os tempos do Banco Mundial. Veio pelo menos três vezes desde que o evento fora criado. Era um pretexto excelente para visitar o Rio, reativar contatos e manter-se atualizado sobre os acontecimentos do Brasil.

Para destacar Sandra para cobrir o evento, Pimenta argumentou que ela conseguia compreender os assuntos microeconômicos à luz das políticas macroeconômicas e vice-versa. Reforçou que ela saberia destacar os assuntos mais importantes e oferecer uma abordagem inteligente do encontro. De qualquer forma, Pimenta já tinha se acertado com ela e combinado que a enviaria para o Rio. Ele iria junto. Diretores de redação, em geral, quando fazem viagens desse tipo, é com objetivos institucionais. Buscam fazer contatos, apresentar o jornal para um público de prestígio e, eventualmente, arrumar pautas para "soprá-las" aos repórteres da casa. Pimenta tinha acesso direto a muitos palestrantes do encontro e podia aproximá-los da sua equipe. Tinha interesse também em contribuir diretamente com a cobertura de grandes temas e podia preparar uma matéria para a edição ou um artigo futuro. Não era incomum, absolutamente, que um diretor de redação viajasse para fazer uma reportagem, embora no caso de Molina isso fosse mais raro.

O oitavo Fórum Nacional debateu a estabilização da moeda, o crescimento econômico e as reformas estruturais, que passaram a ser cobradas avidamente depois que se constatou a estabilização. Viviam-se os melhores momentos do Plano Real, ainda sem nenhum efeito de crises externas. A economia evoluía finalmente e a inflação parecia controlada, caindo de maneira consistente, dessa vez com um plano racional e, passadas as eleições, com apoio político. A principal preocupação do encontro era estimular a discussão sobre as bases necessárias para sustentar um novo ciclo de crescimento para o país. Discutiram-se também os rumos da universidade brasileira, algo que Pimenta achou muito oportuno, sugerindo a Sandra que desse especial atenção à pauta.

Durante o voo para o Rio, Pimenta não sabia direito o que pensar. Estava cheio de intenções. Não se lembrava de outra ocasião em que se sentira tão ansioso. Parecia um adolescente. Exercia seu papel de diretor da Gazeta Mercantil, mas estava concentrado no pós-expediente. Não tinha obrigação de produzir nada sob pressão. Os dois estavam hospedados no mesmo hotel, o Rio Palace[9], onde em outros tempos Frank Sinatra havia feito um show exclusivo no Brasil. O hotel ficava no fim da praia de Copacabana, na esquina da Rua Joaquim Nabuco, quase em frente ao Forte de Copacabana, onde houve a revolta de 1922. Tinha um grande auditório com capacidade para 1.000 pessoas e outras 10 salas menores para encontros paralelos. Circulavam cerca de 2.000 pessoas em um evento daquele porte. Sandra e Pimenta separaram-se durante o dia. Ela foi fazer suas entrevistas e ele foi cuidar de seus assuntos. Às vezes se esbarravam, conversavam um pouco, almoçaram juntos e cada um cuidava do seu trabalho.

No fim do evento, já com a noite se insinuando, a repórter Vera Saavedra Durão, da sucursal do Rio de Janeiro, que também estava ali para participar da cobertura do Fórum, chamou Sandra e a convidou para ir bater sua matéria na sede da sucursal, que ficava no centro. Sandra fizera uma boa entrevista com o ex-presidente do Banco Central, Carlos Langoni, um especialista em assuntos de dívida externa, e iria até a sucursal para enviá-la à redação. Pimenta interveio com ar maroto e disse que ela ficaria no hotel, onde tinha a estrutura necessária para escrever e mandar matérias. Vera surpreendeu-se com a resposta, percebeu nela alguma malícia. Não havia diferença em mandar a matéria de um ou de outro lugar. Vera apenas não sabia que os dois tinham tanta intimidade. Imaginava que estava falando com uma repórter enviada de São Paulo que precisava de um lugar para escrever sua matéria.

– A Sandrinha não vai para a sucursal porque vai ficar comigo – interrompeu Pimenta, sorridente. – Pode ficar sossegada que as matérias dela vão chegar a São Paulo.

Sandra balançou os ombros e deu um sinal de concordância. Já que o chefe estava dando uma ordem, ela não tinha o que discutir. Disse a Vera

9. O hotel se chama atualmente Sofitel Rio.

que ficaria no hotel. A entrevista com Langoni tinha novidades e Sandra precisaria falar com Tereza Navarro. Vera olhou os dois afastando-se no corredor que levava ao hall de entrada do hotel e notou quando se abraçaram. Pimenta e Sandra estavam inebriados. Esqueceram-se completamente do trabalho. Não se enviou matéria alguma para São Paulo. Sandra se esqueceu de escrever.

Foi ali, na Cidade Maravilhosa, que o namoro realmente decolou. Sandra e Pimenta assumiram o relacionamento. Antes disso, muita gente especulava sobre o que poderia existir entre os dois. A proximidade foi crescendo e acionou a máquina de boatos. Qualquer dúvida que pudesse existir se dissipou na volta do Rio. O casal passou a andar de mãos dadas para todo lado, inclusive em eventos corporativos da Gazeta Mercantil, como o Fórum de Líderes e o lançamento do Balanço Anual. Não davam beijos em público, mas exibiam sinais de afeto. Pimenta passou a dar atenção especial à situação salarial de Sandra. Revelou-se um namorado generoso e preocupado com as injustiças que ela vinha sofrendo nos últimos dois anos. Descobriu que algumas repórteres que haviam entrado depois dela no jornal ganhavam mais.

Uma das primeiras decisões de Pimenta foi promovê-la, e não haveria problema desde que o aumento salarial fosse, no máximo, de 20%. Pimenta encaminhou esse pedido e logo em seguida passou a fazer outras solicitações de aumento por intermédio de Niles Simone. Elas chegavam ao departamento de recursos humanos, eram recusadas e voltavam para Niles. Pimenta se irritava, dizia que Sandra era uma profissional capaz, subaproveitada e sub-remunerada, e insistia no pedido. Niles ficava no meio do fogo cruzado e cuidava dos trâmites burocráticos. Achava que o chefe errava na dose, que poderia ser mais parcimonioso e seguir as regras de governança da empresa. Nos meses seguintes, Sandra conseguiu um aumento de quase 100% e seu salário seria quintuplicado nos doze meses seguintes.

Pimenta passou a beneficiar Sandra escancaradamente e a usá-la como uma espécie de símbolo de poder. Conseguir aumentos e benefício para ela era uma forma de se impor e de mostrar que mandava. Sabia que naquela empresa muitos homens do comando tinham sua namorada ou esposa e lhe davam vantagens e sentia-se no direito de dar o mesmo tratamento privilegiado para sua mulher. É claro que essa determinação acirrou os ânimos. Na editoria de Nacional, onde Sandra trabalhava, os conflitos começaram a pipocar. Ela se sentia confortável e segura e passou a fazer o que lhe interessava. Rejeitava pautas que considerasse chatas ou ruins. Deixou de tolerar brincadeiras ou de aceitar qualquer ordem de Denise, especialmente. Tinha as costas quentes e se tornou uma moça mais séria que não admitiria mais certas confianças. Alguns ressentimentos que Sandra tinha do passado vieram à tona e ela se sentia virando um jogo. Passou a só cumprir ordens diretas do diretor de redação, deixou de respeitar qualquer outra hierarquia e passou a desagradar alguns colegas.

A reação ao namoro na redação, no geral, foi negativa. Mais para a frente, condenaria Sandra quase que a uma perseguição coletiva, mas naquele momento ela tornara-se poderosa demais para ser enfrentada. Pimenta lhe garantia toda proteção e ouvia suas recomendações. O título de primeira-dama, logo no início da relação, colou-se a ela de forma jocosa, como se ela não fosse nada além disso. Todo mundo sabia que ela era uma boa repórter. Mas ninguém a via em posição de comando. Mesmo os amigos de Pimenta estranhavam o seu envolvimento com Sandra. Viam uma assimetria na relação. Achavam Pimenta inteligente demais, um gênio, e só viam em Sandra uma mulher mediana sob todos os aspectos. Daniel Piza, por exemplo, implicou com a moça desde o primeiro momento. Não gostava dela e dizia que era malpreparada. Até então, Sandra parecia carta fora do baralho na disputa política da redação e ninguém poderia esperar que essa situação mudasse. Agora, ela assumia uma posição de poder. A notícia do namoro mexeu com as entranhas do jornal. Jornalistas mais velhas se mostraram revoltadas com a situação e com os benefícios explícitos que Pimenta dava para a namorada. Foi um desfile de preconceitos da pior espécie. O efeito sobre a redação foi perverso, despertou a maldade de todos. Mesmo os amigos de Sandra ficaram ressabiados. Depois do começo do relacionamento o contato com muitos deles foi cessando até que desapareceu de vez.

Nos primeiros tempos de namoro, Pimenta passava as noites no apartamento de Sandra. Saíam tarde do jornal e iam direto para a Vila

Mariana. Se Sandra saía antes, ficava esperando por ele. Ele deixava o carro, um Alfa Romeo cedido pela Gazeta Mercantil, na rua, em uma vaga qualquer que pudesse encontrar, e saía de manhã, depois de uma noite de amor, muitas vezes diretamente para a Gazeta. Como ainda não tinha casa – mais ou menos naquela época estava fechando o contrato para comprar um imóvel –, deixava algumas roupas no apartamento de Sandra. Costumava deixar a casa dela por volta das dez da manhã, quando a oficina de João Florentino já estava funcionando. Certo dia, um dos funcionários do estabelecimento, chamado Vando, foi conversar com João.

– Você conhece o namorado da sua filha, João? – perguntou o mecânico.

– Não. Minha filha não está namorando, rapaz.

– Está sim – insistiu Vando. – Na hora que eu vir o sujeito outra vez, vou mostrar para você.

No dia seguinte, Vando apontou para o carro preto que estava parado bem em frente do prédio de Sandra e falou que o carro era do tal namorado.

– Espera aí, João. Ele vem todo dia de manhã aqui. Daqui a pouco ele sai.

Passado um tempo, assim que viu Pimenta abrindo o portão do prédio, ele chamou o patrão.

– É aquele homem – apontou.

João não acreditou. Queria perguntar à filha, mas não queria acordá-la cedo porque sabia que ela não gostava. Esperou até que descesse para perguntar se o que Vando havia dito era verdade. Ficou observando os movimentos no prédio da filha e pediu a Vando que fizesse o mesmo. Ela costumava ir ao trabalho um pouco antes do meio-dia. Assim que a viu, João a chamou.

– Oi, filha, o pessoal da oficina disse que você está namorando aquele cara do Alfa Romeo. É verdade?

– Não interessa, pai. Deixe de ser intrometido. É problema meu – disse Sandra.

– Mas ele é mais velho do que eu, Sandra. Você merecia um cara mais bonito do que esse.

Sandra não respondeu. Falou para o pai que não se intrometesse, deu-lhe um beijo e foi embora. João entendeu que sua filha estava namorando. Estava surpreso com a idade de Pimenta. Nunca tinha visto a filha com um homem mais velho. Ela disse ao pai que isso não era um empecilho. O importante é que estava feliz. E não ia muito mais longe. Não era de fazer confidências e não dava muita trela para o pai. O convívio com Pimenta era agradável, gostava de passar o tempo com ele e sua vida profissional finalmente avançava. Nos meses seguintes, conseguiria até uma baia, como se chamavam os espaços exclusivos na redação. Como os cavalos, os jornalistas têm baias: são os espaços reservados aos chefes. É uma salinha onde os editores conseguem um pouco mais de privacidade e podem trabalhar mais concentrados. Outra vantagem era ter um lugar para deixar livros e materiais de consulta. A baia ficava logo na entrada do Caderno A, no canto, e tinha uma ampla janela que se abria para a fábrica da metalúrgica Prada, que funcionava em frente à Gazeta Mercantil.

O namoro estava delicioso, e Pimenta e Sandra tinham direito a alguns dias de folga e resolveram marcar uma viagem romântica e sair um pouco de cena por dez dias. Sandra sugeriu Buenos Aires. Ainda não conhecia a capital argentina. Pimenta adorou a ideia e prometeu mostrar-lhe a cidade em detalhes. Seria uma viagem de primeira, em hotel cinco estrelas, sem qualquer restrição profissional e financeira. Ele pagaria tudo. Beberiam todos os vinhos que quisessem. Estava frio e dessa vez, precavida com a experiência no Uruguai, Sandra se preparou, levou alguns casacos, mas também foi pensando em comprar roupas de couro, malhas de lã e boas botas – tinha decidido, afinal, começar a montar a cavalo. A cotação do real em relação ao peso estava favorável e o consumo em Buenos Aires valia a pena – bons produtos pareciam baratos. Foram aos melhores restaurantes da cidade, como o Oviedo e o Tomo 1. Passearam pelo bairro de Palermo, comeram uma carne na *parrilla* e foram caminhar na Plaza de Mayo em uma quinta-feira, dia em que as mães de desaparecidos políticos faziam suas manifestações por ali. Aproveitaram para tirar fotos em frente à Casa Rosada, sede do governo argentino. Estiveram também na Recoleta, bairro nobre da capital, e foram ao famoso cemitério visitar o túmulo de Evita Perón. Assistiram ao melhor tango da cidade e foram muito felizes naquele dia.

A lua de mel só sofreu um sobressalto no começo de junho, bem no meio da viagem, por causa de um acontecimento inesperado e trágico. Mais um caso explosivo sacudia a Gazeta Mercantil. Dessa vez foi uma morte repentina. Um dos jornalistas mais notáveis do jornal, o mestre das leituras de balanços Elpídio Marinho de Mattos, foi encontrado, por sua mulher, morto em sua casa. Elpídio havia se suicidado com um tiro de espingarda na cabeça. E o motivo não poderia ser mais constrangedor para Luiz Fernando e Pimenta. O jornalista, de 78 anos, depois de duas décadas de dedicação integral ao jornal, havia aderido a um programa de demissão voluntária lançado no ano anterior e, ao fazer a homologação trabalhista, viu que estava recebendo apenas parte da indenização a que tinha direito. Elpídio era um dos gurus de Celso Pinto, um dos profissionais que Celso mais admirava. Trabalhou na empresa por 18 anos e, na sua idade, não tinha muitas perspectivas. Sem se conformar com o calote que tinha tomado, desesperado com dívidas e pressionado pela família, decidiu acabar com a própria vida. Foi uma situação chocante. Diante da morte de um colega, a irresponsabilidade trabalhista dos acionistas e dos diretores do jornal tornava-se ainda mais grave. E a mensagem de Elpídio era uma só: apesar do prédio novo, de toda prosperidade e das excelentes perspectivas, a empresa continuava cheia de vícios.

Elpídio foi, sem dúvida, o primeiro mártir da Gazeta Mercantil. Deixou um claro sinal de que o gigante estava se erguendo sobre pés de barro. Seu suicídio escancarou o que se pressentia: o dinheiro que entrava virava fumaça. Naquele mesmo mês de junho, quando se achava que só havia prosperidade, o jornal voltava a atrasar salários. O problema de sempre: dois, três, quatro dias de atraso. E o dinheiro dos fundos de pensão? E a ótima safra publicitária do primeiro semestre? O ano estava ótimo, com crescimento do faturamento e notícias de novos investimentos, mas, na prática, tudo continuava funcionando de maneira precária.

Pimenta e Sandra decidiram não interromper sua jornada hedonista portenha. Lamentaram a perda e saíram chamuscados pelo episódio.

Em tese, Pimenta era o responsável pelo acompanhamento de casos difíceis de demissão como esse. O diretor de redação devia estar ciente de tudo e cuidar do caso com atenção. O próprio Celso, que havia deixado o jornal há oito meses, ainda não tinha recebido o que tinha direito. E Totti, trabalhando no Jornal do Brasil, ainda esperava os 32 mil dólares de gastos extras que havia feito nos Estados Unidos, na última missão como correspondente. O jeito relapso com que o jornal tratava os direitos trabalhistas de seus funcionários não parecia incomodar Pimenta. Aliás, ele havia dado ordens à sua secretária para que toda correspondência, cartas e faxes endereçados ao antigo editor-chefe, Molina, fossem repassados a ele. Alguns desses faxes, enviados para o telefone da diretoria, referiam-se exatamente ao problema de Elpídio. Foram enviados por sua mulher, que implorava a Molina que ajudasse a resolver o problema do marido porque a situação era preocupante. A secretária não leu direito, nem deu muita atenção. Pimenta não leu porque estava viajando. E as informações não chegaram até Molina. Elpídio gritou desesperado e ninguém ouviu.

A ordem que Pimenta havia dado à secretária revelou um componente importante do seu estilo de governar. Ele vigiava seus desafetos atentamente e os calava, eliminava as marcas de poder do passado, cortava-lhes os canais de comunicação dos antigos chefes. Jogava duro e não era cavalheiro. Ficou claro que Pimenta não queria abrir mão de qualquer migalha de poder, que queria controlar a Gazeta Mercantil e eliminar toda e qualquer influência de Molina na redação. Expunha também algo que não tinha sido percebido claramente até então: uma certa paranoia. Seu sentimento de desconfiança em relação ao antecessor era excessivo e sem fundamento. Se não fosse pelo bloqueio dos faxes, a vida de Elpídio talvez pudesse ter sido salva. Ele só precisava de uma voz amiga. Mas não houve um telefonema, uma mínima satisfação. Achou que o próprio Molina o ignorava. Sentiu-se sozinho. Os desafetos atribuíram a Pimenta pelo menos uma pequena parcela de responsabilidade pela evolução trágica dos acontecimentos.

O fato é que Pimenta encontrava dificuldades para consolidar a posição de comando que ambicionava na Gazeta Mercantil. Quando pensava ter conquistado um aliado talentoso e entendedor do modo de operação do jornal, via-o ir embora por uma proposta salarial melhor ou porque não se adaptava ao seu estilo. Em geral, era gente ligada ao grupo anterior que só esperava uma oportunidade para mudar de emprego. Mas havia aqueles que se cansavam dos atrasos de pagamento e do desleixo da Gazeta Mercantil com os funcionários ou que simplesmente saíam para ganhar mais. Quem então se preparava para deixar o jornal era a coordenadora do Caderno B, Vera Brandimarte, convidada por Paulo Totti para ser repórter especial do Jornal do Brasil. Na mesma época, o editor de Política, Marcio Aith, também saía para ocupar um cargo de confiança na Folha de S.Paulo, a convite de Celso Pinto. Marcio começara a se sentir desconfortável com Pimenta. Achava que o diretor de redação insistia em ser seu amigo a qualquer custo. E, além do mais, percebia que Pimenta sentia algum ciúme dele por saber de seus namoricos com Sandra no passado. Não concordava com seus métodos. Preferia os critérios do grupo de comando anterior. Depois de uma curta convivência, deixou de ver em Pimenta condições psicológicas para manter o equilíbrio editorial de um jornal tão complexo como a Gazeta Mercantil.

No dia em que foi entregar seu pedido de demissão, teve absoluta certeza de que Pimenta era um pouco biruta. Viu que Pimenta ficou desconcertado quando soube que seu editor de Política e um de seus jornalistas preferidos iria trabalhar com Celso. Reconhecia que Marcio trazia muitas notícias para o jornal, furos e matérias exclusivas, e não queria perdê-lo. Fez uma contraproposta, mas Marcio estava determinado a sair. Pimenta, afinal, pareceu aceitar a notícia da demissão, mas teve uma ideia estranha. Depois que Marcio deixou a sala, Pimenta chamou a namorada do editor, uma das *designers* do jornal, e disse que ela deveria convencer Marcio a permanecer na Gazeta Mercantil. Ameaçou demiti-la caso não fosse bem-sucedida. Pimenta estava esquisito e sua reação parecia completamente fora de propósito. A garota deixou o encontro assustada e contou a história para Marcio, que, imediatamente, decidiu ir à sala de Pimenta tirar satisfação sobre o acontecimento. Pimenta disse que se tratava de uma brincadeira, mas ficou constrangido e percebeu que tinha ido longe demais. Não chegou a pedir desculpas, apenas repetiu que era tudo uma brincadeira. Marcio não teve dúvidas de que deixar a Gazeta Mercantil era a decisão correta.

A Gazeta crescia, Luiz Fernando dava várias cartadas ambiciosas, lançava novos produtos, criava redações bilíngues, explorava novas praças, viajava para os cinco continentes, mas não conseguia ou não queria honrar suas pendências com os funcionários e resolver o velho problema dos salários. O prédio novo impressionava – o letreiro que estampava "Gazeta Mercantil" bem no alto podia ser visto ao longe. Em um bairro ainda pouco urbanizado, cheio de fábricas e vazios urbanos, era como um anúncio de chegada da civilização e do desenvolvimento. Todo dia um funcionário era contratado na redação ou no serviço de informações eletrônicas, o InvestNews. O Panorama Setorial, projeto de análises de mais de 20 setores da economia, era, finalmente, lançado. As sucursais ganhavam braços de trabalho, tanto na área editorial como na comercial.

Depois de um longo e ininterrupto recuo, a circulação paga de assinaturas e compras avulsas do jornal finalmente reagiu. Pelo segundo ano seguido, depois de chegar ao fundo do precipício, crescia perto de 10%. Ao longo de 1995, a base de assinantes saltou de 66.568 para 72.228, até então o segundo melhor número da década[10]. Esse crescimento nada tinha a ver com Pimenta, que inclusive, em seu primeiro semestre na direção, havia deixado as vendas estagnadas. Ainda era um efeito das iniciativas de Brisola e, depois, do novo diretor Claudio Lachini na área comercial, que se tornou mais agressiva e conseguiu fechar grandes contratos de assinaturas corporativas, às vezes com centenas de assinantes de uma só vez, incrementando a circulação do jornal.

Enquanto isso, a Gazeta Mercantil desistia de pagar o aluguel do prédio do fundo Sistel – Luiz Fernando resolveu fazer essa economia e não acreditava que lhe traria maiores consequências. Preferia gastar, por exemplo, em viagens de jatinho ou em muitas horas de voo de helicóptero. Quase diariamente um deles pousava no heliponto da cobertura

10. *Anábase*: a história da Gazeta Mercantil, p.152.

do prédio. O jornal nem pagava o aluguel, nem ninguém falava nada. O raciocínio do dono era simples: caras como eu fazem o que querem. Sentia-se confortável para ignorar obrigações elementares e seus credores não se manifestavam. O proprietário do imóvel não reclamava, até porque era um dos novos acionistas da Gazeta e não despejaria a redação do jornal no qual estava investindo. Luiz Fernando sabia que tinha alguns anos pela frente até a maré virar e seu senhorio acioná-lo juridicamente. Ao mesmo tempo se movia por uma fé profunda em que a maré não viraria. O prestígio da Gazeta Mercantil continuava em alta e sua marca havia se tornado um ativo muito valioso. Junto com suas novas iniciativas comerciais, Luiz Fernando continuava em busca de empréstimos, de sócios ou até mesmo de compradores. A qualidade e a lucidez do diário davam uma impressão de solidez para a empresa e era fácil para Luiz Fernando, com seu tom messiânico, atrair investidores para conversar. Já conseguir dinheiro não era tão simples.

Boatos sobre a venda do jornal começaram a se tornar frequentes naqueles tempos. Ora havia algum grupo de comunicação estrangeiro disposto a adquirir uma participação minoritária na empresa, ora surgia alguma grande editora local, como o Estadão, a Folha ou a Editora Abril, interessada na compra. Os empresários do setor concluíram que informação econômica era um mercado valioso e promissor e sabiam que a Gazeta Mercantil estava vulnerável, mal se aguentava sobre as próprias pernas, apesar do orgulho e da soberba. O jornal da família Levy virara a noivinha do setor, o veículo de comunicação a ser adquirido. Luiz Fernando desmentia rumores de venda, mas admitia que estava negociando um empréstimo-ponte para conseguir honrar seus compromissos e tornar a empresa mais atraente para uma eventual aquisição. O caminho mais promissor para a obtenção do empréstimo era um banco americano da Carolina do Norte, chamado Nations Bank, com que Luiz Fernando entabulou uma negociação por longos meses.

Enquanto buscava dinheiro em bancos, Luiz Fernando tentava colocar de pé um outro projeto para aumentar os lucros da empresa. Além da expansão internacional, representada pela Gazeta Mercantil Latino-Americana e por outros acordos que iam sendo fechados com jornais da região e até dos Estados Unidos, queria explorar melhor o potencial comercial das sucursais e crescer em circulação e publicidade no mercado interno. Seu plano imediato era disparar a criação de cadernos locais, uma espécie de quarto caderno, ou Caderno D, com notícias gerais, não necessariamente econômicas, e uma captação publicitária descentralizada. Cada um desses cadernos teria estrutura independente da sucursal e gestão desvinculada da redação em São Paulo e dos jornalistas da "Gazetona" – o chefe da sucursal não mandava nessa redação. Ela estaria totalmente subordinada ao diretor regional e abasteceria o Caderno D de conteúdo. Luiz Fernando queria que o diretor regional atuasse como um *publisher* desses pequenos veículos e, além de dar suas diretrizes editoriais, deveria enchê-los de anúncios. O projeto-piloto desses cadernos foi lançado em Minas Gerais, no fim de 1996, e, nos dois anos seguintes, todos os escritórios regionais ganharam o seu. Em São Paulo foram lançados cadernos regionais na capital e nas cidades de Campinas, São José dos Campos e Ribeirão Preto. Cada um desses escritórios contava com uma redação própria, com três ou quatro jornalistas, e ocupava um lugar espaçoso, frequentemente uma casa de luxo na cidade. Luiz Fernando achava que as instalações de seu jornal deveriam ser de alto padrão e orientava seus diretores a procurar imóveis em áreas nobres. Reclamava quando um deles, caso de Ariverson Feltrin, diretor da unidade de Ribeirão Preto, tentava economizar no aluguel. Achava importante impressionar anunciantes e potenciais parceiros ostentando uma sede luxuosa. Não queria gente humilde ao seu lado. Com isso, suas despesas nas sucursais eram quase sempre maiores do que as receitas, e seus projetos começavam com altos custos fixos. Se bem que pagamento de aluguel, em sua mente, era algo secundário.

Na concepção de Luiz Fernando, cada sucursal deveria reproduzir em menor escala a estrutura da Gazeta central. O diretor deveria ser o "senhor do feudo". A orientação do presidente era de que não se podia pensar pequeno. Uma sede pequena, de baixo custo, causaria má impressão naqueles que quisessem investir na Gazeta Mercantil. Exigia que as sedes fossem em mansões, em bairros valorizados. Queria ver reuniões de sucursal em beira de piscina. Tampouco os gastos para formação de equipes eram controlados. Essa megaestrutura esgotava a energia da Gazeta Mercantil. Tinha mais gente nas sucursais fazendo o caderno regional, em certo momento, do que trabalhando para a redação central. Em Belém, por exemplo, a Gazeta Mercantil tinha mais funcionários do que leitores.

Pimenta não gostava nada desses "produtinhos", assim como não gostava da Gamela nem de nada na empresa que não estivesse sob seu controle. Os cadernos regionais eram especialmente ruins, na sua opinião. Achava que roubavam seu poder e se rendiam a interesses comerciais. Nem os excelentes jornalistas que indicou para chefiar as sucursais, nem os repórteres a ele subordinados, tinham qualquer responsabilidade pela produção dos novos Cadernos D. Os diretores regionais criavam novas redações paralelas que não deviam satisfação para Pimenta ou para qualquer chefia do jornal em São Paulo.

A situação começou a ficar tensa. Como não tinha nenhuma ingerência sobre os cadernos regionais, Pimenta passou a proibir que se publicasse na Gazeta Mercantil qualquer conteúdo produzido ali, por melhor que fosse. Começou então uma queda de braço permanente entre Pimenta e os diretores de sucursal. Ele dizia que os cadernos regionais não garantiam o padrão de qualidade da Gazeta Mercantil e que isso poderia, em algum momento, comprometer a credibilidade não só do suplemento mas de todo o jornal. O caderno era parte do jornal, tinha a marca da Gazeta Mercantil e, portanto, devia estar sob responsabilidade do diretor de redação. Afirmava também que os projetos regionais nem dinheiro traziam para a empresa, já que o custo das operações era exorbitante.

Pimenta tinha um discurso ético para atacar os cadernos regionais, mas mal escondia que o que mais o incomodava era o esvaziamento de seu poder. Percebeu que não mandava tanto assim e que seu nome na primeira página do jornal não lhe dava poderes imperiais. Se tinha a veleidade de ser o único interlocutor de Luiz Fernando, lá atrás, quando assumiu, se deu mal. Não conseguira essa exclusividade. Luiz Fernando falava com quem queria, na hora que queria, e alimentava a cizânia, embora se mostrasse conciliador. Orbitava em torno dele o que se apelidava de "senado", um grupo de homens de confiança, entre eles muitos diretores de sucursais, que influenciava suas decisões. Dizia a Pimenta que ele tinha plenos poderes, que suas recomendações para uma ou outra sucursal seriam ouvidas, e tomava seu partido em algumas querelas para confortá-lo. Mas para os diretores falava justamente o contrário, dizia que continuassem seguindo suas ordens e que não mudassem de rumo movidos pelo que Pimenta dissesse. Fazia um jogo duplo que desfavorecia o diretor de redação.

Quando implantou o projeto para a Gazeta, Roberto Müller definiu um comando centralizado sobre os jornalistas da redação e das sucursais, nomeando diretores regionais e influindo na indicação dos chefes das redações locais. Depois da saída de Müller, Luiz Fernando dominou as sucursais e transformou seus diretores em homens de confiança. Tirou de qualquer jornalista a prerrogativa de nomeá-los – nem Molina, nem Pimenta cuidavam disso. No modelo anterior, o diretor de sucursal era um jornalista que mandava no departamento de publicidade. No novo, por influência de Luiz Fernando, deveria ser um jornalista com mentalidade de publicitário, capaz de criar projetos encomendados no estilo publieditorial, que misturasse jornalismo com propaganda, realizasse eventos e até vendesse publicidade. O diretor regional saía para fazer contatos com empresários, executivos e políticos da região, com o objetivo de atrair anúncios. Com traquejo de jornalista, marcava almoços, apresentava-se aos anunciantes como alguém inteligente e falava dos projetos e compromissos do jornal. Virava uma espécie de vendedor ilustrado. E quando fazia bons negócios, caía nas graças de Luiz Fernando.

Nos últimos meses de 1996, Pimenta começou a dar sinais de destempero. Via que Luiz Fernando adotava manobras divisionistas para ganhar tempo e fingia que não ouvia suas reclamações sobre as sucursais e a área comercial. Pimenta sentia dificuldade de fazer concessões e mostrava preconceito contra qualquer iniciativa ou ideia que não fosse sua. Encasquetou até com uma pinga de alambique da melhor qualidade, chamada Tabaroa, de Bichinho, em Minas Gerais, que o diretor regional Valério Fabris queria dar de presente de fim de ano para os clientes do jornal. Vinha com rótulo personalizado com a marca Gazeta Mercantil. Achava que era um presente de mau gosto. Era uma restrição preconceituosa e delirante em relação à cachaça. Luiz Fernando achava que Pimenta perdia muita energia enfrentando inimigos imaginários.

Até mesmo na relação com Sandra, Pimenta começou a manifestar uma desconfiança excessiva. Passou a se mostrar mais inseguro e preocupado com os movimentos da namorada. A fase de ficar juntos todos os dias acabara e ela voltava a ter mais liberdade. Embora o relacionamento estivesse indo bem, Pimenta dava demonstrações desproporcionais de ciúmes, que só causavam desgaste e brigas eventuais, que, com o tempo, foram evoluindo em frequência e intensidade. Ele tinha ciúmes doentios da juventude e do passado sentimental de Sandra, que se limitava a três ou quatro namoros estáveis, algumas aventuras e nada muito intenso. Mas na cabeça dele era uma Sodoma. Pimenta fantasiava. Vinha de outra geração e achava as mulheres da idade de Sandra muito avançadas sexualmente, bem mais do que Carole ou qualquer outra namorada que ele pudesse ter tido.

Se Pimenta conhecesse qualquer um que tivesse namorado Sandra ou de um homem que merecesse a admiração da namorada, fosse pela inteligência ou pela beleza, aquilo se tornava motivo de rusgas entre o casal. Não podia ouvir falar de ex-namorados como Luiz Henrique Amaral, de quem ela se tornou amiga depois da separação. Também tinha ciúmes de Marcio Aith, porque sabia do caso entre os dois, e até de Molina, por causa do respeito que Sandra nutria por ele. Incomodava-se quando a namorada conversava com velhos amigos. Esse incômodo tornou-se tão severo que ela abandonou todas as suas amizades masculinas e muitas das femininas também. A vida particular de Pimenta, no entanto, era um mistério para ela. Pimenta nunca apresentou suas filhas a Sandra e pouco falava da ex-mulher. Costumava ser muito reservado sobre seu casamento e afirmava que não pretendia casar de novo. Dizia sempre que estava cuidando dos trâmites da separação, mas aquilo parecia um processo sem fim. Na intimidade, aos poucos, Sandra desmitificou Pimenta. Aquela adoração ou admiração cega inicial foi substituída por um tom mais debochado. A possessividade de Pimenta ia longe demais. Quando o namorado exagerava, ela botava freios, pedia que ele fosse mais devagar. Perdeu a cerimônia.

Diante das dúvidas sobre o comportamento de Sandra, Pimenta pediu a Franklin que a seguisse e acompanhasse seus movimentos de perto. Ele dirigia um discreto Fiat Uno branco da frota do jornal. Quando não estava com a namorada e também nos períodos em que viajava, passou a mandar o motorista vigiar o apartamento de Sandra. A marcação tornou-se permanente, e parte importante do trabalho de Franklin passou a ser espionar a namorada do chefe. A história logo se espalhou na redação. Quem sabia achava a reação de Pimenta um despropósito. Percebia-se que a mistura entre trabalho e questões pessoais não tinha limites para ele. Usava o motorista particular cedido pela empresa para vigiar a namorada, sua subordinada, e não se preocupava nem um pouco que todo mundo ficasse sabendo disso.

O que ficou claro é que Pimenta não conseguia contemporizar com quem quer que fosse e não dava satisfação de seus atos. Foi intransigente na disputa com os diretores regionais, em vez de ceder algum espaço, e via-se então acuado. Chegava a acusá-los de quererem transformar seus jornalistas em operadores de negócios, o que não permitiria. A partir daquele momento, claramente, os cadernos regionais e a área comercial passaram a ser encarados por ele como inimigos a serem combatidos. Pimenta exagerava na dramaticidade. Via-os como rivais na relação com o poder central e uma ameaça à sua posição. Um dos seus princípios de ação era ser o único interlocutor do dono do jornal e não aceitava o fato de que isso era uma ilusão, uma mera encenação corporativa. Nessa altura, não demonstrava interesse nem capacidade de se articular e conseguir aliados. Pelo contrário, criava novos conflitos. Ele não só deixava de aproveitar a oportunidade de ganhar novos aliados como perdia os velhos.

Certo dia, um dos bons repórteres da sucursal de Belo Horizonte, André Lacerda, trazido por Teodomiro Braga no começo do ano, recebeu uma proposta de trabalho da assessoria de imprensa da Fiat, que tinha fábrica em Betim, Minas Gerais. André precisava dar uma resposta rápida, negativa ou positiva. A Fiat tinha urgência em preencher a vaga. A predisposição do repórter era de permanecer na Gazeta Mercantil. Mas para isso esperava algum incentivo, um aumento de 20%, por exemplo. Valério Fabris, diretor da sucursal, queria autorizar o aumento, mas não conseguia encontrar Pimenta, que estava viajando. Ficou preocupado em perder o jornalista e teve a oportunidade de comentar o assunto com Luiz Fernando, que telefonara para Belo Horizonte para saber de outros assuntos. Valério falou da competência do repórter e que valeria a pena mantê-lo na Gazeta. Precisava confirmar a proposta de aumento com urgência. Luiz Fernando aprovou os 20% e André foi mantido. Valério comunicou o acordo para a redação e, dois dias depois, quando voltou de viagem, Pimenta soube o que tinha acontecido e desautorizou a decisão. Afirmou que a promoção não estava decidida, apesar da recomendação de Luiz Fernando, e mandou o chefe da redação da sucursal, Ivo Ribeiro, demitir o repórter. Como não se sentia à vontade para tomar essa iniciativa, transferiu a responsabilidade para Valério.

Valério demitiu André, mas deu um passo surpreendente para enfrentar a injustiça do ato. Recontratou André pela cota que a sucursal de Belo Horizonte tinha de repórteres para a Gazeta Mercantil Latino-Americana e o tirou do alcance da ira de Pimenta. Com o aval de Luiz Fernando, manteve o jornalista na empresa, com o aumento acertado, e foi ainda mais longe, preparando um troco editorial para Pimenta. Pediu a André uma entrevista com o principal executivo da Fiat na América Latina e ligou para a montadora solicitando prioridade para a entrevista. Valério queria ver uma matéria assinada pelo repórter na edição seguinte da Gamela. A entrevista foi feita e o suplemento "furou" a Gazeta Mercantil. Pimenta recebeu o jornal naquele dia e ficou furioso. Chutou cadeiras e jogou coisas no chão. Percebeu que a bola passava entre suas pernas e que sua autonomia era ilusória. Descobriu também que o jogo era pesado e que não conseguiria impor seus caprichos. Quis demitir André porque sua permanência e promoção foram decididas sem seu consentimento e não por uma falha técnica ou por qualquer causa justa. Foi uma retaliação pura e simples ao fato de terem ocupado um vazio momentâneo de poder. Havia uma situação de emergência e o diretor não estava presente. Decidiu-se sem ele.

Pimenta estava enredado por vários produtos-satélite que eram encartados na Gazeta Mercantil ou que aproveitavam sua franquia de marca. Queria ser onipresente, mas não podia. Não contava com muitos outros espiões além de Franklin. Concluiu também, de uma vez por todas, que Luiz Fernando não estava alinhado com o projeto centralizador que propunha, mas só com o seu próprio projeto expansionista. Qualquer dúvida que pudesse existir a esse respeito desapareceu naquele momento. Decidiu demitir um funcionário e não conseguiu. Tiraram sua autoridade ou, vendo a situação de maneira mais crua, fizeram um truque para engañá-lo. Na prática, sua ordem foi descumprida. A Gamela, que Valério usou para recontratar André, estava sob o círculo de influência de Molina, o que mais uma vez confirmava sua tese de existência de um poder paralelo na redação. O que tudo isso expunha eram algumas das vulnerabilidades de Pimenta. Não gostava de perder e tomava decisões precipitadas, às vezes mesquinhas, para defender seu território. Em vez de ganhar oxigênio, ficava mais isolado. Sua instabilidade emocional ia se tornando mais evidente.

Tempos depois, outra crise se abateu sobre a redação, dessa vez mais grave, envolvendo o núcleo de comando. Pimenta desentendeu-se com o redator-chefe Alexandre Gambirasio, que era seu amigo. Quando Pimenta viajava, era ele que assumia a direção como interino. Certa vez, Pimenta estava nos Estados Unidos e Gambirasio precisava tomar uma decisão sobre um convite feito pela Companhia Vale do Rio Doce à jornalista Vera Durão, da sucursal do Rio, especialista em assuntos de mineração que escrevia tanto para a Gazeta Mercantil como para o serviço de informações eletrônicas, InvestNews. Vera fora convidada, junto com um grupo de jornalistas de vários veículos, a visitar a mina de ferro de Carajás, no Pará, e tanto o translado como a hospedagem ficariam por conta da Vale. Não poderia ser de outra forma. Os repórteres dormiriam em alojamentos da empresa em torno das minas, e o voo entre São Luís, no Maranhão, onde todos fariam a conexão, e Carajás seria feito em um avião privativo. Além disso, o voo entre o Rio e São Luís também seria bancado pela companhia. A Vale queria levar os repórteres para suas minas mais promissoras porque estava em processo de privatização e queria se exibir para o mercado de capitais. Mostrava suas instalações mais remotas e seu potencial de geração de riquezas para prováveis investidores e para o público em geral por meio da imprensa. Era um ato de transparência e uma oportunidade única para o jornal.

Se Vera não participasse da missão, todos os outros jornais teriam a notícia, menos a Gazeta Mercantil. A chefe da sucursal, Heloisa Magalhães, aprovou a realização da matéria. Gambirasio, sem pensar muito, decidiu liberar a viagem. Não consultou Pimenta porque não achava que era o caso, não queria chateá-lo com uma questão que ele próprio poderia decidir. A importância jornalística do evento justificativa a aceitação do convite. Vera viajou, suas matérias foram publicadas e Pimenta não soube o que tinha acontecido. Até que, uma semana depois, alguém lhe telefonou e contou que a viagem de Vera para o Pará tinha custado apenas 200 reais para o jornal. O valor era tão baixo porque se restringia à verba da repórter para gastos gerais. Todo o resto ficara por conta da Vale. Pimenta se enfureceu, sentiu-se traído, achou que Gambirasio e todos aqueles que permitiram a viagem traíram sua confiança gravemente. Ficou transtornado e iniciou uma caça às bruxas. Sua política era clara: paga por empresas, governos ou entidades públicas e privadas, nenhuma viagem seria liberada, e Gambirasio não estava autorizado a aceitar um convite desse tipo. Alguém lembrou que ele havia considerado em uma reunião, logo que chegara, a possibilidade de aceitar convites em casos excepcionais. Pimenta nem quis ouvir. Também disseram que era uma matéria exclusiva obtida por Vera Saavedra Durão. Se não fosse assim, a Gazeta Mercantil ficaria atrás dos outros jornais e que Gambirasio levara isso em consideração. Mas Pimenta não concordava, afirmava que os benefícios não compensavam a transgressão.

Quando chegou à redação, Pimenta bateu duro. Tão duro que o redator-chefe não aceitou a humilhação e decidiu entregar o cargo. Não exatamente entregar, mas fazer um acerto para deixar a empresa. Em dezembro, saiu de férias e, em janeiro, pediu um mês de licença não remunerada para assessorar a mulher, que estava renovando o contrato com a Rede Globo. Pensou-se que ele voltaria, mas acabou se afastando de vez da Gazeta Mercantil. Pimenta retaliou também a chefe da sucursal do Rio. Heloisa Magalhães foi, momentaneamente, rebaixada de cargo, tornando-se repórter especial, algo completamente estranho no jornalismo ou em qualquer outra profissão. Vera, por sua vez, foi impedida de assinar matérias durante um certo período, algo também incomum. Apesar de trabalhar diretamente para o jornal, Vera era contratada pelo InvestNews e por isso Pimenta não podia demiti-la. Apurava suas matérias para o serviço eletrônico e partilhava normalmente com o jornal, quase sempre com destaque na primeira página. Era uma ótima repórter que a toda hora tinha boas pautas e trazia notícias. A única forma de puni-la era tornando anônimo seu trabalho diário, algo que a Gazeta Mercantil sempre se recusou a fazer com seus repórteres.

O uso e o compartilhamento dos recursos das várias unidades de negócios da empresa tornou-se extremamente crítico naquele momento. Quem trabalhava para a Gazeta Mercantil não podia mais escrever para nenhum outro produto editorial da empresa e vice-versa. Houve uma suspensão de qualquer colaboração entre os veículos da casa, as sinergias foram extintas. Além de medida improdutiva, era uma pena severa, pois todo mundo que estava nos "satélites" queria publicar suas matérias no jornal. Pimenta preferia jogar uma matéria exclusiva no lixo, a valorizar o trabalho de qualquer repórter dos cadernos regionais. Simultaneamente, criou-se um conflito entre o jornal impresso e o eletrônico.

Por causa da crise iniciada com a viagem de Carajás, os repórteres que trabalhavam para o InvestNews foram proibidos de publicar suas matérias na Gazeta Mercantil, e os repórteres do jornal, que participavam de entrevistas coletivas e abasteciam com notícias frescas o serviço de tempo real, foram impedidos de colaborar. O InvestNews remunerava os repórteres e editores da Gazeta Mercantil por cada nota curta que enviassem. Pimenta rompeu todas essas conexões. Foi ruim porque a repercussão das notícias era muito maior na Gazeta Mercantil do que no InvestNews. Uma matéria de grande repercussão no serviço de tempo real, que distribuía as notícias por uma rede privada, e não pela web, tinha mil ou dois mil leitores[11]. No jornal esse número chegava a dezenas de milhares de pessoas, principalmente se a notícia fosse para a primeira página.

11. Entre 1995 e 1996, a web começava a atingir escala comercial em todo o mundo e, no Brasil, depois de o Jornal do Brasil lançar o primeiro jornal na internet, o grupo Folha lançava o serviço UOL. O InvestNews lançou um pequeno site na web no fim de 1996, mas seu negócio se concentrava na distribuição de indicadores econômicos e de notícias usando um software proprietário e uma rede privativa, orientada para o mercado corporativo. Para receber as informações, os clientes pagavam uma mensalidade.

O fato de Vera ser funcionária do InvestNews, subordinada a Henrique Araújo e à turma de Molina, deixava Pimenta sem ação e especialmente irritado. No meio da crise, certo dia subiu impaciente até o nono andar, onde ficava o InvestNews, procurando a chefe da unidade, Rosa Dalcin, que não estava presente no momento. A redação do InvestNews, considerando os jornalistas e o pessoal de tecnologia, ocupava mais ou menos um quarto do espaço da Gazeta Mercantil. Era um grupo menor e mais silencioso. Pimenta queria reclamar da viagem de Vera e comunicar que seu trabalho deixaria de ser publicado na Gazeta Mercantil. Nunca tinha aparecido na redação do serviço eletrônico. Chegou batendo o pé, esbravejando e ordenando a alguns jornalistas que estavam por perto que avisassem Rosa Dalcin de que estivera por ali.

– Diz, por favor, que o Pimenta quer falar com ela – pediu, com certa ansiedade. – Sou o diretor da Gazeta Mercantil – acrescentou, como se ninguém soubesse.

Rosa chegou uma hora depois e recebeu com surpresa a notícia de que Pimenta havia passado na sua redação. Imediatamente se comunicou com Henrique Araújo, que recomendou que ela ignorasse completamente a orientação de Pimenta e dissesse a Vera que ela não precisaria se preocupar: seu emprego estava garantido e o pedido de demissão era um desvario de Pimenta. Parecia claro para todo mundo que Pimenta estava pegando um caso insignificante, uma exceção, e criando uma crise gigantesca, deflagrada praticamente do nada. Percebeu-se que isso fazia parte do seu estilo. Identificar um problema pequeno e exacerbá-lo. Depois, esquecia tudo em uma semana e era capaz de cumprimentar os envolvidos como se nada tivesse acontecido. Em vez de juntar esforços, preferia dividir as pessoas. Chegou a ofender Gambirasio, que era seu amigo, quase um irmão, levando-o à ruptura por um capricho de poder. Precisava, por causa da sensação de isolamento político, que só aumentaria nos meses seguintes, reafirmar seu poder na redação e nas sucursais. Foi até as últimas consequências nesse caso e tomou, sequencialmente, várias decisões destrambelhadas e atípicas para um ambiente racional como deveria ser uma redação de jornal. Muitos começaram a achar que Pimenta tinha reações desproporcionais e deslocadas da realidade.

CAPÍTULO 4

Apesar de toda movimentação editorial e de todo burburinho criado pela Gazeta Mercantil Latino-Americana e pelos cadernos regionais, a circulação da Gazeta Mercantil em 1996 voltou a ser fraca e o jornal não aumentou sua carteira de assinantes, que se manteve estável. Em doze meses, essa carteira ganhou apenas 753 assinantes, subindo de 72.228 para 72.981. A publicidade, em compensação, rendeu bons frutos e ajudou a empresa a superar uma receita de 100 milhões de dólares. Claro que esse dinheiro estava longe de colocar a empresa no azul e nem dava para cobrir os altos investimentos em expansão que Luiz Fernando vinha fazendo, mas fazia pensar que a Gazeta Mercantil era um jornal viável e que, sob uma boa administração, poderia se tornar bastante lucrativa e honrar seus compromissos tributários e trabalhistas.

Continuavam os rumores de que o jornal seria vendido. Tanto que Luiz Fernando convocou a redação nos últimos dias de janeiro de 1997 e, ao lado de Pimenta, deu alguns esclarecimentos sobre a situação da empresa. De cara, desmentiu os tais boatos e falou que, na verdade, existiam negociações com o Nations Bank para a obtenção de um empréstimo-ponte. Ninguém entendia como, apesar de tudo, com os bons negócios, com a economia florescente, a Gazeta Mercantil continuava mal das pernas. Na mesma semana, Levy deu uma entrevista ao jornal semanal Meio & Mensagem[1], especializado no mercado publicitário, na qual negava as acusações de que tinha usado a maior parte do dinheiro obtido com a abertura de capital em sua criação de cavalos, em vez

1. Meio & Mensagem, 27 de janeiro de 1997.

de capitalizar o jornal. Ninguém entendia o atraso de salários em um ambiente tão alvissareiro. O fato é que todo dinheiro que entrava na Gazeta Mercantil se evaporava.

O trabalho jornalístico, em compensação, não era afetado pelo desleixo administrativo e ia de vento em popa. A redação tinha se adaptado bem à nova distribuição de conteúdo em cadernos e retratava com fidelidade a realidade econômica criada pelo Plano Real. Junto com a divisão em cadernos veio também uma valorização maior da cobertura da área de negócios. Até então, o que interessava ao jornalismo econômico era a macroeconomia. Prevalecia a cobertura oficial, muito focada nas políticas de governo e em questões teóricas. O mundo das empresas, as estratégias comerciais, os avanços de governança corporativa e mesmo a concorrência em vários setores eram tratados de maneira secundária. Em parte, isso acontecia por falta de um mercado realmente ativo, por um vácuo de empreendedorismo gerado no período inflacionário e também por falta de uma cultura jornalística. Nas telecomunicações, por exemplo, não havia competição, mas somente estatais atuando de maneira monopolista. A maioria das empresas era hipertrofiada financeiramente e, em vez de investir em inovação, produção ou melhoria da qualidade dos serviços ao consumidor, preferia direcionar seus recursos para aplicações de curto prazo a fim de se defender da inflação. Com a estabilidade e a abertura das importações, veio também uma disposição maior dos empresários para correr riscos e transferir os recursos do mercado financeiro para atividades produtivas. O jornalismo estava a reboque desse movimento.

Triste notícia a que Pimenta teve no dia 5 de fevereiro, quando morreu seu amigo Paulo Francis, vítima de um ataque cardíaco fulminante. Francis andava abalado por um processo judicial movido contra ele pela justiça norte-americana, pelo presidente da Petrobras, Joel Rennó, que lhe exigia uma indenização moral de 100 milhões de dólares por causa de acusações infundadas. Em uma de suas participações semanais no programa Manhattan Connection, de maneira irresponsável e sem provas, o jornalista, enquanto discorria sobre a necessidade de privatização da Petrobras, acusou o presidente e os diretores da estatal de terem contas na Suíça. Tomou um processo milionário e ficou completamente desconcertado. Francis perdeu disposição para o trabalho e ficou muito nervoso, chegando até a quebrar objetos pela casa[2]. Tinha hipertensão e estava acima do peso, além de sofrer com os efeitos de 30 anos de consumo intenso de álcool e tabaco. De uma hora para outra, Francis teve um infarto. Pimenta ficou chocado. Francis era só sete anos mais velho do que ele.

Seja como for, as privatizações, das quais Francis tanto gostava, contribuíram para dar um novo ânimo para a economia, tanto pela atração de capital estrangeiro como pelo estímulo à competição. Durante o governo Itamar Franco, foi concluída a venda das estatais do setor siderúrgico e também da Embraer, que estava à beira da falência e passou a dar sinais de vida logo em seguida. No primeiro ano do mandato de Fernando Henrique começaram as privatizações das empresas de eletricidade. A primeira delas foi a Espírito Santo Centrais Elétricas (Escelsa) e dez meses depois foi a vez da Light Serviços de Eletricidade, do Rio de Janeiro, arrematada por 2,26 bilhões de dólares. O governo preparava a venda de uma das joias da coroa do capitalismo nacional, a Vale do Rio Doce. O leilão estava previsto para maio e envolveria a mineradora e mais 13 subsidiárias.

Pimenta estimulava a cobertura de negócios e valorizava o Caderno C, até porque essa era uma das orientações estratégicas da reformulação editorial do jornal. Na primeira página, o espaço dedicado às empresas e ao lançamento de produtos havia aumentado e avançado sobre o noticiário de macroeconomia. Sob o comando de Cristina Aby-Azar, o caderno funcionava de maneira articulada e colaborativa. Decisões do governo mereciam repercussão imediata. Repórteres especializados reuniam-se para discutir e encontrar conclusões realistas e abrangentes sobre os efeitos das medidas anunciadas. Havia também uma preocupação em acompanhar desde as indústrias mais poderosas, como a petrolífera ou a automobilística, até os segmentos de menor impacto econômico, como o de produtos de limpeza ou de higiene pessoal.

2. *Paulo Francis:* polemista profissional, de Paulo Eduardo Nogueira, p.18.

Um dos fatos que mais mereceu atenção na época foi a suspensão por quatro anos da marca Kolynos pelo Conselho Administrativo de Defesa Econômica (Cade)[3], para combater a concentração das vendas de cremes dentais nas mãos de apenas um fabricante. Isso porque a Colgate-Palmolive havia adquirido a empresa dona da marca no Brasil e ficara com 78% de participação no negócio, a soma dos 51% que a Kolynos detinha antes da aquisição com os 27% da linha Colgate. A reação da Colgate foi lançar uma nova marca, a Sorriso, que deu tão certo a ponto de desestimular o relançamento da antiga, mesmo depois do prazo de suspensão. Criado em 1962, no governo João Goulart, o Cade era inoperante. Ele só se tornou realmente ativo no início dos anos 1990, em decorrência do aumento da complexidade do mercado brasileiro. Se antes a economia era dominada por monopólios de todos os tipos, ela passou a ser movida pela competição. Era isso que o jornal pretendia e tinha a obrigação de captar. De repente, todo mundo passou a produzir e mercados antes cativos tornaram-se altamente disputados, fazendo que o interesse estrangeiro pelo Brasil crescesse de forma exponencial.

A Gazeta Mercantil tentava aproveitar as oportunidades de efemérides e de acordos diplomáticos bilaterais para fazer relatórios especiais de todos os assuntos. No modelo do relatório do Mercosul, que rendeu um faturamento de quase 1 milhão de reais, a redação preparou um outro suplemento sobre a relação bilateral Brasil-Itália, que circularia em fevereiro simultaneamente nos dois países, com matérias sobre os projetos de investimentos dos grupos privados italianos na economia brasileira. O pretexto para o lançamento do produto era a criação, no dia 12 daquele mês, do Conselho para a Cooperação Econômica, Industrial e para o Desenvolvimento[4]. Fernando Henrique fazia sua primeira visita oficial à Itália, onde teria encontros com o primeiro-ministro Romano Prodi, inclusive para a fundação do novo conselho. Iria também receber o título de doutor *Honoris Causa* da Universidade

3. O Cade é uma autarquia federal vinculada ao Ministério da Justiça que tem como atributo impedir o surgimento de monopólios e garantir a livre concorrência no mercado brasileiro.
4. Com o objetivo de fortalecer laços econômicos e comerciais existentes, aproximar as comunidades empresariais de Brasil e Itália, além de fazer recomendações conjuntas e propostas operacionais para os respectivos governos.

de Bolonha. Entre as empresas italianas com grande interesse no Brasil estavam a Fiat e a Pirelli, mas a empresa de telecomunicações TIM também aguardava ansiosa o avanço do processo de privatização das telecomunicações. Naquele ano, o Brasil exportaria US$ 1,7 bilhão de matérias-primas e mercadorias para a Itália e importaria US$ 3,4 bilhões.

Na montagem do projeto, a Gazeta Mercantil, por meio de seu diretor comercial, o descendente de italianos Claudio Lachini, costurou um acordo com o maior jornal de economia da Itália, o *Il Sole 24 Ore*, que seria parceiro na publicação do relatório. Para lançá-lo foi realizado um evento em Roma, que contaria com a presença de empresários e autoridades dos dois países, além de Luiz Fernando, Pimenta e toda comitiva da Gazeta Mercantil. Ao ser convidado por Lachini, Pimenta respondeu que só iria se o voo fosse de primeira classe. Nem demonstrou muito interesse pelo conteúdo do projeto ou por seu alcance comercial.

– E tem mais, Lachini: a Sandrinha tem que ir também – completou. – Ela vai como representante da redação.

A exigência de Pimenta era cláusula pétrea. Lachini nunca tinha visto nada igual em seus mais de vinte anos de Gazeta Mercantil. Era a primeira vez que um executivo da empresa exigia uma passagem de primeira classe, e ainda levando a namorada junto com o mesmo tratamento VIP. Mesmo assim, conversou com Luiz Fernando e aceitou o pedido. Toda comitiva teve o mesmo privilégio. Pimenta ia cada vez mais longe em sua vontade de agradar Sandra. Testava seus limites de poder e a paciência de Luiz Fernando. Contribuía para a cultura do desperdício que assolava a empresa. Esticava a corda e ninguém lhe dava limites. Beneficiar a namorada e eliminar o que considerava uma injustiça – o longo esquecimento a que fora submetida, com um baixo salário, na base da pirâmide da redação – passou a ser a pedra de toque da sua gestão. Queria levá-la para Roma em grande estilo e mostrar-lhe que conseguia tudo o que queria. Era movido pelo impulso da vaidade. Sandra adorava tudo aquilo. Diante de um passeio em torno da Fontana di Trevi as incompatibilidades momentâneas se evaporaram.

Em Roma, o casal viveu dias românticos, participou do evento de lançamento do relatório e se divertiu a valer. Não havia qualquer compromisso com a produção de matérias. Para trabalhar pesado em Roma, Pimenta destacou Cida Damasco e Pepe Escobar e inaugurou um sistema de produção em duplas, que testou em outras viagens internacionais posteriores. Sandra cumpria uma função de representação institucional. Foram quatro dias de viagem. Luiz Fernando pensava nos seus planos de internacionalização. O relatório, com 24 páginas, era bilíngue, em português e com tradução para o italiano. Cida e Pepe chegaram antes e passaram mais de vinte dias na Itália cuidando da apuração. O resultado comercial foi razoável, mas seria minado pelos custos da viagem. Foi distribuído durante o evento, em palestras e debates sobre a relação bilateral entre Brasil e Itália. Pimenta e Sandra andavam de mãos dadas, tranquilos, sem beijos e também sem brigas. Quem observava os dois notava que ela exercia um certo domínio psicológico sobre ele. O diretor de redação obedecia a namorada, seguia suas recomendações públicas e não a contrariava. Nessas horas, tinha orgulho da sua juventude e a ostentava como um troféu, mas tinha virado refém da boa sensação que isso lhe causava.

Ao voltar de Roma, Pimenta recebeu a notícia de que Cristina Aby-Azar pretendia seguir novos desafios: havia recebido um convite para trabalhar no *The Wall Street Journal*, onde seria responsável pelas edições em português e espanhol que o jornal americano pretendia distribuir em toda a América Latina, encartadas em jornais da região. No caso brasileiro, um deles seria o Estadão. Cristina se mudaria para Nova York e faria todo trabalho lá, vinculada diretamente ao comando do jornal. Para apoiá-la levaria um de seus assistentes no Caderno C, Hilton Hida. Era um convite irrecusável, inclusive do ponto de vista salarial, que a Gazeta Mercantil não teria condições de cobrir. Sem contar o fato de que trabalhar em Nova York naqueles tempos dava muito prestígio. Cristina criou um problemão para Pimenta. Seu caderno mais estratégico, que vinha funcionando de maneira equilibrada e dando um furo atrás do outro, perdia uma coordenadora competente. Qualquer outro que ocupasse o lugar teria de dar conta do recado. A equipe de Empresas & Negócios era complexa e envolvia mais de vinte repórteres e mais seis ou sete pessoas dedicadas ao fechamento, além de correspondentes e sucursais.

Outro problema é que o *The Wall Street Journal*, antigo aliado, virava um concorrente. Durante quase duas décadas, o jornal americano havia sido sempre um parceiro da Gazeta Mercantil, com quem manteve um acordo de publicação de suas matérias, e agora se bandeava para o lado do Estadão. O mercado de jornalismo econômico fervilhava e nasciam os primeiros negócios na internet. Uma outra publicação especializada, a revista IstoÉ Dinheiro, estava sendo preparada para o lançamento, e outras novidades viriam. Por problemas de pagamento, a Gazeta Mercantil havia perdido o direito de publicação dos textos do *The Wall Street Journal*, do *Financial Times* e também da revista *Advertising Age*. Era outra dívida que a Gazeta tinha acumulado havia longa data e que não honrava. De repente a corda estourou. Perdia parceiros editoriais preciosos para a concorrência. De vez em quando, porém, ainda acertava alguma parceria. Na época de Pimenta, foi fechado um acordo para publicação de uma tradução da revista mensal americana *Foreign Affairs*, dedicada à cobertura da diplomacia e à análise da política internacional.

A substituição de Cristina seria desafiadora. A orquestra era excelente, quase se acertava sozinha, mas fazia falta um bom maestro. Pimenta precisava de alguém que soubesse se comunicar com gente bastante diferente, repórteres de várias idades, origens e níveis culturais distintos, e que entendesse de diversos assuntos. Queria alguém que tivesse fontes e ideias de pautas, além de saber explicá-las. A bolsa de apostas da redação sobre quem a substituiria começava a funcionar. Haveria uma solução interna, isso todo mundo sabia desde o início, mas havia vários candidatos, alguns bem testados e outros improváveis correndo por fora. Candidata permanente era a editora adjunta, Nair Suzuki, que dava fluidez e eficiência ao trabalho da equipe. Ela tinha chegado ao jornal um ano antes, na equipe de Gambirasio. Outro nome forte era o de Tânia Nogueira Alvares, editora do caderno Por Conta Própria, um dos novos suplementos semanais da Gazeta Mercantil, que tratava dos negócios das micro e pequenas empresas e tentava aproveitar a onda de empreendedorismo que se verificava na nação. Tânia trabalhava na empresa desde 1990.

Outro nome que Pimenta tinha para a vaga eram o de Marcia Raposo, ex-editora de Indústria e então repórter especial do Caderno C. Trabalhava no jornal desde 1978, cobrindo a área de negócios, mas era muito identificada com a velha guarda. Pimenta também pensou em Iris Walquiria Campos, amiga fiel, mas não achava que ela pudesse se sair bem na área de negócios. O que não faltava por ali era gente experiente, pronta para abocanhar a coordenação.

Sua principal candidata, porém, era Sandra. A coordenação do Caderno C, talvez o cargo mais interessante do jornal, era a vaga que Pimenta considerava perfeita para ela. Talvez fosse mais um capricho para provar que fazia o que queria. Mesmo assim, consultou Luiz Fernando sobre alguns nomes que tinha em mente e disse que pensava muito em Tânia para ocupar a vaga, mas não chegou a lhe fazer um convite formal. Falou também de Nair. Mas reforçou o nome da namorada. Pimenta acreditava que ela se destacaria na função. Lembrou-se de uma entrevista recente feita por ela com o presidente Fernando Henrique Cardoso e de outros trabalhos anteriores, como o da viagem ao Uruguai. Sandra havia publicado uma boa matéria sobre o esquema de segurança privada do empresário do varejo Abilio Diniz. Era "talhada para o cargo", disse Pimenta. Luiz Fernando tinha convivido um pouco com ela na Itália, vinham frequentando as mesmas mesas de jantar e não colocou restrições à sua nomeação. Achava que era uma decisão que cabia ao diretor de redação. Mas a negociação foi lenta e teve bastidores bastante tensos, principalmente na intimidade do casal.

A sensação que dava é que Pimenta estava impondo condições para colocar Sandra na coordenação. Exigia dela um compromisso de fidelidade, não um casamento, mas uma submissão maior e menos impulsos de autonomia e independência. A condição em que Pimenta melhor se mostrava diante de Sandra era quando se apresentava como preceptor, um homem experiente que a formava e a levava a um nível mais alto, em todos os sentidos. Ela já havia tido outros aumentos de salários recentes e sua condição financeira tinha melhorado. Finalmente havia conseguido comprar sua égua de salto Platina, que deixava na Hípica Morumbi. O hipismo, como antecipara Pimenta, podia caber no seu orçamento.

Sandra começou a levar uma vida confortável. Mas a chefia que lhe era oferecida agora representava um benefício estratosférico, a entrada na faixa dos dois dígitos em menos de um ano, possivelmente o maior aumento da história do jornal e algo que nenhum menino-prodígio ou mulher de diretor em qualquer tempo tinha conseguido tão rápido. Se outros beneficiaram suas mulheres, foi, talvez, mais lentamente e sem tanta rejeição da redação.

Naqueles meses de namoro com o diretor de redação, Sandra angariou antipatias e abandonou velhos colegas. Passou a agir com arrogância, exacerbando uma característica que já se insinuava desde seus primeiros dias de repórter. Diziam que tinha um gênio difícil e que podia se irritar facilmente. Não escondia de ninguém que recebia favores do diretor. Além disso, cometeu um erro grave no plantão de fim de ano. Redações de jornais fazem sua escala de plantão dividindo a equipe entre o grupo do Natal e o do Ano-Novo. Como a maioria preferia folgar no Ano-Novo, era feito um sorteio. Era uma solução democrática com a qual todos concordavam. Sandra disse, simplesmente, que não participaria do sorteio, que folgaria quando quisesse e virou as costas. Suas melhores amigas, como Ana Florence, com quem trabalhava lado a lado no Caderno A, se decepcionaram com a atitude.

A vontade de Sandra foi determinante, por exemplo, para a demissão de Denise Arakaki. Talvez houvesse algum ressentimento do passado, mas o fato é que assim que começou a namorar Pimenta, passou a querer tratar a outra, com quem desfrutava certa intimidade, como sua subalterna. Na viagem de Sandra para o Rio de Janeiro, em maio de 1996, para cobrir o Fórum Nacional, organizado pelo ex-ministro João Reis Veloso, veio o primeiro golpe. Cida estava de férias e Denise estava comandando o fechamento dos assuntos nacionais. A tal entrevista com o economista Carlos Langoni não virou nada. Sandra, simplesmente, decidiu não fazer nenhuma matéria. Protegida por Pimenta, não cumpriu sua obrigação. Foi na viagem que os dois oficializaram o namoro. Cumprindo seu dever profissional, Denise contou o caso para Pimenta, na volta do Rio, e disse que havia esperado a matéria para a edição. A relação com Denise se deteriorou, Pimenta achou suas reclamações uma impertinência e, quando Cida voltou de férias, ele passou a dar indicações de que pretendia demiti-la, o que aconteceu em poucos meses. Sandra não era mais uma menina indefesa e, por alguns, chegava até a ser temida. Tinha poder de contratar e dar aumentos para jornalistas e também de demiti-los ou deixá-los esquecidos. Pimenta sabia que a resistência a Sandra se tornou forte, principalmente entre jornalistas experientes que a achavam despreparada ou a acusavam de arrivista.

Pimenta conversava com várias pessoas e parecia indeciso sobre o novo ocupante do cargo. Certo dia, encontrou Nair Suzuki e Cida Damasco no corredor e começou a conversar sobre o perfil que a coordenadora do Caderno C deveria ter. Falou que quem assumisse o cargo precisaria saber conciliar a área de negócios com macroeconomia.

– Quero alguém que consiga ir do micro para o macro e do macro para o micro – disse.

Quando ouviu isso, Nair teve certeza de que Pimenta iria escolher Sandra. Não que essa qualidade fosse tão evidente nela. Mas Nair já tinha ouvido Pimenta elogiá-la exaltando esse atributo outras vezes. Cida não acreditava que Pimenta chegaria tão longe. Cida reconhecia que, estimulada por Pimenta, Sandra havia se tornado uma jornalista estudiosa – lia os clássicos da economia e as melhores revistas e jornais especializados da Inglaterra e dos Estados Unidos. Mas achava que Sandra era tipicamente uma repórter e não tinha perfil nem estava preparada para assumir uma posição de tão alta responsabilidade administrativa e editorial.

No período de indefinição no comando do Caderno C, Pimenta e Sandra viviam às turras. Depois de uma briga feia com a namorada, Pimenta a afastou do Caderno A e, como uma espécie de punição, a transformou em repórter do suplemento Por Conta Própria, subordinada a Tânia. Tudo por capricho. Foi uma atitude intempestiva que visava mostrar a Sandra que qualquer posição que ela assumisse na Gazeta Mercantil dependia da vontade dele. Para Tânia, Sandra era bem-vinda porque seu suplemento não dispunha de uma equipe e ela dependia da colaboração dos repórteres do jornal para se abastecer de matérias. Ela ficou feliz com a chegada de um reforço. Sandra, porém, pouco fez e se recusou a entrar no jogo de Pimenta. Se escreveu uma única matéria, foi muito. Sua transferência tinha muito mais a ver com a vontade de Pimenta de penalizá-la do que com um esforço de aumentar a força de trabalho do caderno. Era tudo parte de um jogo amoroso entre o diretor de redação e sua preferida.

Sandra decidiu então tirar férias para ficar longe de Pimenta. Falou com Cida que tinha algumas folgas pendentes e sairia alguns dias. Não avisou o namorado. Quando Pimenta passou na editoria para procurá-la, soube que ela estava fora e que não viria ao trabalho. Ficou intrigado e destacou Franklin para descobrir onde ela estava e para onde iria. O motorista foi até o prédio onde ela morava e ficou na espreita. Viu o Gol de Sandra estacionado. No fim da tarde, reparou quando ela cruzou a portaria e caminhou até o carro, com uma mala na mão, Franklin a seguiu até a Rodovia dos Imigrantes, a caminho da Baixada Santista. A certa altura do percurso, Sandra percebeu que estava sendo seguida e, quando alcançou a estrada de ligação entre a Imigrantes e a Anchieta, no começo da descida da serra, parou em um posto da Polícia Rodoviária para denunciar que estava sendo perseguida. O Fiat de Franklin tinha se tornado facilmente reconhecível. A polícia parou Franklin e o obrigou a interromper a perseguição. Sandra seguiu caminho até Santos, no litoral, e o motorista de Pimenta teve de voltar para São Paulo para comunicar o fracasso da sua missão.

A fraqueza de Pimenta ficou exposta para a redação. Aquilo parecia uma grande trapalhada e deixava o casal e o motorista em uma situação ridícula. Os ciúmes que o levavam a perseguir Sandra de maneira clandestina e a espioná-la eram doentios – passavam dos limites. De uma hora para outra, a relação dos dois estremecia e Pimenta tomava medidas extremas. Quando estavam bem, fazia tudo por ela e a favorecia descaradamente. Quando se sentia melindrado por algo, arrumava uma forma de prejudicá-la, chegava ao ponto de ameaçar demiti-la. Sandra não o levava a sério e tinha certeza de que ele voltaria atrás. Via-se que aquele homem maduro estava totalmente tomado pela paixão e perdia a medida de seus atos quando a namorada o desafiava, mostrando que não dependia dele e que tinha vida própria. E o pior de tudo é que a relação acabava contaminando a rotina da redação. O mundo privado de Pimenta e Sandra invadia o ambiente profissional. O que deveria ser da intimidade do casal se expunha e afetava as relações de trabalho. Desde o primeiro momento, o namoro do diretor com a repórter abalou a estrutura da redação e deixou a velha guarda ressabiada.

A maioria da redação acompanhava os problemas do casal como uma novela. Alguns, os mais sensatos, ficavam indignados com a maneira leviana com que questões pessoais do chefe contaminavam o ambiente. De qualquer forma, o sumiço de Sandra não acabou com o relacionamento. Depois que voltou de seu retiro no litoral, ela e Pimenta conversaram e fizeram as pazes. Logo em seguida, ele bateu o martelo sobre a coordenação do Caderno C. Decidiu que seria ela, sua mulher, a nova coordenadora. Passaram-se dois meses entre a saída de Cristina e a posse da nova chefe. Quando Pimenta disse a ela que era a escolhida, e destacou-lhe a competência, Sandra ficou alegre como uma criança que ganha um brinquedinho. Ficou realmente muito satisfeita. Teve naquele dia a sensação de que tinha alcançado um lugar de destaque na vida. Se havia alguma pendência na sua carreira, algum ressentimento por não ter alcançado tudo que merecia, naquele dia qualquer sensação desse tipo se evaporara. Sentia-se a mulher mais feliz do mundo. Era uma jornalista importante e ocupava um dos cargos mais cobiçados da imprensa econômica brasileira.

Cida Damasco se surpreendeu. Outros acharam que era algo previsível, desde o início viram que Sandra teria um tratamento de primeira-dama. Do jeito que a situação evoluía, sua ascensão seria inevitável. Ele não parava de dizer que Sandra era a melhor repórter do jornal, a mais bem preparada, e a elogiava sem parar. Só quando brigavam é que mudava de ideia. Mas, se estavam em paz, ela conseguia tudo com ele. Pimenta queria realizar seus sonhos, gostava de se sentir poderoso e satisfazer a namorada. Restava agora para Sandra tentar provar que tinha mesmo qualidades para o cargo e que a decisão de Pimenta não fora, afinal, tão arbitrária assim. Ficava sempre uma dúvida no ar, se o diretor de redação não teria perdido sua capacidade de raciocinar por causa da paixão.

Seja como for, Pimenta aproveitou o anúncio da nomeação de Sandra para reorganizar a chefia formalmente, depois da saída de Gambirasio, promovendo Klaus Kleber de editor adjunto a coordenador da primeira página, ao lado de Glauco de Carvalho, que recuperava aos poucos as antigas funções. Nair manteve-se no cargo de coordenadora de produção editorial, com funções de chefe de reportagem, a jornalista que cuida da abertura da edição e começa a selecionar as matérias do dia. Sem Gambirasio, que tinha o respeito da redação e exercia o poder com elegância, Pimenta precisava encontrar alguém para a vaga de redator-chefe e preencher o posto de secretário de redação.

Luiz Fernando não se incomodou com a indicação de Sandra porque, àquela altura, ninguém poderia lhe perturbar mais do que o próprio Pimenta. Começava a ficar incomodado em ouvir as reclamações frequentes do diretor de redação, que atacava Molina, falava mal de Lachini e de todo mundo que não fosse ele próprio e Sandra. Falou mal de Gambirasio sem parar, assim como de muitos outros de quem se dizia amigo. Desconstruiu a redação de Molina e Celso Pinto e não ergueu nada no lugar. Além disso, a perseguição de Pimenta aos cadernos regionais não cessava. O presidente da Gazeta Mercantil gostava de Molina e de Lachini. Não entendia a dificuldade de Pimenta para se acertar com os outros executivos da empresa. O Pimenta maduro e sensato com quem ele conversara em São Francisco, nos Estados Unidos, não existia mais. Tinha virado um homem chato e sem limites. Um dia, Valério Fabris, diretor da regional de Belo Horizonte, desabafou com Luiz Fernando e disse que não conseguia mais trabalhar porque Pimenta criava todo tipo de dificuldade que podia.

– Aguenta, que ele não fica muito tempo, Valério – disse Luiz Fernando. – Estou fritando devagar porque um porco a gente frita aos poucos, na sua própria banha.

Pimenta não percebeu, entre outras coisas, que Luiz Fernando era mais vaidoso que ele. Não gostava que seus diretores concorressem em atenção com ele em eventos da empresa, por exemplo. Queria ser responsabilizado pelas glórias do jornal. Gostaria que todos pensassem que o sucesso editorial da Gazeta Mercantil fosse resultado de sua inteligência.

Todos os êxitos do jornal e suas conquistas de maior destaque, como o prestigioso prêmio Maria Moors Cabot, que a Gazeta Mercantil recebeu da Universidade Columbia, em 1987, Luiz Fernando incluía em sua lista de grandes feitos. Ele se sentia ligado simbioticamente ao jornal, que, na sua mente, devia todas as suas conquistas à sua própria capacidade empreendedora. Com a saída de Müller e Sidney, ninguém lhe fazia sombra, não havia ninguém que tivesse a mesma legitimidade que ele.

O dono da Gazeta Mercantil tinha muito ciúme da redação na disputa pelos paparicos das autoridades e dos admiradores do jornal. Nos tempos de maior prestígio do diário, nem Müller, nem Sidney Basile iam a festas do jornal em que Luiz Fernando estivesse presente para não melindrá-lo. Temiam que as autoridades os paparicassem mais do que a Luiz Fernando. Preferiam não concorrer com o chefe nem criar qualquer tipo de mal-estar. Pimenta não tinha a mesma sensibilidade e não se sentia à vontade em segundo plano.

Outra coisa que Pimenta não percebia era que Luiz Fernando gostava muito de administrar pela divisão. Dividia para governar, não se sentia bem se estivessem todos organizados, trabalhando em conjunto. Se tivesse percebido isso, talvez Pimenta tivesse abandonado a soberba desde o primeiro momento, quando chegou no Brasil achando que mandaria em tudo. Como homem experiente que era, deveria ter percebido que a empresa estava dividida em feudos e que Luiz Fernando era o grande senhor. Ele gostava de ver um grupo brigando contra o outro. Se fosse o caso, surgia como conciliador ou, se não, botava fogo para ver até onde ia o conflito. Posicionava-se do alto, observando a cizânia em condição privilegiada. Naquele momento, jogava a favor da divisão entre os diretores de sucursal e a redação central porque queria ver até onde Pimenta aguentava. Sua paciência com ele estava se esgotando.

Sandra começou isolada no novo cargo, apoiada apenas por Pimenta, mas demonstrando tranquilidade e segurança. Diversos editores subordinados a ela ficaram incomodados com seu comando, mas tinham limites para expressar seu desacordo, já que era uma escolha do chefe. Ninguém tinha coragem de bater de frente com ela. No dia 11 de abril, Pimenta juntou a equipe do Caderno C e apresentou Sandra formalmente ao grupo. Ela assumiu seu lugar, a baia da coordenação do caderno de Empresas & Carreiras, que ficava no mesmo corredor do aquário do diretor de redação e era tão espaçosa como a que já tinha, e tratou de falar o óbvio, que todos deveriam levar adiante o que vinham fazendo. Elogiou a qualidade do grupo e disse que iria aprofundar o trabalho que Cristina iniciou de cobrir todos os setores da economia e reagir rapidamente diante de qualquer medida do governo ou crise internacional, repercutindo com os segmentos da indústria que pudessem estar sendo mais atingidos. Acomodou-se no novo caderno, conhecia a maioria das pessoas, algumas delas ex-chefes ou gente que tinha um cargo superior ao seu, e procurou ignorar os incomodados e suas maledicências. A turma mais jovem pouco sabia dos problemas e tocava seu trabalho normalmente, sem se preocupar se o chefe era um ou outro. Os rivais imediatos que Sandra ganhou foram alguns jornalistas veteranos, homens e mulheres, profissionais com longo tempo de trabalho ao seu lado que a viram subir de uma hora para outra e a achavam inexperiente. Não que favorecimentos fossem raros na redação, mas o estilo de Pimenta chocava. Ele não fazia política para realizar suas vontades e dava a impressão de que pulava etapas.

A disposição inicial da maior parte da equipe, porém, era de ajudar, se não por boa vontade, por medo do diretor. Havia muito trabalho para fazer. O mercado fervilhava. Com três anos de Plano Real dava para receber que a iniciativa de Fernando Henrique tinha dado certo e o problema não era mais a inflação, mas as reservas cambiais[5]. O Brasil começava a sofrer vários ataques especulativos que ameaçavam suas reservas, que pareciam ser o sustentáculo do plano econômico, na medida em que garantiam segurança para controlar o câmbio vendendo divisas nos momentos de crise. Sem inflação, o país não podia deixar sua moeda se desvalorizar porque o custo em dólar pressionaria a indústria e também o setor agrícola, que dependiam de muitos insumos avaliados em moeda estrangeira. Isso pressionaria os preços em toda a cadeia. O

5. É o montante de moeda estrangeira administrado pelo Banco Central para cobrir eventuais déficits nas contas internacionais e suportar ataques especulativos contra o câmbio.

desafio do governo, centralizado no presidente do Banco Central, Pedro Malan, era impedir a desvalorização da moeda, e os movimentos especulativos eram frequentes. O primeiro deles veio no início do governo de Fernando Henrique. Estourou uma crise no México, apelidada de Efeito Tequila, causada, justamente, por falta de reservas cambiais. Nos primeiros dias do governo de Ernesto Zedillo computou-se uma grande fuga de dólares do país que impôs uma rápida desvalorização da moeda local, o peso. Carlos Salinas, o antecessor, para evitar desgastes políticos, manteve a moeda valorizada por um tempo excessivo e deixou uma herança nefasta que se alastrou por outros mercados durante alguns meses e representou o primeiro teste de credibilidade do plano brasileiro, que resistiu bem perante os especuladores.

De qualquer forma, a questão cambial tornou-se mais crítica e o Brasil, que vinha abrindo seu mercado para produtos estrangeiros desde os tempos de Collor e agora tinha uma moeda forte, equiparada ao dólar, começava a enxergar melhor a sua falta de competitividade e muitas vulnerabilidades profundas. As reservas cambiais nem eram tão grandes assim e para elevá-las a saída era exportar, tornar a balança comercial cada vez mais favorável e aumentar o conteúdo nacional ou o índice de nacionalização dos produtos de consumo mais complexos fabricados internamente, como os carros. Outro caminho para aumentar as reservas de dólar era atrair investimentos diretos de multinacionais em projetos industriais, comerciais ou de serviços ou pelo mercado de capitais. Produzir no país ficou caro por causa do real valorizado, mas o potencial do mercado e a perspectiva de aumento de escala passaram a compensar o risco do investimento estrangeiro. Com a economia estável, o crescimento do mercado brasileiro, com uma população de 160 milhões de habitantes, disparou, e todo o povo passou a consumir. A entrada de mercadorias baratas vindas de fora ajudava as engrenagens do consumo a se movimentar. Infelizmente, o Brasil sofria com a incapacidade de ser competitivo em inúmeros setores por falta de escala ou de tecnologia e qualidade. Aqueles primeiros tempos do Plano Real foram muito delicados para a indústria de bens de consumo de baixo valor agregado, que ficou desamparada de barreiras protecionistas.

Um dos setores que vinha sofrendo especialmente nesses novos tempos era o de brinquedos. A abertura das importações e a chegada de produtos chineses, que até então não eram vistos por aqui, reduziram a indústria a pó em pouco tempo. A fulgurante Brinquedos Estrela se apagou, assim como várias outras empresas, como Trol e Bandeirantes. Da mesma forma que havia acontecido nos Estados Unidos alguns anos antes, não havia a mínima possibilidade de a indústria nacional concorrer com a chinesa nessa área. O custo do funcionário na China era muito mais baixo do que no Brasil e o acesso aos processadores e outros componentes eletrônicos de alta tecnologia, que começaram a se tornar banais na indústria da Ásia naquela época, ainda era difícil e caro por aqui. Era muito mais barato comprar o produto pronto do que os componentes. Não por acaso, uma das primeiras entrevistas que Sandra fez assim que assumiu a coordenação do Caderno C foi com o presidente da Estrela, Carlos Tilkian. O resultado da matéria refletia bem o esforço da direção da Estrela. Tilkian estava à frente de um grupo de intervenção para tentar reinventar um negócio espremido por importações baratas e assim salvar a empresa. No meio do tiroteio, tentava encontrar oportunidades.

Sandra fazia algumas matérias e as fazia bem, mas essa não deveria ser sua prioridade como coordenadora de uma seção tão grande. A principal parte do seu trabalho era organizar as pessoas, motivá-las, perceber os talentos de cada um e fazê-los aflorar, além, é claro, de cuidar do acabamento do caderno, deixá-lo impecável, bonito, com boas ilustrações, sem erros de português e, principalmente, lúcido. Lendo o caderno, que tinha no mínimo doze páginas, o leitor precisaria sentir a temperatura do mercado, interpretar o mundo dos negócios, com bons recortes regionais e setoriais, e, inclusive, fazer planos de investimentos. Enfim, o caderno deveria ser uma fonte de oportunidades, indicar os caminhos do dinheiro. Sandra precisava ser capaz de entregar tudo isso e ainda de montar equipes, produzir relatórios eventuais e participar de outros projetos especiais. Exigia-se dela compromisso e motivação, algo que lhe seria muito cobrado nos meses seguintes.

Mas naquele momento estava totalmente protegida sob as asas de Pimenta. Se fizesse o feijão com arroz, já estava bom. Se Pimenta a recrutasse para uma viagem, ela precisaria estar disponível. Podia sair a qualquer momento para um evento social por causa do chamado do namorado. Além do mais, podia delegar responsabilidades à vontade porque fora mantida ao seu lado uma equipe robusta e experiente de editores, que não deixava passar besteiras, finalizava textos e dava títulos. Essa equipe incluía, por exemplo, o ex-chefe de redação Yves Léon Winandy, que conhecia o padrão do jornal, além de Neide Magalhães, Marília de Camargo César e João Luiz Rosa, que cuidavam do fechamento do caderno sob a coordenação de Cristina Aby-Azar. Sandra só dava o toque final e acompanhava uma ou outra história que mais lhe interessava. Devia se dedicar mais ao fechamento da capa do caderno e se manter em comunicação direta com a chefia da redação.

Nessa primeira fase, o único reforço que Sandra pediu para sua equipe foi Marli Prado, que ainda estava na árdua labuta da madrugada, preparando as matérias da Gazeta Mercantil que seriam publicadas logo cedo no serviço de informações eletrônicas, o InvestNews. Vinha nisso havia quase três anos e agora seria uma das redatoras do Caderno C, uma excelente promoção. Amigas desde a faculdade, Sandra acertou-se com Pimenta e chamou Marli imediatamente para se juntar ao grupo deixado por Cristina Aby-Azar e apoiá-la nas tarefas de fechamento. Marli era uma mulher tímida que se enrubescia com facilidade. Parecia ter afinação total com Sandra e cumpria todas as suas determinações. Conversava muito com a chefe, de quem era amiga íntima e principal confidente. Almoçavam juntas com frequência e se encontravam fora do horário de trabalho para jantar e fazer outros programas. Menos experiente do que Sandra e de sua inteira confiança, Marli tornou-se seu braço direito na coordenação do caderno.

Sandra gostava de assuntos relacionados a marketing e publicidade e de matérias curiosas, além de pautas sobre carros e sobre o mercado imobiliário – tinha preservado muitas fontes do passado, desde os tempos da editoria de Construção. Mas o assunto que mais lhe interessava era aviação. Se havia um setor que Sandra gostava de cobrir era o das empresas aéreas, que começou a render muitas notícias naquela época. O modelo de operação dessas empresas passava por mudanças rápidas em todo o mundo. O setor tinha uma necessidade imediata de balancear os seus ganhos de escala e de desenvolver a aviação regional. Prosperavam empresas menores que começavam a se viabilizar com voos mais curtos e aviões econômicos, com até 50 lugares, baixo consumo de combustível e baixo custo de manutenção. No outro oposto, arrebentavam-se aquelas que apostavam em grandes rotas internacionais.

No Brasil, havia três grandes empresas do setor em situação periclitante: a Vasp, a Transbrasil e a Varig. E uma quarta se expandia, a TAM, que, justamente naqueles anos, se destacava na aviação regional com seu Fokker 100 e passava a operar em todo o território nacional. A empresa adquirira também a paraguaia Lapsa e começava a voar na região do Mercosul. A Vasp, desde o começo dos anos 1990, quando fora privatizada, pertencia ao empresário Wagner Canhedo, cuja principal orientação estratégica era a expansão internacional, tanto com aquisições de empresas estrangeiras como com a ampliação das rotas, graças à inclusão na frota de nove aviões MD-11. Até então concentrada no mercado interno, a companhia passou a voar para a Ásia, os Estados Unidos, a Europa e até para a África, inaugurando um voo para Marrocos. Em um período de um ano, Canhedo adquiriu o controle acionário das empresas Lloyd Aereo Boliviano, Ecuatoriana de Aviación e Transportes Aereos Neuquén, da Argentina. Todas eram iniciativas expansionistas. Mas a empresa logo deu sinais de que havia dado passo maior do que as pernas e demonstrava dificuldades de honrar compromissos. Canhedo e sua Vasp rendiam um enorme manancial de notícias.

Sem a mesma disposição para adquirir empresas, a Transbrasil também seguia a onda da ampliação das rotas internacionais. Uma massa de brasileiros entrava no mercado de consumo nessa época e descobria as delícias das viagens para o exterior. A empresa da família Fontana (a mesma que fundara a Sadia) até então só oferecia voos charter para Orlando, na Flórida. Mas naquela época inaugurou linhas regulares para Miami, Nova York, Washington, Viena, Buenos Aires, Amsterdã, Londres e até para a China, via Amsterdã. Como a Vasp, em pouco tempo, também perdeu o controle dos custos e entrou em processo de decadência.

A Varig, maior empresa de aviação do Brasil, começava a entregar, pela primeira vez na história e de maneira irreversível, balanços negativos. Uma das glórias da aviação nacional exibia ineficiência e mostrava-se uma empresa pródiga e descontrolada. Nas duas décadas anteriores, seus custos tinham chegado à estratosfera e seus ganhos de escala só elevavam os prejuízos porque a empresa registrava perdas com cada um dos passageiros que transportava. Seus escritórios no exterior, como o de Roma ou de Barcelona, eram nababescos, com um número excessivo de funcionários. A empresa tentava se renovar com a mudança da identidade visual e a adoção do símbolo da estrela dourada e preparava um investimento em expansão que envolvia a encomenda de, entre outros aviões, cinco Boeing 737-700 e dois 737-800, mas seus problemas estruturais se tornavam notórios e pareciam engoli-la um pedacinho a cada dia.

Se as companhias aéreas iam mal, a Embraer, fabricante nacional de aviões, privatizada em 1994 no apagar das luzes do governo Itamar Franco, voltou a respirar e, mais do que isso, a ter uma participação estratégica no mercado mundial, com o lançamento de aeronaves adequadas às novas necessidades do setor. Dois anos depois da privatização, a empresa realizou a entrega para a empresa americana Continental Express do primeiro modelo EMB 145, posteriormente renomeado para ERJ 145, iniciais de Embraer Regional Jet. O modelo, com 50 lugares, pertencia a uma família de jatos que incluía o 135, para 37 passageiros, e o 140, para 44 passageiros. Os aviões lançados pela Embraer vinham ao encontro do crescimento da demanda por voos mais curtos e aeronaves mais eficientes. Assim que começaram a ser testados, os produtos da empresa mostraram uma ótima relação custo-benefício, melhor, por exemplo, que os modelos do concorrente direto, a canadense Bombardier, que também oferecia produtos sob medida para companhias regionais.

O mercado de aviação passava por uma completa transformação e rendia muitas notícias. Naquela época, quem cuidava do assunto na editoria era a jovem repórter Rosana Hessel, que iniciou na Gazeta Mercantil na função de radioescuta e depois tornou-se repórter do caderno C, um pouco antes de Cristina Aby-Azar assumir como coordenadora. Dentro do caderno, cada repórter cuidava de uma área. Juliana Almeida, por exemplo, cuidava de varejo, Luciana Magalhães, de mercado imobiliário, e Anna Lucia França, dos negócios de eletrodomésticos. Duas repórteres cuidavam de informática, Ana Luiza Mahlmeister e Ivone Santana, e Andrea Licht de Moraes cuidava de bebidas e outros bens de consumo não duráveis. Na publicidade, havia o repórter Andreas Adriano e, no setor de energia, Eugênio Melloni. A indústria era assunto de Marcia Raposo, Nelson Niero e de Claudia Facchini De Cesare. Muitos desses setores tinham grande apelo para a primeira página. E quando o repórter começava a conquistar fontes e conseguir notícias exclusivas, o trabalho tornava-se cada vez mais motivador, com a descoberta de fatos novos todos os dias. Quando havia vaga em áreas como a de automobilismo ou a de aviação, era comum que houvesse muitos candidatos internos para ocupá-la.

Sandra, como participara da entrevista com Carlos Tilkian, podia se envolver com uma matéria ou outra da editoria, mas não dominava uma área específica, nem podia entrar no embalo de um repórter especializado aproveitando-se de uma entrevista exclusiva que ele poderia obter, por que isso não seria ético. Podia ter preferências por assuntos e obter matérias com suas próprias fontes, mas não entrar na matéria do outro sem dar uma contribuição real. Como gostava muito de aviação, Sandra aproximara-se de Rosana, que já conhecia da redação e com quem mantinha uma boa relação. Certo dia, antes de Sandra assumir o Caderno C, foram juntas a uma feira de aviação em Sorocaba, no interior de São Paulo, no carro de Rosana. Participaram do evento, apuraram a matéria e, na volta, Rosana deu carona para Sandra até seu apartamento, na Vila Mariana. Sandra a convidou para subir e passaram um tempo conversando, mais ou menos uma meia hora. Já era tarde e quando Rosana estava prestes a sair, Pimenta chegou. Tocou o interfone e Sandra jogou pela janela um pote de margarina fechado com a chave dentro, pois o prédio não tinha porteiro nem elevador. Rosana encontrou o chefe na saída, despediu-se e foi para sua casa.

Logo que Sandra assumiu o Caderno C, fez uma entrevista com o diretor-geral da companhia americana United Airlines junto com Rosana.

A entrevista acabou sendo o segundo principal destaque da primeira página do jornal do dia seguinte. Essa experiência fora apenas uma incursão eventual da coordenadora na reportagem. No dia a dia, Rosana passou a cuidar sozinha da área e trazia ótimos resultados, dava notícias novas e estava sempre inquieta atrás de informação ou intrigada com indicadores de mercado ou com alguma medida ou ideia que achava contraditória. Tinha olhar de repórter e se empolgava com o trabalho de apuração. Pimenta percebia isso, mesmo antes de Sandra assumir a coordenação, e elogiava Rosana para Cristina Aby-Azar. Quando Sandra foi para o Caderno C, Pimenta destacou alguns jornalistas da equipe que lhe agradavam especialmente e mencionou Rosana, dizendo que achava adequado mantê-la na cobertura de aviação.

– Essa menina tem muito potencial – disse para Sandra.

Sandra ouviu e não respondeu nada. Não gostava quando Pimenta elogiava outras pessoas, principalmente mulheres. E quando elogiou Rosana, Sandra se incomodou. Antes era simpática a ela e, de uma hora para outra, distanciou-se. Não sentia ciúmes generalizados como o namorado, que se incomodava com seu passado, mas também não deixava de sentir alguma possessividade. Quando o calo apertava, era ciumenta. Mas era uma ciumenta mais prática, não tão movida pela imaginação como Pimenta. Tratava de preservar seu território. Para os amigos mais chegados, Sandra confidenciava que tinha batalhado muito para chegar aonde tinha chegado e se sentia realmente merecedora do cargo que ocupava. Na sua mente, sua promoção fazia absoluto sentido. O que se percebeu rapidamente, na prática, é que ela não era uma coordenadora entusiasmada e, algumas vezes, dava a sensação de que não tinha um envolvimento real com as matérias que estavam sendo preparadas. Demonstrava uma certa dispersão e seus interesses eram mais eventuais do que permanentes. E, se conseguia fazer bem algumas reportagens, não tinha a mesma capacidade para orientar um jornalista a fim de tornar o resultado do seu trabalho melhor. Tinha dificuldade para dizer com clareza o que queria para os repórteres.

Com a promoção, não ouvia ninguém mais além de Pimenta. Perdeu qualquer modéstia que aparentasse ter e adquiriu um hábito, naqueles tempos, que não a ajudava em nada a angariar a simpatia de seus pares: passou a colocar as duas pernas cruzadas em cima da mesa de trabalho, como se estivesse em casa ou na sua própria empresa. Durante as reuniões com repórteres e assistentes, colocava um lápis na boca e punha as pernas folgadamente na mesa. Nos meses seguintes, por causa desse hábito, todo mundo percebeu que ela estava ingressando no mundo do hipismo, pois era possível ver que ela passara a trabalhar com botas de montaria. Começou a montar alguns dias por semana. Ia de manhã andar na sua égua e depois seguia para o trabalho paramentada de amazona.

Nas reuniões que fazia com sua equipe, brincava demais, não prestava atenção no que as pessoas diziam, principalmente aquelas das quais não gostava muito ou com quem mantinha alguma rivalidade, e distraía-se com qualquer coisa. Se uma jornalista estava com um brinco ou colar novo, era capaz de interromper a apresentação de uma proposta de pauta para fazer um comentário sobre o adorno. Era muito dispersa nas reuniões e transmitia uma sensação de desatenção. E isso em meio a processos tensos, como a privatização da Vale do Rio Doce, por exemplo, chegava a ser preocupante. O jornal, como toda a sociedade brasileira, tinha grande expectativa sobre a venda de parte desse ativo nacional precioso para investidores privados. Três semanas depois de Sandra assumir a coordenação do Caderno C, no dia 6 de maio, aconteceria o leilão da empresa. A Gazeta Mercantil estava comprometida em fazer a melhor cobertura da imprensa.

O governo ofereceu ao mercado 27% do capital total da empresa ou 41,73% das ações ordinárias, que dão direito a voto, arrematadas na época por R$ 3,33 bilhões ou US$ 3,33 bilhões (havia quase total paridade monetária naquele instante) pelo Consórcio Brasil, liderado pela Companhia Siderúrgica Nacional, de Benjamin Steinbruch. Sandra fez seu trabalho direito, mas o comando do noticiário sobre a privatização ficou com Cida Damasco. As informações exclusivas, obtidas nos bastidores e que fariam a diferença para o leitor, apareceriam porque havia um grupo de especialistas de vários estados dedicados a descrever e analisar o processo de privatização. Pelo alcance da notícia, seu impacto macroeconômico e suas implicações políticas, a opção era publicá-la no Caderno A, consolidando matérias de negócios enviadas por repórteres do Caderno C e das sucursais, inclusive de Ivo Ribeiro e de Vera Saavedra Durão, que, àquela altura, já tinha se livrado da suspensão imposta por Pimenta. Com a venda da Vale, o presidente Fernando Henrique avisou que a transferência dos negócios do Estado brasileiro para a iniciativa privada seria aprofundada no seu governo, com o objetivo de diminuir os gastos públicos, aumentar a competitividade das empresas e dar-lhes mais eficiência.

A Gazeta Mercantil saiu-se bem na cobertura da privatização da Vale e Sandra elogiou a equipe no dia seguinte. Cida Damasco aproveitou, naquela mesma semana, para avisar que estava de saída. Ela informou Pimenta que recebera um convite do Estadão para assumir a editoria de política do jornal. Foi uma boa coincidência para ela. Tinha uma longa história no Estadão e voltar para lá seria algo natural. Ao mesmo tempo, percebia que na Gazeta Mercantil a redação começava a funcionar de maneira confusa. Achava que Pimenta tomava decisões despóticas e impensadas e, também, deu alguns sinais de que pensava em demiti-la. Por meio de Marcio Aith, mandou um recado para Cida alguns meses antes dizendo que naquela redação não bastava ser bom profissional. Era preciso estar alinhado com a turma. O episódio com Denise Arakaki foi outro fator de desgaste na relação da coordenadora do Caderno A com o diretor de redação.

Cida tentava fugir dos atrasos salariais – o Estadão era uma empresa bem mais responsável em questões trabalhistas. Não queria sequer conversar sobre contrapropostas. Pimenta ficou incomodado e tentou dissuadi-la da decisão. Concluiu que existia uma relação direta, de causa e efeito, entre a escolha de Sandra para a coordenação do Caderno C e o pedido de demissão de Cida. A certa altura, avisou Cida de que ele próprio era um candidato a trabalhar no Estadão nos meses seguintes, indicando que seu futuro na Gazeta Mercantil seria curto. Mesmo assim, Cida arriscou. Decidiu aceitar o convite da família Mesquita.

Pimenta estava dividido entre as pautas do jornal, as rivalidades internas e seus conflitos pessoais. Depois de colocar a namorada na coordenação do caderno mais estratégico do jornal, desafiando o sistema e chutando a meritocracia, prosseguia com suas pretensões hegemônicas. E agora se mostrava disposto a radicalizar. Começou a ser mais agressivo nos seus enfrentamentos e abriu mão de qualquer elegância. Queria, por exemplo, eliminar de vista todos os seus desafetos. Não queria vê-los. Tentava prejudicá-los em questões comezinhas. Achava, por exemplo, que Molina articulava contra ele, tentava derrubá-lo e não tinha aprendido nada com o caso trágico de Elpídio. Molina evidentemente lhe fazia sombra porque tinha feito um excelente trabalho por mais de 20 anos e não havia causado problemas ou crises. Pimenta também estava às turras com Claudio Lachini e com todo mundo que disputasse a atenção de Luiz Fernando. Queria ter exclusividade para falar com o chefe e, além do mais, tinha ciúmes de Molina com Sandra. Ciúme mais intelectual do que sexual ou amoroso. Detestava quando Sandra fazia algum elogio a Molina.

Pimenta decidiu, afinal, por razões obscuras, penalizar Molina: proibiu sua entrada na redação para consultar o noticiário internacional, obtido nos terminais das agências internacionais. Era um serviço pago e o único acesso era em uma sala na redação da Gazeta. Molina a frequentava apenas por essa razão. Como nem o Panorama Setorial, nem a Gazeta Mercantil Latino-Americana recebiam o noticiário das agências, seus editores utilizavam os terminais da redação. Era um serviço compartilhado. Eram vários veículos e serviços do mesmo grupo, ligados à nave-mãe, o jornal Gazeta Mercantil, mas era natural buscar sinergias e compartilhar conteúdo entre as unidades. Pelo menos era o que se esperava em uma empresa que pretendia ser eficiente e economizar dinheiro. Mas o diretor de redação não estava interessado nessas coisas. Como discurso, achava muito bom, mas, na prática, era mais importante defender o seu território de intrusos.

Pimenta não chegou a dizer a Molina que ele estava proibido de entrar na redação. Nunca se dirigiu ao diretor do Panorama Setorial para dizer isso. Mas propagou aos quatro ventos sua vontade imperial. Mandou sua secretaria avisar Molina e comunicou aos funcionários que trabalhavam na sala do terminal que dissessem ao ex-editor-chefe que Pimenta o havia proibido de entrar ali. A informação logo chegou aos amigos de Molina. Criou-se um clima de hostilidade que contaminou os demais jornalistas. Via-se que as tensões latentes se intensificavam por causa da competitividade de Pimenta e de sua vontade de provocar adversários. Molina percebia que o outro se movia por impulsos inexplicáveis e não por motivações jornalísticas. Não se considerava inimigo de Pimenta. Parou de ir à sala das agências de notícias e saiu de cena.

Muitos viam aquilo como mais uma infantilidade de Pimenta, no estilo da suspensão de Gambirasio ou de Vera Saavedra Durão. Era difícil entender suas razões para perturbar o caminho do outro. Mas o fato revoltou muita gente e criou uma onda de solidariedade com Molina, tanto dentro do jornal como no mercado. Luiz Fernando, por exemplo, ficou indignado quando soube da proibição. Respeitava Molina e a qualidade do trabalho que tinha feito à frente da redação durante vários anos e não podia entender como Pimenta tomava uma decisão extrema gratuitamente.

Os conflitos internos com os diretores de sucursal, que preparavam o lançamento de seus cadernos regionais, também se tornavam mais intensos. Depois do projeto-piloto do caderno Belo Horizonte, que tanto irritou Pimenta, Luiz Fernando decidiu colocar o bloco na rua e lançar os cadernos D, que circulariam em todas as regiões onde houvesse um mercado capaz de sustentar o negócio. Para conseguir financiá-los, a ideia do diretor comercial, de publicidade e marketing Claudio Lachini, outro que teve sua entrada na redação "vetada" por Pimenta, era aumentar seu exército de vendas, contratando mais executivos de contas e intensificando esforços em todos os cantos do Brasil para aproveitar a boa safra do mercado publicitário.

Todas as sucursais passaram a ter equipes de venda de espaço comercial para os cadernos regionais separadamente da publicação nacional. O projeto de lançamento mais adiantado, dentro do modelo do Caderno C, era o da Gazeta Regional Rio Grande do Sul, produzido na sucursal de Porto Alegre, sob a direção de Hélio Gama. Pimenta estava inquieto e achava que lhe puxavam o tapete. Avaliava que cada um desses cadernos tinha o objetivo de esvaziar um pouco a importância do comando central e, à medida que a discussão para criá-los evoluía, sentia-se mais excluído dos projetos estratégicos da empresa. O conflito com Valério Fabris e a tentativa de demissão de André Lacerda haviam causado muito desgaste e ele percebeu que, nos meses seguintes, algumas sucursais o boicotavam, principalmente nos projetos da redação de São Paulo que dependiam da captação de publicidade nacional. Pimenta já não falava com vários diretores. Mesmo com Roberto Baraldi, que ficou à frente da Gazeta Mercantil Latino-Americana e com quem mantinha um convívio agradável, ele não conversava mais. Aos poucos foi se distanciando dos eventos institucionais do jornal. Decidiu, por exemplo, não comparecer a um outro seminário promovido pela Gazeta Mercantil Latino-Americana, em 1997, também em parceria com o uruguaio *El Observador*, que reuniu Fernando Henrique e Julio Sanguinetti.

A crise de confiança acentuava-se e começava a ser sentida até nos escalões mais baixos. Um burburinho sobre uma possível saída do diretor de redação agitava o café, ponto geográfico para onde todos os boatos convergiam. Toda hora chegava alguém com uma história nova. Sandra trabalhava como se nada estivesse acontecendo. Mantinha as aparências, embora estivesse preocupada com a eventual saída do namorado da Gazeta Mercantil. Confidenciava alguma ansiedade para alguns amigos. Pimenta sentia-se cerceado e reclamava para ela do isolamento que sentia. Estava incomodado com a situação e começou a buscar outro trabalho. Discretamente, a partir de abril, passou a fazer contatos com antigos empregadores e com os patrões com os quais nunca perdera o vínculo enquanto esteve nos Estados Unidos. Tinha portas abertas em todas as grandes redações da cidade, mas a opção que via como a mais vantajosa era o Estadão. Chegou a fazer contato com a Editora Abril, mas as perspectivas de trabalhar com Ruy Mesquita lhe interessavam mais. Desde sua chegada ao Brasil, Ruy dizia que as portas do jornal estavam abertas para ele e tentava levá-lo para lá. Pimenta queria agora aceitar o convite. Marcaram um primeiro almoço e a resposta de Ruy foi absolutamente positiva. Contou que sua situação na Gazeta Mercantil não era boa e estava cansado de trabalhar com Luiz Fernando, que segundo ele era um péssimo administrador e estava dilapidando uma mina de ouro.

Ruy conquistou o comando editorial do Estadão em junho de 1996, após a morte do irmão Julio de Mesquita Neto, titular da posição por 27 anos. Desde 1966, dirigia o segundo diário do grupo, o Jornal da Tarde, criado em parte para acomodar os interesses sucessórios. Tinha agora, finalmente, a possibilidade de fazer as coisas da sua forma no principal jornal da empresa e de nomear um jornalista de sua total confiança, para chefiar a redação do Estadão. Precisava se acertar com os outros acionistas e organizar a transição de poder. Teria um trabalho de convencimento pela frente para provar que Pimenta era o melhor nome para o cargo. A favor de Pimenta contava o fato de ele vir da Gazeta Mercantil, que, apesar de todos os problemas e desvarios administrativos, era um jornal que despertava a admiração de Ruy e de seus filhos, principalmente Fernão e Rodrigo, pelo equilíbrio editorial e qualidade das informações. No acordo que se costurava, o herdeiro de Julio, Júlio César de Mesquita, ainda manteria algum controle sobre o jornal e o diretor de redação Aluizio Maranhão continuaria no cargo, como numa espécie de composição salomônica. Aluizio seria mantido como representante de Júlio e outro executivo, provavelmente Pimenta, seria diretamente ligado a Ruy.

O próprio Pimenta começou a confidenciar para algumas pessoas que, saindo da Gazeta Mercantil, o Estadão seria seu destino mais provável. Via que o clima no jornal dos Levy estava ficando ruim para ele e tentava parecer blasé – mostrar que pouca diferença lhe fazia ficar no jornal ou ir para outro lugar. "Se não pudesse levar seu projeto adiante, com autonomia, iria embora", chegou a dizer. Seu passe era valioso, pensava, e se fosse embora, teria emprego no dia seguinte. O que não lhe faltavam eram convites de outras empresas e o nome de Ruy passava a aparecer constantemente em suas conversas sobre trabalho. Passou a falar do Estadão com seu colaborador mais próximo, Klaus Kleber, e disse que a situação na Gazeta Mercantil não estava fácil.

O isolamento de Pimenta no comando ficou notável em uma reunião com os chefes de sucursal, realizada no fim de junho de 1997. Encontraram-se para discutir a produção de edições especiais de revistas sobre a conjuntura econômica dos estados brasileiros, pelo menos daqueles que rendessem uma boa receita publicitária para sustentar a publicação. Era um projeto da redação nacional, incentivado por Pimenta. A Gazeta Mercantil fazia relatórios em formato de jornal ou de revista dedicados a vários assuntos específicos, inclusive a situação econômica dos estados. O que não faltava era assunto, e o conteúdo, em geral, versava sobre os novos projetos de negócios tanto na indústria como no setor agropecuário, tentando identificar as melhores vocações regionais. Era uma boa iniciativa, que atraía anunciantes locais, às vezes as próprias empresas entrevistadas ou o governo estadual e suas empresas e autarquias. Pimenta chamou seus chefes de sucursal para discutir o andamento das revistas e falar sobre a publicidade. Sabia que estava amarrado. A captação dos anúncios para esses produtos era feita pelas diretorias regionais, que não tinham o mínimo interesse em vender um produto da redação de São Paulo, cujo sucesso favoreceria Pimenta.

Naquele momento, os chefes das sucursais, indicados por Pimenta, estavam sem ação, constrangidos, e em dúvida sobre o que fazer – se seguir determinações do diretor de redação ou ir devagar e ganhar tempo. Embora devessem obediência a Pimenta, trabalhavam no mesmo lugar que os diretores regionais, com quem tinham contato direto, em geral cordial e amigável. Tomavam cerveja depois do expediente e viviam em paz. De uma hora para outra, viam-se encarregados de demitir um funcionário e se indispor com o diretor da sucursal por causa de um capricho de Pimenta. Era o caso de Ivo Ribeiro, de Belo Horizonte. Estavam todos sendo testados em sua capacidade diplomática. Precisavam chegar a um bom termo entre os interesses editoriais e comerciais. E a tal reunião com Pimenta em São Paulo foi uma boa oportunidade de ver de perto o que estava acontecendo com o chefe e qual seria seu futuro. Distantes, espalhados pelo Brasil, nem sempre conseguiam saber direito o que acontecia com o poder central e sempre era bom verificar a quantas andava a temperatura na matriz, inclusive para ver de perto como Sandra estava atuando e os novos rostos que estavam aparecendo na redação.

O que se sentiu naquela reunião foram maus presságios. Nas conversas sobre as revistas, o que se ouviu é que a publicidade estava sofrível e que nenhuma das edições estaduais tinha se viabilizado. Esse tipo de publicação, que circulava encartada na Gazeta Mercantil, dependia totalmente da receita de propaganda e sem anúncio era melhor nem produzi-lo, ainda que houvesse muitas notícias – todo mundo estava animado com os novos focos de desenvolvimento regional e via-se, nos lugares mais longínquos, que o enriquecimento das famílias brasileiras não era ilusório. A Gazeta Mercantil exibia uma grande capilaridade na sua cobertura, além de longo alcance, o que lhe permitia, por exemplo, detectar rapidamente que os rebanhos bovinos de Rondônia cresciam bem acima da média nacional ou que os negócios da Embraer iam atipicamente bem e movimentavam a economia de São José dos Campos, cidade-sede da empresa.

Conversando com um de seus assistentes mais próximos, Pimenta admitiu que estava com os dias contados, que Luiz Fernando devia estar cansado da sua insistência em proteger a lisura do jornal. Disse que não iria mais aceitar o poder paralelo que estavam lhe impondo. Acusou os cadernos D de jogarem contra o compromisso ético do jornal e lamentou que a empresa permitisse que a publicidade perturbasse sua credibilidade editorial. Ainda que fosse lá longe, em uma região distante, qualquer negócio obscuro que fosse feito pelas diretorias regionais macularia a nave-mãe. A prejudicada seria a marca Gazeta Mercantil, que transferia seu bom nome para todos os outros produtos. Quando as coisas pesavam, Pimenta costumava evocar a ética. Perguntaram-lhe especificamente na reunião com os chefes de sucursal se ele havia recebido um convite para trabalhar no Estadão e ele respondeu que sim. Ficou claro naquele momento que alguma mudança na direção em São Paulo era iminente. Pimenta sairia em pouco tempo. E os chefes de sucursal que conseguiram manter sua neutralidade e se acertaram com os diretores regionais concluíram que fizeram a melhor escolha.

O mês de julho começou tenso na redação da Gazeta Mercantil e na economia. Depois de uma longa trégua e do susto da crise mexicana, as bases econômicas voltavam a tremer. Bem nessa época eclodiu o que se chamou de crise financeira asiática, o primeiro grande petardo global que o Plano Real recebeu e a primeira crise internacional dessa era de mercados conectados e globalizados, pré-século XXI. Tudo começou na Tailândia, depois que o governo local decidiu tornar o câmbio flutuante, desatrelando sua moeda, o bath, do dólar e deixando-a oscilar livremente. Isso levou a uma desvalorização abrupta do bath, de 15% no primeiro dia, e também a uma elevação do custo da dívida, em dinheiro estrangeiro, do governo e das empresas. Investidores[6] de fora recuaram e tiraram seu dinheiro da Tailândia, como se temia que acontecesse no Brasil em algum momento se o câmbio se tornasse de fato flutuante A riqueza se evaporou momentaneamente na Tailândia e as bolsas de valores dos países do Sudeste Asiático, inclusive dos que vinham sendo chamados de "tigres" por causa de sua economia poderosa havia mais de uma década, pararam de crescer.

De uma hora para outra, o fluxo de capital em uma área grande e promissora, que envolvia também a Malásia, a Indonésia, as Filipinas e, mais ao norte, a Coreia do Sul, foi duramente afetado. Se havia sido favorável em 1996, com uma entrada de 93 bilhões de dólares, tornou-se francamente negativo no ano seguinte, com uma saída de US$ 12 bilhões, o que afetou bastante as reservas internacionais desses países e os deixaram, durante algum tempo, vulneráveis a movimentos especulativos. Muitos investidores desistiram de colocar seu dinheiro ali e créditos bancários externos foram cancelados. O saldo da retração do fluxo equivalia a 11% do PIB da região na época. Nunca uma crise havia gerado consequências globais tão rapidamente, causando problemas de credibilidade para outros mercados emergentes e exposto falhas sistêmicas com tanta transparência, dando um primeiro atestado de que o câmbio, como vinha sendo administrado pelo Brasil, expunha a economia a altos riscos. A Tailândia pouca relação tinha com a América do Sul, mas durante três ou quatro meses as economias das duas regiões passaram a ser milimetricamente analisadas e comparadas em suas forças e fraquezas por bancos internacionais.

Todo mundo temia que o desastre atingisse essa parte do mundo, ainda com um mercado novo e, de fato, pouco testado por crises

6. No Brasil, adotava-se um regime de bandas cambiais, em que o governo vendia suas reservas de moeda estrangeira para manter o Real estável e impedir desvalorizações.

internacionais. A situação estava equilibrada, mas o tsunami metafórico se alastrou. No Caderno C, a expectativa era crescente e todo mundo fazia sua parte, indo atrás de qualquer empresa que pudesse ter sido afetada pela crise. O tamanho da reserva de dólar não deixava o Brasil totalmente seguro e o dilema da Tailândia também perturbava: o país teria força para tornar o câmbio flutuante e suportar o tranco? Quando um país decide deixar o câmbio flutuar, ele está sujeito a todo tipo de ataque especulativo, de investidores que podem ganhar com a desvalorização no mercado futuro. A Tailândia tomou essa decisão, desatrelou sua moeda do dólar, e sua dívida atingiu níveis elevados. Nesse momento, as empresas que tinham dívidas em dólar eram as que mais sofriam. Sua dívida aumentava do dia para a noite. O que acontecia na Ásia repercutia na América de maneira nunca vista. Era a primeira vez que acontecia. E com muita rapidez.

A Gazeta Mercantil gostava de matérias anticíclicas. Era na normalização, na contenção dos ânimos, na contracorrente do desespero, que o jornal se revelava. Jornalistas experientes e isentos, como Klaus Kleber, por exemplo, viam que a fuga de capitais que se seguiu à desvalorização do bath não precisava e não iria se repetir por aqui, pelo menos não com a mesma intensidade. O Brasil era um mercado interno muito mais parrudo e atraente do que o tailandês, pelo menos seis vezes maior. E quando se percebia que o vulgo ia em uma direção, o jornal guinava para a outra, quando via que o mundo ia para o abismo, tentava mostrar que existiam paraquedas à venda. Era uma das formas mais fáceis e eficientes de mostrar racionalidade. Internamente, quase todo mundo percebia que o Plano Real estava sólido e que a sensação de vulnerabilidade que afligiu o Brasil por quase toda a sua história tinha perdido intensidade. A economia se reerguia e o governo zelava pelo equilíbrio da moeda.

Com reservas cambiais razoáveis, que atingiram US$ 62,5 bilhões antes da crise tailandesa, o país podia se sentir seguro. Mas o baque foi forte. Naquele segundo semestre, o Brasil perdeu US$ 10 bilhões de suas reservas, que caíram para US$ 52,5 bilhões, e a reação do Banco Central foi elevar a taxa de juros de 19,05% para 45,67%, o que inibiu o consumo e interrompeu a fuga de capitais. Dava para ver que a pressão dos custos em moeda estrangeira seria contida. Em situações de crise, a politização da cobertura macroeconômica deixava os jornalões de informação geral havia anos-luz dos diários econômicos. E um jornal como a Gazeta Mercantil virava uma espécie de oráculo. Parecia ainda mais lúcido e sensato. Parecia realmente útil.

Pimenta comportou-se bem naquela que seria a última grande cobertura coordenada por ele na Gazeta Mercantil e, sem esconder os efeitos reais da crise, orientou a equipe a encontrar reações positivas que começavam a aparecer, como os casos de empresários que haviam feito hedge cambial[7] de sua dívida para se proteger de eventuais desvalorizações da moeda. Começava a se revelar uma cortina de proteção maior do que se imaginava, mas os juros seriam mais e mais pressionados dali em diante. Ficou claro, porém, que a capacidade preventiva do empresário e do cidadão brasileiros se desenvolveu em níveis insuspeitáveis e a crise asiática acabou sendo bem contornada, sem que o Brasil precisasse mudar sua política econômica. No Caderno C, sob a orientação de Sandra, a cobertura do dia a dia, que inicialmente estava muito dedicada ao acompanhamento dos principais setores, ia, aos poucos, se capilarizando e avançando para segmentos pouco expressivos, como os fabricantes de balas de goma ou de escoadores de arroz. Tentava-se detectar quem ganhava e quem perdia com a variação cambial e para isso era importante descobrir o nível de endividamento das empresas em moeda estrangeira e se os seus produtos continham muitas ou poucas peças importadas, considerando o custo total de produção.

Em uma quinta-feira, Pimenta foi convidado para passar o fim de semana com a família Levy na fazenda Santa Maria, em Campinas, a 100 quilômetros de São Paulo. A casa-sede da fazenda, chamada anteriormente de Tanquinho, tinha 23 apartamentos e foi construída por um aristocrata do século 19 chamado José de Queirós Aranha, filho do barão de Anhumas. Estariam o patriarca Herbert Levy e alguns de seus nove filhos,

7. Proteção contra oscilações inesperadas no câmbio. Empresas com dívidas em moeda estrangeira precisam formar uma reserva em dólar para diminuir sua exposição e honrar seus compromissos.

menos Luiz Fernando, que estava fora de São Paulo. Pimenta viajaria sem Sandra. Tratava-se de um compromisso profissional com o fundador do jornal e não fazia sentido levá-la. Sabia que seria um almoço para vasculhar a rotina da Gazeta Mercantil e conhecer melhor a situação do jornal. A família queria saber a opinião do diretor de redação sobre os planos de expansão que Luiz Fernando estava levando adiante. Pimenta tinha certeza de que tentariam saber mais dos bastidores da empresa, mas não estava muito preocupado. Sentia-se, afinal, lisonjeado de ser convidado para alguns dias de lazer e descanso naquele lugar tão aprazível.

Pegou o carro e zarpou em direção a Campinas. Pimenta pressentia que seria um dos últimos encontros, talvez o último, que teria com Herbert Levy, a quem considerava um homem probo e admirava. Desde a abertura de capital do jornal, Herbert e os irmãos de Luiz Fernando deixaram de ter qualquer tipo de influência na rotina da Gazeta Mercantil. E a tensão familiar era crescente. Toda a família enchia os olhos com a imponência e o aumento do faturamento do jornal e questionava a distribuição dos ganhos e os limites do poder de Luiz Fernando. Herbert, na verdade, tinha saído antes, se aposentado, e, com exceção do irmão Paulo Roberto, com quem Luiz Fernando tinha negócios de criação de cavalos e de quem era seu sócio na holding controladora da Gazeta Mercantil, todos os outros membros da família estavam fora do jornal e não tinham sociedade com o irmão. Dizia-se que Luiz Fernando tinha assegurado sua posição no comando e afastado os familiares do negócio. Depois de fazer um acordo para penhorar as propriedades dos irmãos a fim de honrar as dívidas do jornal, Luiz Fernando condicionou o levantamento da penhora à troca pela participação acionária que cada um detinha na Gazeta Mercantil. No fim, todos lhe entregaram seu quinhão na empresa. Referindo-se ao caso naquele fim de semana na fazenda, Herbert Levy Filho, filho mais velho de Herbert (Luiz Fernando era o terceiro da prole), dizia que todos ali conheciam o irmão que tinham, um sujeito que só pensava no seu próprio benefício.

O próprio Herbert Levy, naquele dia, quando todos estavam na mesa, referiu-se ao filho como um estroina, ou seja, alguém "extravagante" e que gasta muito.

– Você sabe como Luiz Fernando é – disse Herbert.

Pimenta limitou-se a concordar com o patriarca dos Levy e levou a taça de vinho até a boca. Os problemas de acabamento e as reformas pendentes na casa-sede da fazenda revelavam que o dinheiro da Gazeta Mercantil havia muito tempo não ajudava o deputado liberal, que, além do mais, tinha sido diagnosticado com a doença de Alzheimer. Se alguém usufruía da riqueza gerada pela Gazeta Mercantil era Luiz Fernando, pensavam seus irmãos.

Herbert Levy tinha apreço por Pimenta Neves. Achava-o um homem sofisticado e cosmopolita. Pimenta também gostava muito de Herbert, a quem respeitava por sua coerência liberal. Achou uma honra o convite para o almoço e, talvez inebriado pelo vinho, sentiu-se tão à vontade que passou do ponto. Em certa altura do encontro, dedicou-se a desancar Luiz Fernando com críticas à sua irresponsabilidade gerencial. Pimenta tinha uma tendência a achar seus superiores incompetentes, pois se fossem, de fato, competentes, não precisariam dele para resolver seus problemas. Considerava-se impecável no ofício de administrador de redações de jornais e um entendedor da psicologia dos jornalistas. Pimenta falava alto e, num dado momento, disse que Luiz Fernando era um perdulário, que não cuidava da empresa e que a usava para alimentar seus projetos pessoais. Como diretor de redação, porém, ele não podia falar desse jeito sobre seu chefe.

Mesmo os irmãos que mais evitavam Luiz Fernando acharam aquilo um desrespeito. Quem Pimenta pensava que era? Ele não podia trair de maneira abjeta alguém que o contratara. E no próprio seio da família Levy. Era muito descaramento. Queriam informações sobre a gestão atabalhoada de Luiz Fernando, mas não ofensas ao irmão mais criativo e divertido. O sentimento fraternal acabou se impondo sobre as rivalidades familiares. Pimenta era uma pessoa de fora e não tinha de se intrometer nos problemas alheios. Conseguiu fazer o impossível: unir Luiz Fernando com os irmãos. Em poucos dias, tudo o que Pimenta havia dito no fim de semana virou-se contra ele. Como era de se prever, suas bravatas e acusações chegaram aos ouvidos do dono do jornal. Um dos irmãos lhe disse que ele não podia confiar no seu diretor de redação.

Abruptamente, Pimenta sentiu que as coisas ficaram ainda mais estranhas para o seu lado. Não conseguia mais falar com Luiz Fernando, que não atendia a suas ligações. Quando deu de cara com ele nos corredores da diretoria, percebeu um tratamento frio. O outro mal o olhou. Pimenta disse que precisava conversar e pediu um tempo na sua agenda. Luiz Fernando, sem paciência, disse-lhe que falasse com Geisa, sua secretária.

Se questionavam Sandra sobre a existência de conflitos de Pimenta com os acionistas da empresa, ela dizia que não sabia de nada. Nesse ponto era discreta. Pouca gente na equipe tinha coragem e intimidade com ela para fazer esse tipo de pergunta. Sandra temia a saída dele da Gazeta Mercantil, mas não a ponto de se desesperar. Acreditava que sua carreira no jornal seria suficiente para mantê-la na posição, com ou sem Pimenta na chefia. Tinha luz própria. Sentia-se segura com seu ofício. Conseguira se firmar como editora e não teria problemas em evoluir na carreira. Vinha fazendo bem seu trabalho na coordenação do Caderno C, gerenciando um caderno com dezenas de pessoas e grande complexidade. Começava a imaginar como seria a vida pós-Pimenta, mas tirava esse tipo de pensamento da cabeça. Preferia esperar os acontecimentos.

Uma nova semana começava e só se falava no aniversário de Molina. De repente, todos sabiam da festa que estava sendo organizada para o antigo editor-chefe. Seria também uma ocasião para protestar contra as arbitrariedades de Pimenta, que o havia proibido de consultar os terminais das agências internacionais, cúmulo do despotismo e da falta de civilidade. A redação inteira estava convidada para a festa. Aparecesse quem quisesse, mas seria uma decisão política. Criou-se uma enorme rede de contatos para juntar o maior número de pessoas para o encontro. O clima era quase de conspiração. O que se dizia é que as arbitrariedades deveriam custar caro a Pimenta. Parte da redação se mobilizava e gente que estava fora dela, na Folha, por exemplo, também ativava seus contatos. A festa seria numa pizzaria, bem ao estilo de Molina.

O aniversário cairia em uma sexta-feira. Enquanto a crise asiática fazia estragos, no subterrâneo da redação estava sendo articulado um movimento de derrubada de Pimenta. Todo mundo queria barrar seus desejos imperiais e achava que a Gazeta Mercantil deveria se organizar como uma equipe. Sempre houve um espírito coletivo muito forte no jornal. A maioria dos chefes era gente discreta, que podia ter alguma vaidade profissional, mas sentia prazer em viver nos bastidores e gostava da sensação de fazer um trabalho em conjunto com um grupo competente. Nunca foi um lugar de gente espalhafatosa e ansiosa para aparecer e ficar em primeiro plano. Quem conseguiu isso o fez naturalmente, e quem não chegou lá foi mais por falta de vontade e interesse do que de capacidade. Na Gazeta Mercantil, os jornalistas se orgulhavam muito de dominar um conhecimento e de conquistar uma especialidade. Conseguiam com isso um ganha-pão. E isso os deixava felizes.

O dia 24 de julho não foi um dia forte de notícias. Não havia uma manchete de consenso ou um fato que merecesse grande repercussão. Na reunião de fechamento, que terminou às 20 horas, decidiu-se que o destaque principal iria para uma matéria banal sobre os ânimos do empresariado brasileiro. Tratava-se de uma pesquisa sobre o nível de otimismo dos empresários, que, mesmo sob os efeitos da crise asiática, se revelavam mais tranquilos do que era de se esperar com o futuro da economia nacional. Não era nada de mais. Uma pesquisa feita com uma amostra pequena, mas com boa cobertura regional, captando o clima em todo o Brasil. A choradeira limitava-se a um ou outro subgrupo, gente de algum setor que estava sendo muito espremido. Havia uma nova mentalidade surgindo. E o incrível da pesquisa era o sentimento de segurança que revelava. Raros achavam que o castelo ia cair. Os homens de negócios do Brasil percebiam que a nau não navegava a esmo, que a economia estava sob controle. De alguma maneira, o sentimento de fragilidade que sempre preocupou os empresários brasileiros e a população em geral começava a desaparecer. Todo mundo parecia mais destemido e cheio de si. Nasceu uma vontade expansionista que fazia nossos capitalistas pensarem em lugares distantes para vender suas mercadorias, como a Ásia e a África, e deixarem de lado qualquer complexo de inferioridade nos negócios que existiu no passado.

O mundo e o Brasil mudavam rapidamente e a Gazeta Mercantil tentava captar essa transformação. Havia um desconcerto generalizado com o avanço da internet e o desenvolvimento da economia chinesa e de outros mercados emergentes. Chamava atenção a velocidade com que uma crise em uma região podia contaminar países do outro lado do mundo. De uma hora para outra, as fronteiras econômicas deixavam de existir. Reações em cadeia e efeitos borboleta[8]. O jornal tentava captar as tendências antes que elas se tornassem óbvias. Pimenta disse que queria a matéria da pesquisa com os empresários na manchete para mostrar que as coisas estavam bem no Brasil, embora não estivessem tão boas na sua vida profissional. Um ano e oito meses depois de assumir o cargo de diretor de redação da Gazeta seu castelo ruía. Não conseguiu o apoio político de que precisava para se manter no comando, nem soube conquistá-lo. Naquele dia, no entanto, seu discurso era positivo.

– Devemos expor o otimismo dos empresários – disse.

Demonstrava a mesma animação com a economia que os industriais ouvidos na pesquisa. Só executivos do primeiro escalão fizeram parte da amostra. Klaus e Glauco também gostaram da matéria. O que ninguém esperava é que Pimenta fosse usá-la para transgredir a primeira página do jornal. Sem alardear em qualquer momento o que pretendia fazer, o diretor de redação decidiu logo depois de sair da reunião de fechamento que iria mudar o desenho da capa. A Gazeta Mercantil teria no dia seguinte apenas seis colunas na primeira página, em vez das oito tradicionais. O diagramador responsável se assustou. Não se muda um jornal intempestivamente. Um jornal influente, quando necessita de uma reforma gráfica, chama especialistas que estudam durante meses a melhor forma de fazer a mudança e o desenho mais adequado, ainda mais quando se trata da capa. Pimenta ignorou esses tecnicismos. Foi um grande entusiasta das seis colunas nas páginas internas. E decidiu levar o mesmo padrão para a primeira página.

Ameaçado de demissão, Pimenta falava em fazer uma mudança radical no padrão gráfico do jornal. Achava que a primeira página ficaria

8. É aquele efeito que faz uma batida de asas de borboleta na Dinamarca se transformar em um maremoto na Indonésia. O termo pertence à Teoria do Caos e trata de coisas insignificantes no início de um processo que mudam a ordem natural das coisas e têm consequências catastróficas.

melhor com seis colunas, mas, desde sua chegada, foi vetado na sua intenção de mudá-la porque a Gazeta Mercantil ficaria irreconhecível com esse formato. Voltou a falar do assunto naqueles dias de julho de 1997. Falou com alguns jornalistas na redação que era hora de mudar. Encostou certo dia em um grupo de repórteres que conversavam perto do banheiro e falou que o jornal ficaria mais bonito com colunas mais largas e uma manchete grande que ocupasse toda a página. Em oito colunas, como o jornal vinha sendo desenhado havia duas décadas, tinha cinco chamadas com títulos de destaque no alto. Em seis colunas, poderia haver uma só, ou duas, com letras muito maiores. Seria bom para um jornal que precisava de apelo visual para a venda em banca.

De qualquer forma, nenhum estudo houve a esse respeito. Não se convocou, por exemplo, um grupo de designers e diagramadores ou alguém do marketing para estudar a mudança. Pimenta parecia ansioso em deixar sua marca no jornal, falava em fazer testes, queria publicar a Gazeta Mercantil com outra cara. Para quem estava prestes a deixar o emprego, parecia ambicioso demais. Talvez fosse só uma traquinagem, uma provocação dirigida àqueles que o perturbavam. Mudando a aparência do jornal, mostraria que podia tudo, que fazia o que lhe desse na telha. Ficou um certo suspense em relação aos objetivos de Pimenta e, na quinta-feira, ele comunicou à equipe da primeira página que iria experimentar um novo desenho. Alguém lhe perguntou se não seria o caso de falar com Luiz Fernando para verificar se ele aprovaria a mudança. Pimenta bufou de enfado e não respondeu nada.

Decidiu, finalmente, abrir a matéria do otimismo dos empresários em seis colunas, sem ouvir o dono do jornal nem qualquer um dos seus assistentes. Disse apenas que iria experimentar um novo formato. A manchete teria muito mais visibilidade. O problema era que a Gazeta Mercantil não vendia em banca e pouca diferença fazia se o jornal tinha apelo visual à distância ou não. Pimenta queria transgredir as normas, provocar seus adversários – ter o gostinho de surpreender Luiz Fernando no dia seguinte com um jornal diferente. Não era uma manchete irracional. Tratava-se de um recado interno. Quem estava por perto concluiu, afinal, que ele só queria cutucar o chefe, transgredir. Provocava como um menino mimado, sabendo que seria seu último ato antes de ser demitido.

Na edição do dia 25, dia do aniversário de Molina[9], a Gazeta Mercantil amanheceu descaracterizada. A manchete de seis colunas trazia um direto "Empresários ignoram crise e exibem otimismo" estampado na capa de maneira espalhafatosa e desproporcional. Quem trabalhava no jornal e viu aquilo de manhã ficou assustado. Não pelo conteúdo do título, mas pelo tamanho da chamada. A turma mais sensível concluiu que a partir daquele instante Pimenta não teria mais futuro ali. Era uma espécie de heresia, de quebra de contrato; modificar um padrão gráfico de maneira repentina do dia para a noite e sem avisar ninguém podia ser comparado a um crime editorial. Como se esperava, Luiz Fernando e outros ali dentro consideraram o ato um ultraje inaceitável. Simbolicamente, era uma ruptura definitiva. Assim que viu o jornal, um dos chefes de sucursal concluiu que os tempos de Pimenta tinham acabado. Chamou seus repórteres e não teve dúvidas em alertá-los.

– Podem se preparar para mudanças, pois Pimenta está fora.

Na sexta-feira, Luiz Fernando não estava em São Paulo, estava longe da redação, mas viu o jornal e decidiu formalizar a demissão de Pimenta. Estava cansado: várias falhas graves do diretor de redação haviam se acumulado e era hora de nomear um novo diretor. Tinha um nome em mente: Mário Alberto de Almeida, ex-correspondente em Paris. Havia conversado com Mário alguns dias antes e ele estava disposto a aceitar o desafio. A perseguição de Pimenta a Molina incomodou realmente Luiz Fernando. Sua implicância com os cadernos regionais contrariava a estratégia do jornal. E mudar a primeira página sem sua permissão fora um acinte. Era o pretexto final de que Luiz Fernando precisava para mandar Pimenta embora. Além disso, as ofensas que Pimenta fizera a ele no encontro com sua família estavam engasgadas na sua garganta. Achou muita cara de pau do seu diretor fazer comentários desabonadores sobre ele diante de seu pai e de seus irmãos. A gota d'água que

9. Matías Molina, *O ofício da informação*: um perfil com vários autores. p. 3.

faltava foi o abandono das seis colunas. E a matéria que saiu em destaque nem era tão boa assim. Tratava-se de uma pesquisa chapa-branca para acalmar o mercado.

Quem chegava à festa de Molina descobria rápido que Pimenta tinha sido mandado embora da Gazeta Mercantil. O boato circulava em todo o mercado, embora não houvesse uma confirmação. O clima foi de comemoração. O que se dizia é que Pimenta teria o destino que merecia. Deixaria o jornal por causa de sua empáfia e arrogância. Alguns jornalistas que zelavam pela tradição da Gazeta Mercantil estavam chocados com o desprendimento de Pimenta para desconstruir a primeira página. Muitos viam um sinal de loucura no ato. Fizeram um brinde a Molina na festa e comemoraram a chegada de novos tempos ou, pelo menos, o fim de uma fase conturbada. Incrivelmente, já se falava na festa que Mário Alberto de Almeida seria o titular do cargo. Viria para apaziguar os ânimos depois do maremoto causado por Pimenta na redação. Mário Alberto, por sinal, foi felicitar Molina por seu "cumpleaños".

No sábado, Luiz Fernando ligou para Klaus Kleber, que havia acabado de sair de férias e estava em Belo Horizonte visitando a mãe. Férias merecidas, já que Klaus era o jornalista que assumia o fechamento do jornal quando Pimenta estava fora. O dono da Gazeta Mercantil conseguiu localizá-lo e pediu desculpas por atrapalhá-lo no início das férias, mas disse que se tratava de uma emergência. Queria contar a Klaus que Pimenta estava fora do jornal e que falaria com ele segunda-feira para oficializar seu afastamento da direção... Criticou a edição atabalhoada da primeira página com seis colunas e disse que o diretor de redação havia ido longe demais. Também pediu a Klaus que assumisse a direção da redação interinamente até que fosse nomeado um novo diretor. Não falou em nomes, mas disse que isso aconteceria em breve. Klaus lamentou muito a decisão de Luiz Fernando, pois admirava Pimenta e era fiel ao chefe. Tanto que, assim que desligou o telefone, depois de ter aceitado a incumbência de Luiz Fernando e cancelado suas férias mais uma vez, tratou de telefonar para Pimenta para avisá-lo que o amigo estava demitido. Queria prepará-lo para o encontro que teria com Luiz Fernando no começo da semana.

Só na segunda-feira Pimenta e Luiz Fernando se falaram por telefone. Pimenta não foi ao jornal. Combinaram que, na terça-feira de manhã, Pimenta estaria em Santo Amaro para a derradeira conversa. Espalhou para o mercado que entregaria o cargo para Luiz Fernando. Disse para alguns que a iniciativa da demissão era dele e que estava cansado de trabalhar na Gazeta Mercantil. Ganhou tempo para se preparar e ativar imediatamente o contato com Ruy Mesquita, no Estadão. Na terça, quando chegou ao prédio da Gazeta, foi direto à sua sala no décimo andar e a secretária lhe disse que Luiz Fernando já estava por lá à sua espera. Encontraram-se por volta das 11 horas e Luiz Fernando foi direto ao ponto. Disse que tinha se decepcionado e que o estava demitindo do cargo. Pimenta não esboçou surpresa. Respondeu que era a melhor solução. Ele mesmo estava insatisfeito com a situação e preferia sair. Achava que havia uma quebra na relação de confiança e que o melhor era buscar um novo caminho. Pediu, porém, que Sandra fosse preservada ou que, ao menos, lhe fosse dada uma chance de mostrar que era capaz de se sustentar no cargo sem ele por perto.

– Só espero que ela não seja perseguida – disse para Luiz Fernando.

Luiz Fernando ponderou que esse seria um problema da redação a ser herdado pelo novo diretor. De qualquer forma ficou acertado que não haveria retaliação. Sandra tinha uma história própria no jornal, que independia da relação com o chefe. Além do mais, Pimenta conhecia informações sigilosas da empresa, estava por dentro, por exemplo, das negociações que vinham sendo entabuladas com o Nations Bank e de outros assuntos delicados... Semanas antes, inclusive, procurara o diretor do banco americano no Brasil para elogiar Luiz Fernando e dar seu aval para o empréstimo. A iniciativa de Pimenta criara um certo desconforto porque ninguém lhe tinha dado procuração para falar bem do presidente da Gazeta Mercantil ou negociar o que quer que fosse em seu nome.

Pimenta saiu da Gazeta Mercantil com 200 mil reais no bolso por conta de direitos trabalhistas correspondentes a um ano e oito meses de vínculo com a empresa. Naquele momento, a cotação do dólar para compra era de R$ 1,083, uma variação de cerca de 6% desde a sua chegada, o que mostrava que a moeda ia se segurando bem. Pelo acordo feito com o jornal, deveria receber 200 mil dólares, mas disse que perdeu a diferença da desvalorização. Engoliu a perda e sua única preocupação era receber logo o dinheiro, que não era tanto assim. Não queria ficar na fila e ser mais uma vítima da irresponsabilidade da Gazeta Mercantil, como Elpídio ou Celso Pinto, que demorou longos meses para ver a cor do dinheiro. Seu cobertor era mais curto do que qualquer um podia imaginar. Embora tivesse conseguido pagar a casa do Alto da Boa Vista com as poucas economias e seu bom salário, além dos prêmios recebidos no período, seu patrimônio nos Estados Unidos tinha se evaporado depois da separação. Sua vida econômica começava de novo no Brasil e os 200 mil reais só eram realmente expressivos porque iriam se tornar economias, já que ele tinha um emprego engrenado no Estadão com um salário equivalente.

Ao sair do jornal dos Levy, Pimenta deixou Sandra desamparada, mas, por outro lado, deu a ela a chance de se fortalecer na coordenação do Caderno C por competência e esforço próprios. A carga de ressentimento acumulada contra ela poderia ter causado efeitos imediatos. Especulava-se que poderia cair a qualquer momento, que Luiz Fernando pensava em eliminar todas as marcas de Pimenta na redação. Boataria que não deu frutos. Logo nos primeiros dias, Sandra procurou mostrar que tudo estava bem e descartou qualquer aparência de abatimento ou de dúvida. Não baixou a cabeça. Pimenta a tranquilizou dizendo que ela não precisava temer nada nos próximos meses. Conversou francamente com ela e garantiu que teria um bom tratamento, pelo menos no começo. Reforçou que só dependia dela continuar ali, que se fizesse um bom trabalho poderia permanecer no jornal. Sugeriu que aguardasse a chegada do diretor, que seria mesmo Mário Alberto, e tratasse de mostrar serviço. Mário Alberto era boa gente e não teria motivos para perseguir Sandra. Era importante que ela o conhecesse e tivesse a chance de exibir seus talentos.

Sandra conseguiu manter a calma. Não se desesperou, nem demonstrou insegurança. Sustentou com frieza a rotina de trabalho. Mário Alberto assumiu quinze dias depois que Pimenta saiu. Klaus ficou interinamente na direção. Sandra perdeu um pouco da empáfia adquirida como primeira-dama e tornou-se mais amistosa do dia para a noite. Sua arrogância natural perdeu intensidade. Foram mudanças positivas que a fizeram recolocar os pés no chão e sair de uma posição confortável. Sua vida tinha sido mansa nos tempos de Pimenta, mais do que a de um repórter qualquer e também do que a dos outros coordenadores. Agora, seria tratada de igual para igual. Não tinha muito do que reclamar. Seu salário havia passado dos dez mil reais depois de uma sequência ininterrupta de aumentos e promoções. Possuía uma boa blindagem financeira, havia comprado um cavalo e só dependia das próprias habilidades. Afinal, era jornalista ou não era? Os efeitos da crise asiática continuavam na pauta e havia muito o que fazer. Decidiu não se antecipar aos fatos e aguardar as definições futuras sobre o comando da redação.

Mesmo depois da demissão traumática de Pimenta, as peças na redação, que costumam ser ambientes muito adaptáveis, se arranjaram com naturalidade. No dia seguinte, o jornal voltou às oito colunas na primeira página e estavam todos tranquilos, querendo fazer seu trabalho da melhor forma possível. Voltava-se à tradição. Com Klaus como editor-chefe provisório Sandra não tinha o que temer. Ele a defenderia desde que não cometesse besteiras ou algo que justificasse seu afastamento. A recomendação de Luiz Fernando para Klaus, inicialmente, foi que preservasse a paz e mantivesse a harmonia durante o curto período de transição. Pediu expressamente que mantivesse todos em seus postos até que Mário Alberto chegasse. Chefes de sucursais que haviam sido nomeados por Pimenta receberam telefonemas e ouviram palavras tranquilizadoras. Seus empregos estavam assegurados e não haveria qualquer tipo de caça às bruxas. A Gazeta Mercantil era um jornal amigável, civilizado e não mudaria sua natureza. Em um segundo momento, seriam dadas recomendações específicas, mas tudo dependeria de Mário Alberto, que tinha a missão de levar adiante o projeto de expansão da Gazeta Mercantil e perseguir a meta dos 150 mil assinantes. Ninguém pensava em crise, nem queria colocar a perder um grande projeto jornalístico.

Pimenta passou um mês afastado de qualquer trabalho. Tratou de tirar um tempo de descanso. Se alguém lhe perguntasse algo a respeito, dizia que estava acertado com o Estadão algumas semanas antes de sair da Gazeta Mercantil. Bem que Henrique Araújo, primo de Luiz Fernando e um dos principais executivos da Gazeta Mercantil, dizia que Pimenta estava bandeando para o lado dos Mesquita. O que talvez Henrique não soubesse era que, apesar de contar com o apreço de Ruy, seu nome não era um consenso na família controladora do Estadão. Havia resistências a ele da parte de Júlio César Mesquita, que havia perdido espaço depois da morte do pai e não sentia qualquer entusiasmo por Pimenta. Também a ala de Francisco Mesquita, mais ligada à área comercial, resistia ao seu nome. Ao fim, ficou acertado expressamente que Pimenta seria contratado, mas que ficaria abaixo de Aluizio Maranhão. Ruy era o sucessor natural de Julio Neto e tinha direito de colocar alguém de sua plena confiança na redação, mas os poderes do seu executivo seriam inferiores ao que ele gostaria. Tentaram um regime bipartite.

No expediente, Pimenta seria nomeado diretor executivo da redação, mas ficaria abaixo de Aluizio Maranhão, mantido como diretor de redação. Inicialmente, para distribuir as funções entre os dois diretores, Pimenta assumiria com a responsabilidade por projetos especiais, suplementos e pelas pautas para as edições de domingo. Aluizio ficaria com o controle das editorias principais da redação e das sucursais. Mas esse era só um acordo inicial, que mal escondia uma dificuldade insuperável de compartilhamento de funções. Ficou claro desde o início que Pimenta chegava para ocupar, gradualmente, todo o espaço e ser o único diretor e, de fato, o homem forte da redação. No entanto, longos meses se passariam até que isso acontecesse.

Quando preparava sua saída da Gazeta Mercantil, Pimenta já começava a pensar como vigiaria Sandra. Àquela altura isso já tinha virado uma obsessão. Sem qualquer motivo aparente ou indício de traição, sua confiança na namorada era diminuta e a distância espacial lhe perturbava antes mesmo de se efetivar. Esse era um ponto crítico da sua saída. Deixar Sandra trabalhando ali em Santo Amaro, longe dos seus olhos, causava-lhe contrariedade. O ideal seria levá-la para o prédio do Estadão, no Bairro do Limão, o que seria impossível nos meses seguintes. Precisava acertar sua própria vida no novo emprego, entender melhor o funcionamento do Estadão e fazer alguns ajustes antes de levar a namorada. Além disso, com a cabeça no lugar, achava, realmente, que Sandra deveria ficar na Gazeta Mercantil e mostrar seu talento. O problema eram os ciúmes que ofuscavam sua mente.

Apesar de pego em flagrante, Franklin continuou sendo uma espécie de arapongá de Pimenta. Se soubesse de algo que interessasse ao chefe, passava a informação, mas ficou difícil manter controle permanente sobre Sandra. Desmascarado, ouvia ironias e piadinhas dos colegas. Não recebia mais por fora, nem obtinha qualquer benefício por ser o motorista exclusivo do diretor de redação. Seus privilégios acabaram e os demais motoristas se ressentiam pelas vantagens que ele recebera no passado. O fato é que Franklin já não poderia se dedicar exclusivamente a Pimenta, embora estivesse disponível para uma ou outra missão. Certa vez aceitou ficar vigiando Sandra à noite. Eventualmente, Pimenta pedia que o motorista a seguisse até em casa, assim que saía da Gazeta Mercantil, e lhe pagava uma caixinha. Às vezes, Franklin estacionava seu carro, o mesmo Fiat branco, em frente do prédio de Sandra, e passava algum tempo monitorando os movimentos da jornalista. Mas não podia fazer jornada dupla. Tinha família em casa. E, naquela época, percebeu um maldito chiado no pulmão. Franklin não se sentia bem e não parava de tossir. Exibia uma rouquidão permanente. O cigarro estava cobrando sua fatura.

Desde a Gazeta Mercantil, a relação de Pimenta com Sandra ganhara ares de trama novelesca. Via-se que era um romance sem muito erotismo, mas com alta carga de paixão. Pimenta e Sandra derrubaram todas as barreiras entre a relação profissional e a sentimental e eram quase uma caricatura do que podia ser um namoro de redação. Quando se esperava que ele promoveria Sandra, era exatamente isso que ele fazia. Exibia um padrão de comportamento de sempre favorecer a namorada. Um lado ajudava o outro. Muitos tentavam antecipar se Pimenta manteria ou não esse padrão no Estadão e em que prazo levaria a namorada para trabalhar ao seu lado. Achavam isso inevitável. Teoricamente, o Estadão era uma casa menos permissiva ao nepotismo do que a Gazeta Mercantil. Mas não se pode dizer que tivesse mecanismos de controle muito rígidos. Aos poderosos, sempre cabiam mais regalias. Não havia, por exemplo, uma regra que impedisse um diretor de redação de contratar sua namorada jornalista para ocupar um lugar na redação. E se houvesse e algum acionista decidisse abrir uma exceção e ignorá-la, viraria letra morta. Ruy Mesquita gostava muito de Pimenta e o respeitava profundamente. Não estava preocupado com suas questões sentimentais. E acreditava que ele as separava das obrigações profissionais. Nada sabia das conversas de redação e não dava bola para fofocas.

Na visão de Ruy, Pimenta era um homem de inteligência elevada e um jornalista acima de qualquer suspeita, provavelmente o melhor do mercado. O olhar do dono do Estadão tinha pelo menos dois componentes: o primeiro, histórico, já que, no passado, Pimenta havia servido a empresa de sua família duas vezes com brilho, como editor na primeira metade da década de 1960 e como correspondente em Washington, nos anos 1980; e outro afetivo – ficaram amigos desde priscas eras e Ruy sempre o via como igual, um homem com envergadura intelectual como a sua e inatacável em sua capacidade jornalística. Sem contar o fato de que, para Ruy, Pimenta era reconhecidamente um liberal e fundamentalmente ético. Percebia no jornalista um comportamento profissional que não existia mais, que não permitia que questões empresariais invadissem o trabalho na redação. Seguindo a escola de Cláudio Abramo, Pimenta sempre fez questão de se apresentar como o homem da muralha chinesa que separa o editorial do comercial nas empresas jornalísticas. Era por isso, por exemplo, que proibia as viagens patrocinadas, porque comprometiam a isenção, podiam seduzir o jornalista e torná-lo parcial. Essa era sua bandeira e o elemento fundamental que compunha sua mística, apesar de sua experiência como relações-públicas no Banco Mundial, onde tentava fazer os brasileiros engolirem os interesses americanos e de estar há muito tempo comprometido com governos, instituições e empresas de todo tipo por conta de seu trabalho de lobby e de tráfico de interesses em Washington.

O fato de Pimenta ter passado pela Gazeta Mercantil reforçava a vontade da família Mesquita de tê-lo no seu time. Ruy Mesquita e todos os seus filhos, Ruy Mesquita Filho, Rodrigo, João Lara e Fernão, e até outros parentes com quem essa ala disputava espaço político, viam na Gazeta Mercantil um projeto de jornalismo econômico de qualidade incomparável no mercado brasileiro. Rodrigo, por exemplo, participou ativamente das negociações para trazer Pimenta. Admiravam o jornal dos Levy como admiravam grandes jornais americanos, ingleses e franceses, e viam ali um tipo de jornalismo que lhes parecia profundo e equilibrado. E Pimenta trazia alguns elementos da fórmula da Gazeta Mercantil para renovar o Estadão e rejuvenescer sua base de assinantes. Cobrir mais economia era um bom caminho, além de dar atenção aos negócios e arejar o jornal politicamente.

Pimenta foi se ajeitando aos poucos no novo emprego. Ganhou uma sala reservada no mesmo andar da redação, o sexto, e começou a circular pela área. Ruy queria que ele se acostumasse com a máquina. Não houve uma apresentação mais formal, como Molina havia feito na Gazeta Mercantil, mas o repórter especial Moisés Rabinovich, conhecido como Rabino, ex-correspondente de guerra no Oriente Médio, cuidou de apresentar Pimenta aos colegas. Levou-o de mesa em mesa e o apresentou a cada um dos editores, passando por longos corredores formados entre as mesas e divisórias. Via a chegada de Pimenta com bons olhos. Conheceu o novo diretor executivo em Washington, quando o substituiu como correspondente do Estadão. Quem mandava na redação naquela época era Miguel Jorge. Rabino chegou aos Estados Unidos em meados dos anos 1980, um pouco antes de Pimenta deixar o posto para assumir uma vaga cheia de atrativos financeiros de conselheiro sênior para assuntos públicos da vice-presidência da América Latina e do Caribe do Banco Mundial.

Quando chegou aos Estados Unidos, Rabino foi apresentado para todo mundo por Pimenta, que deu atenção ao novo correspondente, passou-lhe as chaves e entregou-lhe todas as contas do escritório do Estadão, onde daria expediente. Tratou de aproximá-lo de outros jornalistas brasileiros e estrangeiros que trabalhavam por lá e também de fontes importantes em Washington. Demonstrou ser um sujeito camarada. Fez até uma festa de recepção para o novo correspondente. Quando Rabino chegou, vendo que o amigo estava sem carro, Pimenta ofereceu-lhe um. Tinha disponível um modelo europeu pequeno que era usado por sua empregada e podia emprestá-lo enquanto Rabino não comprasse o seu. Pimenta brincava muito com ele, fazia piada o tempo inteiro e permitiu que a sucessão fosse bem tranquila. Para fazer uma brincadeira, convidou certo dia o novo correspondente para comer em um restaurante de comida francesa, mas, quando lá chegou, Rabino viu que não era nada do que esperava. Era um fast-food qualquer. Quando alugou um imóvel para morar, Rabino nem podia sonhar com uma casa parecida com a de Pimenta e muito menos no mesmo bairro. Se dependesse do seu salário de correspondente, seria impossível manter um padrão daqueles. Alugou uma casa bem menor, em Maryland, um local muito mais modesto.

Rabino ficou em Washington por mais de um ano e depois transferiu sua base nos Estados Unidos para Nova York, onde continuou falando com Pimenta, por conta de seu novo cargo no Banco Mundial. Nessa fase, Pimenta já não era um cara tão legal. Passava a maior parte das notícias exclusivas sobre o banco para seu amigo Paulo Francis, também instalado em Nova York, e deixava outros jornalistas na mão. Tinha suas preferências. De qualquer maneira, restou uma simpatia mútua entre Rabino e Pimenta, e não ficaram ressentimentos. Na apresentação do novo diretor aos editores do Estadão, Moisés fazia questão de elogiar alguma qualidade de Pimenta como jornalista. Achava realmente que ele faria um bom trabalho no Estadão e via sua chegada positivamente.

Na verdade, Moisés foi um dos poucos que teve essa reação. A maioria estava preocupada com o futuro de seus empregos e enxergava Pimenta como uma ameaça. A informação que circulava no Estadão era de que ele vinha fazer uma reestruturação e que sua entrada não sairia barata para a equipe que trabalhava no jornal. Cortes profundos e mudanças hierárquicas estavam programados. Na nova equação de poder que se arranjava, ele se tornaria o segundo homem da hierarquia em algum instante e a presença de Aluizio Maranhão se esvaziaria aos poucos. Para os mais cínicos, já era considerada provisória. O objetivo de Pimenta, desde sempre, era ser o interlocutor direto do chefe, e Aluizio, por mais que fosse um jornalista de fino trato e com um histórico de boas realizações para o jornal, pertencia à antiga estrutura e não era uma indicação de Ruy. No momento, porém, não havia outra solução a não ser a transição gradual. Diferentemente da Gazeta Mercantil, onde chegou com todo poder, no Estadão Pimenta dividiria o comando durante algum tempo.

A visão de Ruy sobre Pimenta era completamente idealizada. Para o dono do Estadão, seu diretor era um pragmático, que conseguiria aplicar suas vontades e fazer valer a disciplina na redação com naturalidade. Para a redação, conhecedora dos casos da Gazeta Mercantil, era um homem orgulhoso e impulsivo. No andar de baixo, sabia-se que era um jornalista complicado, que impunha seus caprichos e vontades para demonstrar força e tinha um jeito confuso de administrar seu pessoal. Assim que Pimenta entrou no Estadão, imediatamente uma baixa foi registrada. Delmo Moreira, chefe da abertura do jornal, responsável pela reunião da manhã e pelo encaminhamento da edição do dia, entregava o cargo com o argumento de que queria facilitar as decisões de Pimenta, deixando-o à vontade para nomear quem quisesse. Da mesma forma que Delmo cuidava da abertura, Pedro Cafardo cuidava do fechamento e encabeçava a reunião da tarde. Os dois estavam imediatamente abaixo de Aluizio e passariam a responder a Pimenta. Delmo acompanhara toda a boataria que antecedera a chegada de Pimenta, nos tempos em que ele ainda estava na Gazeta Mercantil, e havia ficado com o pé atrás, desconfiado da mudança abrupta. Primeiro, foi dito que ele viria como editor especial, para cuidar de novos projetos. Mas, logo em seguida, soube-se que ficaria abaixo de Aluizio, como diretor executivo. Ficou evidente que estava sendo costurada uma mudança no alto, que se tratava de uma intervenção dos acionistas e que Pimenta estava no centro de uma reforma profunda.

No dia seguinte à oficialização da nomeação de Pimenta, 20 de setembro, Delmo entregou uma carta de demissão a Aluizio e contou apenas para Pedro Cafardo e ninguém mais – sua mulher estava grávida de sete meses, mas, ainda assim, diante do cenário que vislumbrava, achou que era o melhor a fazer. Como não queria desestabilizar a redação, esperou três ou quatro dias antes de tornar pública sua demissão.

Quando Pimenta chegou, Aluizio falou com ele sobre a saída de Delmo, um problema imediato que teriam de resolver, pois precisavam encontrar um substituto à altura. Pimenta ficou contrariado e disse que não queria que Delmo deixasse o Estadão. Logo em seguida o chamou em sua sala para pedir que ficasse. Delmo disse que não dava, argumentou que não queria contrariar a vontade dos acionistas. Sabia da chegada de novos tempos e preferia mudar, deixar o seu posto para o novo grupo de comando. Não queria ser um estorvo. Mas Aluizio Maranhão e Pedro Cafardo preferiram ficar, pois achavam que tinha jogo com Pimenta.

– Faço qualquer coisa para mostrar que não é nada pessoal, Pimenta. Se quiser, visto uma camiseta com "Pepper" escrito na frente – brincou.

– Ô rapaz – gritou Pimenta de sua sala. – Pense bem nisso. É melhor você ficar no Estadão.

– Já pensei. Muito obrigado – disse Delmo, antes de se virar em direção à saída da redação.

Delmo deixou o jornal e insistiu muito em dizer que sua saída não era motivada por nenhuma razão pessoal, embora isso não fosse exatamente verdade. Desde a chegada de Cida Damasco ao Estadão, Delmo ficou sabendo tudo o que aconteceu na Gazeta Mercantil e ouviu detalhes das arbitrariedades de Pimenta de uma fonte confiável. Nos dois anos passados no Brasil, Pimenta havia adquirido fama de homem que toma decisões descabidas e autoritárias. Essa fama tinha se alastrado para fora de São Paulo desde a época em que "suspendeu" a repórter Vera Saavedra Durão e a chefe da sucursal do Rio, Heloisa Magalhães. Além disso, por causa de sua disputa com os diretores de sucursais, jornalistas bem relacionados e influentes nas respectivas regiões, seu nome estava envolto em controvérsias em outras partes do Brasil. A vida de Pimenta já tinha sido diluída em conversas de botequim. A história da perseguição a Sandra na Via Anchieta, quando Franklin foi parado pela Polícia Rodoviária, era comentada nas festas do jornalista de economia. Muitos sabiam dos seus ciúmes doentios, da marcação cerrada que mantinha sobre a namorada e também dos favores que oferecia a ela. Para alguns, ele era o atual vilão do mercado, uma espécie de agente desestabilizador que havia trazido confusão para a Gazeta Mercantil e, no Estadão, trataria de repetir suas receitas estapafúrdias de gestão.

Entre prós e contras, o melhor a fazer, para quem não tinha o mesmo destemor que Delmo, era seguir adiante e ver o que aconteceria. Supunha-se que Pimenta substituiria muita gente na redação. Aos poucos, colocaria jornalistas de sua confiança nos postos-chave ocupados por gente de Aluizio. Daria evidentemente chances para muitos que estivessem na casa. Outros já se sentiam condenados. Ele tampouco traria profissionais de fora imediatamente. Já tinha vários nomes em mente, mas só conseguiria chamá-los para novas funções dentro de dois meses, a partir de janeiro. Numa primeira fase faria apenas ajustes internos, remanejando alguns cargos de comando para suprir a ausência de Delmo. Cuidaria também de analisar com cuidado todas as editorias e ver onde precisava de reforços e quais profissionais descartaria. Entendeu, pela reação de Delmo, que não era bem-vindo no Estadão e que encontraria resistência para impor suas vontades.

Na Gazeta Mercantil, Mário Alberto também começava a se mexer e sua primeira tarefa era arrumar um editor-chefe. A estrutura que planejava era diferente da projetada por Pimenta, assim como seu estilo. Não gostava tanto de circular pela redação e preferia ficar em um espaço mais reservado. Era um homem que divagava e mergulhava em pensamentos abstratos, enquanto seu antecessor exibia um discurso mais objetivo. Quando queria fazer alguma recomendação, Mário Alberto chamava o editor ou repórter para conversar na sua sala e fazia longas apresentações de seus planos. Tampouco era galanteador ou coisa parecida. Não tinha nenhum projeto romântico com as garotas da redação. Com espírito de cientista, dado a analisar e perscrutar os fatos, parecia mais um professor do que um jornalista, e vinha com o intuito de estimular o trabalho de reportagem. Mário Alberto não tinha as restrições de Pimenta aos cadernos regionais e chegava com a incumbência de lançar o maior deles, o de São Paulo, que teria uma redação anexa à da redação nacional, e também de produzir um novo caderno de Turismo, que circularia semanalmente.

Além disso, naquele fim de ano, com Pimenta distante, Luiz Fernando pôs seu bloco na rua e instalou seis novas diretorias regionais, que nos meses seguintes teriam suas próprias redações e criariam seus cadernos D. As diretorias inauguradas foram as de Belém, Fortaleza, Vitória, Recife, Curitiba e Florianópolis. Em todas elas, seguindo um padrão instituído em 1974, quando a Gazeta Mercantil inaugurou sua primeira sucursal, a do Rio de Janeiro, foi colocado um jornalista no comando, gente que conhecia a cultura da empresa e tinha um discurso para representá-la institucionalmente nas respectivas regiões. Em Belém, assumiu Carlos Iberê; em Fortaleza, José Eduardo Carvalho; em Vitória, Sergio Garschagen; no Recife, Luiz Recena; em Curitiba, Ivanir José Bortot, e, em Florianópolis, Milton Wells, todos profissionais que já haviam passado pelo jornal. Ao mesmo tempo que nomeava diretores, Luiz Fernando via os novos cadernos D serem lançados. Depois do Rio Grande do Sul, foi a vez do Distrito Federal ganhar seu caderno diário, na segunda quinzena de outubro de 1997. A informação que circulava era de que o desempenho publicitário inicial dos dois cadernos, o gaúcho e o brasiliense, fora surpreendente e havia superado todas as expectativas.

Na busca por um editor-chefe, Mário Alberto, em uma feliz coincidência, ouviu falar de Delmo em uma festa na casa da repórter Maria Angela Jabur, mulher de Klaus Kleber. Por intermédio de Lachini, ficou sabendo que Delmo deixara o Estadão e se interessou por seu passe. No passado, Delmo já tinha trabalhado na sucursal da Gazeta Mercantil de Porto Alegre e antes de sair do Estadão fez alguns movimentos secretos para sondar se teria facilidade para encontrar emprego. Um dos contatos que fez foi com o diretor da sucursal de Porto Alegre, Hélio Gama, que o conhecia daqueles tempos e o indicou para a direção da Gazeta Mercantil. Logo depois de ouvir falar em Delmo, no mesmo fim de semana, Mário Alberto decidiu ligar para ele e fazer uma proposta de emprego. Achava que tinha o perfil ideal para o cargo. Na segunda-feira, Delmo passava a ocupar uma nova vaga de editor de projetos especiais da Gazeta Mercantil. A primeira informação é de que seria um assessor direto de Mário Alberto. Duas semanas depois, porém, seu nome foi oficializado como editor-chefe e ele passou a responder oficialmente por toda a área de produção do jornal e pela abertura da edição, como fazia no Estadão. Seria o superior imediato de Sandra Gomide, que continuaria no Caderno C. Mário Alberto, para evitar conflitos, decidiu mantê-la na mesma função. Klaus Kleber e Glauco de Carvalho passariam a ter o cargo de assistentes do diretor de redação. Na coordenação do Caderno A, Tereza Navarro permanecia como interina e, no Caderno B, ficava Maria Christina Carvalho.

Outro remanejamento feito por Mário Alberto foi o do chefe da sucursal de Belo Horizonte, Ivo Ribeiro, trazido para São Paulo a fim de reforçar o grupo de fechamento do Caderno C. Profissional experiente, Ivo ficaria subordinado a Sandra e trabalharia ao lado de Marli Prado e de Yves Winandy. Era especialista nas áreas de mineração e siderurgia e seria um bom reforço também pelas incursões eventuais que faria na reportagem. Sentiu-se animado em voltar para a sede, depois de um ano fora. Na transferência para Belo Horizonte, havia mantido sua mulher e sua filha em São Paulo e as visitava a cada quinze dias. Essas dificuldades logísticas iriam acabar, o que, por si só, era um bom motivo para aceitar a nova função, mesmo ficando subordinado a Sandra, em quem enxergava muitas limitações profissionais. Não tinha com ela, no entanto, nenhum problema de relacionamento. Conheciam-se da redação havia cerca de quatro anos e mantinham uma boa convivência. Embora Mário fosse um apaziguador e não quisesse tirar Sandra do seu cargo, sua ideia era cercá-la de profissionais gabaritados e cuidadosos, algo que Pimenta, de alguma forma, também tinha feito.

Em dezembro, para dar ainda mais ânimo à redação, chegou também a nova safra de trainees. A Gazeta Mercantil mantinha seu programa de formação de profissionais, que todo ano dava muitos frutos. Com o lançamento dos cadernos regionais, a demanda por jornalistas cheios de vontade e dispostos a trabalhar por um salário bem pequeno estava em alta. Como coordenadora do Caderno C, uma das missões de Sandra era fazer uma palestra sobre seu trabalho na Gazeta Mercantil para os trainees que desembarcavam em Santo Amaro e apresentar os princípios que norteavam a produção de notícias na Gazeta Mercantil. Na distribuição dos jornalistas iniciantes pelos vários cadernos, o Caderno C receberia sete profissionais. No dia da apresentação na redação, quando os trainees foram conhecer a geografia do lugar e conhecer os jornalistas que trabalhavam por lá, Sandra, de maneira afoita, meio despachada, ordenou a Ivo que apresentasse os jovens ao pessoal e explicasse como funcionava a operação do caderno. Ivo fez isso com prazer. Aquela safra incluía vários nomes promissores como Daniela Madureira, Roberta Lippi e Rosi Rico. Sandra teve sorte. Iria contar com uma das melhores safras de jornalistas dos últimos anos que a ajudariam a fazer um caderno de primeira qualidade. Pensando bem, com o sangue jovem que chegava e alguns poucos valorosos que a apoiavam, concluía que nem precisava de Pimenta. Estava motivada e conseguiria se manter sobre as próprias pernas.

CAPÍTULO 5

Naqueles dias de janeiro de 1998, lia-se no noticiário policial que João Acácio Pereira, conhecido como Bandido da Luz Vermelha, o primeiro brasileiro a cumprir 30 anos de pena na prisão, tinha sido assassinado em Joinville, Santa Catarina. O crime ocorreu quatro meses e vinte dias depois de sua saída da Casa de Custódia de Taubaté, em São Paulo. João Acácio meteu-se em uma briga com um pescador e acabou morto com um tiro de espingarda. No mundo, o que de mais emocionante acontecia era a visita do papa João Paulo II a Cuba. Pela primeira vez, um papa visitava a ilha de Fidel Castro. Grupos anticastristas protestavam em Miami por considerarem a visita uma concessão irresponsável da Igreja católica à ditadura de Fidel. O papa criticou o embargo econômico norte-americano e também o regime cubano, conquistando grande popularidade na ilha nos cinco dias que passou por lá. Durante quase quarenta anos, as relações entre Cuba e o Vaticano foram difíceis e aquela visita foi o primeiro passo para relaxar a tensão. No ano anterior, o governo cubano declarara feriado excepcional a véspera de Natal, pela primeira vez, alinhando-se ao calendário católico. João Paulo II tinha então 77 anos e Fidel, 71. Na preparação para receber o papa, que já exibia os primeiros sintomas do mal de Parkinson, o líder cubano leu várias de suas encíclicas e até algumas de seus poemas.

Se para a Gazeta Mercantil esses assuntos tinham pouca importância, no Estadão mereciam destaque. Eram jornais bem diferentes. Na Gazeta Mercantil, o que interessava era a economia, o mundo dos negócios, da nova iniciativa de seu Manuel, passando pelas altas finanças, até as medidas do Banco Central. No Estadão a economia era apenas uma das seções e não se buscava o mesmo nível de detalhe. Não era o principal assunto do jornal, que parecia priorizar, acima de tudo, a política e os assuntos internacionais. Além destas, as outras editorias do Estadão eram Geral, Cidades, Caderno 2 e, claro, Esportes, além de vários suplementos que circulavam ao longo da semana, como o Jornal do Carro, produzido na redação do Jornal da Tarde, o Suplemento Feminino, dirigido por Maria Cecília Vieira de Carvalho Mesquita, e o Cultura, que circulava aos sábados e era editado por Carlos Haag. Em seu novo trabalho, Pimenta seria exigido em várias frentes de conhecimentos e, como diretor, teria de dar sua contribuição para todas as editorias. Definiria pessoas para comandá-las e imprimiria ao jornal sua visão de mundo, muito afinada com a dos patrões.

O que Pimenta achava, de modo geral, é que no Estadão havia muitos jornalistas com longo tempo de casa, mas que tinham perdido a garra e o estímulo. Queria um jornal mais dinâmico e menos pesado. Um dos seus projetos era rejuvenescer o comando. Pensava em ter jornalistas mais jovens chefiando a produção do jornal e estava disposto a desenvolver talentos internos. Também fazia planos de trazer gente de fora, embora não tivesse angariado muitos aliados nos anos passados no Brasil. Na lista de profissionais que pretendia contratar estava o editor do caderno Fim de Semana da Gazeta Mercantil, Daniel Piza, que Pimenta queria trabalhando ao seu lado. Queria que ele não apenas cuidasse de uma ou outra seção mas que escrevesse também artigos. Piza, no entanto, estava muito satisfeito com seu trabalho no Fim de Semana. Tinha total liberdade, era prestigiado pelo novo diretor Mário Alberto e sua coluna Sinopse fazia sucesso. Não pretendia mudar de emprego.

Exceto Delmo, ninguém mais no alto e médio escalão deixou o Estadão repentinamente. Havia muita expectativa sobre o desenrolar dos acontecimentos. Um novo ano começava e a qualquer momento os primeiros efeitos da chegada de Pimenta seriam sentidos. A mansidão dos meses anteriores era típica daquela que antecede os maremotos. Aluizio Maranhão, situado no expediente um nível acima de Pimenta, viveria tempos difíceis. Na prática todos sabiam que o novo diretor teria comunicação direta com Ruy Mesquita e certa independência para fazer as movimentações na redação que achasse necessárias. O mercado já conhecia seu estilo "trator" por conta da experiência da Gazeta Mercantil. O que ninguém esperava era que ele surpreendesse logo em sua primeira decisão no Estadão. Todo mundo pensava que Pimenta estava focado nas questões econômicas e políticas, mas ele começou pelos detalhes, por uma área em que pouca gente imaginava que ele tinha interesse.

Foi o Caderno 2, editado por Evaldo Mocarzel, seu primeiro alvo. Pimenta era um homem erudito e muito interessado em arte e cultura, especialmente cinema e música, mas poucos percebiam o seu pendor para as variedades – o mundo do show, dos espetáculos e até das palavras cruzadas e dos horóscopos. Passou a acompanhar o caderno com cuidado, sugerindo pautas e comentando as matérias. Todos logo notaram que ele lia o jornal com atenção e era um diretor participativo, que tinha conhecimento e envolvia-se com a produção diária de todas as editorias. Afinou-se muito bem com Mocarzel. Trocavam ideias e coincidiam em várias opiniões. Pimenta costumava gostar do resultado de suas edições desde antes de vir trabalhar no Estadão. Comparava, eventualmente, algumas matérias com as publicadas no Fim de Semana, da Gazeta Mercantil, ou em um caderno de cultura de algum jornal norte-americano, mas dava liberdade para o editor trabalhar e não fazia exigências extravagantes. Como na Gazeta Mercantil, andava muito pela redação e sempre passava algum tempo conversando de maneira amigável com o pessoal do Caderno 2. Sua atitude estimulava a equipe.

Lá, porém, tomou uma medida drástica. Pimenta decidiu demitir o astrólogo Oscar Quiroga, um dos sucessos do Estadão. Seus horóscopos sempre foram respeitados e sua interpretação do zodíaco vendia jornal. Quiroga era de fato um astrólogo muito lido. Tinha uma grande legião de seguidores diários e, com longo tempo de trabalho, conquistara credibilidade entre o público da astrologia, que no mercado brasileiro não é insignificante. Pimenta gostava de horóscopos – todo dia, antes de o jornal fechar, olhava as previsões do dia seguinte para seu signo. Mas não gostava daqueles que Quiroga fazia. Achava o astrólogo hermético e pretensioso. No dia 14 de janeiro, Quiroga disparou, "Qual é a verdadeira fronteira da vida pessoal?", uma discussão pouco importante na opinião do diretor de redação, que queria ver no horóscopo menos elucubrações e assuntos mais positivos, que realmente inspirassem o leitor a se superar e não a se entregar simplesmente a um destino. Foi naquele dia que Pimenta chamou Mocarzel em sua sala e pediu-lhe que demitisse Quiroga.

Pimenta avaliava que o salário do astrólogo era muito alto – superava os 10 mil reais. E somou a esses argumentos a vontade de fazer uma mudança de impacto. Sem considerar a importância de Quiroga para os leitores do Estadão, tratou de mandá-lo embora. Deixou claro que ninguém estava com o lugar assegurado. O astrólogo ficou aturdido e surpreso quando recebeu a comunicação do editor do Caderno 2. Ele não soube imediatamente que era uma decisão de Pimenta. Só algum tempo depois essa informação surgiu. O argumento para sua dispensa era de cunho financeiro, salário alto demais, e o novo diretor alegava que teria um horóscopo diário interessante por um preço bem mais baixo. Quiroga ficou chateado porque esperava mais atenção do jornal e até admitiria conversar sobre seus rendimentos, se fosse esse o caso. Vinha fazendo um bom trabalho e sabia que tinha leitores fiéis. Mas não houve espaço para negociações. Quiroga lembra que, na ocasião, morava nos Estados Unidos e sua mulher esperava o primeiro filho do casal. Por causa da demissão, foi obrigado a se mudar para o Brasil e acabou se divorciando porque a esposa não quis retornar. Para amenizar os transtornos, no mesmo dia em que o Estadão parou de publicar sua coluna, foi convidado para assumir a seção de horóscopo da Folha, no caderno Ilustrada, e aceitou.

O substituto de Quiroga no Estadão seria o norte-americano Sydney Omarr, astrólogo das estrelas de Hollywood. Pimenta o seguia atentamente desde os tempos em que morou nos Estados Unidos. Seu interesse pelo cinema americano o aproximou de Omarr. Lia suas colunas nas revistas especializadas. Se era um cara confiável para as celebridades e até para escritores renomados, como Aldous Huxley e Henry Miller, então seria bom para o Estadão. Nascido sob o signo de Leão e doente de esclerose múltipla, Omarr mantinha seu quartel-general em Los Angeles para ficar perto dos artistas e vender seus mapas astrais. Fazia um horóscopo pasteurizado, ultrapassado e sem identidade, mas distribuído durante décadas para mais de duzentos jornais do mundo. O leitor do Estadão logo se acostumaria com ele, pensava Pimenta. No dia 16 de fevereiro, a coluna de Omar estreava no Estadão. E estreava com um título que buscava um sentido de utilidade para o horóscopo: "Você poderia ganhar muito com meditação". Pimenta queria que a astrologia parecesse algo útil. O leitor não aparentava concordar muito com ele. Diariamente, começaram a chegar cartas ao Estadão reclamando da ausência de Quiroga. Alguns leitores talvez tenham trocado de jornal, junto com seu astrólogo preferido. Para jornalistas que observavam os acontecimentos de perto, a mudança do titular do horóscopo, por ser totalmente desnecessária, pareceu uma pequena insanidade ou uma demonstração gratuita de arrogância e de poder.

Pimenta mandou embora também o editor de Geral, Décio Trujilo, que recebeu a notícia da demissão na volta de um período de folga no fim do ano. Geral era a editoria onde se publicavam matérias sobre educação, saúde, ciências, meio ambiente e movimentos sociais. Todas as notícias sobre o Movimento dos Trabalhadores Rurais Sem-Terra (MST) saíam ali. Eram assuntos do máximo interesse de Ruy Mesquita e que ele acompanhava com lupa. Em sua cobertura, o jornal costumava seguir uma direção ideológica oposta à do MST. A orientação era denunciar as táticas e estratégias do movimento como excessivas e, sempre que possível, fora da lei. Destacado diretamente por Ruy, o repórter Carlos Soulié do Amaral fazia reportagens especiais sobre a reforma agrária e o MST. Trujilo não tinha controle sobre o trabalho de Soulié, mas contava com o repórter Pablo Pereira para cobrir o dia a dia do MST e grandes invasões, que ocorriam a todo momento. Trujilo achava que estava conseguindo dar um certo equilíbrio à cobertura, mas pelo jeito não estava agradando à direção do jornal. Talvez seu trabalho estivesse pouco engajado na defesa da propriedade e esquerdista demais. Foi o primeiro editor que pertencia ao grupo de Aluizio demitido por Pimenta.

Começou uma dança das cadeiras no mercado que duraria o ano todo. As mudanças envolviam basicamente a Gazeta Mercantil e o Estadão, mas repercutiam em outras grandes redações. O mercado, em particular o de jornalismo econômico, estava agitado também pelo lançamento de novas publicações, caso da IstoÉ Dinheiro, e pelas empresas de internet, que começavam a contratar jornalistas para produzir e editar o conteúdo digital. O efeito Pimenta, porém, se evidenciava. Sua capacidade para chacoalhar estruturas boas e ruins, indistintamente, causava preocupação. Esse comportamento estava relacionado, em parte, à sua falta de vínculos com as novas gerações e à relação competitiva e de desconfiança que mantinha com alguns jornalistas de sua época que considerava rivais. Na Gazeta Mercantil identificou alguns jovens talentos que aproveitaria no Estadão. Em compensação, companheiros do passado, sem saber, estavam na sua alça de mira, com o emprego ameaçado.

Pimenta não perdia aquela mania estranha, percebida por muitos de seus interlocutores, de elogiar uma pessoa abertamente, diante dela e de outras testemunhas e, logo em seguida, depois de virar no primeiro corredor, entrar em outra conversa e falar mal do mesmo sujeito que acabara de elogiar. Era um comportamento corrente que lhe criava desafetos. Era capaz de falar mal, fazer piada ou comentário maldoso mesmo de amigos próximos como Klaus Kleber ou Glauco de Carvalho ou de Alexandre Gambirasio. No Estadão, sua faceta maledicente rapidamente se exibiu. Foi assim com várias pessoas em quem demonstrava confiança, como Moisés Rabinovich, que havia criado todas as facilidades para a chegada do jornalista ao Estadão, ou Miguel Jorge, ex-diretor de redação do jornal que o havia contratado no começo dos anos 1980 como correspondente em Washington. Em 1997, Miguel Jorge era vice-presidente de assuntos legais, recursos humanos e assuntos corporativos da Volkswagen e ocupava um posto no conselho consultivo do Estadão, onde ajudava a dar as diretrizes estratégicas do jornal.

Contra ele, Pimenta nutria um velho ressentimento. No fim dos anos 1970, o Estadão perdera seu correspondente em Washington, Rui Plácido, que havia se casado com uma americana e mudado de atividade profissional. Miguel, que dirigia a redação, precisava encontrar um substituto. Seu primeiro nome era Paulo Sotero, que acabou sendo contratado pelo Jornal do Brasil. A segunda opção era Pimenta, que naquela época trabalhava na Gazeta Mercantil e, atraído por um salário mais alto, mudou para o Estadão. Pimenta era um correspondente dedicado e talentoso, que costumava mandar matérias interessantes e bem escritas, mas tinha dois defeitos na avaliação de Miguel: era muito prolixo e fazia o que queria. Quanto a ser prolixo, Miguel avaliava que esse era um problema de adaptação aos novos tempos. A tendência nos jornais começava a ser a publicação de matérias mais concisas, que iam direto ao ponto. Mas estrelas do jornalismo como Pimenta ainda faziam o que lhes dava na telha e achavam que era o jornal que precisava se adaptar ao seu estilo e não o contrário. Já o problema da arrogância era um pouco mais grave e sempre incomodou o diretor da redação em São Paulo, que o colocara no cargo para que fosse pau para toda obra, estando a postos para qualquer cobertura e não para ficar levando uma vida mansa nos Estados Unidos. Em certa ocasião, Miguel bateu de frente com Pimenta por causa de uma matéria sobre um acidente de avião em Washington.

No inverno de 1982, um Boeing 737 da Air Florida mergulhou no Rio Potomac, que estava completamente congelado, logo depois de decolar. Antes de afundar, a aeronave bateu em uma ponte. Morreram, ao todo, 74 pessoas no avião e quatro motoristas e passageiros de carros que cruzavam a ponte no exato momento da queda. Muitas das mortes foram por hipotermia, por causa da demora em retirar os passageiros da água gelada do rio. Por volta das 22h30, Pimenta ainda não havia mandado nenhuma matéria e Miguel decidiu telefonar para os Estados Unidos para cobrar o material. Os jornais naquele tempo não fechavam cedo como hoje mas havia um limite. Pimenta atendeu ao telefone e, ao ser cobrado, respondeu que não estava ali para fazer o dia a dia, que seu trabalho era fazer matérias especiais e reportagens. Miguel exigiu que ele mandasse a matéria em uma hora. Se não mandasse, estaria demitido. Às 23h30, o texto chegou. E chegou com boa qualidade. Pimenta continuou na função, mas, a partir daí, a relação ficou estremecida. Não houve mais contestação de autoridade. O correspondente passou a fazer matérias corriqueiras quando o assunto era importante, mas o clima azedou e a conversa com o chefe se limitava ao mínimo necessário. Intimamente, Pimenta ficou afetado pelo ultimato que havia recebido. Não perdoaria Miguel jamais. Passou a tratá-lo protocolarmente. Quando vinha ao Brasil, visitava Ruy Mesquita, então diretor do Jornal da Tarde, mas nem passava na redação do Estadão.

Um dos primeiros profissionais da turma de Pimenta a chegar foi Marco Antonio Rocha, que deixava a Gazeta Mercantil para ingressar no time de colunistas do Estadão. Era a terceira vez que Pimenta o chamava para trabalhar. A primeira havia sido na revista Visão, em 1970, e a segunda, na Gazeta Mercantil, dois anos antes. Outras três jornalistas deixaram o jornal dos Levy a convite de Pimenta: sua velha conhecida Iris Walquíria, que vinha cuidando dos suplementos especiais da Gazeta Mercantil; Priscila Murphy, jovem repórter do caderno Fim de Semana, que havia se tornado uma das preferidas de Pimenta; e a repórter de política Liliana Lavoratti. Iris, integrante do "núcleo duro" de profissionais que apoiavam Pimenta, vinha para assumir a editoria de Geral, uma das mais importantes do jornal, no lugar de Trujilo, que havia se acertado na Gazeta Mercantil a convite de Delmo Moreira. O plano de Pimenta era expandir seus poderes e avançar sobre o que considerava os feudos de Aluizio. Aos poucos, deixaria sua marca em todas as editorias.

Na Gazeta Mercantil, Mário Alberto também colocava seu castelo de pé e combatia a sensação de insegurança e desconfiança que Pimenta havia disseminado. Para compor a chefia de redação, junto com Delmo, levou Albino Castro, que vinha do SBT, onde havia sido responsável, ao lado de Marcos Wilson, pela criação do programa Aqui Agora[1] e do Jornal do SBT. Albino cuidaria de todos os suplementos – levaria adiante, por exemplo, o caderno regional São Paulo, que Mário Alberto, ao contrário de Pimenta, apoiava e considerava um produto legítimo. Trujilo foi contratado para cuidar do caderno. Albino seria responsável pelo Fim de Semana, chefiando Daniel Piza, e também lançaria um novo caderno de Turismo, cuja editora seria Marília de Camargo César. Marília tinha feito parte da equipe de fechadores do Caderno C e, com a

1. Telejornal brasileiro com apelo popular e humorístico exibido no SBT entre 1991 e 1997. Exibia manchetes escandalosas com gerador de caracteres sobre as imagens e tinha o slogan "Um jornal vibrante, uma arma do povo, que mostra na TV a vida como ela é!". Alcançou altos índices de audiência e ameaçou a TV Globo no seu horário.

chegada de Sandra, pedira para ser transferida para o Caderno A. Em seguida, acabou sendo convocada para o projeto de Turismo, que, diferentemente de outros suplementos de jornais concorrentes, bancaria suas próprias reportagens. A regra nesse segmento era receber convites de agências de turismo e companhias aéreas. Os jornais acabavam mandando seus jornalistas para os lugares recomendados por essas empresas, que têm seus interesses e conveniências. Em nome do bom jornalismo, a Gazeta Mercantil decidiu bancar suas próprias viagens.

Mário Alberto acumulou a direção da redação nacional com a da Gazeta Mercantil Latino-Americana, que àquela altura circulava com quase 500 mil exemplares – 120 mil em português e 340 mil em espanhol[2] –, graças a parcerias com vários diários da região e até dos Estados Unidos e da Espanha. O objetivo de Luiz Fernando era harmonizar as várias redações e acabar com as rusgas internas. Logo no início do ano, o suplemento semanal de 32 páginas passava a ser encartado no *El Nuevo Herald*, versão espanhola do *Miami Herald*, da Flórida. Nos meses seguintes seriam fechados acordos com os diários *La Capital*, de Rosario; *El Diario*, de Entre Ríos; *Siglo XXI*, de Tucumán; e *El Diario de la Provincia*, de San Luis, todos da Argentina; e com o jornal *El Economista*, do México. Nessa altura, o suplemento era encartado também no *La Razón*, da Bolívia; no *Economía Hoy*, da Venezuela; no *La República*, da Colômbia; e no principal diário de economia espanhol, o *Expansión*. Mário Alberto decidiu nomear Gustavo Camargo, egresso da revista Exame, para substituir Cynthia Malta como editor-chefe da Gazeta Mercantil Latino-Americana. Na reorganização promovida por Mário, que trabalhava afinado com Henrique Araújo e Molina, Cynthia foi para o InvestNews.

Mário Alberto seguia a filosofia do jornal de não aceitar viagens, mas era regido pelo bom senso. Matérias em locais impossíveis de serem alcançados sem o apoio logístico de uma empresa, se fossem de interesse jornalístico, poderiam ser realizadas. No mais, era tão rigoroso quanto Pimenta. Mantinha o veto aos convites de governos e câmaras

2. *Anábase*: a história da Gazeta Mercantil, p. 169.

de comércio. Na sua gestão, o trabalho de reportagem foi estimulado de várias maneiras, envolvendo investimentos significativos da redação. Um dos selos que ele criou chamava-se Vida Brasileira, sob o qual eram publicadas matérias com casos interessantes sobre o Brasil produtivo, gente que produzia e criava na adversidade, a economia que florescia no meio das sombras e em ambientes inóspitos, sem qualquer apoio do Estado. Repórteres eram enviados para lugares distantes em busca de uma boa história e tudo era bancado pelo jornal. Se houvesse a perspectiva de uma boa matéria no Amapá ou no Acre, o jornal pagava. No primeiro número do suplemento de Turismo, duas grandes matérias internacionais foram publicadas: a principal, sobre Lisboa, e a outra, sobre Santiago, capital do Chile. O jornal gastou mais de 20 mil reais para deslocar e cobrir os custos do trabalho jornalístico por cerca de uma semana para cada um dos repórteres.

A vaga de Marília no Caderno C acabou sendo preenchida pelo jornalista Carlos Franco, que passou a compor, no início de 1998, o grupo de fechadores junto com Yves Winandy, Ivo Ribeiro e Marli Prado. Ex-repórter do Estadão, em Brasília e no Rio, e ex-editor de economia do Jornal do Brasil, Carlos Franco foi convidado pelo chefe da sucursal do Rio de Janeiro, Rodrigo Mesquita, para ocupar uma vaga em São Paulo, durante um jantar na Lapa, oito meses antes. Mesquita era homem de confiança de Pimenta, que lhe pedira uma indicação de editor antes mesmo de deixar o jornal, assim que Sandra fora nomeada coordenadora do Caderno C. Rodrigo percebera as dificuldades que Sandra enfrentaria e disse que tinha uma boa solução. Falou de Franco, exaltou suas qualidades e destacou que ele sabia lidar com pessoas. Mas a mudança de rumos causada pela demissão de Pimenta impediu que ele fosse contratado naquela ocasião. Franco estava muito interessado em vir para São Paulo trabalhar no Caderno C, mas adiou seus planos por alguns meses.

Finalmente, depois da publicação de uma matéria de capa com Paulo Henrique, filho do presidente Fernando Henrique Cardoso, na revista Domingo do Jornal do Brasil, Franco foi contactado por Sandra. A matéria era assinada por ele e pela colunista Danuza Leão. Franco e Danuza realizaram quatro horas de entrevista com Paulo Henrique, que estava assumindo a direção de comunicação da Light, empresa de eletricidade do Rio de Janeiro que tinha sido privatizada. Na época, o filho do presidente havia acabado de se separar de Ana Magalhães Pinto, herdeira do Banco Nacional[3], cuja tumultuada falência, que envolvia fraudes bilionárias, tinha sido decretada pelo Banco Central. No seu esforço de reportagem, Franco também ouviu a primeira-dama, Ruth Cardoso, e outras fontes favoráveis ao personagem da capa. Não faltava assunto. A matéria era quente e seu objetivo era transformar Paulo Henrique em um cara bacana. Quinze dias depois da publicação, recebeu um telefonema de Sandra, que havia lido a revista do JB.

– Aqui é Sandra Gomide, Carlos Franco. Acho que você me conhece. Gostaria muito que viesse para São Paulo para conversarmos sobre uma vaga de editor que tenho no caderno. Você precisa vir neste fim de semana porque temos de resolver tudo bem rápido.

No domingo, Franco pegou um voo da ponte aérea. Chegou à cidade e, no mesmo dia, foi ao encontro de Sandra na Gazeta Mercantil, em Santo Amaro. Ela lhe fez uma proposta salarial atraente e mostrou o projeto do Caderno C. Disse que o caderno teria ilustrações melhores e garantiu que as condições de trabalho seriam excelentes. Naquele momento Sandra tinha ao seu lado apenas uma colaboradora em quem confiava totalmente, Marli Prado. Yves Winandy e Ivo Ribeiro a viam com desconfiança. Yves já havia ocupado vários cargos de chefia no jornal, como editor de indústria e chefe de reportagem, e Ivo tinha entrado na Gazeta Mercantil na mesma época que Sandra. Nenhum dos dois tinha muita paciência com ela, mas respeitavam a hierarquia. Sabiam que era uma repórter razoável e nada mais. Não se sentiam à vontade sendo chefiados por ela, principalmente porque não acreditavam que seu cargo tinha sido conquistado

3. O Banco Nacional, pertencente à família do ex-governador de Minas Gerais José de Magalhães Pinto, começou a expor seu declínio em 1994 e sofreu intervenção do Banco Central. Sua crise foi um dos fatores fundamentais para a criação do Programa de Estímulo à Reestruturação e ao Fortalecimento do Sistema Financeiro Nacional (Proer), cujo objetivo foi evitar que o sistema financeiro do país entrasse em colapso. Em 1995, o Banco Nacional quebrou e, enquanto seus ativos foram parar no Unibanco, seus passivos ficaram com o Banco Central.

por questão de competência. Os conflitos na editoria eram frequentes e acentuaram-se com a saída de Pimenta. Deixou de haver qualquer tolerância com as deficiências técnicas de Sandra ou com sua falta de interesse pelas rotinas diárias e pelas pautas de negócios.

Outros jornalistas experientes da editoria, como Marcia Raposo ou Nelson Niero, consideravam um abuso sua presença no comando do caderno mais estratégico do jornal. Com a chegada de Franco, Sandra esperava, pelo menos, ganhar um aliado. Queria tê-lo ao seu lado. Explicou-lhe a situação do caderno e sua primeira impressão sobre Franco foi muito boa. Gostou dele e achou que se entrosariam bem. Franco acreditou na nova chefe e sentiu-se seguro e entusiasmado com as informações sobre o Caderno C. Sandra explicou, por exemplo, que a editoria precisava analisar as consequências de fatos macroeconômicos para o mundo dos negócios. Disse ainda que um dos caminhos era explorar a maneira como as crises globais ou decisões de governo afetavam as empresas, ou seja, explorar o fato macroeconômico e analisá-lo em relação com vários setores, como o agronegócio, o mercado publicitário ou o nascente negócio da TV a cabo. A equipe de repórteres tinha 22 pessoas em São Paulo, que Sandra chamava de base, além de contar com o trabalho das sucursais. Os problemas de atrasos de salários na Gazeta Mercantil pareciam momentaneamente controlados. Antes de bater o martelo, Franco consultou Nair Suzuki, com quem tinha trabalhado no Estadão. Perguntou se deveria aceitar o convite, pensando principalmente na situação financeira da empresa – se bem que o Jornal do Brasil também não ia muito bem das pernas. Nair respondeu que sim, que achava a proposta boa. Franco só pediu quinze dias de descanso antes de assumir o cargo

Àquela altura, a Gazeta Mercantil ganhara algum fôlego com a nova safra de balanços e com a entrada de uma parte do empréstimo-ponte de 20 milhões de reais do Nations Bank, um banco que viria a fazer muitas operações malsucedidas no Brasil. No negócio, o Nations se comprometeu a encontrar um sócio para Luiz Fernando. Os problemas financeiros ainda não tinham roubado a aura de credibilidade do jornal. Por alguns meses, não aconteceram atrasos de salários e havia dinheiro para todos os projetos jornalísticos. A circulação da Gazeta havia dado um grande salto nos 18 meses anteriores e chegava perto dos 100 mil exemplares. Ao longo de 1997, havia crescido de 72.900 para 89.800 exemplares. Mário Alberto, com seu jeito distraído, mas com ideias avançadas, tinha recuperado a tranquilidade da redação, e Lachini, à frente da área comercial, vinha fechando bons pacotes corporativos de assinatura que alavancaram a circulação. Delmo tinha instituído as reuniões matutinas para abertura do jornal e discussão de pautas e havia muita disposição para o trabalho. Klaus e Glauco foram nomeados assistentes do diretor de redação e, por conta de seu conhecimento das rotinas e da identidade do jornal, mantiveram o prestígio e a importância na nova equipe. Albino, que era um jornalista de fino trato, também dava totais condições para que os repórteres fizessem seu trabalho da melhor forma.

No Estadão, Pimenta começava a impor suas vontades e a abrir mais espaço para a editoria de economia na primeira página. Mantinha uma disputa silenciosa e velada com Aluizio e, entre as áreas estratégicas, já controlava a cobertura da reforma agrária. Circulava pela redação com desenvoltura e conversava com todos os editores. Ficava um bom tempo em sua sala, onde, às vezes, quando o trabalho se estendia durante a madrugada, até tirava uma soneca, e era um diretor presente na redação. Não viajava tanto quanto na Gazeta Mercantil. E tampouco tinha muito tempo para Sandra. Já não se viam todos os dias. Até porque ela também andava bastante ocupada.

Ele estava com a cabeça a mil e começava a pensar no planejamento da cobertura da Copa do Mundo e, em seguida, das eleições com vários meses de antecipação. O Estadão queria se destacar em relação à concorrência e Pimenta fazia questão de um trabalho impecável naquele ano, nos dois eventos. O candidato do jornal, não havia a menor dúvida, era o presidente Fernando Henrique, que, mais uma vez, disputaria o pleito com Lula. Para se reeleger, Fernando Henrique tinha a seu favor o sucesso do Plano Real, mas no decorrer do ano o equilíbrio econômico ainda seria ameaçado seriamente por crises internacionais e pelos frequentes problemas cambiais. Para sustentar o câmbio, o Banco Central comprometia as reservas de moeda estrangeira, o que gerava uma sensação de vulnerabilidade sistêmica. Por outro lado, o real sobrevalorizado vinha reduzindo as exportações brasileiras e a participação do país no mercado internacional caía de maneira preocupante. Com o real valendo pouco menos de um dólar, os produtos brasileiros perdiam competitividade e não tinham a mínima chance de enfrentar os chineses, por exemplo, nem no exterior, nem no mercado interno, que demandava um volume crescente de bens importados desde que os primeiros veículos Lada aportaram por aqui na época de Collor. O projeto da Copa do Mundo envolvia a publicação de um caderno especial produzido diretamente da França. O jornal deslocaria boa parte do seu caderno de Esportes, com reforço de vários repórteres, para acompanhar o Brasil na Copa e cobrir as principais cidades-sede. A coordenação do projeto ficou a cargo do editor-chefe, Pedro Cafardo. A edição do caderno do Brasil seria responsabilidade do editor da área internacional, Carlinhos de Oliveira. O Brasil era o favorito da Copa, e Ronaldo Fenômeno vivia seu melhor momento. Havia muita confiança na conquista do pentacampeonato.

Pimenta também estava atento à efeméride da criação do Estado de Israel, que completaria 50 anos em maio. O Estadão queria fazer um caderno especial para comemorar a data e decidiu enviar para Jerusalém Moisés Rabinovich, que havia trabalhado oito anos fazendo a cobertura da região e conhecia bem o assunto. Em geral favorável ao lado israelense na disputa que se alastrava pelo Oriente Médio, o Estadão queria fazer um produto digno da importância da data. Ao longo de cinco décadas, Israel havia travado quatro guerras com os países árabes, além da Guerra do Golfo, em 1990. Ganhou a guerra da Independência, em 1948, que se seguiu ao surgimento do seu próprio Estado, e a dos Seis Dias, em 1967. Houve também a Guerra do Yom Kippur, em 1973, e a do Líbano, em 1982, quando Israel invadiu o território do país vizinho e foi derrotado. No balanço das conquistas israelenses, o território do novo país havia aumentado de 20,7 para 89,3 mil quilômetros quadrados.

O que não faltava eram histórias para contar. Rabino viajou para o Oriente Médio e começou a trabalhar no caderno Especial, um trabalho árduo, que exigia uma apuração demorada e deveria resultar em muitas matérias, talvez mais de uma dezena. O problema é que, assim que chegou ao destino, o repórter começou a receber todo tipo de solicitação extra da editoria de Internacional. E passou a atendê-las. Respondia às demandas imediatas da editoria, subordinada às decisões de Aluizio, e ia adiando o trabalho do caderno Especial, um projeto de Pimenta. O primeiro-ministro de Israel na ocasião era Benjamin Netanyahu, do partido conservador, o Likud, que havia sido o principal opositor do líder trabalhista Yitzhak Rabin, assassinado em 1995. Netanyahu havia denunciado todos os acordos de paz feitos entre o governo de Rabin e a Organização de Libertação da Palestina (OLP) nos anos anteriores e agora, no poder, tratava de acirrar os conflitos.

Moisés era tragado pela cobertura dos fatos do momento e foi obrigado a deixar a história de Israel um pouco de lado. No fim, cobrado sobre os resultados, disse que precisaria de mais tempo para completar seu trabalho. Pimenta se irritou. Disse que seria impossível estender a permanência de Moisés no Oriente Médio e que o repórter precisava voltar ao Brasil para tentar fazer o que pudesse. Não houve mais conversa, nem acordo. Na volta, Moisés percebeu que a relação com o diretor de redação tinha ficado estremecida. Pimenta passou a criticar o desempenho do repórter diretamente para Ruy Mesquita e para outros editores, demonstrando que não o queria mais por ali. Moisés sentiu-se traído e considerou uma injustiça o tratamento que lhe estava sendo dado pelo diretor, afinal, tinha atendido às demandas da redação e trabalhado sem parar. Só não tinha finalizado o conteúdo do caderno porque não lhe deixaram priorizar o trabalho. Por acaso, estava sendo lançada outra revista semanal chamada Época, da editora Globo, que estava recrutando jornalistas em várias redações com salários atraentes e boas perspectivas profissionais. Moisés foi convidado por Augusto Nunes, o diretor de redação da nova revista, para assumir uma vaga de editor e decidiu aceitar. Não tinha mais clima para trabalhar com Pimenta, a quem chamava, às vezes, em tom de brincadeira, de "Abominável Pimenta das Neves". Eram próximos e tinham algumas intimidades, mas as rusgas causadas na cobertura de Israel tornaram o convívio bastante difícil. Moisés não gostou nada de saber que Pimenta falava mal dele pelas costas.

Na Gazeta Mercantil, a situação de Sandra piorava e ela passou a ser mais cobrada. Frequentemente, demonstrava um certo alheamento e parecia não ter interesse real nas notícias econômicas. Alguns dias, passava a impressão de que coordenar um caderno de Empresas & Negócios era um de seus hobbies. Em vez de conversar sobre pautas ou editar matérias, preferia mudar de assunto e falar da família e, principalmente, de cavalos. Desde que começou a se envolver com os animais, nenhum outro assunto despertava tanto sua atenção. Estava muito animada com suas aulas de equitação e frequentemente ia trabalhar com roupa de amazona. Fotografias de sua égua Platina decoravam seu espaço de trabalho. De uma hora para outra, interrompia uma conversa séria para falar que adorava sua égua. Eram comentários fúteis. Com quem tinha mais afinidade, fazia-os de maneira simpática, mas ainda assim causava estranheza, pois isso às vezes acontecia no meio de uma discussão sobre a matéria decisiva do dia, que provavelmente iria parar na primeira página.

Havia acabado de comprar o cavalo Oceano e, além de saltar, passara a fazer longas cavalgadas nos fins de semana. Dizia que era terapêutico, que só conseguia relaxar e esquecer dos problemas quando se vestia de amazona. Oito meses antes começara a frequentar o Haras Setti, em Ibiúna, para onde levou Platina, depois de tirá-la do Haras Morumbi. Para realizar o transporte, adquiriu por quase 10 mil reais um reboque especial, que permitia levar seus animais para todo lado. Seus pais haviam comprado uma pequena chácara em Ibiúna e, algum tempo depois, Pimenta também havia adquirido uma propriedade na região, em Mailásqui, um bairro de São Roque, não muito longe de onde um de seus melhores amigos no Estadão, o editor do caderno de Agricultura, José Carlos Cafundó, tinha um sítio. Cafundó ajudou Pimenta a encontrar a propriedade. E era seu interlocutor mais frequente no café do Estadão. Cafundó era a pessoa mais próxima de Pimenta na redação. Sandra e Pimenta passaram a pernoitar em Mailásqui nos fins de semana e depois iam cavalgar em Ibiúna, para onde ele também decidiu levar seus cavalos.

Das reuniões de pauta da manhã, comandadas por Delmo na Gazeta Mercantil, Sandra vinha participando pouco. Delegava a responsabilidade a outros jornalistas do caderno, principalmente a Ivo. Mas também podia ser a um outro repórter qualquer que estivesse por ali de manhã. Para Delmo, isso era um sinal de falta de compromisso e de envolvimento com suas funções. Ela passou a transferir cada vez mais tarefas para seus subordinados e, ao mesmo tempo, melindrava-se quando via que seu poder estava sendo ultrajado. Com frequência, jornalistas do caderno eram recrutados para outros projetos especiais sem que ela soubesse. Ela só se dava conta de que tinha um repórter a menos quando via uma matéria do sujeito assinada diretamente da Espanha ou de Belém do Pará, por exemplo. Os chefes da redação já não lhe pediam mais autorização para usar os recursos do caderno. Como ela não demonstrava muita preocupação, achavam que não se incomodava. Mas cada vez que algo era feito sem seu consentimento, ela sentia o golpe e se revoltava. Percebia que estava sendo minada e que seu apoio, afinal, limitava-se a Marli Prado e Carlos Franco. Era muito pouco para se manter em um cargo tão sensível.

Delmo notou o desinteresse de Sandra desde o momento em que chegou à Gazeta Mercantil. Tampouco gostava de seu estilo de comando. Achava que ela gritava demais e tinha atitudes infantis, que não correspondiam à função que ocupava no jornal. Não a considerava uma má profissional, sem qualidades, mas não tinha capacidade de organização e demonstrava muita dificuldade para enfrentar desafios. Não vibrava nem mostrava empenho quando lhe davam um novo trabalho. Chegou a essa conclusão quando a viu fazer corpo mole na produção de um relatório que o jornal preparava sobre um pacote de medidas que o governo federal estava prestes a lançar. Delmo queria testá-la. Diante do desinteresse de Sandra, passou a convocar outros jornalistas para o projeto e quem se manifestou rapidamente foi Tereza Navarro, uma das editoras de Nacional, que chefiava interinamente do Caderno A. Ela acabou fazendo o trabalho e o resultado foi tão bom que Mário Alberto a convidou para ser coordenadora, em definitivo, do Caderno A, sem comando desde a saída de Cida Damasco.

Delmo pediu a demissão de Sandra logo em seguida. Disse a Mário que trabalhar com ela era muito difícil e acreditava que o melhor seria substituí-la. Mário, um espírito diplomático, descartou essa possibilidade e não quis tomar nenhuma atitude que parecesse retaliação contra Pimenta e pudesse disparar alguma reação dele. Não via problemas em deixá-la por um tempo no mesmo lugar, desde que fosse cercada por gente competente.

– Segure aí, Delmo, segure um pouco – disse. – Vamos evitar conflitos – pediu Mário.

Para diminuir a tensão no ambiente, Mário indicou Albino como principal interlocutor de Sandra. Achou que era uma forma de atenuar o confronto entre a coordenadora e o editor-chefe. Também procurou fazer algumas mudanças no Caderno C. Uma das áreas que considerava mais vulneráveis e deficientes era a de comunicação, que incluía mídia, propaganda e marketing. Alguns repórteres do caderno dividiam a cobertura de forma desorganizada. Eram bons jornalistas, mas muito jovens. Estavam sem comando e não conseguiam dar uma direção para a cobertura. Um deles era Andreas Adriano; outra, Andrea Licht de Moraes. A última página, a contracapa, a segunda mais nobre do caderno, era ocupada justamente por assuntos de publicidade e mídia, normalmente com grandes ilustrações e tratamento gráfico diferenciado, mais criativo do que o dado ao restante do jornal. Também havia a expectativa de privatização das telecomunicações, que, além de empresas de telefonia, atrairia muitas empresas de comunicação que estavam entrando em novos segmentos e diversificando seus negócios. A TV a cabo era outra área que se desenvolvia com altos investimentos de grupos de mídia, como a Rede Globo e a Editora Abril, e, na época, alcançava um pouco mais de 1,5 milhão de assinantes.

Mário e Delmo queriam um profissional experiente para ser uma espécie de supereditor da área, que não estivesse subordinado a Sandra e respondesse diretamente à chefia da redação. Por um lado, Sandra não precisaria mais se ocupar de mídia e publicidade, o que lhe deixaria mais livre para cuidar de outros assuntos. Por outro, a decisão limitaria seu poder e criaria um núcleo independente dentro do caderno. Na prática, era uma medida que esvaziava seu papel como coordenadora do Caderno C e preparava uma mudança mais profunda de curto prazo.

De qualquer forma, as transformações no setor de telecomunicações e a chegada da internet exigiam uma visão mais estratégica e mais dedicação diária ao trabalho do que Sandra podia oferecer. O escolhido, afinal, para ocupar a vaga de editor de propaganda e marketing foi Ismael Pfeifer, indicado por Albino Castro. Pfeifer vinha do jornalismo televisivo e tinha longa experiência na cobertura econômica. Seu último trabalho havia sido na Rede Globo, onde editava Economia e Negócios. A chegada de Pfeifer incomodou Sandra, até porque a repórter Andrea Licht de Moraes deixou de ser sua subordinada e foi deslocada para trabalhar diretamente com o novo editor, dedicando-se exclusivamente às pautas de comunicação. Diante dos acontecimentos, certo dia Sandra queixou-se com Delmo sobre a chegada do novo editor e das mudanças no caderno sem seu conhecimento. Ele foi direto:

– É assim que eu quero, não tenho o que conversar, Sandra.

Sandra não tinha percebido, até então, que seu campo de ação estava ficando cada vez mais limitado. Na prática, o que estava acontecendo era uma ruptura dentro da editoria, embora Pfeifer, um sujeito polido e cuidadoso, tivesse procurado, desde sua chegada, comunicar Sandra de suas iniciativas e manter algum respeito hierárquico. O que ele percebia, no entanto, como outros repórteres e editores do caderno, é que ela parecia dispersa e mais preocupada em ter um comando formal sobre as pessoas do que em se apropriar dos assuntos e contribuir para melhorar a qualidade das matérias e das páginas. Sem dar assistência para seus repórteres, sem se articular com os editores de área e deixando de participar das reuniões de pauta, ela deixava o caminho livre para a concorrência pelo seu lugar. Havia três meses, pelo menos, que quem realmente garantia o fluxo de produção do caderno era Ivo Ribeiro. Com frequência, ele era chamado por Delmo para resolver problemas, discutir pautas e distribuí-las para a reportagem. Certo dia, Mário de Almeida chamou Ivo para dizer que sabia do seu pendor de repórter e da vontade que ele tinha de fazer matérias, mas que gostaria que durante algum tempo ele abrisse mão dessa atividade e se concentrasse no fechamento para garantir a qualidade do caderno.

O editor-chefe percebia em Sandra algumas infantilidades que ela certamente aprendera com Pimenta, como a suspensão de subordinados.

Os motivos podiam ser totalmente subjetivos. Em maio, por exemplo, a repórter Rosana Hessel, setorista de aviação, conseguiu uma notícia exclusiva. Era um dia cheio de trabalho, ela precisava escrever três matérias diferentes, mas descobriu que o presidente da Transbrasil, Omar Fontana, deixaria seu posto. Um câncer de próstata havia sido diagnosticado em Fontana e ele se afastava para tratar da saúde. No seu lugar, assumia Antônio Celso Cipriani, genro de Fontana, casado com Marise, uma de suas quatro filhas, e ex-investigador do Departamento de Ordem Política e Social (Dops), onde atuou na repressão política a partir de 1969, sob as ordens de Romeu Tuma. Conheceu Marise quando se tornou responsável pela investigação de tráfico de drogas nos aviões da companhia. Depois de casado, deixou suas funções na polícia e foi trabalhar na Transbrasil. Seu primeiro cargo foi o de diretor de compras e, a partir de 1982, assumiu o comando da Transbrasil Airlines, com sede em Miami, nos Estados Unidos, criada para comprar e exportar as peças necessárias à manutenção dos aviões. Tornou-se também acionista minoritário da companhia, até alcançar a presidência, substituindo Fontana, justo no momento em que a Transbrasil se afundava em dívidas e abandonava os voos internacionais.

Rosana contou o caso para Sandra, que não deu muita importância. Decidiu dar apenas uma nota no pé da página e nem tentou vender a história para a primeira página. Rosana ficou abismada. Insistiu um pouco, mas a chefe não se interessou. Só queria que a repórter parasse de atrasar e entregasse suas matérias o mais rápido possível. No dia seguinte, a mudança da presidência da Transbrasil não saiu em nenhum lugar, só na Gazeta Mercantil – parecia insignificante, mas a nota de Rosana pautou a imprensa econômica do país e, na sequência, todos os jornais foram atrás da notícia. A revista IstoÉ Dinheiro, por exemplo, levou o assunto para a sua capa[4]. Estranhamente, quando viu o nome de Cipriani em todo lugar, Sandra perguntou a Rosana por que a Gazeta Mercantil não tinha dado a notícia direito. A chefia do jornal já havia cobrado a coordenadora do caderno sobre o assunto.

– Você não lê o caderno que edita? – perguntou Rosana para a chefe.

4. Edição de 27 de maio de 1998.

Sandra olhou o jornal, confirmou que a matéria estava lá e ficou desconcertada. Percebeu que havia negligenciado a notícia, mas não admitiu o erro. Na mesma edição, Rosana tinha sido responsável por uma página e meia de matérias do setor de aviação, com chamadas na primeira página, além do caso da Transbrasil, subestimado por Sandra. Rosana havia trabalhado muito e não tinha a mínima responsabilidade sobre a falha de edição. Mesmo assim, sofreu várias penalidades, acentuadas, talvez, pelos ciúmes de Sandra, que achava que Pimenta dava atenção excessiva a Rosana. Além de suspender a repórter, que foi proibida de assinar suas matérias durante algumas semanas, Sandra decidiu retirá-la da cobertura de aviação, que, na verdade, ela própria gostaria de assumir. A repercussão da posse de Cipriani, nos dias que se seguiram, foi transferida para outra jornalista. A vida de Rosana virou um inferno e ela decidiu que não valia a pena continuar na Gazeta Mercantil.

Para repercutir o caso, Sandra destacou Marli Lima, uma repórter recém-chegada, que ela própria havia contratado, e a escolheu também como substituta de Rosana no setor de aviação. Marli vinha do caderno regional de Curitiba. Seu marido Franco Iacomini trabalhava na revista Veja e havia sido transferido para São Paulo. Assim, ela tratou também de buscar uma oportunidade na cidade e o chefe da sucursal da Gazeta Mercantil de Curitiba a indicou para uma vaga na redação de São Paulo. Delmo aceitou recebê-la e a encaminhou para o Caderno C, mas adiantou que não daria nenhum aumento de salário – normalmente, em situações de transferência, havia um reajuste de 20%. Sandra gostou dela houve uma empatia imediata. Pensou rapidamente em colocá-la na área de aviação. Marli chegou em maio com um dos salários mais baixos da redação, em torno de R$ 1,5 mil. Passou um mês com esse salário, mas, assim que Sandra definiu sua nova incumbência, recebeu um aumento de 20%.

A situação de Rosana, porém, gerou revolta entre vários jornalistas. Sandra alegava que ela atrasava a entrega das matérias e comprometia o horário do fechamento, mas todos sabiam que ela era uma repórter muito inquieta e produtiva que trazia notícias para o jornal. Delmo considerava sua suspensão um absurdo. A editoria entrou em crise e Sandra ganhou novos desafetos. Percebeu-se que seus critérios para penalizar Rosana eram frágeis. Sandra começou a reclamar também do trabalho de Pfeifer e a criticar algumas matérias que saíam na sua página. Tomou a iniciativa de ir até o editor-chefe e afirmou que Pfeifer não lhe dava satisfações e fazia o que lhe dava na telha. Delmo respondeu que ela não tinha a experiência e a competência necessárias para julgar o trabalho dele, um jornalista muito mais testado do que ela. Percebendo que a tensão crescia no Caderno C, Albino tentou tranquilizar Sandra, mas não teve sucesso. O ambiente de trabalho já estava deteriorado.

Alguns repórteres do caderno começaram a procurar emprego, inclusive no Estadão, com Pimenta. Ele próprio vinha fazendo contatos frequentes com alguns jornalistas de quem gostava. Chamou para conversar no prédio do bairro do Limão, por exemplo, Luciana Magalhães. Assim que Sandra assumiu o Caderno C, Luciana deixou de acompanhar o mercado imobiliário e conseguiu uma vaga no Caderno B, de Finanças, convidada por Maria Christina Carvalho. Pimenta lhe dava muita atenção e tinha interesse em levá-la para o Estadão. Rosana tomou a iniciativa de procurá-lo para conversar sobre a possibilidade de emprego. O diretor do Estadão já havia ligado para ela, sugerindo essa possibilidade. Chegaram a almoçar e Rosana dava como certa a sua transferência. Aguardava um convite formal nas semanas seguintes. Sandra não podia imaginar que, enquanto perseguia sua repórter de aviação, o namorado pensava em contratar Rosana.

A editoria de Geral, do Estadão, com Iris Walquiria à frente, tinha sido completamente reformulada e contava agora com vários reforços vindos da Gazeta Mercantil, como Eugênio Melloni, que se dedicava a fazer matérias na área de energia e produção, transmissão e distribuição de eletricidade, ou Arnaldo Galvão, que vinha da área de política. Melloni substituía Pablo Pereira, que, insatisfeito com a direção da Editora, decidira deixar o jornal logo depois de Décio Trujilo. Cuidaria da cobertura pesada, faria o acompanhamento jornalístico diário do MST e da reforma agrária, enquanto Carlos Soulié do Amaral continuaria com suas matérias especiais, fazendo a cobertura profunda. As invasões do MST explodiam em todo o Brasil. Aconteciam dezenas todos os meses. Melloni começaria a viajar sem parar. Os latifúndios improdutivos estavam pegando fogo.

Àquela altura, Pimenta, definitivamente, já não estava preocupado com o que acontecia com Sandra na Gazeta Mercantil. Tinha seus próprios objetivos e responsabilidades e não podia vacilar. Sabia que, se tudo desse certo no Estadão, com o apoio irrestrito que tinha de Ruy Mesquita, Sandra não teria nenhum problema de emprego se deixasse a coordenação do Caderno C. Na verdade, até queria que ela saísse da lá. Os ciúmes que tinha de alguns jornalistas da Gazeta Mercantil, de ex-namorados e desafetos, e a impossibilidade de controlá-la chegavam a transtorná-lo. Pimenta tratava de se ocupar com o trabalho para não pensar muito nesses assuntos do coração. Misturava muito as coisas. Discretamente, apostava-se na redação do Estadão quando Sandra chegaria. Foi feito até um bolão com apostas sobre o prazo de chegada da namorada do chefe. Todos no mercado jornalístico davam essa transferência como certa desde que Pimenta foi para o jornal dos Mesquita, mas ninguém imaginava como e quando isso aconteceria. Circulavam informações no Estadão que o trabalho de Sandra na Gazeta Mercantil estava sofrendo severas críticas e que seu tempo ali estava se esgotando, embora ela estivesse resistindo havia mais de nove meses, desde a saída de Pimenta. Alguns, porém, diziam que o nome dela era vetado no Estadão, que Pimenta estava impedido de contratá-la, o que não era verdade. Não havia nenhum veto explícito – o que talvez tenha sido a principal falha em todo esse processo de movimentação profissional de Sandra. De qualquer forma, pensava Pimenta, seria melhor que a namorada levasse adiante os planos de fazer uma pós-graduação em economia e tirar um ano sabático das redações. Achava que ela precisava sair um pouco do mercado, esfriar a cabeça.

Uma matéria publicada por determinação de Pimenta no caderno de Economia e Negócios do Estadão[5], que tratava do interesse da Editora Abril em comprar a Gazeta Mercantil, definiu o destino de Sandra. A reportagem, sem citar o nome da fonte, dedicava-se a denunciar uma enorme dívida da Gazeta Mercantil com o Instituto Nacional do Seguro

5. Edição de 10 de julho de 1998.

Social (INSS), de R$ 102,2 milhões. Pelos cálculos do Estadão, a dívida, que se referia à contribuição patronal e estava em cobrança judicial, equivalia, encorpada por juros e multas por atraso, a mais de quase 70% do faturamento anual da Gazeta, estimado em R$ 150 milhões. Segundo a matéria, a Gazeta ainda devia a seus funcionários o Fundo de Garantia do Tempo de Serviço (FGTS), raramente depositado, e durante anos vinha frequentando a lista dos maiores devedores do INSS no país. A matéria avançava e dizia que, para sacramentar a venda da participação acionária para a Abril, a Gazeta precisaria obter a Certidão Negativa de Débito (CND) e que, na melhor das hipóteses, poderia parcelar a dívida com a previdência em até 60 meses, desde que desse como garantia imóveis e bens de valor compatível, algo que a família Levy nunca teve intenção de fazer.

A matéria atingia a Gazeta Mercantil na veia jugular... Deixava o patrimônio dos Levy a descoberto e mostrava que o jornal era um saco sem fundo. E a denúncia tinha um só motivo: barrar a venda do maior diário de economia do Brasil para a Editora Abril. O Estadão queria impedir que o negócio prosperasse. A crise na Gazeta Mercantil era permanente, mas o jornal gerava R$ 150 milhões de faturamento e não parava de fazer dinheiro. Com uma boa administração, podia até ser um bom negócio e sempre surgiam especulações sobre um ou outro candidato interessado em sua compra. Dois dias antes da publicação da reportagem, Luiz Fernando e Roberto Civita, presidente da Abril, tiveram um encontro para assinar um acordo de intenções. Ficara acertado que nos 80 dias seguintes o Nations Bank, responsável pela costura do negócio, contrataria uma empresa para fazer auditoria contábil, fiscal e legal na Gazeta Mercantil. O Nations cumpria, assim, o compromisso de arrumar um sócio para Luiz Fernando. Especulava-se (mas a matéria chamava de "estimativa") que a Abril pagaria a fabulosa quantia de US$ 250 milhões de dólares pela assinatura de um acordo de intenções que previa que ela pudesse comprar metade das ações ordinárias pertencentes à Poli Participações, além do controle da Gazeta Mercantil. Percebia-se que as tratativas avançavam bem. Mas quando o baú de ossos tributários foi revelado, tudo desabou. Por melhor que fosse a receita do jornal, sua dívida era insolúvel.

Não era a primeira vez que surgiam conversações entre Luiz Fernando e Civita. Há tempos, o jornal dos Levy despertava o interesse de grandes grupos de comunicação. O Estadão também cobiçava a Gazeta Mercantil – Ruy Mesquita e seus filhos admiravam o jornal cegamente e o consideravam sóbrio e confiável, assim como empresas internacionais, como o britânico Pearson, editor do *Financial Times*. A família Mesquita não gostaria de ver a Gazeta nas mãos de uma empresa forte, com capacidade para melhorar sua distribuição e implantar uma gestão eficiente do jornal. Em pouco tempo seria um concorrente temível para o próprio Estadão.

Mesmo que não tivesse a mínima condição de comprar a Gazeta Mercantil naquela época, já que estava entranhado em outros projetos de investimento, o Estadão quis fazer uma manobra que impedisse que a Editora Abril levasse adiante o plano de adquirir o controle no jornal. A família Mesquita sabia que a empresa de Luiz Fernando ficava sempre muito abaixo do seu potencial, mas com investimentos poderia ganhar solidez. Era um péssimo cenário para o Estadão. Não só pelo jornal impresso mas também pelos serviços eletrônicos. O InvestNews era o único serviço nacional de informações sobre economia em tempo real, capaz de rivalizar em agilidade e credibilidade com a Agência Estado, dirigida por Rodrigo Mesquita. Esse tipo de informação especializada e direcionada para o mercado de capitais, distribuída em redes privadas ou pela internet, tinha se tornado muito valioso e lucrativo.

Pimenta, evidentemente, promoveu a publicação da reportagem sobre a dívida estratosférica da Gazeta Mercantil. Mas não apenas isso. Contribuiu com informações de bastidores e leu cuidadosamente o texto, fazendo alguns ajustes antes de publicá-lo. Era uma típica "operação Portugal,"[6] que é como se chama o tipo de matéria feita a pedido do patrão com um interesse específico, que pode ser atingir um desafeto ou prejudicar um negócio. A matéria era encomendada, mas também

6. Operação Portugal é sinônimo de matéria pedida pelo dono do jornal. A expressão se consagrou em 1984, na Folha de S.Paulo, quando o então secretário de redação, Caio Túlio Costa, infernizava o editor de Internacional, a cada meia hora, perguntando de uma matéria sobre os dez anos da Revolução dos Cravos, pedida por Octavio Frias de Oliveira. Caio Túlio perguntava ao editor: "Como vai a operação Portugal? É um pedido do seu Frias".

satisfazia dois objetivos pessoais de Pimenta: vingar-se de Luiz Fernando e tirar Sandra da Gazeta Mercantil. Mais uma vez, Pimenta chutava a canela dos adversários. O que fazia era uma terrível vilania, um jogo sujo. Mas ele argumentava que o silêncio e a omissão sobre uma notícia verídica de interesse público feriam os mais altos princípios jornalísticos. Uma dívida com a previdência social e com o fundo de garantia não era só um problema da empresa que estava sendo vendida e da que queria comprá-la, mas também do Estado e dos cidadãos brasileiros, principalmente dos trabalhadores diretamente envolvidos. Luiz Fernando ficou furioso quando leu a reportagem do Estadão. Sabia que não haveria mais negócio com a Abril e considerou aquilo uma molecagem de Pimenta. Chegara o momento da ruptura definitiva. A partir daquele instante cessava qualquer acordo de cavalheiros, se é que havia algum.

Sandra soube da matéria e pressentiu que estava na rua. Chamou Carlos Franco e disse que a matéria do Estadão a atingia diretamente e que tinha medo de ser mandada embora. Franco concordou. Notava-se que estava nervosa e alterada. Parou de sorrir e andava cabisbaixa. Perguntava a um e outro colega o que eles achavam do caso. E a resposta era a mesma: ela deveria se preocupar. Pimenta fizera o que a todo tempo Mário Alberto e mesmo Luiz Fernando evitaram fazer: agir com hostilidade e tomar iniciativas que parecessem retaliação ou vingança. Se precisavam de algum motivo para tirar Sandra do jornal, encontraram. Luiz Fernando foi explícito com Mário Alberto: chegara a hora de dispensar Sandra. Seu namorado havia virado um inimigo da Gazeta Mercantil e não havia mais condição política para ela permanecer na casa. A fritura durou alguns dias. O silêncio da chefia sobre o caso só antecipava o terremoto. Não se falou no assunto com Sandra, mas ele estava pulsando em toda a redação. Esperavam a sexta-feira, o melhor dia para tomar uma medida de impacto. Afinal, o fim de semana sempre serve para aplainar os ânimos e fazer as pessoas pensarem melhor sobre os acontecimentos.

No fim da manhã, um pouco antes do início da reunião de pauta, assim que soube que Sandra havia chegado à redação, Mário Alberto chamou-a em sua sala. Apenas Albino presenciava o encontro. Delmo não estava por ali porque participava da reunião de pauta. O motivo da conversa com Sandra, que acabou sendo bem rápida, era previsível. Ela tremeu na hora em que recebeu o telefonema da secretária de Mário para que fosse encontrá-lo. Sabia que era o fim de sua carreira na Gazeta Mercantil. No caminho, foi pensando que trabalhava ali havia quase nove anos e que tinha desempenhado bem suas funções. Sempre acreditou que era merecedora das promoções que havia recebido. Todos os que estavam na redação observavam seus movimentos. Várias repórteres viram o momento em que ela deixou sua baia e caminhou lentamente até o outro extremo do andar, onde Mário costumava se instalar. Ao entrar na sala, mal teve tempo de cumprimentar o diretor de redação, que foi direto ao ponto. Ela ia sentando-se, mas Mário a interrompeu e pediu que ficasse de pé. Não se ouviu nenhum tipo de explicação para a decisão.

– Você está demitida, Sandra. Pode pegar suas coisas e ir para casa – disse Mário, com sua voz pausada. Foi curto e grosso.

Do outro lado só se ouviu um muxoxo indecifrável. Mário não agradeceu pelos serviços prestados. Sandra virou as costas e deixou a sala. Olhou através de Albino, quase bateu a porta ao sair e, lentamente, voltou para o Caderno C. A situação estava insustentável. Uma parte da redação torcia por sua derrocada. Ou por inveja, por conta do impressionante aumento do seu salário, ou por despeito ou porque a achavam arrogante ou incompetente. Sandra sofria uma violenta pressão psicológica. Precisava ser razoavelmente forte para resistir. Albino ouvia pedidos quase diários de editores do jornal para demiti-la. Outra parte da redação, bastante expressiva, lhe era indiferente, cuidava de seu trabalho e não estava preocupada com o romance entre Sandra e Pimenta ou com qualquer vantagem que ela pudesse obter com o relacionamento. Apoio mesmo ela recebeu apenas de um grupo pequeno, que não chegava a dez pessoas. Não era mais o caso de transferi-la de área e oferecer-lhe outro cargo. Não havia mais clima para ela na Gazeta Mercantil. A menina boa-praça e divertida do passado, que se esforçava diariamente para ser uma jornalista cada vez melhor, havia desaparecido. Sua turma do passado, observava-a, no mínimo, com desconfiança. Quando sentou à sua mesa, entre os porta-retratos com fotos de Platina e Oceano, começou a chorar. Passou um tempo ali, sozinha, mas logo Marli Prado veio consolá-la. Franco também se juntou ao grupo, que foi sendo engrossado por outros jornalistas. Ivo Ribeiro chegou perto e também Juliana Almeida, Cláudia Bergamasco e Andrea Licht de Moraes. Marli Lima ficou triste quando soube do caso. Rosana Hessel desistiu de pedir demissão e, algum tempo depois, comunicou a Pimenta que preferia ficar na Gazeta Mercantil.

Sandra começou a arrumar suas coisas. Logo chegaram algumas caixas de papelão vazias trazidas por um dos contínuos. Pegou seus livros, suas fotos e os outros objetos decorativos que tinha em sua mesa e numa pequena prateleira e guardou tudo dentro das caixas. Klaus Kleber passou por ali para confortá-la. De suas mesas, os repórteres a observavam. Não era nada de mais. Demissões não são tragédias. Fazem parte do jogo. Em jornal não sobra muito tempo para pensar em outra coisa além da matéria do dia. Quem não estava na rua fazendo entrevistas tratava de cuidar de suas tarefas. Um outro coordenador viria e chegaria cobrando. O fim era previsível, mas ainda assim melancólico. Ficava evidente que Sandra era vítima de uma situação complexa, que havia extrapolado sua própria compreensão. Tornou-se o elo mais fraco de um jogo de interesses que envolvia pessoas poderosas e negócios milionários. Por outro lado, sustentou-se demais em Pimenta e abandonou aquilo que mais lhe daria força: o compromisso com o trabalho diário e a busca de apoio entre seus subordinados. Em vez de aglutinar as pessoas, deixou a rédea solta e viu seu núcleo de poder se dispersar. Não gozava da admiração de seus pares e não teve humildade para conquistá-la.

Restava-lhe o consolo de pensar que sua demissão havia sido disparada não por um erro jornalístico, mas por um ato calculado de seu namorado, que, apoiado por seus chefes, decidiu melar a venda da Gazeta Mercantil. Sandra teve a chance de ficar doze meses no comando do Caderno C. Não havia dúvidas de que se tratava de uma pequena vitória, considerando, ainda mais, que um ano inteiro foi sem a proteção de Pimenta. Ela tentava acreditar que a matéria da dívida trabalhista publicada no Estadão era o fator fundamental, e não a gota d'água, para sua dispensa. Tratava-se de um raciocínio perigoso porque a livrava de reavaliar sua experiência no Caderno C e analisar seus erros e acertos. Ingenuamente, tirava de si a responsabilidade pelo seu destino e atribuía suas mazelas aos outros. Falou com Pimenta sobre o caso e ele disse simplesmente que tinha obrigação de publicar a notícia e que não podia sentar em cima de uma história verdadeira e relevante para seus leitores. Procurou tranquilizá-la e acusou Luiz Fernando e Mário de não serem confiáveis. Disse que esperava uma reação desse tipo. Também criticou Delmo. Nas conversas do casal, Pimenta havia alertado Sandra para a possibilidade de uma perseguição sistemática. O diretor do Estadão também procurava minimizar sua responsabilidade pelo desenrolar dos acontecimentos que afetaram a namorada.

Logo depois das duas da tarde, Sandra viu que o Caderno C estava bem cheio, com muitas mesas ocupadas. Boa parte da equipe tinha voltado do almoço ou de algum trabalho externo. Chamou todos os que estavam por ali e comunicou sua saída. Disse que o período que passara na coordenação havia sido muito bom. Acreditava que o caderno tinha melhorado e atingido seu objetivo de aprofundar e ampliar o noticiário de negócios, o que era verdade. Mas não exatamente por seu esforço de coordenação, e sim pelo empenho e bom entendimento da equipe sobre a estratégia de cobertura do jornal. Disse também que havia dado o melhor de si para a Gazeta Mercantil e que lamentava uma demissão tão repentina. Sentiu-se escorraçada da redação. Apesar de pressentir que algo aconteceria, no fundo não quis acreditar que iria para a rua. Tinha muita intimidade com o jornal. Sabia que uma parte importante de sua vida chegava ao fim e agradeceu aos amigos que havia feito naqueles tempos. Todos ficaram em silêncio. Ninguém disse uma palavra de alento, nem agradeceu Sandra publicamente. Seu isolamento era visível. A despedida foi triste. Ela começou a chorar copiosamente e não falou mais.

– Tragam um lenço para a moça – alguém disse com maldade.

Depois que Sandra saiu, o único assunto em pauta na redação era sua demissão. Formaram-se rodinhas para comentar o seu discurso de despedida. O café ficou abarrotado durante toda a tarde, com gente circulando atrás de informação. Passou-se pelo menos uma hora até que o trabalho foi retomado. Por volta das cinco horas, quando a poeira baixou, Delmo chamou Ivo em sua sala para conversar. Queria sentir a temperatura da redação e saber se havia alguém contrariado com a demissão. Soube que Sandra falara durante dez minutos e queria saber o que ela havia dito e qual havia sido a reação das pessoas.

– Alguém está querendo se atirar pela janela? – perguntou.

– Não – respondeu Ivo. – Pelo contrário. A maioria do pessoal está contente. A redação está comemorando.

Ivo assumiu interinamente a coordenação do Caderno C enquanto não se definia um substituto, e a equipe de fechamento, que vinha trabalhando afinada, acumulou rapidamente as responsabilidades de Sandra. De um dia para o outro, as forças de produção se arranjaram. A chefia da redação também estava aliviada. De alguma maneira, a saída de Sandra acabava com um foco permanente de tensão política e de revolta de muitos jornalistas que achavam sua promoção uma injustiça. Além disso, liberava Mário Alberto para realmente tomar posse do Caderno C, onde ainda se mantinha, por conveniência, praticamente a mesma estrutura deixada por Pimenta. Uma de suas preocupações imediatas era começar a organizar a cobertura do leilão das estatais de telecomunicações, a cereja do bolo do processo de privatização levado a cabo pelo governo, que aconteceria em duas semanas. Bilhões de dólares engordariam as reservas do Banco Central e esperava-se que um setor estratégico, engessado, atrasado tecnologicamente e altamente ineficiente por causa da interrupção dos investimentos do governo voltasse a florescer. Para cobrir o leilão, que aconteceria na Bolsa de Valores do Rio, Mário queria mobilizar seus melhores recursos. Exigia que a Gazeta Mercantil tivesse a análise mais acertada daquele momento histórico.

Coincidência ou não, uma semana depois que Sandra deixou o jornal, Pimenta começou a abrir seu pacote de maldades. O corte profundo na redação do Estadão, aguardado desde sua chegada, tinha agora data para acontecer – a segunda quinzena de julho. Ele passara as últimas semanas pensando a respeito de uma lista prévia de possíveis demissões que havia chegado às suas mãos. Decidiu descartá-la. Concluiu que seria melhor virá-la completamente. A lista tinha mais de quarenta pessoas e ele percebeu que poderia reduzi-la quase pela metade se o critério de corte fosse o do salário mais alto, tornando as mudanças menos traumáticas. Acreditava que os editores e o pessoal mais qualificado da redação, com cargos elevados, teriam mais facilidade para arrumar emprego se fossem demitidos, enquanto para o jovem repórter a recolocação seria difícil. A lista inicial incluía até gente que ele pretendia contratar ou promover – o que aconteceria em um segundo momento. Respeitando a meta de redução de custos com pessoal estabelecida pelo departamento de Recursos Humanos, Pimenta mudou o perfil das pessoas que seriam dispensadas e, no lugar de colocar jornalistas do baixo escalão, optou por editores e cargos de confiança com salários superiores a 8 mil reais. No fim, o número de demitidos foi reduzido para cerca de 20.

Se sua decisão apresentava um verniz de proteção dos mais fracos, era também uma manobra para limpar a área e tirar da frente aqueles de quem desconfiava, que pertenciam ao grupo de Aluizio Maranhão. Queria parecer imbuído de uma missão jornalística superior, mas jogava baixo. Deu opção para dois dos demitidos, os editores de Política, Cida Damasco, e de Economia, José Roberto Campos, de escaparem das demissões em troca da entrega da cabeça de dois ou três subordinados. Se a soma dos salários dos escolhidos equivalesse ao rendimento mensal do editor, o jornal aceitava a troca. Era uma proposta abjeta que aliviaria a responsabilidade de Pimenta pelos cortes e não foi aceita nem por Cida nem por Campos.

Pimenta repetia os métodos adotados na Gazeta Mercantil para dominar a redação do Estadão. Seus argumentos, às vezes, eram nobres, mas as motivações, puramente políticas. Aluizio, por sinal, não participou desse processo de demissão, o que indicava seu afastamento do comando. Não era mais seu problema, até porque a sua turma estava sendo defenestrada. Pimenta tampouco o consultou sobre os nomes. Estava conquistando o poder pelas beiradas, no dia a dia, fazendo-se onipresente na redação e transformando-se no único interlocutor de Ruy Mesquita. A responsabilidade pelo fechamento da primeira página já era de Pimenta, e Ruy lhe dera carta branca para fazer escolhas e reorganizar as editorias do jornal à sua maneira. Em tese, diretor e diretor executivo acumulavam funções e atuavam de maneira redundante. Mas, na prática, aquela era uma divisão fictícia, pois quem tomava a decisão final era Pimenta, o diretor executivo, apesar de ocupar uma posição mais baixa no expediente. Seu corte de pessoal visava abrir espaços em todas as editorias, prioritamente em Economia, Política, Geral, Cidades e Esportes, onde pretendia colocar gente sua. Como Delmo previa assim que deixou o jornal, a entrada de Pimenta era uma intervenção dos acionistas na redação. Ele iria, mais cedo ou mais tarde, eliminar os opositores aos seus projetos de reforma – entenda-se: qualquer jornalista que pudesse lhe fazer sombra ou que não estivesse alinhado com suas ideias.

A lista de demissões incluía Cida Damasco, que havia deixado a Gazeta Mercantil exatamente um ano antes; Campos, além de vários subeditores, como Eduardo Belo, da Política, e alguns poucos repórteres. Pedro Cafardo, um dos editores-chefes e responsável pelo fechamento da edição, também saía, assim como Carlinhos de Oliveira. Cafardo recebeu a notícia da demissão quando ainda estava na França. A Copa do Mundo havia terminado, com a vitória dos anfitriões, e ele se preparava para retornar ao Brasil. Praticamente toda a cúpula da equipe de Aluizio deixava o jornal, em um sinal claro de que Pimenta impunha sua vontade. Nesse corte, ele praticamente não mexeu nas sucursais e também preservou o Caderno 2 e o comando dos suplementos. Em Esportes, tinha um plano que considerava trangressor: colocar uma mulher como editora. Imaginava que causaria surpresa no mercado ao escolher uma mulher para a chefia de uma área machista, quase sempre reservada aos homens. Escolheu então Isabel Tanese para o cargo.

O que aconteceu depois das demissões foi mais ou menos previsível e não estava sob controle de Pimenta. De certa forma, ele tinha razão quando dizia que os jornalistas mais graduados que ele tinha dispensado encontrariam mais facilidade para arrumar um novo emprego do que os mais jovens. Uma parte dos que saíram em pouco tempo se arranjou, justamente na Gazeta Mercantil. Cida, por exemplo, foi convidada para voltar para o jornal no mesmo dia que Pimenta a demitiu. Sabia que ele havia ficado melindrado quando ela decidira deixar a coordenação do Caderno A, logo depois que Sandra virou chefe. Desde que ele assumira o cargo de diretor executivo do Estadão, portanto, ela sabia que sua demissão era questão de tempo. Ao conversar com Delmo ao telefone, ele lhe disse que queria vê-la na coordenação do Caderno C, o mesmo desejo de Mário Alberto. Ela substituiria Sandra. Algumas semanas mais tarde, Delmo convidou também José Roberto Campos para ser um dos editores da primeira página da Gazeta e cuidar de seu acabamento. Da mesma forma que Cida, ele aceitou a proposta. Carlinhos de Oliveira assumiu um cargo de editor na Gazeta Mercantil Latino-Americana.

Cida assumiu automaticamente seu novo cargo na Gazeta Mercantil. Mário Alberto queria que ela tomasse pé da situação e tranquilizasse a equipe. Ela entendia bem do funcionamento do jornal e já era conhecida pela maior parte dos repórteres e editores do Caderno C. Além disso, era uma profissional admirada, com inegável capacidade de organização. Independentemente disso, Cida chegou precavida e uma de suas primeiras medidas foi conversar com as pessoas em quem Sandra confiava. Convidou Franco e Marli Prado para jantar e pediu que os dois continuassem no jornal. Disse que eles não tinham o que temer e podiam, se quisessem, permanecer em suas funções. Franco falou que só continuaria se pudesse deixar as rotinas de fechamento e ficasse livre para escrever matérias. Marli preferia se manter nas mesmas atividades. Ficou claro para Cida que nenhum dos dois sentia-se órfão de Sandra. Mesmo Marli, que eventualmente poderia se mostrar muito fiel à amiga, pareceu tranquila. Cida percebeu então que não haveria nenhum tipo de resistência à sua chegada no caderno e botou a mão na massa.

Sua primeira grande cobertura, dividida com os cadernos A e B, porque envolvia também o mercado de capitais e questões de infraestrutura, foi justamente sobre a privatização das estatais de telecomunicações. Todo mundo sabia que aquele era um grande momento do capitalismo brasileiro. Ninguém aguentava mais. A telefonia celular se arrastava e não havia dinheiro para novos investimentos. A demanda por serviços telefônicos era muito maior do que a oferta de linhas. Telefone era um artigo de luxo, um excelente investimento. A linha telefônica não era um mero serviço, mas um patrimônio. As linhas eram deixadas de herança e seu aluguel costumava ser um bom negócio.

Havia gente, em São Paulo e em todo o Brasil, que tinha vinte ou trinta linhas e vivia de alugá-las. Como os prazos dados pelas companhias telefônicas para instalar uma nova linha residencial ou comercial eram muito longos, a solução era partir para o aluguel. Enfim, o sistema de telecomunicações local estava travado em um momento de grande evolução tecnológica no mundo, quando os celulares começaram a fascinar os consumidores e a internet passava a fazer parte da vida das pessoas. A web comercial engatinhava, mas já era uma realidade. No Brasil, os serviços telefônicos estavam começando a sair de um grande marasmo.

A privatização aconteceu no fim de julho, em um leilão na Bolsa de Valores do Rio de Janeiro. Com o desmembramento da estatal Telecomunicações Brasileiras (Telebrás), foram oferecidas ao mercado 12 empresas: três de telefonia fixa, oito de telefonia móvel, na Banda A, e uma de longa distância, a Embratel. As fixas eram a Telesp, a Tele Centro-Sul, que incluía os estados do Sul, Centro-Oeste e Norte, e a Tele Norte-Leste, com a cobertura da Amazônia e do Nordeste do país. Na telefonia móvel, as empresas eram a Telesp Celular, Tele Sudeste, Telemig, Tele Sul Celular Sul, Nordeste Celular, Centro-Oeste Celular, Leste e Norte. A maior dessas empresas era a Telesp, arrematada pela Telefónica en España por R$ 5,78 bilhões. A oferta garantiu um ágio de 64,29% sobre o valor mínimo, de R$ 3,52 bilhões. Para levar o bolo, os espanhóis enfrentaram um consórcio formado pela Telecom Italia, Bradesco e Globo, que fez uma proposta de R$ 3,96 bilhões. Se perderam em São Paulo, os italianos saíram vencedores, com um consórcio liderado pelo Banco Opportunity e vitaminado pelos fundos de pensão, no leilão da Tele Centro-Sul, vendida por R$ 2,07 bilhões, com um ágio de 6,15%, e renomeada Brasil Telecom. Os serviços fixos da Tele Norte Leste, que passou a ser chamada de Telemar, foram adquiridos por um consórcio de empresas nacionais que pagou R$ 3,4 bilhões, apenas 1% de ágio.

No caso da telefonia móvel, a privatização havia começado no ano anterior, quando o governo ofereceu concessões por licitação pública para a chamada Banda B. Na ocasião foram arrecadados R$ 7,6 bilhões e a área 1, a mais cobiçada pelos investidores, que envolvia a Grande São Paulo, foi comprada por R$ 2,45 bilhões pela BCP, empresa formada pela BellSouth, Grupo Safra, Splice e Grupo Estado, que diversificava seus negócios e entrava no mercado de telefonia. Além da área 1, a BCP arrematou a área 10, que incluía os estados do Piauí, Ceará, Rio Grande do Norte, Paraíba, Pernambuco e Alagoas, por R$ 512 milhões. Pela primeira vez, o Estadão entrava em uma atividade que nada tinha a ver com jornalismo e se envolvia num mercado que exigiria alto nível de capitalização nos anos seguintes para montar a infraestrutura do serviço. A Banda A ainda não tinha ativos e a construção de sua rede partia do zero. A participação do Estadão no consórcio era minoritária, de 6%, mas ainda assim representava um investimento de cerca de R$ 180 milhões pelas duas companhias adquiridas, um risco que o jornal talvez só tivesse corrido uma vez em sua história, quando ergueu o portentoso prédio no bairro do Limão, 20 anos antes.

No leilão da Banda A, em 1998, portanto, a família Mesquita não era apenas observadora do processo, mas parte totalmente interessada. Da disputa pela Telesp Celular sairia seu concorrente direto na região metropolitana de São Paulo, que daria a largada já com uma infraestrutura de rede considerável, montada desde 1993, quando o serviço começou a ser oferecido no Estado. Pimenta estava consciente de que a cobertura do processo de privatização precisaria ser equilibrada e mais isenta do que nunca. Destacou seus melhores repórteres em São Paulo e no Rio para cobrir o leilão e dedicou mais de 30% do caderno de Economia no dia seguinte para mostrar e analisar seus resultados. A Gazeta Mercantil não ficou atrás. Apoiada no trabalho de vários jornalistas especializados e sem qualquer interesse, deu prioridade total ao assunto e ofereceu o noticiário mais completo. A Telesp Celular acabou sendo adquirida pela Portugal Telecom, por R$ 3,58 bilhões, e rapidamente passou a oferecer, em grande escala, o serviço que revolucionaria o mercado brasileiro: o celular pré-pago. Se tinha perdido participação de mercado com a chegada da BCP, nos meses seguintes começaria a recuperar espaço. A partir daquele momento, o Estadão estava metido até o pescoço numa briga de gigantes.

Graças à venda das empresas de telecomunicações, o governo obteve, naquele ano, a maior arrecadação com a venda de estatais em sua história: R$ 37,5 bilhões. O leilão rendeu sozinho R$ 22,058 bilhões em um só dia, com um ágio médio de 63,7% sobre a oferta mínima. Era ano de eleição presidencial e Fernando Henrique tentaria se reeleger, colhendo os bônus da visível prosperidade. E as privatizações, pelos recursos que geravam, eram um alento. Havia, no entanto, um lado perigoso, relacionado às denúncias de manipulação do processo que surgiram nas semanas seguintes e atingiam principalmente o Banco Opportunity e seu dono, Daniel Dantas; a Brasil Telecom e a Telemar; além do ministro das Comunicações, Luiz Carlos Mendonça de Barros, do presidente do BNDES, André Lara Resende, e de diretores do Banco do Brasil que apoiaram a entrada dos fundos de pensão no negócio em sociedade com Dantas. Se havia vantagens econômicas, com o aumento das reservas internacionais, a privatização das empresas de telefonia apresentava também um alto risco político.

O Plano Real continuava ameaçado pelos efeitos do câmbio, mas as reservas haviam alcançado US$ 70,2 bilhões ainda em julho, o que, aparentemente, dava algum conforto para o Banco Central. Na disputa eleitoral, que já havia sido disparada, a estabilidade representava uma vantagem absoluta para Fernando Henrique. O governo demonstrava ter controle sobre a situação e exibia boa capacidade de administrar a economia. O que ninguém esperava é que mais uma vez uma crise localizada teria consequências globais e sistêmicas e exporia vulnerabilidades latentes no plano de estabilização brasileiro. O impacto seria muito maior do que o causado pela crise mexicana ou pela asiática. Dessa vez, a confiança dos mercados emergentes despencaria e o Brasil seria afetado. O núcleo do problema estava na Rússia, que tinha feito uma transição acelerada e cheia de falhas do sistema comunista planificado para a economia de mercado. O esfacelamento da antiga União Soviética, a desvalorização das *commodities* agrícolas, minerais e energéticas (na época, o preço do petróleo caiu abaixo de 10 dólares), o que reduziu as receitas de exportação; a dívida externa e a falência de setores produtivos tradicionais, que perderam eficiência e ficaram defasados tecnologicamente, levaram o país à bancarrota e expuseram a vulnerabilidade de outras nações que apresentavam dificuldades estruturais semelhantes às russas.

Diante da crise, o governo russo decidiu fazer uma forte desvalorização do rublo seguida de uma moratória, a princípio de 90 dias – suas dívidas internacionais de curto prazo superavam os US$ 80 bilhões. Somou-se aos problemas econômicos o recrudescimento dos confrontos com os separatistas na Chechênia. Precavidos pelos problemas na Ásia, os investidores internacionais entraram em pânico e dispararam uma maciça fuga de dólares. E repetiram a dose em vários países emergentes. Bancos da Europa e dos Estados Unidos cortaram, de uma hora para outra, o crédito das empresas nesses mercados, inclusive das mais sólidas. Hong Kong, o único lugar na Ásia que havia mantido sua taxa de câmbio intacta, mais ou menos como o Brasil, e usando de expedientes parecidos, sucumbiu sob um forte ataque especulativo. Em duas semanas, as autoridades monetárias locais venderam US$ 15 bilhões de reservas acumuladas de US$ 96,5 bilhões.

Na mesma hora, as atenções se voltaram para o Brasil. Apostou-se que o Banco Central não seria capaz de manter sua política de venda de dólares para sustentar o câmbio. O endividamento externo, tanto do governo como da iniciativa privada, embora não fosse tão grande como na Rússia, causava desconfiança, e considerava-se o risco de um calote. Se houvesse desvalorização do Real, a dívida se elevaria e comprometeria a saúde de muitas empresas, alavancadas em moeda estrangeira. Em meio às eleições presidenciais, seria um tiro no pé. Só cabia ao governo sustentar a paridade do real com o dólar. Para segurar o câmbio, o Banco Central passou a vender suas divisas. Nos meses seguintes, o Brasil perderia US$ 36 bilhões, mais da metade de suas reservas, e ficaria mais exposto do que em qualquer outro momento da trajetória do Plano Real. Pela primeira vez em quatro anos, o Produto Interno Bruto (PIB) estava estagnado. A taxa de crescimento do Brasil ficou em 0% no balanço final, isso depois de uma sequência de saltos no PIB de 4,2%, 2,2% e 3,4% no triênio anterior. A crise sistêmica trouxe, afinal, mais emoção para as eleições, mas o nível de confiança no governo continuava alto.

– Ainda bem que escapei da crise russa – comentou Sandra com um amigo em tom de brincadeira, algumas semanas depois de deixar a Gazeta Mercantil. – Imagina a loucura que está sendo essa cobertura. Será que o Brasil aguenta?

O amigo achava que sim, mas, de fato, o trabalho estava sendo intenso e havia muita incerteza, tanto no mercado como nas redações. No Estadão, pretensiosamente, Pimenta achava que não havia jornalista mais gabaritado que ele para compreender e traduzir os meandros de uma complexa crise global. Sentia-se à vontade no meio do caos econômico e queria entregar notícias e artigos esclarecedores ao leitor. Trabalhava muito naqueles dias. Saía do jornal altas horas da noite, mas andava feliz. Nem conseguia encontrar Sandra direito. Estava tão cansado que mal tinha tempo de namorar. A editoria de Economia, depois da saída de José Roberto Campos, passou a ser comandada por Eleno Mendonça, até então chefe de reportagem, responsável pela pauta, e estava recebendo o reforço de novos repórteres. Entre os assuntos que mais interessavam estava a reação da iniciativa privada no Brasil aos efeitos da crise russa. Também se observavam os primeiros passos das novas empresas de telefonia. A Telesp Celular, que demoraria para se chamar Vivo, lançava o celular Baby, o primeiro pré-pago do mercado paulista. E a Telefônica preparava-se para pintar todos os orelhões de São Paulo de verde-limão. Enquanto isso, o cenário eleitoral tornava-se mais conturbado e a editoria de Política precisava ser capaz de perceber em que medida o ressurgimento de uma certa insegurança econômica poderia afetar a corrida entre os candidatos.

Passado o baque inicial da demissão, Sandra tratou de se recolher. Pimenta achava que era o melhor que ela tinha a fazer. Os dois ganhariam com isso. Depois da grande exposição, seria adequado sair de cena um pouco, deixar o mercado esquecer os acontecimentos recentes. Àquela altura, ele não queria – nem seria adequado – levá-la para o Estadão. Precisava antes consolidar sua própria posição na redação e não pensava em repetir a experiência da Gazeta Mercantil. Marco Antonio Rocha raramente falava com ele sobre esse assunto, mas de vez em quando conversavam sobre Sandra. Como outros amigos com quem o diretor do Estadão se abria um pouco, ele sugeria que talvez Pimenta estivesse indo longe demais na ajuda à namorada. Ninguém queria se intrometer na vida de um homem adulto como ele, mas muita gente próxima não gostava de Sandra e era franca sobre isso. Marco Antonio não tinha nada contra Sandra – achava até que ela era uma moça bonita e inteligente. O problema é que via o amigo perdendo o bom senso que sempre o havia caracterizado. Naquele tempo, Pimenta lhe disse que não pensava em trazer a namorada para o jornal sob nenhuma hipótese.

Sandra sabia que enfrentaria um período de quarentena antes de conseguir uma vaga no Estadão. Queria também testar suas chances em outros empregos. Mas não estava ansiosa. Sua prioridade era o estudo. Intensificou o convívio familiar e voltou a frequentar a casa de seus pais durante a semana, em vez de só falar por telefone. Apanhava a mãe em casa, na Rua dos Operários, e a levava ao shopping para fazer compras. Passou também a viajar mais vezes para Ibiúna para cavalgar e a encontrar mais as sobrinhas. Queria, antes de mais nada, descansar em um primeiro momento e, na sequência, levaria adiante seu plano de fazer uma pós-graduação. Desde que entrara profissionalmente no jornalismo, dez anos antes, deixara de estudar com regularidade e afinco.

Concluiu que tinha agora a oportunidade de se aperfeiçoar. Pretendia adquirir novos conhecimentos para retomar a carreira mais adiante. Se quisesse evoluir no trabalho jornalístico, precisaria se aprofundar em conceitos e análises econômicos, pensava. Pimenta a estimulava nessa iniciativa. Dinheiro, pelo menos no curto prazo, não lhe faltava. Podia ficar um ano dedicada a alguma faculdade e cultivar o espírito. A indenização trabalhista, contando fundo de garantia, multas, aviso prévio, férias vencidas e décimo terceiro salário, depois de tanto tempo na Gazeta Mercantil, superava os 200 mil reais, fora a previdência privada. Era econômica e tinha se prevenido nas suas aquisições recentes, pagando tudo à vista. E na Gazeta Mercantil, para evitar mais confusão, ninguém quis falhar com Sandra nesse ponto, nem Mário Alberto, nem Luiz Fernando. Claro que houve algum atraso, porque isso fazia parte da cultura da empresa. Mas seu dinheiro saiu em menos de dois meses.

Sandra e Pimenta não falavam muito em casamento. Para ele, era um ponto passivo. Não iria casar de novo, até por questões patrimoniais. Seu divórcio havia saído e oficializar uma nova relação estava fora de cogitação. Considerava o que tinha com Sandra uma espécie de matrimônio. Continuava apaixonado e tinha a relação estável que queria. Moravam em casas diferentes e isso dava alguma liberdade aos dois. Conforme o dia da semana, dormiam na casa dele ou no apartamento dela. Nos fins de semana, iam para o sítio de Pimenta em Mailásqui e depois saíam para cavalgar. Encontravam-se três ou quatro vezes por semana, no máximo. Sandra queria preservar uma certa intimidade. Achava um bom modelo de relacionamento. Via uma larga distância entre namorar e casar e tinha desistido da ideia de casamento. Sonhava com filhos e Pimenta descartava essa possibilidade – sua descendência iria se limitar a Stephanie e Andréa. Se algum dia ela ficara ansiosa com esses assuntos, isso já havia passado. Àquela altura, a tendência do relacionamento era mais de separação do que de aprofundamento de uma vida conjugal.

O namoro sempre esteve sujeito a chuvas e trovoadas. Ameaças de separação percorreram todo o relacionamento, e qualquer faísca podia disparar uma briga feia. Tirando os cinco ou seis meses iniciais, quando viveram uma espécie de lua de mel, o resto do tempo foi de oscilações abruptas entre a felicidade e o conflito. Pimenta lhe abria espaço profissional, mas uma crise de ciúmes já o fazia ameaçar voltar atrás, como na época do suspense sobre sua promoção para o cargo de coordenadora do Caderno C da Gazeta. Tinha uma vontade irrefreável de controlar a namorada e de ser o senhor do seu destino, mas vivia essa compulsão de maneira contraditória. Com serenidade, dizia, às vezes, para Marco Antonio, que estava se afastando dela. Em algumas ocasiões falava que o distanciamento era definitivo. Em outras, manifestava que pretendia separar de uma vez por todas sua vida afetiva da profissional e mantê-la distante do Estadão. Certo dia foi explícito e declarou que nunca a traria para trabalhar no jornal. Mas como Pimenta sempre voltava atrás, Marco Antonio não o levava muito a sério nesses assuntos amorosos. Percebia que estava obscurecido pela paixão.

As filhas de Pimenta não conheciam Sandra. Ele nunca a apresentara a elas. Havia uma demarcação clara entre a sua família nos Estados Unidos e a namorada no Brasil. Nos primeiros tempos, Sandra incomodava-se um pouco com esse bloqueio intencional. Era três anos mais velha que as gêmeas e tinha curiosidade de conhecê-las. Mas Pimenta não queria misturar as coisas e suas filhas não tinham nenhum interesse em encontrar a nova mulher do pai. Seu ambiente familiar, somando filhas, irmãos e outros parentes, excluía Sandra. O relacionamento não era bem-visto, principalmente por causa da diferença de idade. Na família, era a única situação em que parecia esconder a namorada. Em todas as outras, gostava de exibi-la em público, em eventos sociais e até em encontros de empresários. De qualquer forma, àquela altura ela não estava mais preocupada com o fato de Pimenta assumi-la ou não como namorada oficial, ou de parecer uma simples amante. Suas ilusões a esse respeito foram, aos poucos, se dissipando. Os limites de sua convivência estavam estabelecidos e, tirando os ciúmes excessivos que ele demonstrava, o resto parecia mais ou menos dentro da normalidade. Se ele não queria casar, então que lhe desse mais liberdade para levar sua vida, que acabasse com aquela vontade de aprisioná-la.

Os ciúmes de Pimenta continuavam sendo um problema sério e Sandra tentava prever como se manifestariam nessa nova fase, pós-*Gazeta Mercantil*. Sabia que não seria mais vigiada no dia a dia por Franklin, o que era um alívio. O que ela não previa é que Pimenta daria um jeito de acompanhar seus movimentos e encontraria motoristas no *Estadão* dispostos a fazer esse serviço. Ele descobrira um apartamento para alugar no prédio de Sandra, no terceiro andar, bem em frente ao dela. Pegou os contatos da imobiliária e no dia seguinte os passou para a secretária da diretoria do jornal, Leila Ventura. Pediu que ela descobrisse o valor do aluguel e providenciasse o contrato de locação. Em poucos dias o imóvel estava alugado. Sandra nem imaginava o que estava acontecendo. É difícil saber o que ele pretendia exatamente com essa iniciativa. Não teria muito tempo para ficar espiando a namorada pelo olho mágico quando ela chegasse ou saísse de casa, o que, além do mais, era algo ridículo. Como o prédio não tinha porteiro, podia circular sem ser notado. Eventualmente, ficaria na espreita, tentando flagrá-la em algum deslize ou traição. Alugou o imóvel na Vila Mariana, convertido em posto de vigilância, durante seis meses, e como não descobriu nada, até porque não havia nada para descobrir, viu que desperdiçava dinheiro e acabou desistindo do apartamento.

Mesmo sem nenhum emprego engatilhado, em novembro, Aluizio Maranhão decidiu deixar a direção da redação e partir para novos projetos. Teve certeza, depois de dez anos no jornal, sete deles como diretor, de que seu tempo ali havia acabado. Pimenta desmontou sua equipe, demitiu as pessoas de sua confiança e tomou posse de todas as editorias. Como se previa, foi feita, na prática, uma "intervenção branca", suave e gradual, sob os auspícios de Ruy Mesquita. Não houve pressa, mas todos os movimentos foram previstos e incisivos. Com Pimenta, Ruy assumia de direito e de fato o comando editorial do principal jornal de sua família. Como era de esperar, teria plena liberdade para imprimir sua marca de identidade no Estadão. Embora respeitasse muito o que seu irmão Julio de Mesquita Neto havia feito no passado, tinha uma visão própria de como as coisas deveriam ser executadas e o melhor representante para colocar em prática seus planos era Pimenta. Gostava do resultado do jornal dirigido por ele, concordava que a economia deveria prevalecer sobre os outros assuntos e tinham uma convivência harmônica e sem conflitos.

Para Sandra, ficava claro que o namorado poderia levá-la para o Estadão quando bem entendesse. Ela, porém, havia tomado uma decisão: iria se matricular em um curso de pós-graduação na Fundação Instituto de Pesquisas Econômicas (Fipe), da Faculdade de Economia, Administração e Contabilidade da USP. Queria estudar comércio exterior e começaria o curso no início do ano seguinte. Obteve a vaga graças ao seu bom currículo e cuidou de todos os trâmites da matrícula. Estava decidida a dar um tempo no trabalho jornalístico. Rapidamente se curou do trauma da demissão e livrou-se de qualquer mágoa, algo que não costumava cultivar. Tanto que não teve dúvidas em participar da festa de despedida de Luciana Magalhães, que deixava a Gazeta Mercantil porque tinha sido convidada para trabalhar na agência Bloomberg, nos

Estados Unidos. Sandra queria se reintegrar, recuperar os velhos tempos, quando sua história ainda não estava marcada pelo namoro com Pimenta, e mostrar aos antigos colegas que o momento era outro. Chegou à festa, na verdade uma reunião com cerca de 20 pessoas em um bar na Vila Madalena, e reencontrou, pela primeira vez desde sua saída do jornal, muitos velhos amigos, ex-subordinados e gente de quem havia se afastado. Foi recebida com frieza, mas não se abalou. Não achava que tivesse feito nada de mau contra ninguém que estava ali. E não tinha feito mesmo. Sandra era uma boa moça e sempre teve um bom caráter. Enquanto foi coordenadora da Gazeta Mercantil, jamais foi cruel ou perversa com alguém. Se cometeu deslizes, foram insignificantes.

CAPÍTULO 6

Com as mãos unidas nas costas e olhando para baixo, Pimenta circulava vagarosamente pela redação. Parecia perdido em pensamentos, elevado em abstrações e ideias para o jornal. Além de valorizar a cobertura econômica de maneira atípica, como não se via em nenhum outro diário generalista do Brasil, ele tinha fórmulas diferentes para a primeira página. No seu "cardápio" de destaques para a capa, gostava de incluir fotos de animais ou de mulheres bonitas. Buscava nas mulheres novas faces, belezas surpreendentes. Não queria vulgaridade, mas surpresa jornalística. Alguns de seus repórteres lembram bem de como ficou animado, logo que chegou ao Estadão, dois anos antes, com o surgimento de Débora Rodrigues, a musa do MST que tinha sido frentista e motorista de ônibus de boias frias e acabou sendo capa da Playboy. Dos acampamentos precários e sujos, onde todos viviam em permanente tensão, de repente aparecia uma mulher bela e sensual. Naquele dia, ouviu-se da boca de Pimenta:

– Mulher bonita na capa vende jornal.

Pretendia deixar mais leve a primeira página de uma publicação que se orgulhava de ser pesada e monótona. Achava que o jornal falava para um público pequeno e que podia ambicionar voos mais altos, sem trair a tradição, mas tornando-o mais amigável. As fotos de animais, em sua opinião, também ajudavam muito a alcançar esse efeito rejuvenescedor. Bichinhos de estimação, cavalos, focas, onças ou gaviões, qualquer um. Sempre que tinha oportunidade estampava um bicho na capa, com o argumento de que atraía o leitor médio e trazia popularidade para o jornal. Chegou a lançar um suplemento chamado "Cavalos" para homenagear o animal de que mais gostava.

O ano de 1999, por sinal, começava quente na zona rural. No ano anterior, o MST havia feito 599 invasões em áreas improdutivas. Foi um recorde histórico. Eugênio Melloni, o repórter dedicado aos assuntos da reforma agrária, viajara quase o ano inteiro atrás de reportagens por todos os cantos do Brasil. Um mês ia para Parauapebas, perto de Eldorado dos Carajás, no Pará, depois passava a semana no Pontal do Paranapanema, em São Paulo. Mal tinha tempo de respirar. Havia grandes invasões do MST programadas e haveria outras tantas não programadas nos meses seguintes. O assunto mexia com as entranhas ideológicas do Estadão, por sua ameaça à iniciativa privada e às velhas oligarquias inoperantes que promoveram o jornal por muito tempo. Para o Estadão, era a maior brutalidade que o Brasil sofria naquele momento. João Pedro Stedile[1] era considerado quase o diabo quando dizia que o MST continuaria "sua missão de organizar os pobres no campo". Pimenta não tinha problemas com a visão da família controladora do jornal e tampouco tinha restrições para executar qualquer serviço editorial. Seu negócio era fazer o jornal bem-feito, sem bobagens e não decepcionar o dono. Qualquer apoio a ideias socialistas seria fatal. Na verdade, só chegou aonde chegou porque se livrou de qualquer pendor esquerdista que pudesse ter tido algum dia na vida. Sentia-se, portanto, muito à vontade entre os detratores do MST e descia o sarrafo em Stedile com o máximo prazer.

Sob os auspícios de Ruy Mesquita, Carlos Soulié do Amaral, que já estava no Estadão quando Pimenta chegou, escrevia as matérias editorializadas[2] que condenavam o movimento, e Melloni ajudava a tornar o conjunto da cobertura mais isento e equilibrado. Como era um assunto prioritário, o Estadão não economizava em viagens para acompanhar cada passo do MST. Seus repórteres estavam em todos os pontos críticos e acompanhavam de perto as lideranças dos sem-terra.

1. Fundador e membro da direção nacional do MST. É economista e ativista da reforma agrária desde 1979.
2. São aquelas matérias feitas para defender o ponto de vista do jornal, que parecem objetivas, mas são encomendadas por alguém do alto escalão. Normalmente, apenas colhem argumentos para justificar uma tese editorial.

Soulié tentava vasculhar as bases ideológicas e os objetivos ocultos dos ativistas. Tratava de mostrar, por exemplo, que o MST, junto com a Coordenadoria Latino-Americana de Organizações do Campo (Cloc), pretendia "detonar a democracia capitalista e o neoliberalismo que sufocam as esquerdas progressistas". Em um curso de capacitação de militantes, numa chácara em Sidrolândia, em Mato Grosso do Sul, ouviu militantes falando em "libertação do proletariado" e em socialismo. Parecia fazer uma grande denúncia. Ouvia, afinal, que, para alcançar seus objetivos, o MST se valeria de "todas as formas de luta possíveis, tendo sempre em mente o poder".

Ruy Mesquita estava satisfeito com o trabalho da editoria e Pimenta também. Tomavam-se alguns furos da Folha ou do Globo, que também acompanhavam o assunto de perto, dava outros. A cobertura tinha o tom que ele queria. Obviamente, interessava ao Estadão mais o ponto de vista do latifundiário e do movimento ruralista do que o do camponês desgraçado que tentava arrumar um bocado de terra para sobreviver e ter alguma perspectiva na vida. Achava, desde sempre, que o objetivo do MST era um só: a tomada do poder, e ia atrás da confirmação das suas teses. Qualquer coisa que parecesse ameaçar a propriedade privada, fosse a posse de terra obtida de maneira legítima ou não, era condenada como ação anárquica que tinha o objetivo de desestruturar a nação. Exacerbava a ideologia do movimento, esvaziando seu pragmatismo e seus objetivos imediatos de acabar com injustiças e desigualdades históricas no campo. Na sua opinião, não se tratava de um movimento apenas reformista, mas sim de algo revolucionário que pretendia mudar o sistema. O Estadão sempre foi muito sensível a qualquer ameaça ao capitalismo.

A posse do presidente reeleito Fernando Henrique tinha sido tranquila, mas ele se preparava para um período bem difícil. A oposição no segundo mandato seria permanente e a política econômica, por si só, daria menos frutos do que nos quatro anos anteriores. No primeiro, o passivo de ineficiência e os desperdícios (de linhas telefônicas, água, energia elétrica, potencial de mercado etc.) eram tantos que os ajustes proporcionados pelo Plano Real tiveram um grande efeito distributivo de renda, além de sufocar a inércia inflacionária. Mas não havia mais gordura para queimar. A parte maligna da nossa patologia econômica tinha sido extirpada, mas faltava construir um mercado. Alguns vícios estruturais estavam expostos e os limites da política de distribuição de renda, fator fundamental para um segundo salto de expansão, tinham sido alcançados. Depois de um grande avanço, a economia entrava novamente em uma fase de estagnação, com o PIB mantendo-se zerado por quase dois anos. O acirramento do conflito com os sem-terra era, em parte, consequência dessa paralisia. Sentia-se que um caminho que tinha dado muito certo havia sido interrompido. As regras do jogo precisariam mudar. Mesmo assim, Fernando Henrique teve força para ganhar a eleição. Venceu com relativa facilidade, em primeiro turno, com cerca de 53% dos votos válidos. O eleitor ainda confiava nele para manter o Brasil em ordem. Lula ficou em segundo, com 31,7%, e Ciro Gomes teve 10,9%. Foi a primeira vez em que as urnas eletrônicas foram usadas em uma eleição presidencial.

A crise russa, convertida em crise de confiança nos mercados emergentes, havia levado as reservas brasileiras para o buraco. Em parte, porque o país não tinha um fluxo de caixa favorável em moeda estrangeira e as reservas decresciam organicamente. Desde 1995, a balança comercial estava no vermelho e no ano anterior o saldo negativo fora de R$ 6,6 bilhões. Além disso, intensificou-se um movimento especulativo global que tentava ganhar com o descontrole cambial em um ou outro país. Apostava-se no câmbio baixo quando a moeda tendia a se inferiorizar em relação ao dólar e era só esperar o circo pegar fogo. Quando essas apostas cresciam muito, a chance de a profecia se realizar aumentava. Em seis meses, US$ 36 bilhões deixaram o país e o colchão de proteção do valor do real minguou para US$ 34,2 bilhões. E não havia como projetar que esse escoamento de moeda estrangeira seria interrompido. A tendência era francamente negativa para o país, tratado como a "bola da vez". As divisas desciam pelo ralo e quando acabassem, considerando um cenário catastrófico, o Banco Central não teria mais armas para entrar no mercado comprando dólares para segurar o câmbio. Aconteceria o que aconteceu na Malásia, na Rússia e em vários outros países. Um dos temores dos gestores do plano era de que o real se desvalorizasse muito, pressionando abruptamente as empresas com altos custos em dólares, por conta de importação de insumos ou do endividamento, e elevando os preços do mercado interno e a taxa de inflação.

Enquanto pôde, o governo procurou impedir que a moeda oscilasse ao sabor do mercado, embora, às vezes, isso acontecesse – e usou suas reservas como âncora cambial, ou seja, administrou o câmbio. Desde a eclosão dos problemas na Rússia, as intervenções se intensificaram. A certa altura, parecia que as reservas eram tudo, e sua diminuição era proporcional ao aumento da tensão e do nervosismo dos agentes financeiros e dos setores produtivos. A política nunca fora exatamente de fixação do câmbio, mas perseguia-se o 1 por 1 em relação ao dólar obstinadamente para fortalecer a moeda. Havia grande preocupação em tornar a moeda confiável. Em certo momento, um dólar chegou a valer R$ 0,84. Isso diminuía a competitividade do produto brasileiro – o iuan chinês, por exemplo, vinha se mantendo sempre desvalorizado em relação ao dólar, valendo ⅛ ou 1/9 da moeda americana, o que fazia os produtos chineses ficarem baratos mundo afora. Finalmente, no começo do ano, o governo desistiu de vender dólares para segurar o câmbio e se rendeu às forças do mercado. No dia 13 de janeiro, o câmbio pela primeira vez funcionava livremente. Naqueles dias, um dólar chegou a valer R$ 1,32. Restava saber se o Brasil seria capaz de se sustentar sem essa proteção, em uma situação de mercado cambial livre e trabalhando com um regime de metas de inflação e de controle do superávit primário. Antes, diante de qualquer pressão externa, o país passava a vender seus dólares para sustentar o valor de sua moeda. O câmbio era flutuante, mas manejado pelo Banco Central. Com a crise russa, porém, esse sistema chegou ao fim. O Banco Central deixava de vender dólares para manter o câmbio. Apenas deixou que flutuasse.

A partir desse dia, em vez de se sustentar nas reservas de dólar, tecnicamente o Plano Real mudou seus fundamentos – para alguns economistas, inclusive, deixou de existir – e passou a se apoiar em um tripé macroeconômico com bases de sustentação muito mais sólidas e menos sujeitas a ataques especulativos. Esse tripé incluía o câmbio realmente flutuante e livre de qualquer intervenção, o regime de metas de inflação e o superávit primário, que é o saldo positivo das contas públicas, excluídos os juros. No mesmo dia em que a política cambial mudou, Gustavo Franco, então presidente do Banco Central, contrário à alteração de rumos da economia, pediu demissão ao ministro Pedro Malan e foi substituído por Francisco Lopes, funcionário de carreira do banco. Lopes assumia bancando a nova política e batizou o câmbio flutuante de "banda diagonal endógena". Em miúdos, significava o alargamento da banda de variação do câmbio, controlada diariamente. O problema é que o Brasil sofria na mesma hora um ataque especulativo de grandes proporções e o governo não queria correr o risco político de uma desvalorização descontrolada. Lopes teve uma presença relâmpago à frente do Banco Central, e a banda diagonal endógena, a curtíssimo prazo, abalaria a economia e causaria uma profunda incerteza. Mas, com o passar do tempo, a flexibilização conteria o escoamento das reservas, impulsionaria as exportações e diminuiria as importações, invertendo a tendência da balança comercial. O dólar terminaria o mês valendo R$ 1,96.

Apesar de ter assumido a direção da redação três meses antes, Pimenta só decidiu atualizar o expediente do jornal no dia 11 de janeiro, dois dias antes da queda de Gustavo Franco. Nesse dia, o nome de Aluizio Maranhão, que havia deixado a empresa nos últimos meses de 1998, saiu do alto da página 3 e o de Pimenta ficou sozinho, tendo apenas Ruy Mesquita como seu superior editorial. Fez isso por aparente desleixo, para não parecer vaidoso em demasia ou muito ansioso em tomar posse. Todo mundo já sabia que ele era o chefe e isso bastava. Deixou a mudança do expediente de lado e botou a mão na massa. Queria mostrar serviço, e a conjuntura econômica instável o fazia se sentir mais útil. Conhecia toda a cúpula do Ministério da Fazenda e tinha acesso a fontes qualificadas do governo, embora não contasse muito com a simpatia do ministro Pedro Malan, de quem havia sido contemporâneo no Banco Mundial. Era, possivelmente, o mais poderoso diretor de redação do jornal em sua história recente. Estava governando sozinho e tratava agora de escolher seus editores executivos e assistentes mais diretos, que seriam vinculados tanto à abertura do jornal como ao seu fechamento. Pimenta queria fortalecer as duas pontas. Formava-se um novo núcleo de poder na redação de um dos mais tradicionais jornais do país e o reinado era dele.

A economia produzia fatos de grande repercussão quase todos os dias. Pimenta queria mais gente especializada, que tivesse grande capacidade de trabalho ao seu lado. Em menor escala, pensava em uma editoria cheia de setoristas, como uma pequena Gazeta Mercantil. Para coordenar a abertura do jornal[3], foi buscar Vera Brandimarte, com quem tinha trabalhado na Gazeta Mercantil até o começo de 1997, quando ela foi para o Jornal do Brasil. Lá, assumiu imediatamente a função de repórter especial na sucursal de Brasília e depois foi transferida para o Rio, onde comandou a editoria de Economia. Fazia parte da equipe de Marcelo Pontes, Marcelo Beraba e Paulo Totti, considerada a última grande equipe de um dos jornais mais inovadores da história do Brasil. Antes do convite de Pimenta, chefiava a sucursal do jornal carioca em São Paulo. Pimenta a convidou primeiro para comandar a sucursal do Estadão em Brasília. Acabaram fazendo outro acordo e ela terminou voltando para São Paulo para ser uma das coordenadoras de produção do Estadão. Trabalharia intensamente durante a manhã, encabeçaria a reunião de pauta e faria o jornal deslanchar. Outra de suas funções seria desenvolver um plano de negócios para um projeto de um jornal de economia veiculado apenas na internet, sem versão impressa. O trabalho cotidiano intenso, porém, o fez deixar de lado a ideia, que acabou abandonada. Vera era conhecida por ter uma memória prodigiosa e por saber de tudo o que acontecia. Lia todos os jornais importantes e sabia separar o joio do trigo. Além disso, conseguia gerenciar grandes equipes, identificar talentos e distribuir tarefas.

O Jornal do Brasil era outra dessas empresas de mídia problemáticas e cheias de dívidas, que atrasavam salário, não cumpriam obrigações trabalhistas e viviam em busca de um comprador, como a Gazeta Mercantil. Seus donos pertenciam à família Nascimento Brito, de pose

3. É o momento da manhã em que a produção do jornal, em uma reunião por volta das 11 horas, é aberta e as pautas da redação de São Paulo, das sucursais dos Estados e dos correspondentes internacionais são consolidadas.

aristocrática, mas cuja situação financeira se deteriorava na virada do século. O diário, outrora um dos mais prestigiados do país, que fez história ao lançar, por exemplo, o primeiro caderno totalmente dedicado a variedades, o Caderno B, na sua fase moribunda, terceirizava a impressão de toda a sua tiragem diária, além de parte da distribuição, para o concorrente O Dia, que vendia algumas horas de sua gráfica e seus recursos logísticos. Já não disputava com O Globo a liderança do mercado carioca, e suas vendas caíram sem parar até estabilizar em uma média de 70 mil exemplares por dia e 105 mil aos domingos, numa época em que a circulação de grandes jornais de São Paulo e do Rio superava os 400 mil exemplares nos fins de semana. A saída de Vera estava relacionada com problemas do jornal, que entrava na UTI e não oferecia mais boas perspectivas profissionais. Entrara em um ciclo de autodestruição do qual não sairia mais. Totti deixou o JB mais ou menos na mesma época que Vera, assim como aconteceria com todo o grupo de comando. Foi o último suspiro do velho JB, criativo no design e no apoio alegre e desencanado à ditadura.

Vera entrou no Estadão na hora certa, em um momento decisivo. Precisou se adaptar à nova rotina em alta velocidade. A economia brasileira fervia. As reservas estavam sendo tragadas e Francisco Lopes mal conseguiu esquentar a cadeira da presidência do Banco Central. Em rigor, nem assumiu – ficou apenas como interino e desagradou tanto o presidente Fernando Henrique como o ministro Malan na rápida oportunidade que teve para gerenciar a crise. Achava que a desvalorização do real perante o dólar dispararia em um primeiro momento (*overshooting*), mas que a recuperação aconteceria em seguida, naturalmente, na mesma velocidade. O presidente não pensava que as coisas aconteceriam tão naturalmente assim. Com Malan, Lopes divergiu na condução das negociações da dívida com o Fundo Monetário Internacional (FMI). Interrompeu sua carreira precocemente quando, na última sexta-feira de janeiro, não interveio no câmbio como Fernando Henrique esperava que fizesse. A intenção do governo era deixar o câmbio flutuar e fazer intervenções oportunas quando fosse inevitável. Ou seja, quando o custo político da desvalorização começasse a subir muito, seria o caso de intervir. Lopes, que ficou no cargo formalmente apenas cinco dias, não fez nada e, por isso, caiu. No dia seguinte foi anunciado o nome do seu substituto: Arminio Fraga, que trabalhava para o megainvestidor americano George Soros.

Pimenta gostou do nome e da substituição, embora não tivesse uma boa relação com Malan. Sentia-se rival do ministro desde os tempos em que era funcionário do Banco Mundial. Mas achava Fraga um dos melhores quadros do governo e considerava uma boa iniciativa de Fernando Henrique levar para o comando do Banco Central um operador de mercado, que conhecia os meandros do capitalismo selvagem e que entendia a mente dos especuladores – já que até ser contratado pelo governo brasileiro podia ser considerado um desses investidores globais, sem qualquer melindre nacionalista. Conhecia o raciocínio do inimigo especulador e era comprometido com seu trabalho. Era aquele financista profissional que entendia o mercado e suas sutilezas e que executava missões difíceis ou quase impossíveis.

Durante seis anos ocupou o cargo de diretor-gerente do Soros Fund Management LLC, fundo com sede em Nova York que tinha um dos melhores desempenhos globais. Além disso, entre 1991 e 1992, durante o governo Collor, quando o ministro da Fazenda era Marcílio Marques Moreira, Fraga havia sido membro da diretoria colegiada e diretor de assuntos internacionais do Banco Central do Brasil. Tinha, portanto, experiência com a administração do câmbio. Naquela época, houve um momento em que foi obrigado a tomar a decisão de intervir no mercado e administrou uma desvalorização abrupta de 15% da moeda. Tinha estrela. Conseguiu, segundo Marcílio, que o dólar paralelo, oferecido com um sobrepreço de 100%, passasse a ter um deságio de 5%. Logo em seguida, o governo elevaria a taxa de juros real para 40% ao ano, desestimulando o consumo e conseguindo inibir a inflação, que atingira a casa de 20% ao mês. Marcílio dizia ainda que as iniciativas de Fraga, que fazia parte do "triunvirato" que tomou a dianteira na bem-sucedida negociação da dívida externa brasileira, apresentavam invariavelmente bons resultados. O ex-ministro chegava ao ponto de dizer que a condução da política cambial de Fraga permitiu que o Brasil tivesse sete meses seguidos de fluxo positivo com US$ 2 bilhões por mês. Não fosse isso, o país não teria atravessado as turbulências do *impeachment* de Collor, nem teria criado as reservas necessárias para implantar o Plano Real.

O que se esperava do novo presidente do Banco Central era que ele administrasse o galinheiro com olhos de raposa, metáfora usada inclusive pelo presidente Fernando Henrique. Sua mera indicação teve efeito inibidor entre os especuladores mais parrudos. Sabiam que enfrentariam um adversário à altura na proteção do castelo brasileiro e não um burocrata sem malandragem. Nos meses seguintes, o câmbio oscilaria sempre próximo da relação de 2 para 1, trazendo grandes benefícios para a economia e evitando que o Brasil quebrasse.

Pimenta conhecia todos esses economistas brilhantes. Convivia com Marcílio desde os tempos da Visão. Os dois viviam às turras. Marcílio escrevera na revista e participara de reuniões editoriais como uma espécie de conselheiro consultivo. Pimenta incomodava-se com o conhecimento e a experiência de Marcílio e discutiam com frequência. Nutriam uma forte antipatia um pelo outro, que se intensificara na época em que Marcílio foi embaixador nos Estados Unidos, entre 1986 e 1991. Depois, Marcílio foi ministro da Economia no governo de Fernando Collor. Com Pedro Malan, Pimenta conviveu profissionalmente durante boa parte de seu tempo no Banco Mundial – o ministro trabalhou lá durante cinco anos, entre 1986 e 1990 e depois entre 1992 e 1993. E não se davam bem. O que poderia aproximá-los nessa altura era só o fato de Malan ser ministro da Fazenda e Pimenta ser o diretor de redação de um dos jornais mais importantes do país. Havia formalidades a serem cumpridas e matérias a serem feitas.

É importante pensar que um jornalista, por mais especializado que seja, não é uma autoridade nem tampouco uma fonte primária – aquele que tem a informação em primeira mão ou que viu os fatos. Quando o repórter descobre uma notícia, muita gente diretamente envolvida já sabe do ocorrido. Alguém pensa, estuda, pesquisa, empreende, e o jornalista escreve sobre o fato, a descoberta, a invenção ou a inauguração da empresa. Rigorosamente, é um intermediário entre o acontecimento e o público. Alguns jornalistas, no entanto, acham que sabem tudo, tanto quanto aqueles com quem conversam para obter a informação. E esse era o problema de Pimenta: ele queria ser tão sabido quanto a fonte. Queria entender mais de economia que um economista, mais de política que um político, ou mais de construção que um engenheiro. Sempre quis fazer parte da turma que manda. Sofria de uma soberba exacerbada. Parecia não entender que jornalistas não têm poder, têm influência; não são autoridades, são meros divulgadores de notícias.

Com o tempo, Pimenta foi identificando os principais talentos no Estadão, que comporiam uma equipe própria com sua identidade. Além de Evaldo Mocarzel, do Caderno 2, havia visto gente boa e jovem em várias áreas. Roberto Gazzi, então com 41 anos, era um deles. Criador do caderno Cidades do jornal – até 1991 o Estadão não era dividido em cadernos especializados –, dirigiu a área por oito anos. Naquele mesmo ano, as edições de segunda-feira do Estadão voltaram a circular e deixaram de ser exclusivas do Jornal da Tarde. Gazzi entrou no jornal na época em que as máquinas de escrever da redação estavam sendo substituídas por computadores. Outro jornalista que caiu nas graças de Pimenta foi Luiz Fernando Rila, no jornal desde 1992. Havia passado seis anos na sucursal do Estadão em Brasília e fora promovido a coordenador de Política sob o comando de Pimenta. Pimenta também admirava o trabalho de Lourival Sant'Anna, que, no início de 1998, havia sido promovido a repórter especial. Lourival tinha voltado ao Brasil três anos antes, depois de trabalhar no serviço brasileiro da BBC (British Broadcasting Corporation), e atuado como correspondente do Estadão. Na volta, assumiu o cargo de editorialista do jornal. Mas Pimenta logo percebeu seus talentos de repórter e o tirou da produção dos editoriais.

Tão bem como em Economia, Pimenta se saía na área cultural. No caderno Fim de Semana da Gazeta Mercantil tinha sido assim. Na economia era muito profissional e tinha muita ambição de ser o melhor e estar sempre certo, mas na área de cultura era mais diletante e se sentia em permanente aprendizado. Os repórteres, desde os jovens até os mais experientes, o viam como um diretor polido e ilustrado, que dava a devida atenção ao Caderno 2 e aos assuntos do suplemento de Cultura, que circulava aos sábados. Não tratava as artes e as variedades como algo supérfluo. O caderno Fim de Semana havia se convertido no suplemento mais popular da Gazeta Mercantil, em parte por seu estímulo à contratação de jornalistas competentes. Era algo que o entusiasmava. Quando chegou ao Estadão, uma das grandes curiosidades do mercado era saber o que Pimenta faria com o Caderno 2. E depois da demissão de Oscar Quiroga não houve outros traumas. Pensava no nome de Daniel Piza, que classificava como "um jovem raro e livre da burrice da esquerda", mas o fato é que ele não tinha interesse em deixar a Gazeta Mercantil, pelo menos naquele momento. Por outro lado, Pimenta simpatizava com Mocarzel, um sujeito independente e adaptável, que fazia seu trabalho com liberdade e não se atrelava aos velhos grupos de poder do jornal. Pimenta queria reforçar o time de articulistas e por isso foi atrás dos melhores nomes do mercado, como Luiz Fernando Veríssimo e Millôr Fernandes, outro conhecido dos tempos do Pasquim.

Aluizio Maranhão acertou-se, afinal, com a revista Época e voltou a trabalhar com o diretor de redação Augusto Nunes, de quem foi adjunto no Estadão nove anos antes, quando veio do Rio, onde chefiou a sucursal. A Época reforçava seus quadros para enfrentar a Veja e a IstoÉ no mercado de revistas semanais. Paulo Totti, depois de sair do JB, voltou para a Gazeta Mercantil. Desde sua saída, dois anos antes, ainda não tinha tido notícia do pagamento de seus gastos extras no escritório de Washington. O jornal não havia acertado sua dívida e ele tinha esperanças agora de recebê-la. Com a saída de Pimenta, deixou de ter restrições para trabalhar na antiga casa e foi convidado por Mário Alberto e Delmo para ser correspondente no México. Todos os grandes veículos naquele momento começavam a investir na cobertura de mercados emergentes e cada vez mais jornalistas eram enviados para países como México, Rússia e China para trabalhos especiais ou para permanecer durante um tempo atrás de uma melhor compreensão da política, da economia e da sociedade. Era um reflexo da globalização, um processo que o Brasil tratava de entender e aproveitar melhor. Naquele tempo, porém, ainda não havia sido cunhada a sigla Bric, que inicialmente designou os quatro maiores países emergentes – Brasil, Rússia, Índia e China –, tendo depois incluído a África do Sul[4].

Em março de 1999, o MST batia um recorde histórico de ocupações, foram 101 num único mês. O Estadão tratava de entrevistar o ministro da Reforma Agrária, Raul Jungmann, para descobrir como o governo pretendia reagir ao avanço do movimento social. Iris Walquiria, José Carlos Cafundó e Eugênio Melloni uniram-se para entrevistar o ministro. A resposta, em síntese, era uma só: entregando antes o que eles conquistariam de qualquer jeito. E o que estava sendo entregue no caso eram terras improdutivas. Fernando Henrique batia recordes sucessivos de assentamentos em latifúndios que não geravam riqueza e terras públicas. Àquela altura, o governo tinha feito cerca de três mil assentamentos em todo o país. Na entrevista, Jungmann expunha as mudanças propostas para a nova política agrária, que previa mais estímulo à agricultura familiar e medidas para acelerar a distribuição de terra. O fato é que, para desacelerar as ações do MST, só criando assentamentos no ritmo que ele demandava. De qualquer forma, aos trancos e barrancos, o modelo fundiário estava se aperfeiçoando e contribuindo para a distribuição de riqueza. Cada família assentada abria a perspectiva de formação de um núcleo produtivo em curto prazo. O desemprego estava alto, mas subia em ritmo menor do que no ano anterior, e tanto o mercado automobilístico como o imobiliário não davam sinais de arrefecimento. A economia pulsava forte e queria crescer. Passado o processo de privatização, até as redes de celular começavam a funcionar melhor e já dava para comprar uma linha fixa sem ficar em filas intermináveis.

Pimenta trabalhava sem parar, em alguns dias sua jornada passava de doze horas. Dizia que chegava a trabalhar até 16 horas por dia. Excepcionalmente, talvez. Mas era fato que trabalhava muito. E não se incomodava com isso. Era uma das coisas das quais se gabava. Quase não tinha tempo para encontrar Sandra durante a semana, e nos fins de

4. A sigla foi criada pelo economista Jim O'Neill, chefe de pesquisa em economia global do banco Goldman Sachs. Neill escreveu um estudo publicado em 2001 com o título Building Better Global Economic BRICs.

semana ainda dava plantão de vez em quando. Ia do bairro do Limão para o Alto da Boa Vista sem escala e chegava em casa esgotado. Não havia mais a moleza da Gazeta Mercantil, que não circulava domingo, e tinha um fechamento sossegado, com um plantão a cada um mês e meio. No Estadão tampouco existia a possibilidade de o jornal financiar aqueles trens da alegria de Luiz Fernando, que bancava passagem de primeira classe para o casal viajar. O regime era outro, mais espartano. O salário de Pimenta não era muito maior do que na Gazeta Mercantil. E a cultura corporativa dos Mesquita não era tão tolerante com os desperdícios. O esbanjamento e o exibicionismo não eram vistos com bons olhos pela direção do Estadão.

Para compensar a ausência do namorado, Sandra estudava muito. Seu curso de comércio exterior na Fipe estava interessante, produtivo, cheio de novidades, e ela também estudava inglês e fazia um ou outro frila, trabalhos como *ghost writer*, e vinha ainda recebendo propostas para trabalhar em assessorias de imprensa. Mas enquanto não terminasse os estudos, pelo menos no primeiro semestre, quando teria um grande número de créditos acadêmicos para cumprir, preferia não arranjar um trabalho fixo. Queria tempo para ler e se lustrar. Não dispensaria uma ou outra colaboração para publicações de prestígio, a fim de ganhar um dinheiro extra, mas sua prioridade era aprender. Pimenta mal conseguia controlá-la. De vez em quando mandava um espião num fusca, que seu João, pai de Sandra, via estacionado na Rua França Pinto, perto da oficina. O espião, funcionário do Estadão, observava se Sandra chegava na hora prometida e monitorava alguns de seus movimentos. Pimenta, eventualmente, dava algumas recomendações mais específicas. Mas com isso mostrava que em pelo menos um aspecto não tinha mudado desde que saíra da Gazeta Mercantil. Continuava usando a estrutura da empresa para vigiar a namorada. Misturava o tempo todo sua vida sentimental com as questões profissionais. Ao chegar ao Estadão, começou pedindo que a secretária cuidasse do aluguel do apartamento que usaria para vigiar a namorada e, tempos depois, arrumou alguns motoristas para fazerem serviços extras de espionagem, no mesmo estilo que Franklin fazia na Gazeta Mercantil.

Quando terminasse o curso, Sandra preferia permanecer nas redações a trabalhar em empresas de assessoria de imprensa, onde teria de montar estratégias de comunicação e escrever *press releases*. Não era a sua vocação. Já conhecia o outro lado do balcão desde os tempos da IBM. Considerava-se uma repórter com razoável capacidade de análise, mas, na atual fase de sua carreira, propostas corporativas e institucionais não eram algo para se deixar de lado. As assessorias de imprensa pagavam bem e em dia, diziam-lhe. Cada vez mais jornalistas especializados, que no passado trabalharam na Gazeta Mercantil, eram absorvidos pela máquina de comunicação dos governos e das empresas, que só cresciam. Montavam-se estruturas tão gigantescas como as dos jornais e revistas. Os melhores jornalistas abandonavam a profissão para trabalhar com relações públicas e apoiar o marketing das empresas e de candidatos a vagas no Executivo e no Legislativo em épocas de campanha eleitoral. Como ficaria evidente naqueles tempos, era mais fácil ganhar dinheiro conseguindo espaço para as notícias e versões favoráveis aos clientes na grande mídia do que trabalhando para essa mesma mídia como repórter ou editor. E no Brasil, além do mais, como a carreira de Pimenta confirmava, não havia nenhum problema ético em trafegar de um lado para o outro do balcão. Era possível, por exemplo, ser diretor de redação e depois trabalhar num banco. Se o negócio na assessoria não dava certo, era só voltar para a redação com um bom pé-de-meia, como se não houvesse conflitos, como se fosse tudo a mesma atividade – jornalistas e relações-públicas. Mas não era e não é. São profissões com código de ética e objetivos completamente diferentes.

Pimenta ainda não sabia se levaria Sandra para o Estadão ou não. A dúvida persistia. Às vezes, dizia a Marco Antonio que tinha se afastado dela, que achava conveniente o distanciamento profissional entre eles. Preferia que ela levasse adiante seus estudos e depois se acertasse em algum outro lugar. Mas depois voltava atrás. Não queria vê-la trabalhando em outro lugar. Sentia ciúmes e perdê-la para outro empregador feria seu orgulho de macho. Dizia que Sandra era uma jornalista brilhante e que contribuiria para melhorar a editoria de Economia do Estadão. Mexendo com todas as peças de uma redação, alterando o destino das pessoas que ali trabalhavam, Pimenta brincava de Deus. Gostava de pensar que sua vontade era uma ordem e exercia seu poder com arrogância e superioridade intelectual. A namorada era uma das peças do jogo que armava em sua mente. Preferia deixá-la vivendo na incerteza sobre a possibilidade de ter algum futuro no jornal que chefiava. Acreditava que suas fórmulas eram certeiras e, imbuído de uma crença cega em sua própria capacidade, tinha certeza de que qualquer decisão que tomasse daria, inevitavelmente, bons resultados. Desde os anos 1960, profetizava, por exemplo, que seria diretor do Estadão. Estava determinado a melhorar a qualidade do jornal. Faria sempre o melhor. Só precisava ser obedecido.

Ainda em 1999, no meio do ano, Pimenta, finalmente, anunciou mudanças estratégicas na estrutura da redação. Dizia que suas promoções tinham o objetivo de aprimorar as várias etapas da produção jornalística e que pretendia também implementar uma nova logística de edição que o jornal ainda não havia testado. Com a tecnologia de que dispunha, mesmo sem internet banda larga, poderia, por exemplo, descentralizar a produção do jornal, sempre concentrada em São Paulo. As editorias mais afetadas por essa primeira grande mudança foram as de Política, Economia e Geral. Eleno Mendonça e Luiz Fernando Rila, coordenadores-editores, em São Paulo, de Economia e Política, respectivamente, foram promovidos a secretários de redação e passaram a acompanhar o fechamento da primeira página do jornal. Também assumiram outras responsabilidades relacionadas com o fluxo de produção. Com a transferência de Rila para a equipe responsável pela primeira página, Pimenta decidiu que a editoria de Política passaria a ser fechada em Brasília, pela editora Silvia Faria. Em São Paulo, ela contaria com o reforço de Iris Walquiria, que deixava a coordenação de Geral depois de quase um ano e meio no posto. Para o lugar de Iris, Pimenta anunciou o nome de Mariangela Hamu, chefe de reportagem de Política, antes subordinada a Rila. A grande incógnita era o comando da editoria de Economia, pois ninguém sabia se o jornal adotaria uma solução interna ou traria alguém de fora para comandar a editoria no lugar de Eleno. Essa incerteza gerou expectativas. O nome de Sandra foi ventilado, mas Pimenta descartou, inicialmente, essa possibilidade.

A nova estrutura começou a funcionar em julho. Pimenta fez um encontro no auditório, situado no mezanino, com toda a equipe do jornal, e falou dos seus planos. A reunião durou mais de uma hora, e o diretor de redação, além de anunciar a nova estrutura, explicou o que pretendia com suas medidas. Esclareceu, por exemplo, que a editoria de Política seria fechada em Brasília em uma experiência inédita de descentralização. Seu argumento era que a política nacional ocupava 80% do espaço do caderno – o restante era predominantemente a política paulista. Quase a totalidade do conteúdo de política nacional vinha de Brasília. Além disso, a tecnologia já tornava possíveis o fechamento em Brasília, o compartilhamento de páginas e a logística de impressão. Pimenta achava que ganharia tempo e agilidade na produção do jornal, sem comprometer sua qualidade. A sucursal de Brasília seria reforçada por um tempo: seguiriam para lá e ajudariam a implantar o projeto os editores Luiz Vita, que vinha fechando a primeira página, e Ibsen Costa Manso, que voltava de uma viagem ao exterior e em Brasília seria responsável pelo ajuste da tecnologia necessária para a operação. Também seria contratado para a sucursal o repórter César Felício, que deixava o JB para assumir a vaga no Estadão. Quando retornassem a São Paulo, Vita assumiria novas funções no núcleo de projetos especiais do jornal, e Ibsen retomaria as funções administrativas e de coordenação de tecnologia que estavam sob sua responsabilidade. Na editoria de Economia, para substituir Eleno, Pimenta optou por dividir a coordenação entre dois jornalistas com passagem pela Gazeta Mercantil: Costábile Nicoletta, que ficou como editor responsável pelas áreas de macroeconomia e negócios, e Cláudio Gradilone, encarregado de finanças e economia internacional. Para a pauta – no Estadão cada editoria tinha um chefe de reportagem, que centralizava as informações sobre o trabalho de cada repórter e participava das reuniões matutinas de preparação da edição –, indicou Cley Scholz, mais veterano na casa. No encontro realizado no auditório, Pimenta informou também que o ciclo de contratações não estava encerrado, que havia convidado outros profissionais para trabalhar no jornal e gostaria que chegassem em breve, mas ainda não tinha todas as respostas. Estava em fase de negociações e pensava em continuar trazendo reforços para o jornal, embora estivesse satisfeito com o desempenho da equipe. Pimenta também falou da chegada de dois novos colunistas de luxo: Luis Fernando Veríssimo, que começava a publicar no jornal em julho, e Millôr Fernandes, que escreveria nas edições de domingo. Estava conseguindo trazer quase todos os profissionais que queria para o Estadão, com salários não muito altos, mas decentes, e todas as garantias de uma empresa estável. Mesmo profissionais que declaravam publicamente não gostar muito de Pimenta acabavam aceitando suas propostas. Ele também demonstrava acerto em identificar os talentos da redação, gente mais nova, na faixa dos 40 anos, que se habilitava a ocupar os novos cargos na chefia.

Até que surgissem as primeiras notícias do lançamento de mais um jornal econômico no mercado, Pimenta manteria uma equipe estável e se sentiria tranquilo. Mas essa sensação duraria pouco. Alguns meses depois de reorganizar a redação do Estadão, começaram a surgir as notícias de que o grupo Folha e as Organizações Globo, antes concorrentes renhidos, estavam se associando para criar um jornal de economia. Em questão de semanas os rumores evoluíram para fatos. Fazia todo sentido criar um jornal para concorrer com a claudicante Gazeta Mercantil, que não teria forças para enfrentar um concorrente competente e bem administrado. Em certo sentido, montava-se um plano de extermínio do diário dos Levy. Antes de mais nada, o que se disputava, além de um público cada vez mais interessado em noticiário econômico, era o polpudo filão da publicidade legal, que movimentava mais de US$ 250 milhões por ano nas safras de balanço e era liderado, com folga, pela Gazeta Mercantil, que detinha mais de 50% de participação no bolo. Com a chegada do Valor Econômico – nome com o qual o diário viria a ser batizado –, Folha e Globo reuniriam condições para, em poucos anos, disputar esse negócio em pé de igualdade com seus competidores.

Uma das primeiras decisões dos acionistas foi nomear Celso Pinto como diretor de redação do jornal. Desde o início, os sócios decidiram que a redação seria instalada em São Paulo, por ser o centro econômico do país, e também porque era a cidade onde se reuniam os principais especialistas da área. Para trabalhar com Celso Pinto, convidaram Carlos

Eduardo Lins da Silva, que seria diretor adjunto. Os dois pertenciam aos quadros da Folha, que teria o comando editorial do jornal. Além de Celso e Carlos Eduardo posicionados à frente do projeto editorial, havia o diretor-presidente Flávio Pestana, que cuidaria da parte administrativa e seria o principal executivo do Valor.

Celso Pinto reencontrou na Folha a trilha que havia sido obstruída por Pimenta em 1995. Chegou lá como editor de Economia e, exibindo capacidade de trabalho e raciocínio lúcido, ganhou total confiança dos Frias, que primeiro lhe deram o controle da área de economia da Folha e depois decidiram levar adiante, contando com sua experiência, o projeto de criação de um diário especializado. Sabiam da vulnerabilidade administrativa da Gazeta Mercantil e de suas dívidas estratosféricas e viam nisso uma grande oportunidade. Com gente capacitada poderiam produzir um jornal igualmente bom e confiável, financiando-o por alguns anos, até que a Gazeta Mercantil enfraquecesse ou sucumbisse. Entre os acionistas, havia quem acreditasse que bastaria um peteleco para que o jornal dos Levy desmoronasse. Celso sabia, assim como todo o mercado, pelo menos desde a publicação da matéria do Estadão sobre a dívida previdenciária, que a Gazeta Mercantil era um doente terminal, um gigante com pés de barro. Precisariam enfrentá-lo com uma boa equipe. Para formá-la, nada melhor do que recrutar jornalistas na própria Gazeta Mercantil. Trabalhavam lá vários profissionais em quem Celso confiava.

Se a notícia do lançamento do Valor era péssima para a Gazeta Mercantil, para o Estadão era apenas ruim. Mais uma concorrência inevitável em um segmento de mídia pouco explorado. Descontados os problemas de rivalidade que Pimenta poderia ter com Celso Pinto e que pertenciam à sua própria subjetividade, ainda restaria um concorrente forte na publicidade legal – o Estadão também pegava uns nacos desse mercado e também disputava os assinantes corporativos. Da mesma forma que não queria que a Gazeta Mercantil arrumasse um sócio para organizar suas contas, também preferia que não surgisse um diário econômico moderno e com fôlego para atrair um público de empreendedores e empresários, ainda mais sob a batuta de seu principal concorrente, a Folha. Além do mais, se o Grupo Estado se desenvolvera na área econômica graças à informação em tempo real e ao noticiário setorial da Agência Estado, a Folha não tivera uma iniciativa parecida e por isso não tinha o mesmo conhecimento. Até então, estava completamente fora do mercado de informação econômica e nem mesmo tinha recursos humanos para levar à frente um projeto de grande porte. Mas a situação havia mudado. Se Celso não havia chegado à direção da Gazeta Mercantil, conseguia agora colocar suas ideias em prática num ambiente transparente, com recursos abundantes para contratar jornalistas, pagá-los em dia e honrar compromissos previdenciários e trabalhistas.

Pimenta sabia que vinha chumbo grosso pela frente. O modelo editorial do Valor era parecido com o da Gazeta Mercantil, mas com uso de fotos e design mais atraente. Logo no início do projeto já se pensava no diferencial das imagens e cores. A nova imprensa econômica não precisava ser tão sisuda e incompreensível como no passado e o jornal se beneficiaria das novas tecnologias digitais e de impressão. O investimento inicial para colocá-lo de pé era de R$ 50 milhões, divididos igualmente entre os grupos Folha e Globo, e não faltariam recursos nos anos seguintes. Uma das experiências da Gazeta que Celso aproveitaria bem no Valor era a divisão em cadernos. O projeto previa exatamente uma sequência de três cadernos de concepção semelhante à da Gazeta Mercantil: o primeiro sobre macroeconomia, política e assuntos internacionais; o segundo sobre finanças e mercados; e o terceiro sobre empresas e negócios. Haveria um suplemento de cultura, como o Fim de Semana, com assuntos relacionados à cultura e reflexões mais acadêmicas sobre economia. Buscava-se também a máxima clareza jornalística e textos que fossem profundos e elucidativos. Era lugar-comum dizer que uma das causas do afastamento dos leitores da imprensa econômica era o seu caráter hermético e, às vezes, incompreensível. Se os jornalistas mais talentosos da Gazeta Mercantil conseguiam resolver isso individualmente, com uma escrita de qualidade, no Valor a clareza seria um padrão.

O anúncio do lançamento do Valor teve efeito imediato sobre o mercado de trabalho. Ainda que as grandes contratações só fossem se consumar no começo do ano 2000, havia a expectativa de que cem a trezentos jornalistas, em um curto prazo, mudassem de posição na imprensa econômica brasileira. O Valor teria também algumas sucursais – Rio e Brasília estavam nos planos iniciais –, além de correspondentes internacionais e nacionais, o que implicaria movimentações em outros estados. Quem mais perderia, de cara, era a própria Gazeta Mercantil, que tinha dificuldades de reter seus funcionários por causa da falta de segurança financeira da empresa. Mas o Estadão também veria sua editoria de Economia ser bastante afetada pelo surgimento do novo concorrente. Embora pressentisse que tempos difíceis se aproximavam, Pimenta não admitia. Causava muito entusiasmo no mercado o surgimento de um projeto sério e consistente. A imensa maioria dos que eram convidados para trabalhar no Valor aceitava com grande alegria. Com esse deslocamento de profissionais, deflagrava-se uma reação em cadeia. Os espaços abertos pelo Valor eram ocupados por gente que deixava as assessorias de imprensa e jornais menores para voltar às grandes redações. Os salários médios aumentavam em torno de 20%.

Outro fenômeno que movimentava o mercado era a internet. Naquele ano foram raros os jornalistas que não receberam um convite para trabalhar em alguma empresa ".com". O portal financeiro argentino Patagon contratava muita gente, assim como o UOL e vários outros serviços de informação que surgiam na web. Empresas de telecomunicação recém-chegadas após as privatizações faziam investimentos expressivos em geração de informação e portais de conteúdo. A Telefónica espanhola expandia o portal Terra no mercado brasileiro, por exemplo. O próprio InvestNews, da Gazeta Mercantil, preparava-se para receber um aporte de capital expressivo da Portugal Telecom e virar um portal de informação econômica na web. Até então era só um sistema proprietário fechado de distribuição eletrônica de conteúdo. As negociações encaminhavam-se bem e os portugueses mostravam interesse em ficar com metade do portal. Atuavam ainda em outras frentes e tinham acabado de adquirir também o portal Zip.Net, que fazia sucesso naquele tempo, e até uma participação no UOL, com quem entabulavam as primeiras conversas. Naquele fim de século, o que não faltava eram oportunidades de emprego no jornalismo econômico.

Depois de um tempo de seca, Sandra recebeu naquela época algumas propostas de trabalho. Como não tinha gastado muito, continuava com reservas aplicadas na poupança e na renda fixa. Queria, porém, voltar à ativa. A vida de estudante estava lhe deixando irrequieta. Arrumou um frila para escrever um texto longo sobre a África do Sul, que seria publicado em livro e lhe renderia cem dólares por semana. Recebeu também um convite do Patagon, que tinha um escritório com quase cem pessoas no Brasil. Começou a contar a Pimenta sobre algumas oportunidades de emprego que estavam aparecendo. Demonstrou grande interesse em ir para o portal Patagon. Mas ele começou a se sentir incomodado. Se até então estava deixando a coisa rolar, a perspectiva de a namorada arrumar emprego mudou sua atitude. Abandonou o ar desprendido e voltou a ser o Pimenta possessivo de sempre. Ficou irritado quando ela disse que também via a possibilidade de entrar em um projeto do Banco Opportunity, que preparava o lançamento de sua Agência Click. Não queria perdê-la de vista. Enquanto estava só na faculdade, estudando e realizando pesquisas, tudo bem, mas sentia ciúmes quando pensava que ela teria uma vida profissional independente da sua. Disse então, finalmente, que o melhor que ela tinha a fazer era entrar no Estadão.

– E por que você não me chamou antes? – questionou.

– Porque antes não dava. Mas agora dá.

Sandra ficou em dúvida se aceitava ou não a proposta de Pimenta. Em um primeiro momento, ele propôs que ela fosse como *freelancer*, sem contrato de trabalho. Ela conversou com o pai, que a aconselhou a não aceitar nada naquelas condições. João sempre achou a filha muito inteligente e queria vê-la brilhar no Estadão, o jornal de que mais gostava. Só que, se fosse para trabalhar lá, precisava ser dentro das regras, em regime CLT, e não de maneira precária. Durante algumas semanas aconteceram avanços e recuos. Pimenta ameaçava não levá-la e Sandra expunha seu desconforto em acompanhá-lo. Ela se perguntava se aquele não seria o momento de se desvencilhar de Pimenta e buscar uma nova vida profissional com as próprias pernas. Pensou seriamente nisso e se mexeu para arrumar um trabalho que não fosse por intermédio de Pimenta. No fim, porém, a conveniência falou mais alto. Ia para o

Estadão com um salário praticamente igual ao que recebia na Gazeta e estava encantada com a possibilidade de fazer reportagens e mostrar seu talento num jornal de grande popularidade. Além do mais, não via a hora de voltar a escrever. Tinha cumprido um longo tempo de quarentena e pensava que não precisava dar satisfação a ninguém para voltar ao seu ofício. Mesmo tentada pela proposta do portal Patagon e pela mudança de vida, acabou seduzida pelo Estadão e pelas promessas de Pimenta, que decidiu contratá-la como repórter especial. Teria liberdade para propor pautas e apurar matérias. Escreveria para a editoria de Economia no ritmo em que achasse adequado e sem pressão de quantidade, mas de qualidade.

– Você vai entrar como repórter especial, Sandra, e depois a gente vê o que acontece – disse.

As brigas frequentes com Pimenta, os ciúmes e as separações regulares pareciam insignificantes perto de um emprego no Estadão. O conflito entre o interesse profissional e o desajuste sentimental pendia para o primeiro. Sandra percebia que o namorado tentava cercear seus movimentos e parecia cada vez mais desconfiado. O período final na Gazeta tinha sido muito difícil e ela concluíra que seu relacionamento havia gerado obstáculos e criado desafetos que começaram a trabalhar de fato contra ela. Sandra percebera que ser namorada de Pimenta lhe trazia mais problemas do que soluções, tirando o fato de ele ter poder para lhe arrumar um emprego de primeiro nível. Mesmo para a família de Sandra, parecia natural que Pimenta arrumasse a vida da amada rapidamente, protegendo-a num mercado cruel. Carlos Franco, que ainda estava no Caderno C da Gazeta Mercantil e tinha se tornado grande amigo de Sandra, achava que ela deveria ir para o Estadão, que desempenharia bem como repórter especial. Marli Prado também acreditava que isso aconteceria. No Estadão, a bolsa de apostas da redação já havia até sido esquecida. A bem da verdade, ninguém pensava que essa transferência demorasse tanto – passaram-se 14 meses entre a saída de Sandra da Gazeta Mercantil e sua chegada na empresa da família Mesquita. Sandra enfim cedeu ao convite feito por Pimenta. Nem foi exatamente um convite. Ele só lhe comunicara que já havia falado com Ruy e com os chefes da redação e do caderno de Economia que na semana seguinte ela poderia começar. Sandra sentiu-se satisfeita, embora um pouco desconfortável. A sensação de que poderia estar cometendo um erro rondava sua alma, mas ela tinha consciência de seu talento como repórter.

No Estadão, depois da saída de Aluizio Maranhão, Pimenta não precisava dar qualquer justificava à chegada de sua namorada para trabalhar como sua subordinada na redação. A crença geral era que isso aconteceria em algum momento e, diante das expectativas, até que tinha demorado. Com a chegada de Sandra, qualquer surpresa se dissipou. Menos talvez entre seus amigos mais próximos. Para eles, Pimenta se rendera à paixão mais uma vez. Marco Antonio o ouvira repetir várias vezes que se afastaria de Sandra. Afinal, as questões sentimentais pesaram mais que as profissionais. Alguém argumentou que pelo menos ela não tinha sido colocada no cargo de editora. Repórter especial era um cargo que ela tinha condições de exercer, pensavam. Não mandaria em ninguém – muitos jornalistas mais velhos se incomodam em ser comandados por jovens, como se isso fosse um demérito. Ela seria repórter, só que com salário acima da média e autonomia em relação ao comando. Sandra começou no dia 13 de setembro[5]. Ajeitou-se discretamente, cuidou de fazer os exames admissionais e de outros trâmites relacionados com sua contratação.

Pimenta adotou o mesmo discurso elogioso que adotara na Gazeta Mercantil para promover e legitimar a namorada entre seus novos colegas. Dizia que ela era a melhor repórter de negócios que conhecia e que tinha uma visão de fundo macroeconômica muito bem fundamentada. Estava concluindo seu curso de pós-graduação na Fipe[6] e falava inglês perfeitamente, podendo ajudar muito na área de economia internacional. Lia a revista *The Economist* e os bons jornais estrangeiros. Lembrou à equipe da editoria que um dos seus principais objetivos era valorizar a cobertura de negócios e fazê-la prevalecer sobre os assuntos macroeconômicos. Pretendia articular as duas frentes de notícias.

5. Boletim Jornalistas & Cia. 8 de setembro de 1999.
6. Fundação muito conhecida também pelos cálculos mensais da variação do Índice de Preços ao Consumidor (IPC).

Para os jornalistas da casa, aquela era uma situação mais complicada do que na Gazeta Mercantil. Os negócios sempre pareceram a parte menos interessante para os que chefiavam a editoria de Economia do jornal, que, apesar do discurso permanente de exaltação das forças do mercado, sempre gostaram de desenvolver uma cobertura mais oficial, ligada à interpretação dos números macroeconômicos e ao entendimento das medidas oficiais. O mundo das empresas, por seu lado, mostrava-se ora insignificante, ora pantanoso e manipulador, e a maioria dos jornalistas o rejeitava. Os mais puristas diziam que as empresas só usavam o jornalismo para fazer propaganda e se autopromover. No passado anterior aos anos 1980 era difícil conceber uma grande reportagem para uma situação de concorrência no Brasil. Para os especialistas em economia considerados sérios no passado, a cobertura dos negócios era mais rasteira e superficial do que a macroeconômica. Mas os tempos eram outros.

Sandra assumiu a função de repórter especial para cuidar de vários assuntos, mas seu olhar estava previamente voltado para a área de aviação. Também olhava para o varejo, a publicidade e outras áreas onde tinha algumas fontes, sem perder de vista sua prioridade. Via nas companhias aéreas um infindável manancial de notícias, e isso fazia sentido. Assim que chegou ao Estadão, ligou para Rosana Hessel na Gazeta Mercantil, pedindo que lhe passasse algumas fontes da área. Rosana foi generosa e lhe arrumou vários contatos. Enquanto se instalava na nova redação, Sandra ainda concluía seu curso de pós-graduação na Fipe, relacionado com o avanço do comércio exterior brasileiro. Em anos recentes, o país havia deixado de ser um mero coadjuvante no comércio internacional e passado a ser participante ativo, tanto na posição de comprador de produtos e serviços como na de vendedor. Sandra havia cumprido os créditos e toda carga horária do curso e só faltava entregar o trabalho final.

Pimenta apresentou Sandra como um dos reforços prometidos para a editoria de Economia. Disse que a equipe ganharia bastante com a visão de negócios da nova repórter especial, que vinha de uma longa experiência na Gazeta Mercantil. Outro reforço foi Antonio Carlos Godoy, que voltava para o Estadão depois de dez anos na Editora Globo, onde dirigia a revista Pequenas Empresas & Grandes Negócios. Godoy era jornalista da confiança de Pimenta havia longa data. A primeira vez que trabalharam juntos foi quando Pimenta o convidou para a revista Visão. Voltava para o Estadão, a princípio para apoiar Vera Brandimarte na abertura da edição e na reunião da manhã. O diretor achava que Godoy ajudaria Vera a deslanchar o jornal todos os dias.

Sandra chegou timidamente à redação. Tocava suas matérias, ia atrás de entrevistas e reportagens exclusivas. Sua primeira matéria no jornal só foi publicada no dia 10 de outubro, um domingo, quase um mês depois de sua chegada. Foi uma matéria de página inteira cujo título era "Crescem queixas contra consultorias de recolocação". A reportagem tratava de pessoas desempregadas que compravam serviços de consultoria e acabavam se dando mal, ficando desamparadas na busca por um novo emprego. Era uma típica matéria especial de domingo, correta e bem embasada, com cinco fontes, mas sem grandes novidades. Não houve chamada na primeira página, mas era uma boa estreia. Na editoria de Economia não havia muitos espaços a serem ocupados. Já havia especialistas em todos os assuntos e Sandra precisava buscar oportunidades em áreas que estivessem esquecidas ou mal cobertas. Encontrou espaço para começar a fazer seu jornalismo nas novas discussões sobre o mercado de trabalho.

O Estadão estava crescendo. Acabava de comprar duas novas rotativas com capacidade para imprimir 150 mil exemplares de jornal por hora. A boa novidade no conteúdo do diário era o caderno semanal Fundos & Cia. uma das iniciativas de Pimenta para fortalecer a cobertura de economia e negócios e dar mais informações relevantes para os investidores. Investimentos em fundos de renda fixa e variável se popularizavam, principalmente os primeiros, e tomavam o lugar da caderneta de poupança na rotina financeira do brasileiro. Também chegava ao mercado o caderno Cavalos, que seria encartado a cada quinze dias, nas quartas-feiras, no Suplemento Agrícola, e ficaria sob responsabilidade de José Carlos Cafundó. Na sua edição inaugural, o suplemento dedicou várias páginas ao manga-larga, a raça preferida de Pimenta e Sandra. Além disso, o Estadão tinha reforçado o time de colunistas de sua edição de domingo, historicamente a mais forte e profunda do jornal, com outros nomes além de Veríssimo e Millôr. A lista incluía o ex-presidente do Banco Central, Gustavo Franco, os escritores João Ubaldo Ribeiro e Ignacio de Loyola Brandão, o ex-jogador de futebol Paulo Roberto Falcão e o comentarista esportivo Armando Nogueira.

Pimenta, naquele momento, achava que o Estadão funcionava de maneira azeitada. A cobertura econômica ainda vinha reforçada pelas páginas do *The Wall Street Journal*, editadas diretamente de Nova York por Cristina Aby-Azar, antiga colega do diretor na Gazeta Mercantil. Publicava-se no caderno de Economia uma espécie de resumo para o público brasileiro do jornal norte-americano. Depois da notícia do lançamento do Valor por Folha e Globo, o Estadão decidira reforçar seu acompanhamento de todos os segmentos da economia. Quem conhecia o mercado sabia que o novo projeto pegaria na jugular da Gazeta Mercantil e abocanharia uma parte importante do mercado de propaganda para os leitores de Classe A. Os grandes empresários e as organizações de classe patronais já haviam desistido de preservar a Gazeta Mercantil só para ter um canal de representação midiática. Em vez de apoiar uma empresa irresponsável, era mais conveniente iniciar um projeto do zero, saudável e sem vícios corporativos. Na época, o Valor Econômico nem nome tinha, era apenas um projeto que se desenvolvia no prédio da Folha, na Alameda Barão de Limeira, sob a batuta de Celso Pinto e Carlos Eduardo Lins da Silva.

Para participar do grupo de implantação do novo jornal, Celso e Carlos Eduardo decidiram chamar Vera Brandimarte para o cargo de diretora adjunta. Celso e ela trabalharam juntos na Gazeta Mercantil por longa data. Pimenta não esperava essa perda tão precoce. Mais uma vez a história se repetia. Suas estruturas sempre pareciam transitórias. Não conseguia consolidar um grupo de comando e sustentar as novas relações de confiança profissional que pensava estar criando. Desde que chegara ao Brasil havia sido assim. Na Gazeta Mercantil começou isolado e ficou mais isolado ainda ao longo do tempo. Conseguiu brigar com seu melhor amigo, Gambirasio, e falava mal de Klaus Kleber e até de Paulo Sotero, pessoas que notadamente o admiravam. Quando pensava ter conquistado uma adesão, perdia o profissional, às vezes por circunstâncias de mercado, mas, em geral, por causa de sua própria inabilidade e falta de traquejo com as pessoas. Vera comunicou Pimenta que deixaria o jornal. Ela estava realmente interessada no novo projeto e queria sair por causa do desafio. Era um convite irresistível, que todo jornalista de economia adoraria receber. Pimenta lamentou a saída de Vera e percebeu que perderia muitos profissionais importantes nos meses seguintes, convidados pelo novo diário, que oferecia salários atraentes e boas perspectivas.

Mas não havia tempo a perder. O assunto do momento era o *bug* do milênio. Esse era o grilo geral. Em dezembro de 1999 só se pensava nisso. Imaginava-se, apocalipticamente, que todos os sistemas de informática cairiam na virada do ano. O entusiasmo geral com a recente inserção no mundo digital transformava-se em pesadelo. O problema estava nos sistemas antigos, que fixavam os anos do século 20 apenas nos dois dígitos finais, por questões de economia de memória, e deixavam implícitas as duas casas iniciais – 19. Em 2000, portanto, esses velhos softwares desenhados na linguagem Cobol, que ainda estavam muito presentes nas empresas, voltariam para o ano 1900, gerando consequências imprevisíveis. Havia uma corrida para atualizar essas máquinas, e uma paranoia geral abria muitas frentes de trabalho para programadores e especialistas em segurança da informação. O Estadão decidiu fazer um suplemento especial sobre o *bug* do milênio e mobilizou seus melhores jornalistas de informática e de negócios para trabalhar no projeto. Vera já não trabalharia na coordenação do suplemento, que circularia na primeira segunda-feira do ano 2000, dia 3 de janeiro.

Sandra estava envolvida na apuração de uma reportagem sobre o aumento dos preços das tarifas de eletricidade, que pressionava a inflação e perturbava a vida dos consumidores domésticos e das indústrias, preocupadas com os custos crescentes da produção. Junto com o especialista da área, Eugênio Melloni, descobria o que o governo pretendia fazer para conter os preços, e uma medida era certa: cobraria mais eficiência e produtividade dos fornecedores de energia, principalmente dos distribuidores para o consumidor final, que registravam as maiores perdas da cadeia. O outro passo, segundo a consultoria KPMG, era repassar para o consumidor os ganhos de produtividade. Com essa reportagem, assinada em dupla, Sandra estreava na manchete do Estadão. Seu nome aparecia no alto da matéria, logo acima do de Melloni. Na mesma edição de domingo, Lourival Sant'Anna mostrava o quão acirrada estava a disputa eleitoral no Chile entre o socialista Ricardo Lagos e o direitista Joaquín Lavín. Em seu "showmício", na avenida Libertador Bernardo O'Higgins, Lagos conseguira reunir cerca de cem mil pessoas. Lavín havia atraído ao mesmo local, três dias antes, um público igualmente expressivo. O correspondente em Washington, Paulo Sotero, completava a receita da capa com uma entrevista com o diretor-gerente do FMI, Michel Camdessus, que defendia uma maior abertura comercial do Brasil e elogiava o Plano Real e os bons resultados alcançados com a flexibilização do câmbio. Era uma das últimas entrevistas dadas por Camdessus no cargo – ele deixaria seu posto no FMI um mês e meio depois.

Mesmo que o *bug* do milênio, no fim das contas, não tenha causado grandes problemas práticos, ele prenunciou a primeira crise de grandes proporções da era digital: o estouro da bolha da internet. No Brasil, além do mais, naqueles primeiros meses do novo século, havia demonstrações claras de que o mercado publicitário tinha parado de crescer. Estava estagnado também o negócio de TV a cabo, que enfrentava o problema do "churn"[7], que é quando o número de desistências mensais supera o de adesões. A imprensa, especificamente, não ia tão mal, mas suas empresas controladoras estavam endividadas, na maior parte dos casos em dólar e apoiadas em uma estrutura de custos desproporcional, adquirida nos tempos de bonança, e que envolvia receitas publicitárias crescentes para se sustentar. Não havia grupo de comunicação que não estivesse receoso dos novos tempos e pensando em como iria cobrir o rombo que se agigantava. A conta não fechava. A Globo olhava para seus serviços de TV a cabo e via o número de clientes muito abaixo das projeções feitas três ou quatro anos antes. Enquanto isso,

7. Churn rate: taxa de desistência ou de desconexão.

no departamento financeiro, computava-se o crescimento da dívida em moeda estrangeira. Faturamento em real e dívida em dólar: esse era o problema depois da flexibilização do câmbio. Se, de maneira geral, a desvalorização estava sendo boa para a economia, nos grupos de mídia seus efeitos foram deletérios. Anos de investimento em modernização e diversificação de repente transformavam-se em um fardo financeiro sem proporções. A Gazeta Mercantil não tinha dívida em dólar. Sua dívida era em reais, com a Previdência Social e o governo principalmente. Mas mantinha uma estrutura nababesca, coroada por todo tipo de luxo desnecessário e desperdício. Era o caso mais agudo de uma crise sistêmica. Ali se verificavam todos os piores vícios de um setor em crise.

Naquele começo do ano 2000, o império dos Levy exibia publicamente o seu desmoronamento. Pela primeira vez, a redação do jornal fazia uma paralisação. O atraso do décimo terceiro salário tinha atingido proporções desconcertantes e muita gente ainda estava a ver navios. Numa sexta-feira, rapidamente se formou um grupo num canto da redação, entre os cadernos B e C, para conversar e montou-se uma manifestação. Cerca de cem jornalistas se reuniram por ali e se aglomeraram entre as mesas quase até o hall do elevador. Algumas palavras de ordem ecoaram, mas todo mundo concordava que alguma coisa precisava ser feita, que a desfaçatez dos acionistas do jornal não poderia ser tolerada. Sempre o mesmo desrespeito seguido de empáfia aristocrática. O ano anterior havia sido o melhor da história do jornal, com faturamento beirando os R$ 250 milhões, e a circulação paga atingindo números superiores a 115 mil exemplares. E, no entanto, os salários atrasavam e o décimo terceiro não era pago. Todo mundo queria subir ao décimo andar e cobrar uma resposta de Levy. Os ânimos estavam exaltados. A vontade geral era ocupar todos os elevadores e invadir de uma vez só o andar da diretoria. No fim, uma comissão foi recebida. As pendências com o abono de Natal foram resolvidas. Mas a Gazeta Mercantil começava a respirar por aparelhos e a entrar em uma espiral de desventuras da qual nunca mais sairia. Restava pouca dúvida de que a única coisa que o jornal tinha, de fato, de valioso, era o seu pessoal, especialmente o que estava envolvido com a produção jornalística. Da redação vinha toda a força da Gazeta Mercantil. Ali o jornal começava e terminava.

Como Pimenta previa, além de Vera Brandimarte, outras baixas foram registradas logo em seguida no Estadão, especialmente na editoria de Economia. Vera ficara encarregada de montar a redação do Valor, que teria uma estrutura parecida com a da Gazeta Mercantil. Cley Scholz e Costábile Nicoletta foram convidados para trabalhar no caderno Empresas e Negócios como editores. Seria um caderno equivalente ao Caderno C da Gazeta Mercantil. A coordenação ficaria com Célia Chaim, jornalista especializada em negócios. Outras baixas no Estadão foram as repórteres Denise Neumann e Tatiana Bautzer, que foram reforçar os cadernos Nacional e Finanças do Valor. O editor Carlos Haag deixou o caderno Cultura, convidado para editar o suplemento de variedades do Valor, que seria batizado de EU&. Repórteres como Renata Saraiva, do Caderno 2, e Chico Barbosa, do Jornal do Carro, seguiriam o mesmo caminho. Com a saída de Costábile, Pimenta chamou Antonio Carlos Godoy, que vinha apoiando a abertura da edição diária, para assumir o caderno de Economia interinamente. Godoy não tinha grande interesse no cargo, mas atendeu ao pedido do chefe, já que a situação era de emergência.

A Gazeta Mercantil também perdeu bastante gente para o Valor. A agudização da crise na empresa coincidiu com a abertura da temporada de oportunidades no novo concorrente. Embora fosse um lugar legal para se trabalhar, todo mundo estava infeliz com o desrespeito do patrão. Estava claro que a Gazeta Mercantil seria o principal fornecedor de mão de obra qualificada para o Valor. Cida Damasco e José Roberto Campos foram chamados na primeira leva de contratações. Cida não aceitou, alegando que queria continuar trabalhando com Mário Alberto e Delmo Moreira, apesar de conhecer bem os problemas da Gazeta Mercantil. Campos decidiu aceitar o convite e tornou-se responsável pela primeira página do jornal, ao lado de Pedro Cafardo, que havia deixado o Estadão ao ser demitido por Pimenta um ano e meio antes. A maré estava boa para os jornalistas da área econômica. Carlos Franco percebeu que tinha virado um profissional valioso na Gazeta quando Albino Castro o chamou para fazer uma matéria para o caderno de Turismo. Albino queria que Franco viajasse para relaxar a cabeça em qualquer lugar que ele quisesse. Franco respondeu que sonhava conhecer a Ilha de Páscoa, território chileno no meio do Pacífico. Era um lugar complicado de chegar e caro. Mesmo assim, a Gazeta Mercantil bancaria o projeto. Ele pegou o dinheiro e viajou. Após a viagem escreveria uma impecável e valiosa matéria sobre sua experiência.

Na mesma semana em que publicou seu texto da Ilha de Páscoa, Franco recebeu um telefonema de Sandra, que queria saber como estava a vida dele na Gazeta Mercantil. Marli Prado recebeu um telefonema da amiga na mesma semana. Os dois disseram que a situação estava difícil, com muita tensão por causa dos atrasos salariais. Em janeiro de 2000, tanto Franco quanto Marli já estavam acertando diretamente suas transferências para o Estadão. Franco foi conversar com Pimenta em sua sala, bem na entrada da redação. Tinha trabalhado na empresa dos Mesquita em outros tempos, na sucursal do Rio. Júlio César Mesquita, chamado de Julinho, que ainda mantinha responsabilidades editoriais, entrou na sala para cumprimentar Pimenta bem no momento em que Franco estava lá. Pimenta então disse que queria trazê-lo para trabalhar no Estadão.

– E por que ainda não o trouxe? – perguntou Julinho.

No mês seguinte, chegavam ao Estadão Carlos Franco, para trabalhar de repórter especial, Marli Prado, para atuar como editora de Negócios, e também Angelo Pavini, que vinha da agência Reuters para ser editor de Finanças, além do experiente repórter William Salasar, recrutado na sucursal de O Globo, em São Paulo, com longa passagem pela Gazeta Mercantil e conhecedor dos negócios bancários e do mercado de capitais. Daniel Piza, finalmente, decidiu também ir para o Estadão. Por mais que gostasse de editar o caderno Fim de Semana da Gazeta Mercantil e publicar a coluna Sinopse, a situação periclitante do jornal ameaçava a sobrevivência das pessoas. Gostava também de trabalhar com Mário Alberto e Albino Castro, mas concluiu que era melhor trocar Santo Amaro pela segurança do bairro do Limão. A convite de Albino, Luís Antônio Giron passou a ocupar o lugar de Piza. Também chegaram ao Estadão os repórteres Carla Jimenez, Leandro Modé e Luiza Pastor, que iam reforçar a cobertura de negócios. Enquanto isso, amadurecia a decisão de nomear Sandra para a coordenação da editoria de Economia. Godoy ficara pouco tempo como editor do setor, no máximo três meses, sendo transferido para a equipe de editorialistas. Pimenta achou que ele seria melhor escrevendo editoriais. A mudança lhe agradou. Faltava nomear apenas o chefe do caderno e ele estava predisposto a promover a namorada.

Para compor o grupo de editores executivos, que apoiaria diretamente o diretor de redação, Pimenta escalou Lourival Sant'Anna, que depois de uma experiência como editorialista vinha se destacando como repórter especial; o veterano José Maria Mayrink, trazido por Pimenta para ser repórter especial, que ficaria responsável pelo noticiário internacional; Eleno Mendonça, ex-secretário de redação, que vinha cuidando da abertura do jornal; e Daniel Piza, que, diferentemente do que muitos esperavam, não foi nomeado editor do Caderno 2, mas assumiu um cargo de chefia no jornal. Assim, Evaldo Mocarzel foi mantido no comando do Caderno 2.

Desde a época em que Eleno deixou a coordenação de Economia, Pimenta falava que só pensava em duas pessoas para o cargo: Costábile Nicoletta, convertido em editor de Macroeconomia e Negócios depois da promoção de Eleno, e Sandra. As primeiras notícias de que Sandra assumiria a coordenação da seção de Economia foram publicadas no Jornalistas & Cia. em abril. Na prática, ela vinha assumindo funções de coordenadora desde fevereiro. Vários nomes que chegavam à editoria eram indicados por ela. Foi ela que convidou para o Estadão, pessoalmente, Carlos Franco, Marli Prado e, dois meses depois, Marli Lima. Pimenta começava a dizer aos mais próximos que seria essa a melhor solução, embora não tivesse tanta certeza assim de sua decisão. Seu relacionamento com Sandra não ia bem, eram muitas as chantagens emocionais. Ele não sabia exatamente até que ponto era movido pela paixão e pelo medo de perder a namorada. Perguntava-se se realmente acreditava nos seus talentos. Sandra tampouco tinha certeza se era sua capacidade profissional que a levava tão longe ou o fato de ter um namorado poderoso, que lhe abria caminhos. Essa incerteza fazia mal a ambos e fragilizava o relacionamento. A zona de intersecção entre as esferas dos sentimentos e do trabalho crescia e tornava a convivência entre os dois muito conturbada. Sandra queria provar que tinha vida própria, mas deixava-se seduzir pelos cargos que Pimenta lhe oferecia. Ele, ao mesmo tempo, temia que Sandra ganhasse autoconfiança, como ocorrera no passado, e achasse que podia viver longe de suas asas.

De qualquer forma, a chegada de Franco, Marli Prado e Marli Lima mostrou que Pimenta formaria um "núcleo duro" para apoiar Sandra na coordenação da editoria. Era a fórmula que tinha dado mais ou menos certo na Gazeta Mercantil e seria repetida no novo trabalho. Tratava-se de três jornalistas de confiança, que criariam uma camada de proteção para Sandra. Internamente, Pimenta sabia que haveria resistência à nomeação da namorada para um dos cargos mais altos do jornal. Como repórter especial ela não exercia nenhum tipo de chefia. Com a promoção, Sandra mandaria de fato. A decisão não seria bem-vista por alguns membros da família Mesquita e mesmo por jornalistas mais próximos de Pimenta. Todos achavam que cometia uma espécie de abuso de poder, que ia longe demais, considerando o nível profissional da namorada. Mas ele se aproveitava do bom momento do Estadão, que apresentava circulação crescente e bom desempenho comercial. Tinha a seu favor o aumento da popularidade do jornal. Suas iniciativas estavam dando certo e os acionistas não iriam conter seus pequenos caprichos. Como a maior parte de suas decisões se mostrou sensata até então, por que nomear a namorada não seria uma boa ideia? Talvez ele estivesse certo: ela era uma das melhores jornalistas de economia do mercado.

Não foi sem conflitos que a transição aconteceu. Entre o anúncio de que Sandra seria a nova coordenadora de Economia e sua confirmação no cargo passaram-se quase dois meses, com avanços e recuos por parte de Pimenta, que ainda não estava seguro. Seus amigos mais próximos e sinceros, como Marco Antonio ou Roberto Müller, diziam que exagerava. Marco Antonio falava que era loucura. Admitia que Sandra era uma repórter experiente, mas faltava-lhe traquejo para orientar uma equipe grande e complexa, cheia de jornalistas tarimbados. Em tese, no entanto, ela já passara por isso na Gazeta Mercantil. E não se podia dizer que tivesse fracassado. O Caderno C manteve seu padrão de qualidade enquanto ela foi coordenadora – a equipe soube fazer seu trabalho. Mas a falta de envolvimento e comprometimento de Sandra com as rotinas da coordenação editorial e suas falhas nas relações pessoais se tornaram notórias. Demonstrara dignidade e altivez na chefia, mas sua atitude em relação às liturgias do cargo pareciam cosméticas. Nos tempos de Sandra, a Gazeta Mercantil e seus jornalistas gozavam, além do mais, da vantagem de não ter concorrentes diretos, algo que acabaria em breve, com o lançamento do Valor. No dia em que o jornal dirigido por Celso Pinto fosse lançado, o diário dos Levy teria um competidor no seu encalço todos os dias e sairia diretamente da zona de conforto para o inferno.

Como coordenadora, Sandra ficaria responsável no Estadão pela macroeconomia e também por empresas e negócios. Sua subeditora seria Marli Prado, que lhe daria liberdade para fazer reportagens especiais. Sandra percebia que precisava fazer uma exibição de gala, convencer seus pares e subordinados de que entendia de economia e que merecia estar no cargo. À frente da área de finanças estaria Angelo Pavini. Priscilla Murphy, que viera da Gazeta convidada por Pimenta na mesma época que ele chegara ao Estadão, era responsável por economia internacional e continuaria no mesmo posto. Ambos estariam subordinados a Sandra. Sandra daria a palavra final sobre a edição do caderno e faria algumas incursões como repórter. Como na Gazeta Mercantil, Marli Lima cuidaria da cobertura das empresas aéreas no dia a dia e apoiaria Sandra nos trabalhos mais complexos e investigativos. Carlos Franco seria repórter especial de negócios, assim como Luiza Pastor, ficando livre de obrigações burocráticas para se destacar com matérias exclusivas. Em suas andanças por Brasília e pelo Rio, Franco trouxera para o jornal muitas informações de vários segmentos, inclusive das companhias aéreas. Conhecia a visão do governo sobre a crise da aviação civil e distribuía informações generosamente para os outros repórteres de negócios.

Pimenta concordava com Sandra que aviação era um grande assunto para ela mostrar seu talento jornalístico. Era uma área de discussões pesadas, desdobramentos surpreendentes e personagens emergentes do novo capitalismo brasileiro, que sairiam do anonimato nos meses seguintes, como o empresário boliviano Gérman Efromovich ou o brasileiro Nenê Constantino, dono do Grupo Áurea, um conglomerado de empresas de transporte rodoviário, entre elas a Breda e a Expresso União. Aviação era um mercado complicado, com empresários e executivos tentando impor sua visão sobre um setor em crise para jornalistas aturdidos, que balançavam ao sabor dos lobbies ora para um lado, ora para outro. Era uma história enrolada, feita sob medida para bons repórteres. O governo não sabia o que fazer, tentava dar um jeito de proteger a Varig, que tinha um grande patrimônio de rotas internacionais e uma longa história de prestação de serviços de qualidade. Também destinou R$ 725 milhões para a moribunda Transbrasil alguns meses antes, em 1999, como indenização por perdas com congelamentos de tarifas em vários planos econômicos. O mercado inteiro estava despencando e, àquela altura, o ganho de escala significava mais prejuízos do que lucros. Todas as empresas eram ineficientes e conseguiam perder dinheiro com cada um dos passageiros que entrava em suas aeronaves. Quanto mais entravam, mais elas perdiam. O pontapé que faltava para afundá-las de vez veio com a desvalorização do real. A maioria delas estava cheia de dívidas em dólares por conta principalmente dos leasings de aeronaves e custos de peças e manutenção.

Um dos casos mais instigantes do mercado era o da Vasp. Passada a euforia da ampliação e modernização da frota e da abertura de rotas internacionais, restou uma empresa titubeante que não conseguia pagar salários, *leasings*, obrigações tributárias, nem taxas aeroportuárias. Desde o início do ano surgiam notícias esquisitas, como a dos 24 cheques pré-datados e sem fundo que o dono da empresa, Wagner Canhedo, passara para a Infraero para acertar suas dívidas aeroportuárias. Outdoors de propaganda com a capa da revista Veja, que trazia a foto de Canhedo rodeado de cheques voadores, foram espalhados por toda a cidade de São Paulo no começo de fevereiro de 2000. O empresário dizia que suas dívidas com a Infraero, a estatal que controlava quase todos os aeroportos brasileiros, giravam em torno de R$ 1,5 bilhão e que poderia acertá-las com créditos equivalentes aos que possuía com o governo, da mesma forma que a Transbrasil disse que faria, quando recebeu sua indenização. O fato, porém, é que começavam a aparecer dívidas por todos os lados e também denúncias de canibalização[8] dos novíssimos aviões MD-11. Canhedo tinha adquirido nove deles e já estava sem dinheiro e crédito para comprar peças de reposição. Dois deles começavam a ser desmontados em pleno aeroporto de Cumbica, em Guarulhos, mas o dono da Vasp negava que isso estivesse acontecendo e também que sua empresa estivesse em situação pior do que a dos concorrentes. Seu principal argumento de defesa era dizer que todos tinham os mesmos problemas.

Na área comercial, Canhedo decidiu partir para o ataque. Reduziu drasticamente o preço de suas passagens e aumentou as comissões pagas aos agentes de viagem para até 13% do valor dos bilhetes, enquanto os concorrentes decidiram baixá-las para um valor entre 6% e 7%. Seus descontos da ponte aérea Rio-São Paulo, a principal rota da aviação nacional, chegaram a 50% – o passageiro pagava a ida e a Vasp pagava a volta. Por conta dessa reação comercial, Canhedo conseguiu elevar o índice de ocupação nos seus voos entre São Paulo e Rio de Janeiro de 25% para 89% em poucas semanas, mas também se isolou politicamente no mercado. Seus concorrentes vinham dando até 40% de redução de tarifas em alguns voos, mas ninguém tinha sido tão agressivo na ponte aérea. No máximo eram oferecidos benefícios indiretos nos planos de milhagens. A própria Infraero acusou a Vasp de prática de *dumping*[9]. E isso Canhedo conseguiu: encheu seus aviões de passageiros e tentou neutralizar, por um tempo, a situação trágica das contas de sua empresa. O problema é que no seu caso não havia nem tempo nem recursos para subsidiar uma política comercial tão agressiva. O governo já começava a atuar mais firmemente para limpar o mercado e abrir espaço para novos concorrentes. As empresas tradicionais não se aguentavam mais.

Foi Carlos Franco que deu a dica sobre as empresas estrangeiras controladas pela Vasp, depois de uma conversa, em Brasília, com o

8. Canibalizar um avião é tirar-lhe as peças para usá-las em outros aviões. Companhias de aviação sem dinheiro para comprar peças costumam adotar a prática.
9. Significa vender qualquer coisa abaixo dos custos, mesmo tendo prejuízo, apenas para conquistar um cliente e ganhar participação no mercado. É uma expressão muito usada no comércio internacional.

ministro-chefe do gabinete de segurança institucional da Presidência da República, general Alberto Cardoso: Se a Vasp no Brasil estava mal das pernas, o que pensar de suas subsidiárias na Bolívia, no Equador e na Argentina? O Vasp Air System, conglomerado criado por Canhedo a partir de 1995, depois da aquisição do controle do Lloyd Aéreo Boliviano, da Ecuatoriana de Aviación e da Transportes Aéreos Neuquén, devia estar em frangalhos. Pimenta achou a ideia de conhecer de perto a situação das empresas controladas pela Vasp excelente, até porque a reportagem do Estadão descobrira, no fim de abril, que Canhedo pretendia se desfazer de suas participações de controle nas três companhias aéreas e também de alguns imóveis de propriedade da Vasp, em Miami, que valiam cerca de R$ 12 milhões. Sandra e Marli Lima entrevistaram Canhedo e seu filho, Wagner Canhedo Filho, com exclusividade, e eles confirmaram os planos de venda. Pimenta achou que o assunto rendia e decidiu enviar as duas jornalistas para o Equador e a Bolívia para conhecerem de perto a situação. Sandra se animou com a ideia da viagem ao Equador, onde ficava a sede da Ciespal (Centro Internacional de Estudios Superiores de Comunicación para América Latina), em Quito, e pensou também em fazer um curso de aperfeiçoamento. Marli iria para La Paz. Estavam com os documentos em dia. A coordenadora de Economia viajaria na segunda-feira e Marli embarcaria no dia seguinte. Passaram quatro dias fora do Brasil e confirmaram o que se esperava. O que acontecia no exterior era tão grave quanto a situação no Brasil, onde Canhedo já tinha devolvido quatro MD-11 por falta de pagamento. Marli embarcou no dia 2 de maio, data de estreia do jornal Valor Econômico. Enquanto caminhava nos saguões do aeroporto de Cumbica, notou os anúncios publicitários do lançamento do novo diário.

Sandra, que estava assumindo oficialmente a coordenação da editoria de Economia, chegou ao Equador e descobriu que um dos únicos bens da Ecuatoriana de Aviación, um avião DC-10, fabricado em 1972, estava abandonado no aeroporto Mariscal Sucre, em Quito. Em boas condições, o avião poderia valer US$ 8 milhões, mas na situação em que se encontrava seu preço caía pela metade. Além da Vasp, o outro acionista da companhia era o governo do Equador, que denunciava a canibalização do DC-10, prática que vinha fazendo a fama da companhia brasileira. Na sua apuração, Marli descobriu que a Lloyd Aéreo Boliviano também tinha sido deixada de lado por seu controlador. Jornais de La Paz informavam quase diariamente que a empresa estava à venda e anunciavam o interesse da americana Continental Airlines na compra. Para Sandra, a pauta era uma boa oportunidade de fazer um bom trabalho investigativo no exterior e trazer notícias exclusivas para o jornal, mostrando a que viera. Até então, em sete meses no Estadão, não tinha descoberto nenhuma grande história.

Assim que chegou a Quito, Sandra fez contatos com jornalistas locais para conseguir chegar até as fontes que poderiam falar sobre a situação da companhia aérea. Um dos jornalistas que Sandra procurou foi Jaime Mantilla Anderson, um sujeito de cabelos louros e olhos claros, dono de um dos três maiores jornais do país, o *Hoy*. Jaime Mantilla era um homem maduro, mas de aparência jovial e tipo galanteador. Era vinte anos mais velho que Sandra. Era influente na imprensa equatoriana e membro atuante da Sociedade Interamericana de Prensa (SIP). Seu jornal *Hoy* havia sido fundado em 1982 e situava-se politicamente à direita, na mesma faixa de Pimenta. Mantilla era um jornalista poderoso, de modos aristocráticos, e cheio de contatos que poderiam ajudar Sandra a apurar informações sobre o futuro dos negócios de Canhedo no Equador. Ela o procurou na redação do jornal, no centro de Quito, na Avenida Mariscal Sucre. Acertaram-se rapidamente e deram-se muito bem. Naquele mesmo dia, Mantilla a convidou para almoçar e prometeu ajudá-la no trabalho de apuração. Disse que Sandra contaria com o apoio de um dos subeditores do *Hoy*. Combinaram também de continuar trocando informações daquele momento em diante. Sandra passaria para o *Hoy* notícias sobre Canhedo e a Vasp e, quando estivesse no Brasil, teria facilidades, com os jornalistas do *Hoy*, para conseguir as informações de que precisasse sobre a Ecuatoriana de Aviación.

Mantilla tinha contatos de alto nível no governo e no mundo empresarial. Aproximou Sandra do ex-presidente do Conselho Nacional de Modernização (Conam), o advogado Patricio Peña, que a esclareceu sobre o desinteresse do governo pelo destino da companhia. "Se ela quebrar, não custará um único centavo aos cofres públicos", afirmava Peña, indicando que todos os prejuízos iam sobrar para a Vasp. Mantilla também facilitou seu contato com especialistas no mercado de aviação local. Por meio deles, Sandra soube que o principal ativo da Ecuatoriana era a rota para os Estados Unidos, mas a empresa tinha sido rebaixada em sua categoria técnica pela agência de aviação americana, a FAA[10]. A empresa só podia aproveitar as rotas se usasse aviões e tripulações da Vasp, pois estava impedida de fazê-lo com sua própria frota. Naquele momento, a empresa operava dentro do Equador com três aviões alugados, faturava mais de US$ 40 milhões por ano e vinha registrando sucessivos prejuízos. Sandra passou cinco dias em Quito e fez muitas fontes na cidade. Saiu para almoçar com Mantilla pelo menos duas vezes. Conversavam muito sobre cavalos, outra paixão que compartilhavam. Sandra falou de Oceano e Platina e de suas rotinas em Ibiúna. Mantilla prometeu que lhe enviaria uma legítima sela equatoriana. Desde que conheceu Pimenta, nenhum homem havia despertado tanto seu interesse. Achou-o o cara perfeito, embora ele fosse casado nessa época. O que não o impediu que tivessem bons momentos de intimidade. Sandra divertiu-se muito em Quito e ficou impressionada com Mantilla a ponto de pensar, realmente em mudar de vida. Houve ali um esforço de sedução mútua e ficou uma sensação de frescor, daquela que se vive no começo de um namoro e que há muito Sandra não experimentava com Pimenta.

Na semana seguinte, Sandra e Marli escreveram e publicaram várias matérias assinadas, com chamadas de primeira página, sobre os negócios de Canhedo no exterior. O material que trouxeram era consistente e mostrava novidades sobre o caso. As matérias saíam sempre no alto da página, com títulos de destaque como "Ecuatoriana pode estar canibalizando avião" ou "Canhedo quer vender três empresas aéreas". Sandra ficou satisfeita com o resultado. Mas o que a deixava realmente feliz, àquela altura, era a lembrança de Mantilla e as perspectivas de uma nova

10. Órgão federal responsável por todos os regulamentos da aviação civil nos Estados Unidos que seleciona e autoriza as empresas estrangeiras que podem voar nos céus do país.

vida amorosa. Marli Lima percebeu que a amiga voltara radiante do Equador, mas nada falou. Com Marli Prado já era diferente. Era a única confidente de Sandra. As duas não paravam de trocar segredinhos depois da viagem. Saíam para tomar café e davam risadas. Carlos Franco ficava de fora dessas conversas, só soube da existência do novo personagem equatoriano algumas semanas depois, na mesma época que Marli Lima.

Sandra voltou apaixonada ou, pelo menos, repleta de fantasias. Ainda que Mantilla fosse só uma projeção platônica, ela estava precisando de um bom pretexto para uma ruptura com Pimenta. Depois que voltou para o Brasil, Sandra passou a trocar e-mails com o jornalista equatoriano, uma média de dois por semana da parte dela. Para cada duas mensagens que ela mandava, o diretor do jornal *Hoy* lhe respondia uma. Embora continuassem falando de trabalho, também trocavam palavras carinhosas e íntimas. Parecia conversa de namorados. Pensavam, inclusive, em viajar juntos. Por conta de seu envolvimento afetivo com Mantilla, começou a pensar que não era justo manter o namoro com Pimenta. Afinal, já estava cansada de não ser plenamente assumida por ele. Nem moravam juntos, moravam. Pimenta a exibia como troféu, mas não formalizava sua relação. Apesar de todos os benefícios, ressentia-se dessa condição de personagem oculto e viveu algumas contradições desde o início do relacionamento. Em meados de maio, o namoro degringolou de vez e Sandra decidiu que o melhor era a separação. Não tratava do assunto com gravidade. Era uma decisão simples e direta. Falou com Marli Prado a respeito disso, quase em tom de brincadeira, e afirmou que dessa vez seria diferente, não ficaria só na ameaça.

Marli Prado disse a Carlos Franco que Sandra estava cansada de ser a eterna namorada do diretor do Estadão. Marli disse que Sandra estava disposta a mudar o seu destino. Falou também que tinha "boi na linha", que havia rolado um clima entre Sandra e um empresário das comunicações de Quito. Era, mais uma vez, um diretor de jornal. Marli não sentiu que fosse brincadeira o encontro com Mantilla. Sandra tinha mesmo sido "fisgada" pelo dom-juan equatoriano. Naquele mesmo dia de junho, Sandra convidou Franco e as duas Marlis para comer uma pizza. Na mesa, movida por uns chopes, que havia testado Pimenta e perguntado se ele a demitiria caso ela decidisse terminar o namoro. E Pimenta foi claro:

– Na hora – respondeu. – Demito no dia seguinte, sem piedade, Sandra.

Pimenta ficou nervoso ao ouvir a hipótese de demissão da namorada. Ele quis saber mais e Sandra evitou continuar o assunto. Só tentava provar que uma coisa não devia ter nada a ver com a outra, que seu talento devia ser suficiente para sustentá-la no cargo. Ele respondeu claramente que na sua cabeça os dois papéis estavam ligados.

Sandra repetiu a história para todos os que estavam na mesa e foi clara: confirmou que Pimenta a demitiria no mesmo dia se ela terminasse com ele. Mesmo assim, duvidava que ele tivesse mesmo coragem de mandá-la embora. Seria um atestado de irracionalidade, a confirmação final de que agia movido pela paixão e não por critérios objetivos. Se a promoveu a coordenadora do caderno de Economia, foi porque acreditava na sua capacidade, conjecturava Sandra. E ela estava decidida a testá-lo nos seus critérios de decisão. Franco achou que ela iria cometer uma loucura se colocasse Pimenta contra a parede.

– Imagina, sou uma ótima repórter – justificou. – Ele não vai me mandar embora, ele sabe que sou boa jornalista. E se me mandar embora, a situação dele vai ficar ridícula.

– Vai com calma – retrucou Franco –, não estica essa corda. Pimenta pode cumprir o que está prometendo.

– Não quero saber. Agora vou bancar para ver. Prefiro perder o emprego a manter um namoro que não vai dar em nada – disse Sandra, meio brincalhona.

Sandra queria saber mesmo se seu cargo de editora de Economia estava vinculado ao seu relacionamento com o chefe. Começava a achar tudo muito chato. Nessa época, as crises do casal desapareceram e se transformaram em tédio e resignação. Sandra perdeu a vontade de encontrar o namorado. Não se entusiasmava, nem se impressionava com suas histórias. Na verdade, Pimenta tinha se tornado repetitivo havia algum tempo, mas os dois viviam uma espécie de inércia na relação.

Os encontros, que quase já não eram tão frequentes durante a semana, tornaram-se ainda mais escassos. Vários fins de semana Sandra passou a ir para Ibiúna cavalgar sem o namorado. Quando não tinha plantão, ia sozinha, dormia na casa dos pais e passeava a cavalo com alguns amigos. Já não sentia nenhuma dependência social de Pimenta. Ao contrário, sentia-se mais à vontade sem ele.

Quando saíram para cavalgar, pela última vez, em maio, pelas estradas que cercavam o Haras Setti, fazia tempo que não iam juntos para Ibiúna por causa dos desacertos de horários e obrigações de trabalho. Por ter deixado as cavalgadas de lado, Pimenta estava meio endurecido, sem prática. Também andava desatento. Acabou machucando o olho depois de tomar um tranco de Quecé e bater de cara na cabeça do cavalo. Feriu o nervo ocular. Sentiu muita dor na hora do acidente e teve problemas para enxergar durante várias semanas. Lia com muita dificuldade e exagerava dizendo que precisava ficar com o papel a cinco centímetros do olho para conseguir ver com clareza. Reclamava muito dos problemas de leitura. Na mesma época, bateu o carro bestamente. Batida pequena, mas não costumava se distrair a esse ponto. Andava intrigado com o comportamento de Sandra e só pensava que ela estava tramando alguma coisa. Perdia o controle sobre sua realidade imediata e sobre o fluxo de pensamentos. Mesmo considerando que o namoro tinha perdido a intensidade, Pimenta não admitia seu fim. E, se Sandra ousasse terminá-lo, perderia o emprego.

Correndo esse risco, Sandra decidiu tomar uma decisão de mulher adulta e emancipada. Concluiu que podia ambicionar uma vida própria e tentar um novo relacionamento com Mantilla ou, se não desse certo, com outro homem legal que encontraria em breve. Dessa vez, estava preparada para ser demitida, embora preferisse que isso não acontecesse. Achava que Pimenta poderia tomar uma decisão civilizada e aceitar uma convivência profissional sem qualquer vínculo afetivo. Bem no fim de junho, em um sábado, convidou Pimenta para visitá-la em casa, no fim da tarde. Quando o namorado chegou e tocou a campainha no térreo, Sandra jogou a chave da portaria dentro de um copinho de plástico, como sempre fazia. A conversa sobre a separação não foi muito longa.

Sandra falou rapidamente, sem delongas. Disse logo que queria terminar o namoro, acabar com o relacionamento. Lembrou que haviam tido bons momentos, mas disse que a convivência não dava mais certo. Podiam ser amigos, já que Pimenta não queria casar, nunca quis, nem demonstrava ter planos de morar com ela e estabelecer uma relação estável. Demonstrou que era hora de ficar sozinha.

– Dessa vez é definitivo, Pimenta.

Imediatamente ele disse que a amava, que não queria se separar e que ela sabia as consequências daquele ato. Estaria demitida no dia seguinte.

– Eu sabia que você estava com essa ideia quando veio com aquelas indagações – falou o diretor do Estadão.

Ela disse que queria terminar o relacionamento porque precisava de um tempo para si própria. Pimenta recusava-se a aceitar sua vontade. Perguntou quem era o outro. Tinha certeza de que ela estava envolvida com outro homem. Sandra não quis responder. Pimenta adiantou-se e falou que já sabia que era um playboy equatoriano, que tinha se informado de suas aventuras sexuais em Quito. O *Hoy* era o terceiro maior jornal do Equador, a mesma posição que o Estadão ocupava no Brasil, atrás da Folha e do O Globo. Era um jornal badalado, com perfil liberal e leitores de alto poder aquisitivo. Guardadas as devidas proporções, Jaime Mantilla era tão poderoso e exibia tanto status no Equador quanto Pimenta no Brasil. Pimenta disse que a amava, mas, em seguida, chamou Sandra de puta e vagabunda. Foi a primeira vez que se descontrolou completamente com ela. Não a agrediu no dia da separação, mas anunciou que utilizaria o último trunfo que tinha na mão: o poder de demiti-la. Na segunda-feira de manhã, assim que chegasse ao Estadão, encaminharia seu pedido de demissão. Ainda achava que conseguiria manipular a vaidade profissional de Sandra e teria o domingo para fazê-la mudar de ideia. Era o típico jogo idiota da paixão em que um dos lados, alternadamente, sempre pensa que tem muito poder. Sandra também achava que manipulava o poderoso Pimenta sentimentalmente. Num instante ele parecia desconcertado e implorava amor, no outro tentava ofendê-la, destruí-la, colocá-la no lugar de aproveitadora. Em outros momentos, escancarava seu amor e dizia que não era nada diante da força que o tinha transformado em um homem mais pleno e orgulhoso de si. Um pouco antes de deixar seu apartamento, porém, disse a Sandra que agora ela teria a chance de levar uma vida de prostituta barata, mas sem usar o nome do Estadão em suas viagens.

– Eu te fiz – gritou Pimenta –, e posso te desfazer!

Sandra defendeu-se e disse que só tinha chegado aonde estava por sua competência. Já tinha sido avisada que a separação significaria a demissão. Naquela noite, não dormiu. Gostava muito do prestígio que tinha alcançado nos últimos três anos. Era a princesa das redações paulistanas, a primeira-dama do jornalismo econômico, como a tratavam pejorativamente. Desafiava o sistema e gostava dessa sensação. Não era nem melhor, nem pior que ninguém. Era igual a todo mundo, mas sentia-se protegida, um pouco acima do bem e do mal. Pimenta, enfim, queimaria seu último cartucho, chutando-a de um dos jornais mais prestigiados do país. E perderia a namorada. Mas e se ela arrumasse um emprego na Rede Globo? Ou no Valor? E se Celso Pinto decidisse contratá-la como repórter especial? Depois de alguns vacilos e dúvidas, Sandra decidiu se libertar de Pimenta e apresentar-se ao mercado. Buscaria forças no seu passado de repórter, no seu curso de pós-graduação, no seu inglês impecável, e ganharia o mundo trabalhando duro e vendendo sua inteligência. De alguma maneira, pretendia se reconectar a uma carreira perdida no passado. Tinha vontade de cumprir novas missões e superar aquele medo que beira a covardia de perder o emprego. Lá no fundo, tinha certeza de que encontraria algo melhor. Pimenta estava muito preocupado com essa possibilidade. Seu maior pesadelo era ver a mulher se arranjando sem ele.

– Pimenta, agora não existe mais aquele papo de "vamos dar um tempo" e depois voltar a qualquer momento – disse Sandra. – Agora acabou. Sem chances de volta.

Aquilo soava a grego para Pimenta. Não entendia o que Sandra dizia. Parecia uma afronta. Achava que tinha ajudado Sandra e que por isso ela não podia deixá-lo. E a amava. Ainda que sua possessividade de macho das antigas ofuscasse o sentimento genuíno, ele tinha construído sua nova realidade no Brasil com o apoio dela. Era sua base mental. Era difícil acreditar que fosse tão forte. Achou que ela fosse tão dependente dele como ele era dela. Embora mal houvesse esquentado a cadeira de chefe no Estadão, Sandra não tinha mais paciência para aquela situação de dependência de um homem atrasado como Pimenta, que queria amordaçá-la e manter sobre ela um domínio sexual idiota. Queria se livrar do ranço aristocrático daquele homem. No começo, orgulhava-se de ter Pimenta como protetor. Mas depois de um ano, um ano e meio mais ou menos, essa sensação se esvaiu. Não queria mais que nenhuma pessoa achasse que ela dependia profissionalmente de Pimenta. Era melhor do que isso. Sabia fazer grandes reportagens, era arguta, perspicaz e não precisava de ninguém para crescer profissionalmente. Podia dispensar um macho protetor. Tinha luz própria. E conhecia seu ofício. Só precisava se dedicar mais e combater a preguiça que assola muitos jornalistas talentosos.

Sandra deixou o Estadão exatamente dois dias depois de pôr um fim ao namoro. O primeiro ato de Pimenta ao chegar à redação segunda-feira foi pedir que sua secretária telefonasse para o departamento de pessoal e se informasse sobre os trâmites para o desligamento da coordenadora de Economia Sandra Florentino Gomide. Antes, porém, telefonou para William Salasar e o promoveu a coordenador interino, disse que tinha tirado Sandra do cargo por incompetência e falta de confiança e queria que ele assumisse imediatamente. Pimenta estava furioso com o tal Mantilla. Se Sandra estava se separando, era só porque tinha alguém, concluiu. Tentava acreditar que ela não seria capaz de abandonar todos os prazeres e luxos que lhe proporcionava. Mas agora ela tinha um novo provedor. Pensava que sua namorada, no fundo, era uma pessoa venal e não resistiria longe dele por muitas semanas porque não teria todas as benesses que a relação lhe trazia. O problema de Pimenta, porém, era outro. Estava enrolado com a falta de governança corporativa, com a irresponsabilidade de lidar com o mercado de trabalho dos novos tempos, que não aceitava que um chefe beneficiasse a namorada de maneira desavergonhada ou que a demitisse sumariamente só porque o relacionamento chegara ao fim. Dava a impressão de que Pimenta não sabia mais em que tempo estava, que flutuava num mundo próprio. Nem parecia que trabalhava em uma empresa séria como o Estadão.

Ainda que a história do equatoriano Jaime Mantilla pertencesse mais ao imaginário do que à realidade de Sandra, ela fazia estragos na autoestima de Pimenta, que ficou absolutamente furioso com a ideia de ser traído. Sempre fora esse o seu fantasma. Um sujeito tão poderoso como ele não podia ser traído, não podia ser humilhado. Tratou de saber o que estava acontecendo. Pensou em acionar o pessoal de tecnologia do Estadão para tentar recuperar os e-mails enviados por Sandra, de olho naqueles que podiam ser dirigidos a Mantilla. Queria saber mais, estava curioso. Mas todos ainda estavam muito ocupados com o *bug* do milênio e com a atualização dos softwares de produção editorial. O chefão não suportava a ideia de ter um rival, em particular um rival poderoso, dono de jornal, e de aparência jovem e sofisticada, que andava a cavalo e gostava de carros velozes.

Sem Sandra, logo nos primeiros dias que se seguiram à separação, Pimenta começou a ficar esquisito. As pessoas que estavam em volta notavam que ele estava tenso e mal-humorado. Três dias depois de deixar o Estadão, Sandra foi chamada para o exame demissional e precisou responder a um questionário que perguntava sobre as razões de sua saída da empresa. Foi direta: deixava o Estadão porque havia decidido se separar do diretor de redação do jornal, Antonio Pimenta Neves, até então seu namorado. Em outras palavras, sua demissão era a retaliação de um homem inconformado com a perda da mulher amada. Não pestanejou em denunciá-lo. E não podia fazer diferente. Era optante do plano de previdência privada do Estadão, incentivada pelo próprio Pimenta, o que tornava sua saída mais burocrática e cheia de exigências de informações. Sandra expôs a relação de causa e efeito entre o fim do namoro e sua demissão sumária e deixou Pimenta em uma situação difícil com o departamento de Recursos Humanos. Tornava público um desvario corporativo e denunciava uma injustiça. Até então o diretor de redação do Estadão dizia que Sandra era a melhor jornalista do mercado. Numa empresa que se esforçava para se modernizar e tornar suas relações de trabalho menos sujeitas a questões subjetivas, a demissão de Sandra sem motivos plausíveis era uma afronta. Finalmente a empresa estava diante de uma crise de governança causada por Pimenta e sua incapacidade de separar os campos profissional e afetivo da sua vida.

Pimenta ficou possesso quando soube que Sandra falou a verdade na entrevista demissional. Pensou, na mesma hora, em dar o troco. Sentiu-se ultrajado, embora não tivesse razão para isso. Os fatos favoreciam Sandra, que fora demitida de maneira injusta. Imediatamente, porém, para tentar neutralizar os argumentos da ex-namorada, Pimenta criou uma história mirabolante sobre a Vasp, que espalhava no mercado, com insinuações e acusações de que Canhedo teria corrompido Sandra. No dia a dia, percebia-se que seu comportamento se transformava. De uma hora para outra, virou um homem acuado e taciturno. Parecia ter perdido o interesse pelas coisas do trabalho, a motivação para conversar com as pessoas, e mostrava-se irritado, sem paciência com seus colegas. Limitava-se a parar nas mesas dos mais chegados, como Daniel Piza, Luiza Pastor e Iris Walquiria, além de José Carlos Cafundó, e reclamar que não conseguia enxergar direito. Bateu o carro mais uma vez. Outra batida leve, sem grandes consequências, mas que indicava que ele andava distraído. Estava tomado por uma verdadeira obsessão por Sandra. Já não falava mal dos outros. Só dela. Dirigia toda sua mordacidade para a ex-namorada. O sujeito bem-humorado, que ia de mesa em mesa conversar e brincar, começava a se dissolver. Restou um rosto sisudo e uma espécie de vergonha que o mantinha acorrentado.

Outra reação de Pimenta para tentar neutralizar a denúncia de Sandra foi a convocação de uma reunião, na primeira quinzena de agosto, no auditório do jornal, no mesmo local onde tinha apresentado recentemente seus planos de reestruturação do jornal. Chamou toda a redação, desde editores executivos até repórteres e editores assistentes. Ninguém sabia do que se tratava, nem podia imaginar qual era o objetivo da convocação. Pimenta começou falando do aumento das vendas e do bom desempenho do jornal. Logo em seguida, porém, entrou direto no assunto e disse com todas as letras: "estão circulando muitos boatos a meu respeito". Afirmou que era um homem transparente, que tinha uma reputação a zelar e insistiu muito nesse ponto. Começou então a ler o relatório demissional no qual Sandra afirmava ter sido mandada embora por causa do fim do namoro com o diretor de redação e acusou a ex-namorada de falar mentiras. Insinuou publicamente que Sandra estaria recebendo propina da Vasp na cobertura do setor de aviação. Mostrou para a audiência uma folha de papel, com um texto impossível de ser lido, que estaria assinada por ele e por Ruy Mesquita, onde se atestava que Sandra tinha sido incompetente como repórter especial e, depois, como editora, e que não tinha condições de ocupar cargos no Grupo Estado. O conteúdo e a veracidade da tal carta, que serviu mais para efeito cênico, nunca foram confirmados por Ruy Mesquita. Pimenta fez um discurso confuso em que em algum momento exaltou a importância da empresa e sua tradição, e em outro atacou a ex-namorada como uma espécie de traidora corporativa. Afirmava, por exemplo, que quem saía da empresa não podia falar mal dela, como se denunciá-lo por um desvio de comportamento significasse trair o Estadão. Logo todos perceberam que a reunião tinha sido montada com um só objetivo: difamar Sandra.

Na mesma semana, Pimenta começou a telefonar para conhecidos e amigos com o único objetivo de falar mal da ex-namorada. Estava obcecado com o fim da relação. Sentia-se traído e tornou-se absolutamente monotemático. Ligava e falava coisas desconexas e acusações repetitivas contra Sandra. Ligava tarde da noite, em horários inapropriados, e passava a destilar impropérios contra ela sem parar. Seu amigo Mário Viana recebeu um desses telefonemas. Klaus Kleber também. Pimenta queria se explicar sobre a demissão da ex-namorada, mas de repente tinha rompantes de raiva e indignação. Certo dia, ligou no meio da noite para um de seus amigos mais diletos, parceiro de longa data, com quem compartilhara bons anos de juventude, e ficou pendurado quarenta minutos no telefone. Tentava se justificar. Explicava que seu encontro com Sandra havia sido por amor, mas que ela o decepcionara como profissional. Ele esperava que ela pudesse dar uma resposta melhor aos desafios que ele lhe propunha, mas o máximo que ela oferecia era um trabalho medíocre. Também dizia que a ex-namorada era desonesta e que o havia traído com um jornalista playboy equatoriano. No lugar dos elogios do passado, tratava de vilipendiá-la. Inverteu completamente o seu discurso. Transformou-se em outro homem. Virou um cara negativo. Qualquer um percebia que ele estava alterado e fora de controle.

Ninguém pensava, porém, que poderia se transformar em um sujeito perigoso.

Depois de demitida do Estadão, Sandra manteve certo contato com Marli Prado, Carlos Franco e outros poucos amigos na redação. Ligou para Marli para pedir algumas cópias de suas matérias publicadas no Estadão. Estava montando seu portfólio e preparando o currículo para sair em busca de emprego. Na sua cabeça, encontrar um novo trabalho, sem qualquer interferência de Pimenta, resolveria seus problemas. Reativava antigos contatos em busca de oportunidades. Apesar do baque da demissão, sentia-se confiante e acreditava em sua capacidade profissional. Naquela altura, não fazia mais questão de continuar trabalhando em redações. Considerava voltar para as assessorias de imprensa e assumir algum cargo de relações-públicas. Mas logo percebeu que seu caminho seria repleto de obstáculos. Imaginava que arrumaria emprego rapidamente. Não previu que Pimenta tentaria bloquear suas iniciativas. Pensou que seu último ato contra ela seria a demissão. O fim do relacionamento sairia mais caro do que pensava. Além de proibir todos no Estadão de ajudá-la, considerando qualquer iniciativa desse tipo uma traição pessoal, dedicava-se a vasculhar o mercado atrás de portas abertas para Sandra a fim de fechá-las. Dizia que quem arrumasse emprego para a ex-namorada seria considerado inimigo do Estadão. Iniciou, assim, uma cruzada para jogar Sandra na sarjeta.

Ao mesmo tempo, não desistiu de reatar a relação. Tornou-se uma contradição ambulante. Telefonava para os pais de Sandra para marcar uma conversa e passava na casa da Rua dos Operários à noite, algo que nunca tinha feito. Sempre manteve uma distância cordial e esnobe dos "sogros". Dedicava-se a implorar a interferência de João Florentino e Leonilda para reatar o relacionamento. Certa vez disse que se casaria com Sandra, que era apaixonado por ela, e que queria uma nova chance. João adiantou que nada podia fazer, que a filha era maior de idade e responsável por seus atos. Se ela quisesse se casar, ela casaria. Pimenta chorou nesse dia. Falou a Leonilda que não conseguia viver sem Sandra e que faria tudo para tê-la de volta. Era um homem em farrapos. Fez suas lamúrias, mas não foi ameaçador, nem agressivo. Apresentou-se como um homem frágil que tinha ajudado a namorada na sua carreira e não podia ser abandonado daquele jeito. João respondeu que Sandra tinha vida própria e que era excelente profissional.

Na segunda-feira à tarde, dia 17 de julho, Pimenta enviou de seu computador na redação um e-mail para Sandra propondo que reatassem o namoro. Também aproveitou para reclamar das respostas que a ex-namorada havia dado ao questionário do departamento de pessoal do jornal. Disse, por exemplo, que foi com "profunda tristeza" que tomou conhecimento da entrevista demissional e das coisas que ela andava dizendo a seu respeito. "Eu deveria responder e deixar registradas as queixas do Dr. Ruy com a seção que você chefiou e contra as suas matérias, algumas delas por escrito. Não farei nada disso. Eu havia corrido um risco ao trazê-la para cá, você nunca reconheceu isso. Aliás, nunca reconheceu nada do que fiz", afirmava Pimenta no e-mail:

"Eu era apenas objeto de uso para ser descartado quando conveniente. Suas suspeitas sobre meus sentimentos em relação a você eram produto de encenação. Você sabia muito bem que eu a amo sobre todas as coisas e que não tinha outro propósito senão o de viver com você o resto da minha vida. Mas o emprego era mais importante. Tudo era mais importante do que nosso relacionamento. Você é egoísta e cruel com as pessoas que gostam de você. Prefere ser carinhosa com estranhos. Você fala sobre meu poder (se é que tenho algum) e de como o uso. Ignora, contudo, o poder que você tinha sobre mim e de como o usou para extrair vantagens e punir-me emocionalmente. Mas podemos esquecer tudo, começar de novo, iniciar um relacionamento limpo e honesto, transparente e amoroso. Venha para casa de uma vez por todas", escreveu Pimenta.

Pimenta não era muito de enviar e-mails. Enviara seis nas semanas seguintes à separação e esse foi o último em que tentou a reconciliação. Sandra descartava a retomada do namoro e lembrava a Pimenta que ele tivera outras chances de assumi-la plenamente e de levá-la para sua casa "de uma vez por todas". Achava que fez bem em esclarecer sua demissão para a empresa. Pimenta mostrava-se inconformado com o fim do namoro, mas ainda não fazia ameaças, nem xingava a ex-namorada.

A agressividade aumentou aos poucos, à medida que percebia que sua história amorosa não tinha volta. Alguns comportamentos atípicos se acentuaram e manifestações de abuso de poder passaram a ser frequentes. Os bloqueios para que ela encontrasse emprego se intensificaram e ele perdia o interesse no próprio trabalho. Mais uma vez, Sandra encontrou uma boa perspectiva de trabalho no site Patagon que foi bloqueada. Pimenta, porém, ligou para a direção do portal e disse que Sandra fora demitida por causa de seu comportamento antiético. Sandra falou também com alguns conhecidos para descobrir se havia alguma oportunidade de trabalho na Rede Globo e alguma porta se abriu. Pimenta soube desses contatos e ficou enraivecido. Passou a vetar todas as matérias sobre a emissora, até as notas curtas publicadas na coluna social de Cesar Giobbi, no Caderno 2. Chegou ao ponto de vetar a reportagem de capa do caderno Telejornal, que circulava aos domingos, porque destacaria a minissérie Aquarela do Brasil, que estrearia na Rede Globo nas semanas seguintes. O diretor de redação olhava o jornal com lupa e censurava o que achava que pudesse favorecer empresas e meios de comunicação que ajudavam Sandra.

Diante do assédio moral, Sandra chegou a pensar em passar uma temporada no exterior para esperar a poeira baixar. Sua vontade era viajar para os Estados Unidos e continuar estudando. Queria de toda forma se livrar de Pimenta, mas a sombra daquele homem se estendia aonde quer que ela fosse. O poder do ex-namorado era maior do que ela pensava. Como diretor do Estadão, fazia valer sua vontade e o mercado o temia. Ninguém queria desagradar-lhe. Para onde quer que Sandra ligasse atrás de um contato de trabalho, descobria logo depois que ele tinha telefonado em seguida para difamá-la. Aconteceria o mesmo em universidades nas quais ela tentasse uma vaga no Brasil ou no exterior. Vendo que o relacionamento não tinha volta, ele se desesperava ainda mais e expunha seu inconformismo com mais radicalidade. Ativou sua rede de informação para detectar os movimentos da ex-namorada. Sandra sentia que ele a vigiava de perto e talvez estivesse grampeando seu telefone.

Pimenta não dava mais bola para suas obrigações e adotava um tom de autocomiseração. Reclamava do excesso de trabalho e do ferimento no nervo ocular que o impedia de enxergar direito. Dizia que estava estressado e que precisava descansar. Reapareceu também com notícias sobre o recrudescimento do câncer da filha Stephanie. Não faltavam motivos para se sentir instável e fora do eixo. Bem no fim de julho, na última sexta-feira do mês, decidiu pedir demissão do cargo de diretor de redação. Entregou uma carta para Ruy Mesquita, no início da tarde, onde expunha as razões de sua decisão. No mesmo dia deu uma entrevista para o Jornalistas & Cia.[11] e afirmou que seu ato era irrevogável. "Deixo o jornal em um bom momento, com a circulação em alta. Faço isso por razões pessoais e de saúde", declarou. Citou o problema de visão, que o impedia de manter o mesmo ritmo de produtividade, e declarou que era impossível se tratar no ritmo atual de trabalho. "Chegou a hora de cuidar disso, o que não era possível trabalhando 16 horas por dia, como venho fazendo ultimamente", declarou Pimenta. Naquele mesmo dia, reuniu-se com os editores executivos Lourival Sant'Anna, José Maria Mayrink e Daniel Piza para comunicar sua decisão. Eleno Mendonça estava de férias. Pimenta fez questão de dizer que seu afastamento nada tinha a ver com a saída de Sandra. Obviamente, ninguém acreditou.

A decisão de sair pegou todos de surpresa. Embora percebessem que estava perturbado, parecia uma decisão drástica. Pimenta disse que os acionistas do Estadão não queriam aceitar sua demissão e que Ruy Mesquita, inclusive, ficou "extremamente magoado" com ele. "Foi uma honra muito grande trabalhar no jornal, agora como diretor de redação, mas fiz a opção pela minha saúde. Saio com o jornal em alta, o que me conforta, mas confesso que pela amizade que me une ao Dr. Ruy Mesquita foi uma difícil decisão", afirmou em uma longa carta que leu para a equipe da redação. Em certa altura, disse para Ruy que o estava enganando, pois já não tinha as qualidades técnicas para exercer sua função.

– Não tenho mais os pré-requisitos para cumprir meu trabalho – disse Pimenta.

11. Boletim semanal distribuído por e-mail que traz informações quentes sobre os negócios na área de mídia e sobre o mercado de trabalho dos jornalistas. Foi criado em 1995.

Ruy até percebia a deterioração mental de Pimenta, mas preferia pensar que se tratava de algo passageiro, um desequilíbrio momentâneo. O caso da ex-namorada havia se tornado público e circulado em toda a imprensa e também na família Mesquita, que fingia não saber de nada, mas estava por dentro de tudo. Seriam sensatos se estivessem em polvorosa. Alguns dos filhos de Ruy, como Rodrigo, achavam que o melhor era aceitar o pedido de demissão do diretor de redação. Pimenta dava sinais de esgotamento nervoso. Não estava concentrado no trabalho jornalístico. Havia um evidente exagero na reação de Pimenta, um homem de 63 anos, experiente, ao fim de um relacionamento amoroso. Ficou fora de si. Ele próprio se sentia constrangido com a situação e não queria admitir que seus outros problemas eram insignificantes comparados com a separação de Sandra. Mas como vinha fazendo um bom trabalho no jornal, na avaliação dos seus donos, não era interessante perdê-lo. Decidiram bancar o "risco Pimenta". Com a racionalidade comprometida, o diretor de redação recebia um insensato voto de confiança que poderia custar caro ao jornal mais tarde.

Ruy de fato não aceitou o pedido de demissão de Pimenta. Soube-se, na segunda-feira, dia 31 de julho, que o diretor geral do Estadão impediu que o amigo deixasse o cargo. Sugeriu, em vez disso, que ele iniciasse um tratamento psiquiátrico e que, se fosse o caso, tirasse uma licença médica para cuidar da saúde do corpo e da mente. Depois de resistir a alguns pedidos e de se mostrar inamovível em sua intenção de ir embora, Pimenta acabou aceitando a proposta de Ruy, que já tinha arrumado um contato e telefonado no mesmo dia para um psiquiatra. Diante do apelo, Pimenta decidiu continuar no cargo e fazer terapia. Iniciou o tratamento na semana seguinte e passou por dez sessões de análise durante três semanas seguidas. Sentindo-se prestigiado pelo chefe, protegido e apoiado pelo Estadão, inclusive depois de ter sido flagrado pelo departamento de pessoal num ato despropositado, Pimenta não mudou seu comportamento em relação a Sandra. Na verdade, tornou-se um perseguidor ainda mais implacável. Assim que a notícia de seu pedido de demissão se espalhou entre os jornalistas, passou a receber telefonemas de solidariedade e aproveitava sempre para dizer que estava decepcionado com a ex-namorada.

Alguém ligava para apoiá-lo e ele embalava na conversa com o objetivo de denegrir Sandra e pedir expressamente que não lhe dessem emprego. Podia tudo e estava protegido por uma grande instituição jornalística. Exercitava sua arrogância livremente. Algumas pessoas notaram que naqueles tempos ele passou a se vestir de maneira diferente. Usava mais roupas pretas e óculos escuros, em substituição às botas de montaria e às camisas de flanela que tinham caracterizado sua indumentária anterior, pelo menos nos fins de semana, quando estava sempre pronto para praticar a equitação. Naqueles tempos deixou de frequentar o Haras Setti. Desde o machucado no olho, havia parado de cavalgar.

Pimenta montara seu castelo imaginário pensando que Sandra seria eternamente dependente e que não teria brilho para trilhar um caminho próprio. Não aceitava que a realidade fosse diferente. O mais frágil ali, afinal, era ele, o provedor. Sua autoimagem estava escangalhada. De uma hora para outra, via que seu poder não servia para nada. Pôs a ex-namorada na rua e negou tudo o que tinha feito e dito nos quatro anos anteriores. Se não via qualidades nela, por que então a promoveu e a levou tão longe? Desmentia a si mesmo e expunha a fragilidade de suas decisões. Os amigos viam que se deixara engolir pela paixão, se enredara em um drama amoroso e perdera qualquer interesse pela vida real. Não pensava mais no Estadão, nem se entusiasmava com o trabalho. Disse a Sandra algumas vezes, depois que romperam, que ela não sabia do que ele era capaz. Começou a dar a entender que iria mais longe do que já tinha ido se Sandra não fizesse nenhuma concessão. E fazer concessão significava reatar o namoro, algo fora de cogitação para ela. Ao separar-se dele, Sandra colocou Pimenta no seu lugar de homem comum, que precisava ser capaz de conviver com decepções, algo que ele não conseguia fazer: tinha sempre de estar por cima, com domínio sobre o assunto e a situação. Sem ela, foi se tornando ameaçador e cada vez mais agressivo. Não tinha ânimo sequer para compromissos sociais.

Não podia perder, porém, a oportunidade de encontrar e prestigiar seu amigo Roberto Müller Filho, que estava lançando o primeiro jornal virtual do mercado brasileiro, o Panorama Brasil. Era um jornal publicado na web e ancorado em um pequeno e tradicional jornal econômico paulista chamado Diário Comércio Indústria & Serviços, propriedade do ex-governador Orestes Quércia, também dono de canais de TV e emissoras de rádio. Depois da visita, os dois foram jantar juntos. Müller soubera do pedido de demissão de Pimenta no Estadão. Escutou o amigo falar sobre o empenho de Ruy Mesquita em mantê-lo na direção do jornal e ouviu também suas reclamações sobre Sandra. Müller ficou preocupado com o estado de Pimenta. Posteriormente, inclusive, telefonou para saber se ele havia seguido o conselho de Ruy Mesquita e visitado um psiquiatra. Pimenta respondeu que sim – àquela altura tinha passado por duas sessões. "Ele estava muito perturbado, confuso", declarou Müller em uma entrevista que concedeu algumas semanas depois de encontrar Pimenta[12].

Os dias seguintes foram enlouquecedores. Pimenta perdeu os limites e intensificou sua obsessão pela ex-namorada. Na mesma semana em que iniciou o tratamento psiquiátrico, rompeu a barreira da violência. Seus avanços não eram mais apenas uma excentricidade ou um mero ressentimento: tentava ferir Sandra. Queria vê-la sem emprego, destruir sua reputação, fazê-la sofrer e tirar tudo o que lhe tinha dado, além de machucá-la. Pimenta havia se tornado perigoso. Viu que o namoro não tinha volta e começou a pensar em aniquilá-la, em matá-la. Aquilo virou uma questão séria em sua mente e assunto fundamental nas sessões de análise. Justamente naquela semana, começou a andar armado. Não se conhecia até então nenhuma preocupação de Pimenta com a autodefesa. Se portava armas no Brasil antes disso, era com a máxima discrição e nunca ninguém soubera. Um de seus melhores amigos, Enio Mainardi, que costumava visitá-lo na Gazeta Mercantil e depois no Estadão, era um conhecido defensor do direito de possuir e portar armas de fogo, e podia, por descuido, exibir o cabo de uma arma ao movimentar o paletó, mas Pimenta nunca dava esse tipo de bandeira e sempre deu a entender que era um pacifista.

No sábado, dia 5 de agosto, decidiu invadir o apartamento da ex--namorada. Chegou à Rua França Pinto no fim da tarde, depois que João

12. Observatório de Imprensa, 5 de agosto de 2000.

já havia fechado a oficina. Pretendia surpreender Sandra e não queria correr o risco de ser visto por ali. Parou seu Renault Clio numa rua transversal e aproximou-se discretamente. Viu que a S10 de Sandra não estava por ali e entrou no prédio.Tinha uma cópia da chave da porta do térreo desde a época em que alugara um apartamento no mesmo andar que o dela e subiu sem ser percebido, carregando consigo uma arma. Arrombou a porta, entrou e foi vasculhar o computador pessoal de Sandra. Procurava os e-mails do equatoriano e pistas sobre qualquer outro novo namorado. Olhou tudo com atenção: queria saber se havia vestígios de outro homem por ali. Também queria recuperar todos os presentes que havia dado a ela. Seu maior desejo, no entanto, era reatar. Se ela não topasse, exigiria que devolvesse todos os presentes, um por um. Quando terminou a inspeção, decidiu se esconder no quarto para esperá-la. Conseguiria monitorar sua chegada olhando pela janela e a surpreenderia assim que entrasse em casa. Ficou mais ou menos duas horas de prontidão.

Sandra subiu. Quando chegou ao seu andar, notou que a porta do apartamento estava destrancada e entrou com cautela. Percebeu que estava tudo meio revirado na sala e mal teve tempo de pensar no que estava acontecendo. Entrou no quarto distraída. Em questão de segundos, Pimenta saltou de dentro de um guarda-roupa e avançou atabalhoado em sua direção. Empurrou Sandra até o sofá enquanto a chamava de vadia. Aos gritos, confessou que havia grampeado o telefone dela e que sabia detalhes do seu relacionamento com o equatoriano. Em seguida, levou-a até o computador. Em cima da escrivaninha estava depositado um revólver calibre 38. Ordenou que lesse o e-mail aberto na tela, escrito por ela e direcionado a Mantilla. Sandra respondeu que aquilo não era problema dele, já que o namoro havia acabado. Podia ficar com quem quisesse e não precisava lhe dar satisfações. A discussão ficou mais ríspida. Pimenta pegou o revólver e ameaçou matá-la. Estava desesperado. Disse que a mataria ou se suicidaria se ela não voltasse para ele. Sandra falou que não dava, que não o amava mais. Pretendia começar uma nova vida e esperava que Pimenta fizesse o mesmo. O diretor do Estadão falou que não queria a separação. Pimenta havia trazido seu pijama e o deixou dobrado em cima da cama. Apontou para a cama, para o pijama, e afirmou que queria morar com Sandra.

– Vim ficar com você para sempre – implorou.

Ela repetiu que não queria mais saber dele. Pimenta ficou enlouquecido. Deu dois tapas no rosto dela com as costas da mão. Também agarrou e arranhou o seu pescoço.

– Se não vai ser minha, você não será de ninguém! – ameaçou.

Aos berros, ordenou que ela devolvesse todos os presentes que lhe havia dado, roupas, joias e até CDs e suvenires. Xingou-a repetidas vezes. Queria até a malha que havia comprado no Uruguai quatro anos antes. Pegou um saco de lixo de 50 litros vazio e mandou que ela colocasse tudo dentro dele. Sandra argumentou que os presentes eram dela, que ela doaria todos para uma instituição de caridade, mas que não iria devolvê-los. Pimenta a ameaçou. Disse que ela não sabia do que ele era capaz. Enfim, Sandra disse que Pimenta levasse o que quisesse e, enquanto ele procurava coisas no quarto pra colocar no saco plástico, conseguiu se aproximar do telefone e ligar para o pai. Estava chorando e contou que tinha sido agredida pelo ex-namorado, que ele estava armado e que a havia ameaçado de morte. Pimenta ouviu a conversa e correu até a sala. Tomou-lhe o telefone das mãos e disse ao pai dela que estava tudo bem, que só tinha ido buscar as joias e as roupas finas que havia lhe dado. Em seguida, devolveu o telefone a Sandra. João ficou desesperado. Estava em casa, no bairro da Água Funda, a vinte minutos do apartamento da filha, e falou que iria para lá na mesma hora. Pegou uma arma, uma pistola 7.65, e seguiu em direção à Rua França Pinto. Quando chegou lá, Pimenta já tinha desaparecido. Sandra falou que ele tinha ido embora logo depois do telefonema. Contou mais detalhes sobre o caso, e João falou que o melhor a fazer era ir à polícia.

Sandra registrou um boletim de ocorrência (003837/2000) por invasão de domicílio e agressão física no 36º Distrito Policial, na Vila Mariana. Quando chegou à delegacia com o pai, estava ferida e tremia. Fez exame de corpo de delito no Instituto Médico Legal e verificou-se a marca de um arranhão no pescoço, além de uma grande área avermelhada por conta dos tapas que havia recebido. O inquérito começou a tramitar em seguida na 2ª Delegacia de Defesa da Mulher, e ela seria ouvida no dia 28 de agosto. Não restava mais qualquer dúvida de que Pimenta estava fora de si. Com o orgulho ferido, descambou completamente. Chegou-se a pensar que as ameaças do ex-namorado não se concretizariam, Sandra mudou de ideia, pelo menos por alguns dias. A face oculta de Pimenta, seu perfil mais diabólico, havia se revelado. Seus olhos rutilavam quando brigou com Sandra em seu apartamento. Tinha ouvido todas as conversas telefônicas de Sandra com Mantilla e sabia, por exemplo, que os dois pretendiam se encontrar em uma viagem para Miami, provavelmente.

No dia seguinte à invasão, Sandra recebeu um e-mail-bomba. Era um domingo e, amedrontada, havia deixado o apartamento. Na mensagem, na qual se podia ouvir o som da fúria de Pimenta, ele voltava a exigir que ela devolvesse todos os presentes que faltavam. "Você ainda ficou com muitas roupas finas de lã e outros materiais que eu exijo que devolva", escreveu. Havia criado uma lista mental e lembrava-se dos objetos mais insignificantes. Expunha seu ódio e era mesquinho. "Não quero nada meu em você, quero eliminar qualquer traço de minha presença em sua vida e da sua na minha. Coloque tudo num saco e mande entregar me ou mando buscar. Se você quiser destruir as roupas usadas e mandar os trapos para que confira, tudo bem, ia dar de caridade mesmo. Mas não cometa o erro de reter estas coisas, pois você sabe que não tenho limites. Você também mande o número da minha conta bancária a seu pai. Já lhe disse que posso esperar até que consiga o dinheiro. Não tenho nada contra ele, muito menos contra sua mãe, que é uma vítima dos filhos. Outra coisa, vá fazer seu turismo sexual com o equatoriano. Isso fará com que retorne às suas origens de puta barata, sem escrúpulos ou caráter."

Dessa vez Sandra recolheu absolutamente tudo o que Pimenta havia lhe dado, pôs em um saco, conforme a orientação, e entregou ao pai. João telefonou para Pimenta e pediu que passasse na oficina. Foi o que ele fez no mesmo dia à tarde. Estava acompanhado de dois homens que João identificou como motoristas do Estadão – um deles costumava vigiar Sandra no fusquinha, fazendo serviço extra para o diretor do jornal. Pimenta mal cumprimentou João, pegou os sacos e foi embora. Não olhou para trás, nem falou do dinheiro que João lhe devia. Os dois acompanhantes ficaram apenas olhando. O clima estava pesado. Pimenta não estava brincando. Arreganhou os dentes e expôs os seus piores instintos. A agressão fez Sandra começar a se precaver. No dia seguinte, deixou seu apartamento, aconselhada pela polícia. Tratou de chamar um chaveiro para trocar a fechadura, pegou uma mala cheia de roupas e foi para a casa de uma tia. De lá, usando o e-mail da parente, chamada Maria Lúcia, escreveu para Jaime Mantilla. Ele não entendeu direito a mensagem que recebera de um nome que não conhecia, mas, no dia 7 de agosto, usando seu próprio endereço eletrônico, Sandra tratou de esclarecê-lo.

"Oi, Jaime, você deve ter achado esquisito o e-mail que te mandei ontem com o nome de Maria Lúcia, a dona da casa onde eu estava ontem. O motivo dessa confusão toda é que meu apartamento foi invadido e fui agredida no sábado à noite. Não foi nada grave fisicamente, mas a polícia disse que não posso mais passar a noite na minha casa", contou Sandra. "Desde que terminamos, há um mês, o Antonio (que todos conhecem no Brasil como Pimenta, seu sobrenome) tem me procurado, pressionado e mandado e-mails me ameaçando. No sábado, porém, quando cheguei em casa, ele estava me esperando armado dentro do quarto e me ameaçou de morte. Antes de sair, me agrediu no rosto. Confessou que colocou a escuta telefônica e está me seguindo. Hoje devo procurar um advogado para saber o que fazer neste caso, pois a partir de agora não posso mais ficar sozinha. Beijos. Sandra." Ao todo, Sandra mandou 25 e-mails para Mantilla e recebeu dez respostas.

Durante alguns dias, Sandra circulou pela cidade com um segurança, na verdade um primo de João, mas ele não carregava armas. Depois do último e-mail, Pimenta não apareceu mais. Voltou ao trabalho e manteve-se discreto sobre seu ato destemperado. Não se soube no Estadão que ele havia invadido o apartamento de Sandra. Ao menos, ninguém ouviu a informação circulando na redação. O inquérito corria na delegacia da mulher, mas Pimenta agia como se nada estivesse acontecendo. Dava uma de inocente para Ruy Mesquita, dizendo que estava frequentando as sessões de análise assiduamente, o que era verdade. Mas não desistia de impedir que Sandra arranjasse um emprego ou qualquer trabalho. Criou uma rede de informação para identificar os amigos e conhecidos de Sandra que estavam tentando ajudá-la. Quem trabalhava no Estadão, se fosse flagrado estendendo a mão para a jornalista, era advertido ou sofria alguma sanção maior. Com Carlos Franco, Marli Prado e Luiza Pastor foi direto ao ponto.

– Parem de se relacionar com aquela vagabunda – exigiu dos subordinados.

Pimenta passava a impressão para os conhecidos de que estava cada vez mais taciturno. Surgiram boatos de que estava andando armado. Perdera a vibração profissional. Andava pelo longo corredor da redação, de sua sala até o "mesão" onde os editores executivos e os redatores da primeira página se encontravam no fechamento, e não parava em nenhum lugar. Chegava perto dos editores, falava sobre o que queria para a edição do dia e passava a maior parte do tempo trancado em sua sala. O pouco que tinha a dizer eram impropérios contra a ex-namorada. Dizia que ela falava mal do Estadão, que cuspia no prato em que comera. E Pimenta defendia o jornal com ardor. Queria mostrar que liderava uma nobre missão e que Sandra havia traído não só a ele, mas a todos que estavam ali e respeitavam o lugar em que trabalhavam. Pimenta encarava a sua chegada à direção do Estadão como uma profecia. Quando ainda estava aprendendo com seu mestre Cláudio Abramo, nos anos 1960, sonhou que um dia isso aconteceria. Sentia-se um predestinado e achava que trabalhar no Estadão era uma grande honra. No fim, enquanto maquinava o destino que daria para Sandra, ainda conseguia passar a imagem de abnegado, de trabalhador incansável, de funcionário exemplar. Tinha até um pequeno sofá em sua sala onde, às vezes, deitava-se extenuado e dormia. Sentado ali, ele se deu conta de que a devolução dos presentes que havia dado para Sandra nos anos anteriores não lhe tinha causado nenhuma satisfação. E sua raiva contra a ex-namorada só aumentava. Cada vez pensava em novas maldades contra ela. Queria a namorada de volta ou acabar com aquela sensação de traição que o atordoava. Era uma coisa ou outra.

Sandra sentia que corria um risco crescente e passou a dormir na casa de amigos e familiares. Decidiu, enfim, que iria mudar de apartamento, como símbolo dos novos tempos. Olhou alguns imóveis no bairro dos Jardins e gostou de um na Peixoto Gomide. Seu plano era comprá-lo. Tinha boas economias, cerca de 300 mil reais. Pensava em dar uma boa entrada e financiar o restante do pagamento.

Sandra ficou paranoica ao pensar que não podia se comunicar livremente. Passou a se assustar com qualquer coisa. Tinha medo de que Pimenta aparecesse de uma hora para outra. Quando falava com alguém que conhecia sua história, alertava-o sobre o grampo nos seus telefones. Estava convencida de que suas linhas estavam sendo vigiadas. Não conseguia dormir em casa porque temia que Pimenta voltasse para atacá-la a qualquer momento. Ficou traumatizada, mas imaginou que a denúncia na polícia o amedrontaria. Pura ilusão. Devia ter lembrado, talvez, que a denúncia que fizera antes ao setor de Recursos Humanos do Estadão só havia aumentado sua fúria. Cada vez que expunha as fraquezas do ex-namorado só o deixava mais furioso. Seguindo essa lógica, sua ida à polícia para fazer o boletim de ocorrência despertaria outros demônios em Pimenta. E o faria se sentir mais humilhado e ofendido. E ele reagiria de maneira imprevista. Ninguém poderia supor que um homem tão maduro e poderoso estivesse às voltas com paixões tão desenfreadas. Alguém disse que, na verdade, Pimenta não era acostumado às paixões, não as conhecia. Quando veio a conhecê-las, já não tinha mais arcabouço mental e emocional para suportá-las.

Discretamente, Ruy Mesquita, refletindo sobre o pedido de demissão de seu diretor de redação, começou a entrar em contato com alguns amigos em comum que tinha com Pimenta para uma operação de emergência. Diante do estado mental do jornalista, que parecia piorar, ligou para pessoas de confiança pedindo que o ajudassem a tirar Pimenta de cena. Uma dessas pessoas era Edgardo Costa Reis, que havia trabalhado no jornal O Globo e na Organização dos Estados Americanos (OEA) e era muito próximo de Pimenta. Quando se soube que Pimenta estava andando armado, a família Mesquita convocou Edgardo para pedir que tentasse acalmá-lo e convencê-lo a se retirar por uns tempos. Pretendiam levá-lo para Washington ou para algum outro lugar nos Estados Unidos e deixá-lo por lá descansando alguns meses. Mas Pimenta não queria viajar nem deixar o Estadão. Tinha muito o que fazer no Brasil. Estava ocupado, por exemplo, treinando tiro no estande do sítio de Enio Mainardi, nas margens da Régis Bittencourt, BR-116. Atirava desde a juventude e queria se desenferrujar. Ali se exercitava no 38, seu revólver preferido.

João falava para Sandra que não acreditava que Pimenta fosse ainda mais longe com seus atos violentos. Argumentava que ele teria muito a perder. Além disso, não tinha esse histórico de homem agressivo. O caso do fim de semana anterior era isolado. Ninguém sabia da violência contra a ex-mulher nos Estados Unidos. Era um segredo muito bem guardado por Pimenta e algumas pouquíssimas pessoas de confiança. O pai de Sandra, de maneira talvez irresponsável, tentava contemporizar e adotava o discurso do "deixa-disso". Ficava espantado com o poder do jornalista e temia a eliminação de Sandra do mercado de trabalho. Assustava-se com o bloqueio que ele fazia em todas as tentativas dela de arrumar um novo emprego e surpreendia-se com sua empáfia e com o apoio irrestrito que recebia do jornal e da família Mesquita. Pimenta agredia sua filha fisicamente e não acontecia nada. Fazia o que lhe dava na telha e saía ileso. O irmão de Sandra, Nilton, ficava distante dos problemas, não sabia muito bem o que acontecia. Sandra e o pai eram bastante reservados. Ela não era de contar muita coisa para ninguém, incluindo gente da família. Em geral, ficava quieta em relação aos seus assuntos privados. A mãe Leonilda tampouco tinha qualquer informação. Não dava muito palpite. Nilton estava preocupado com a situação, mas sem ter a dimensão exata do conflito. Tinha sua própria vida. Só notou que Pimenta movia uma campanha difamatória contra a irmã. Sandra chegou a ligar para Isabel, irmã de Pimenta, pedindo que interviesse a seu favor, que ela e a família tentassem acalmar o ex-namorado. Não teve nenhum apoio. Quem telefonou para Sandra, segundo João, foi o analista que tratava de Pimenta. Telefonou para alertá-la. Disse que o jornalista estava obcecado pela ideia de matá-la e que não conseguia se livrar desse impulso assassino. Sugeriu que Sandra buscasse algum tipo de proteção e explicou que estava impedida, por dever ético, de denunciá-lo.

Naqueles dias, Sandra ligou para Carlos Franco, no Estadão, para pedir ajuda. Cuidou de usar um telefone que com certeza não estaria grampeado. Reclamou de Pimenta e da falta de trabalho. Já não falava muito com Marli Prado, que tentava sobreviver no jornal longe de sua influência. A amizade das duas se estremeceu depois que Sandra saíra. Marli, que escapara do trabalho noturno no InvestNews graças a Sandra, ocupava agora uma vaga de subeditora em um dos maiores jornais do país. Havia se dado bem, e ela, mal, pensava Sandra. Marli Lima mudara de emprego um mês antes. Recebera um convite vantajoso e começara a trabalhar na Forbes, revista quinzenal recém-lançada, voltada para as áreas de economia e negócios. Seu último grande amigo ali, para todos os efeitos, era Franco. Preocupado com Sandra, convidou-a para sair. Sabia de seus dissabores. Pensou também em levar Luiza Pastor, sua parceira na cobertura diária de negócios e velha amiga de Pimenta. Combinaram de jantar no restaurante Mestiço, na Rua Fernando de Albuquerque, no bairro da Consolação.

– Vamos tentar ajudá-la – disse Franco para Luiza.

Os dois saíram do Estadão à noite e seguiram para o Mestiço ao encontro de Sandra. Ao chegarem, ela já estava lá, comendo uma porção de *shimeji* e bebendo uma cerveja. Ficou feliz em encontrá-los, não se viam há mais de um mês. Imediatamente entraram no assunto do trabalho. Sandra disse que a todo lugar que ia, fechavam-lhe as portas. Passou então a reclamar dos problemas com Pimenta. Admitiu que estava tendo muita dificuldade para se recolocar no mercado e que não tinha ideia de quanto tempo esses entraves iriam persistir. A certa altura, Franco disse a Sandra que ela precisava mudar de estratégia e que tinha uma ideia. Se ela quisesse, poderia ser mais esperta que Pimenta. Perguntou se ela conhecia Maquiavel.

– Maquiavel, Sandra, o autor de *O Príncipe*.

Ela disse que conhecia de nome, mas que não tinha lido o livro. Fizeram uma brincadeira qualquer sobre a obra e Franco lhe sugeriu, genericamente, que ela se aliasse aos inimigos do seu inimigo. Propôs uma estratégia subversiva. Maquiavélica ou não, era uma ideia de quebrar a espinha, que deixaria Pimenta sem chance alguma de reagir.

– Para com isso, Franco – disse Luiza –, é muito sofisticado.

– Não sou burra, estou entendendo – protestou Sandra. – Continua, Franco. Deixa ele continuar, Luiza.

Franco explicou que, se Sandra quisesse arrumar emprego, teria de buscá-lo com os inimigos de Pimenta e não bater na porta dos seus amigos ou daqueles que o temiam. Pediu-lhe, então, três nomes de inimigos de Pimenta:

– Pensa um pouco, Sandra. Os caras que vão te ajudar são pessoas que não gostam dele – disse Franco. – Vamos ser objetivos com ela, Luiza, senão a gente não ajuda a Sandra. Quem ele não suporta, Sandra? Me dê três nomes. Fala o primeiro, vai.

Sandra pensou e disparou o primeiro nome:

– Marcílio Marques Moreira – afirmou.

E por que Pimenta não gostava de Marcílio? Ele havia sido embaixador do Brasil em Washington na mesma época em que o diretor de redação do Estadão assessorava o vice-presidente do Banco Mundial para a América Latina e também cumpria funções de porta-voz da instituição para o Brasil. Marcílio não dava atenção para Pimenta, e Pimenta não se conformava de ser deixado de lado. Era uma antipatia atávica.

– Ótimo, Sandra, mais um inimigo, mais um – pediu Franco.

Ela pensou, pensou e disse:

– Evandro Carlos de Andrade.

Pimenta não gostava de Evandro, diretor da Central Globo de Jornalismo e responsável pela implantação do canal Globo News, em 1996, provavelmente por causa de uma dessas rivalidades imaginárias que criava em sua mente. Talvez porque Evandro tivesse ido mais longe do que ele e conquistado uma posição mais sólida. Talvez porque, no fundo, o achasse melhor jornalista do que ele próprio. Nunca estiveram juntos na mesma empresa – Evandro trabalhou na sucursal do Estadão no Rio de Janeiro entre o fim dos anos 1960 e o início dos 1970, quando Pimenta estava na Folha.

– Tá bom, tá bom, o Evandro – concordou Franco. – E agora mais um, Sandra, o último!

Sandra titubeou. Não conseguia pensar em mais um nome. Passou quase um minuto tentando encontrar mais um inimigo de Pimenta.

– Já sei. Todas as pessoas que ele demitiu na Gazeta Mercantil e no Estadão – disparou.

– Vamos ser objetivos, aí não vale, é muita gente, Sandra. Por esse caminho a gente não chega a nenhum lugar – repreendeu Franco. – Vamos, o último!

– Já sei. Miguel Jorge. Pronto, o terceiro.

Miguel Jorge, membro do conselho consultivo do Estadão, tinha ameaçado demitir Pimenta do cargo de correspondente em Washington cerca de dezesseis anos antes. É provável que fosse essa a razão do cisma. Publicamente, mantinham uma relação cordial e falavam sobre assuntos de interesse da Volkswagen, como pautas exclusivas e matérias que o jornal estava produzindo ou tinha publicado. Nunca houve, porém, qualquer conflito mais sério entre os dois. Marcílio, Evandro e Miguel eram os principais inimigos de Pimenta eleitos por Sandra, com base em algum conhecimento e nas conversas com o ex-namorado. Era uma autoridade em Pimenta. Percebia as pessoas de quem ele falava com mais raiva.

Depois de ouvir os três nomes, Franco nem pensou muito. Ficou animado e lembrou que tinha um número de telefone na agenda.

– Está ótimo. Agora vamos ao trabalho.

Ainda não passava das 21 horas quando ele pegou o celular e ligou imediatamente para uma amiga do Rio de Janeiro, Miriam Lage, que cuidava da assessoria de imprensa do ex-ministro Marcílio, responsável, naquela época, pelo escritório na América Latina do banco de investimentos Merrill Lynch. Miriam atendeu e Franco explicou a situação. Destacou que Sandra havia sido demitida injustamente por Pimenta Neves e que estava tentando ajudá-la. Pensou talvez que o banco poderia lhe oferecer algum trabalho, como a tradução de seus relatórios, algo que Sandra faria com tranquilidade graças ao seu excelente inglês. Sandra queria continuar em São Paulo e não pretendia trabalhar no Rio. Miriam ouviu, disse que conversaria com Marcílio e ligaria logo mais. Quando ligou, meia hora depois, disse que Sandra poderia começar a fazer traduções para o Merrill Lynch no dia seguinte, bastava ela entrar em contato para combinarem os serviços.

Em menos de uma semana Pimenta soube que Franco havia arrumado trabalho para Sandra e, imediatamente, o considerou um desafeto. Isso valeu para Franco, um cara de quem Pimenta até então só falava bem, uma dura pena. O chefe vinha elogiando seu trabalho publicamente havia tempos, inclusive para os membros da família Mesquita. Sua presença na primeira página era frequente. Fazia matérias de negócios muito interessantes. De repente, porém, Pimenta decidia demitir um de seus repórteres preferidos. Na verdade pediu que o editor interino William Salasar o mandasse embora. Salasar falou com Franco, disse que Pimenta exigia que ele fosse demitido e mencionou que não estava entendendo nada. Franco disse a mesma coisa, mas, rapidamente, percebeu que estava sendo computada a fatura das ideias maquiavélicas que tinha dado a Sandra. Como Pimenta soube? Pode ter sido pelas escutas telefônicas ou por alguma indiscrição. Salasar não quis ficar com a bucha. Disse que não ia demitir Franco.

– Vai na sala dele e conversa – disse Salasar. – Eu não vou te demitir.

– Salasar, não se preocupe, sem drama – respondeu Franco.

– Você não quer falar com ele? Vai lá.

Franco deixou a editoria de Economia e caminhou até a sala do chefe. Apareceu na porta e Pimenta disse que ele entrasse. Era uma noite de quinta-feira, 17 de agosto.

– Pimenta, já sei que você me demitiu. Até logo – disse Franco.

– Isso é para você aprender que não pode ajudar filha da puta. Você precisa ter caráter.

Pimenta começou então a desancar Franco e a lhe dar lição de moral. Era um homem irreconhecível. Disse que ele deveria saber escolher melhor suas amizades. Não mencionou o nome de Sandra, mas disse que ele andava com maus elementos. Num certo momento, Franco desistiu de defender o emprego e aceitou a demissão. Falou a Pimenta que aceitava sua decisão. Se ele era o chefe, então que fizesse o que bem entendesse. Na hora em que virou de costas para ir embora, Pimenta o chamou de volta. Fazia coisas sem sentido e não se lembrava do que tinha feito no dia anterior.

– Mas não é assim: nós vamos almoçar amanhã – determinou Pimenta. – Vamos formalizar sua demissão.

– Almoçar? Amanhã? Nem precisa se dar a esse trabalho. Eu não vou voltar aqui sexta-feira, Pimenta, para formalizar uma coisa que está decidida. Não faz sentido.

Franco foi para casa e decidiu viajar para Paraty. Queria esfriar a cabeça para decidir o que fazer na semana seguinte. Comprara as passagens para sexta-feira, às duas da tarde. Ligou para Salasar de manhã, antes de embarcar no ônibus. Queria saber o que havia acontecido na redação. Salasar disse que Pimenta tinha passado duas vezes pela editoria procurando-o para confirmar o almoço. Franco descartou o encontro, disse que iria viajar. Sandra ligou para Franco logo em seguida. Soube da demissão abrupta do amigo e sentiu-se um pouco responsável pelo fato.

– Ele está demitindo você por minha causa – afirmou Sandra –, porque você quer me ajudar, está na cara.

Sandra convidou Franco para conversar e passar o fim de semana juntos. Ele recusou.

– Não, Sandra, a gente não vai passar fim de semana nenhum juntos. Agora à tarde eu vou para Paraty.

– Mas eu queria te ver – falou Sandra.

– Não, precisa – disse Franco. – Vou cuidar da minha vida.

– Você está mal? – perguntou Sandra.

– Não.

Foi a última vez que Franco e Sandra conversaram. A cabeça de Franco estava confusa. Será que Sandra, doida do jeito que era, contara para Pimenta que o amigo estava tentando ajudá-la e por isso ele o demitira? Naquele momento, Franco estava com raiva dela. Pensou que era ingênua e capaz de cometer uma indiscrição. Se bem que a informação poderia ter vazado também por Luiza Pastor, que de tudo sabia. Foi para Paraty e tratou de descansar. Sua demissão havia deixado um rastro de pólvora na redação e reforçado a crise de governança no Estadão, iniciada com a saída de Sandra. Pimenta estava expondo o jornal perante a justiça trabalhista e a opinião pública. Ia além de uma simples e corriqueira demissão. Agia como um bruto e dava grande repercussão a um ato corriqueiro. Praticamente expulsava as pessoas em vez de simplesmente dispensá-las. O jornal dos Mesquita era tolerante e, às vezes, permissivo com seus preferidos, mas ainda assim era bem melhor do que o dos Levy em questões de governança. O Estadão estava muito longe do nível de irresponsabilidade da Gazeta Mercantil, mas deixava Pimenta passar dos limites.

Ninguém entendia direito o que estava acontecendo. A demissão de Franco confirmava que Pimenta perdera o juízo. Do seu jeito, com discrição, a família Mesquita estava na verdade em polvorosa. O próprio Ruy começava a sentir que algo estava fora de ordem e de controle. Seu diretor de redação tomava decisões descabidas e precisava, realmente, ser afastado do trabalho para cuidar da saúde. Ruy havia confiado no amigo, bancado o companheiro diante de um Conselho hostil e de primos e irmãos que tinham uma ideia diferente da sua sobre como o jornal deveria ser comandado e sofria muito por entregar a cabeça de Pimenta. Sentia-se um traidor. Mas, chegava, enfim, o momento em que os Mesquita precisavam tomar uma providência. A demissão de Franco motivou Ruy e os filhos a marcarem uma reunião no fim de semana para decidir o destino de Pimenta.

Sandra telefonou para Marli Lima na sexta-feira para conversar sobre oportunidades de trabalho e deixá-la a par dos últimos acontecimentos. Precisava encontrar outras fontes de renda. Perguntou se na Forbes Brasil havia alguma vaga. Marli falou que a redação era enxuta e estava completa, mas que, se soubesse de algum frila, a indicaria. Sandra contou, demonstrando preocupação, que vinha sendo vigiada por Pimenta e pediu que Marli tomasse cuidado com o que dizia e não se surpreendesse se aquele telefonema estivesse sendo grampeado. Marli acreditou em Sandra e achou os seus temores bem fundamentados.

Sexta-feira à noite, Pimenta foi para sua casa em Mailásqui. Ia preparado para cavalgar e levar seu plano criminoso adiante. Levava na bolsa seu revólver carregado e mais algumas dezenas de balas. Decidiu também levar um punhal, um par de luvas cirúrgicas e todas as fitas de escuta telefônica obtidas pelos espiões que contratou. Iria ouvi-las com cuidado mais uma vez. Estava disposto a qualquer coisa e imaginava vários cenários diferentes. Poderia precisar das luvas para esconder provas. Um punhal podia ser mais eficiente do que um revólver para ferir alguém. Pensava nesse tipo de coisas. Apostava que Sandra passaria o fim de semana em Ibiúna. E pretendia encontrá-la. Controlaria seus passos entre o haras e o sítio de sua família com facilidade. Fazia meses que não cavalgava e queria chegar bem cedo ao haras no dia seguinte para se preparar. Iria encontrá-la ainda que fosse pela última vez. Precisava agir com objetividade e convencer Sandra e sua família de que ele não era mais uma ameaça.

De alguma maneira, deveria ser capaz de tranquilizá-los. Seus desatinos nas semanas anteriores davam razão para a família de Sandra fugir dele como do diabo. Na sua cabeça, daria uma última chance para Sandra. Ou nem isso. Sentia falta dela e queria convencê-la a reatar o relacionamento, ainda que, àquela altura, assolado por sentimentos de vingança, achava que o melhor seria aniquilá-la como um inseto que ousou perturbar o seu caminho de glória. Sabia que qualquer recusa da parte dela levaria sua paciência ao limite. Cansou de ser contrariado. Quem Sandra pensava que era? Viajava para matá-la. Alguém disse que teria ouvido Pimenta declarar, na saída do Estadão, no fim do expediente, com cara de tédio, que iria matar alguém naquele fim de semana. Não é uma cena improvável. Sentia-se inviolável, assoberbava-se, estava convencido de que tinha o corpo fechado. Havia, certamente, uma estranha complacência em relação às suas atitudes que se confundia com algum tipo de proteção social elitista e insensata. Conhecia muita gente poderosa e percebeu que não seria abandonado na sua loucura. O Estadão prosperava. Seu sucesso como jornalista era inegável. Tinha feito tanta coisa errada nas semanas anteriores e nada tinha lhe acontecido. Pediu demissão e ela não foi aceita. Por que, dessa vez, seria diferente?

– Eu não vou ser preso nem se for pego com uma arma de fogo fumegando na mão – declarou, profeticamente, para um amigo íntimo.

Chegou por volta das 7 horas de sábado ao Haras Setti e Deomar viu quando sua picape Blazer passou pela estrada. Estacionou o carro ao lado da selaria e foi pegar seu equipamento. O revólver ficou escondido debaixo do banco. Deomar estranhou o comportamento do diretor do Estadão. Pareceu-lhe muito ansioso e distraído. Nunca Pimenta havia chegado tão cedo para cavalgar. A selaria ficava bem ao lado do estacionamento, à esquerda, no alto da rampa que levava às baias. Saiu do carro com o chicotinho na mão e foi direto pegar o cabresto, a sela e os arreios. Friamente, cumprimentou seu João Quinto, o capataz do haras, e desceu até o lugar em que estava Quecé. Não queria papo. Passou um tempo preparando os animais e pensando onde e como abordaria Sandra. Antes de chegar ao haras, passou em frente ao sítio de seu João, viu a S10 de Sandra estacionada e teve certeza de que ela viera para Ibiúna. Seu objetivo era sair a cavalo, passear em um raio de dois quilômetros no máximo e depois se aproximar da casa de João. Precisava parecer o mais inofensivo possível. Se quisesse chegar perto da ex-namorada naquele fim de semana, teria de abandonar o discurso agressivo e parecer conformado.

Conseguiu tranquilizar a família de Sandra e almoçar com todos amigavelmente no sábado. Contra a vontade da ex-namorada, que preferia que o pai o mandasse embora, Pimenta acabou filando uma galinha ao molho pardo e meia dúzia de cervejas. Parecia à vontade, passou mais de uma hora deitado na rede e deu a impressão de que queria fazer as pazes e acertar as pendências com civilidade. Não parecia agressivo, nem pegajoso – deu a entender que não imploraria mais para que Sandra reatasse o namoro. No almoço na casa dos pais de Sandra, Pimenta tentou parecer razoável. Não perdeu o controle. Procurou direcionar a conversa para o câncer da filha Stephanie, problema que o estava deixando muito abalado. Em vez de dizer claramente que iria parar de perseguir Sandra, lamentava a situação da própria filha. João dizia que era solidário com Pimenta e pedia que o jornalista também se solidarizasse com ele, que entendesse a sua preocupação de pai. Pediu que Pimenta deixasse sua filha em paz.

Já no fim do almoço, Nilton, irmão de Sandra, ainda teve tempo de encontrar Pimenta relaxado na varanda, onde soprava um ventinho fresco, mas nem o cumprimentou. Foi cuidar das suas coisas e achou que estava tudo bem. Não sentiu nenhum clima de hostilidade, nem resquício de conflito no ar. Pouco sabia sobre o que se passava entre Pimenta e a irmã. Por volta das quatro da tarde, Pimenta deixou a propriedade dos Gomide e tomou o rumo de sua casa em Mailásqui. Saía com a convicção de que aliviara os temores de Sandra. No dia seguinte teria a oportunidade de se encontrar a sós com a ex-namorada. Era o que mais queria: conversar com ela sem testemunhas por perto. Queria olhar no seu olho pela última vez e decidir seu destino. A não ser que chovesse ou que o tempo estivesse muito ruim, ela iria cavalgar com Oceano no domingo, já que o sábado tinha sido perdido para seus exercícios de equitação. Restava saber se ela iria para o haras logo cedo ou somente à tarde.

Mais ou menos na mesma hora em que Pimenta dava uma de inocente para Sandra e seus pais, Ruy Mesquita e os filhos faziam um encontro familiar para tomar uma decisão em relação ao diretor de redação. Nessa altura, já sabiam que Pimenta não se desgrudava do revólver. Antes que fizesse uma loucura, era melhor tirá-lo de cena. Chegavam a essa conclusão com grande atraso. Sua progressiva desconstrução mental se tornara notável pelo menos um mês antes. Sob a forte influência dos filhos, principalmente de Rodrigo, diretor da Agência Estado, Ruy decide acatar o pedido que Pimenta havia feito vinte e três dias antes e afastá-lo para um tratamento de saúde. De qualquer forma, para não melindrar o diretor de redação, seria um afastamento considerado provisório, até que voltasse à velha forma intelectual e pudesse trabalhar novamente. Decidiram também que seu lugar seria ocupado interinamente por Sandro Vaia, editor-chefe da Agência Estado e jornalista com longo tempo na casa.

Pimenta Neves começou o domingo fazendo uma gentileza para a família de Sandra. O dia nascia ensolarado e Pimenta passou no centro de Vargem Grande, na conhecida padaria Espiga Dourada, para comprar uma cesta de pães. Deixou a chamativa Blazer estacionada em casa e dirigia um Renault Clio preto. Por volta das 7 horas, passou no sítio dos Gomide e notou que estava tudo em silêncio. Somente Leonilda estava acordada, cuidando de alguns afazeres domésticos. Caminhava em torno da varanda e regava as plantas. A mãe de Sandra viu Pimenta, abriu a porta e disse que todos ainda estavam na cama.

Ele deixou a cesta e prometeu voltar mais tarde para tomar café da manhã com a família da ex-namorada. Seguiu para o Haras Setti e repetiu o mesmo ritual do dia anterior. Desceu direto até as cocheiras e passou um tempo escovando os cavalos. Olhava através dos funcionários, como se fossem transparentes, e mal os cumprimentava. Quando saiu para cavalgar, seguiu pelo caminho que circunda os pastos e se afastou discretamente. Vislumbrou ao longe as gigantescas linhas de transmissão da usina de Ituparaconga e avançou até bem perto da Rodovia Bunjiro Nakao, entre Ibiúna e Vargem Grande. Em algum momento, desistiu de voltar para a chácara dos Gomide.

Pouco antes do meio-dia, Pimenta retornou para o haras e foi acompanhar os exercícios de salto que Marlei, mulher de Deomar, fazia no pequeno centro hípico. Estava com um grupo de seis pessoas e se mostrava pouco interessado nas conversas. Dirigia toda a sua atenção para o movimento dos carros. Manteve-se caladão e não tirava o olho da estrada. Em nenhum momento falou de Sandra, mas ficou evidente para Deomar que ele a esperava chegar. Retornou para as cocheiras e ali foi ficando, sem fazer nada, ou escovando os cavalos. Deomar se aproximou e perguntou se Pimenta queria almoçar. Insistiu para que o jornalista fosse até sua casa, mas não o convenceu. O diretor do Estadão queria ficar por ali, escovando Quecé e cheirando bosta de cavalo. No fim, aceitou que o dono do haras lhe trouxesse uma cervejinha gelada para tornar sua vigília menos longa.

– Vamos comer um churrasco com a gente mais tarde. Sacrificamos o boizinho e depois assamos a carne.

– Não posso, Gaúcho, em hipótese alguma. Não gosto de ver sangue. Vou embora.

Pimenta ainda ficou mais um pouco e viu quando o açougueiro chegou e um grupo de frequentadores do haras se reuniu no fim do corredor das baias, na área onde seria feito o abate. O animal estava amarrado no pasto. Nessa hora, Sandra estava deixando o sítio dos pais. Vestia calça culote bege, camisa branca de mangas curtas e bota preta. Pegou o chapéu e chamou as sobrinhas Millá e Andréa para acompanhá-la. Perguntou ao pai se ele tinha gostado do bife que ela preparara. Ele agradeceu pela pouca quantidade de cebola.

– Estou saindo com as meninas e espero você lá – disse Sandra para o irmão Nilton, ao passar pela varanda.

Havia um clima de ansiedade festiva no haras com aquele churrasco à moda antiga, em que o animal é morto no mesmo dia. Deomar estava concentrado no trabalho de puxar o boizinho pelo pasto. Quatro homens se esgoelavam para deixar o bicho em uma boa posição para o sacrifício. Pimenta passou ali perto e Deomar o chamou mais uma vez. Pimenta carregava alguns apetrechos e subiu a rampa do estacionamento. Deomar ainda tentou convencê-lo a ficar e participar do evento. O jornalista disse que não e seguiu seu caminho. Mas voltou depois de alguns minutos. Tinha esquecido o cabresto. Dessa vez, depois de recolhê-lo na baia, foi embora definitivamente.

Sandra chegou assim que Pimenta deixou o haras. Cruzaram-se na estrada do Recreio, cada um no seu veículo, logo depois da entrada do condomínio. Pimenta observou a S10 verde da ex-namorada e deu meia--volta. Quando chegou ao estacionamento, viu Sandra caminhando em direção à selaria. As duas garotinhas correram para o lado oposto, onde ficava a gaiola dos coelhinhos. Pimenta parou seu carro e foi falar com Sandra. Seu João Quinto de Souza, o capataz do haras, estava no alto da rampa, bem ao lado da selaria. Pimenta estava agitado. Foi direto até a ex-namorada e pediu para conversar. Queria falar com ela mais uma vez.

– Não tenho nada para falar contigo – disse Sandra.

– Preciso falar com você – insistiu Pimenta.

João Quinto assistia a tudo de perto. Sentiu que a tensão da conversa crescia. Pimenta falou para a ex-namorada que sua filha estava doente.

– Isso é problema seu, Pimenta.

Pimenta avançou e pegou-a pelos punhos. Segurou com as duas mãos firmemente e foi levando Sandra em direção ao seu carro. Foram discutindo no caminho. Pimenta dizia com rispidez para ela ficar quieta e acompanhá-lo para uma conversa. Puxou-a até a porta do motorista, que estava aberta, e tentou empurrá-la para dentro do carro. Diante da porta, soltou um dos braços de Sandra e tentou pegar o revólver calibre 38, prateado, de cano curto, depositado sobre o banco. Conseguiu agarrar a arma, mas não teve forças para segurar a ex-namorada. Soltou a mão direita de Sandra, ela conseguiu se desvencilhar e correu, por trás do carro, em direção a João Quinto, que continuava observando a cena. Dez metros abaixo, a turma que acompanhava o trabalho do açougueiro nada ouvia.

– Seu João, seu João, me ajuda!

– Sandra! – gritou Pimenta.

– Não, Pimenta, não! Socorro!

Pimenta foi atrás e quando ela estava do lado da rampa, deu o primeiro tiro. Um tiro certeiro, quase no meio das costas, de um homem treinado para usar armas. Ela caiu e Pimenta se aproximou devagar. Ficou de pé alguns segundos ao lado de Sandra e olhou para seu corpo imóvel. Aproximou o revólver e deu um segundo tiro em sua cabeça, à queima-roupa, atrás da orelha esquerda. Àquela altura, todos os que estavam no abate do boizinho perceberam a confusão e subiram a rampa, em direção à selaria. Marlei chegou a ver Pimenta dobrar os joelhos para dar o segundo tiro na ex-namorada. Deomar observou Pimenta se afastar a passos lentos. Seu João estava paralisado. Temeu levar um tiro de Pimenta. Mas o jornalista nem pareceu enxergá-lo.

Depois de matar Sandra, Pimenta voltou para o carro, girou a chave e retirou-se tranquilamente, como se nada tivesse acontecido. Todos observavam o corpo estendido no chão com o rosto virado para baixo e uma mancha de sangue que se alastrava no meio das costas. Deomar ficou aturdido. Ninguém podia esperar uma situação tão radical. Percebeu que Sandra estava morta e foi ligar para a polícia. João Quinto parecia em estado de choque, encostado na parede. Nilton, irmão de Sandra, chegou logo depois. Nem percebeu o carro de Pimenta pelo caminho. Parou no estacionamento, viu a irmã caída e se desesperou. As duas meninas não perceberam nada. Distraídas, ficaram brincando com os coelhinhos. Marlei andou rápido até a gaiola, encontrou Millá e Andréa quietinhas e tratou de levá-las para longe da cena do crime.

Naquele exato instante, Pimenta se convertia em um assassino. Logo depois de matar Sandra, deixou o haras com o seu Renault Clio e rodou três quilômetros até uma estradinha transversal da Bunjiro Nakao. Parou um pouco debaixo de uma árvore, em um lugar sombreado, e ficou ouvindo os passarinhos. Sentia-se desnorteado. Achou que um deles tentava se comunicar com ele. Pensou que fosse Sandra. Ali, em meio a delírios animistas, viu um outro carro, um Fiat Tempra, que estava estacionado esperando sua chegada, com um amigo ao volante. Mudou de carro e seguiu em direção à Rodovia Raposo Tavares, para os lados de São Roque e de Sorocaba. Passava um pouco das duas da tarde e o primeiro telefonema que deu foi para o Estadão. Ligou do seu celular para o PABX da empresa, falou com a telefonista e pediu que lhe passasse para o jornalista Roberto Gazzi ou para quem estivesse chefiando o plantão de domingo. Não era o plantão de Gazzi, e Daniel Piza, que ficaria na chefia naquele dia, ainda não tinha chegado. A telefonista passou o telefonema para Cláudio Augusto, editor interino de Cidades, que já estava trabalhando a plena carga. Casos de polícia eram, geralmente, publicados nesse caderno.

– Posso te ajudar, Pimenta? – perguntou Cláudio, sabendo que o diretor de redação estava do outro lado da linha.

Pimenta foi direto:

– Atirei em Sandra.

– Não brinca. O que aconteceu, Pimenta? O que aconteceu com Sandra?

– Não sei – respondeu Pimenta –, não fiquei lá para ver. É o que quero saber.

O tom de voz de Pimenta era calmo e não parecia o de uma pessoa que havia acabado de cometer um assassinato. Seu tom não era compatível com a gravidade do assunto. Rapidamente, deu ordens para que Cláudio Augusto mandasse algum jornalista até o Haras Setti, para cobrir o crime que ele, o próprio diretor de redação, havia cometido. Cláudio era um dos jornalistas do Estadão que pouco sabia do relacionamento entre Sandra e Pimenta. Soube que havia acabado e que Pimenta demitira Sandra por causa disso – o editor de Cidades participara da famosa reunião em que Pimenta havia desancado a namorada por causa de suas denúncias ao RH, mas não tinha intimidade para avaliar se Pimenta andava mais ou menos nervoso ultimamente por causa disso. De qualquer forma, percebeu que estava com um problemão na mão.

– Por que você não vem para o jornal? – sugeriu Cláudio Augusto.

– Não, não posso, já deve ter alguma polícia aí. Mais tarde ligo de novo – disse Pimenta.

E desligou o telefone. Cláudio Augusto foi o primeiro jornalista a receber a informação do assassinato, que rapidamente passou a correr, como um rastilho de pólvora, por todas as redações paulistanas e, em seguida, por todo o Brasil. Tratou de avisar Piza, assim que ele chegou, e a notícia, poucos minutos depois, chegou à família Mesquita, que não teve tempo de avisar Pimenta da decisão sobre seu afastamento e da nomeação de Sandro Vaia. Gazzi também veio trabalhar para acompanhar o caso, assim como o editor executivo de Internacional, José Maria Mayrink, que assumiu o comando das operações. Já sabiam que o diretor de redação do jornal havia dado um tiro na ex-namorada, pondo em risco a reputação de um dos mais prestigiados diários do Brasil. Era um ato que lançava o Estadão na vala comum da irracionalidade e contaminava o jornal. Ainda não tinham certeza se Sandra havia morrido. Um pouco depois do telefonema de Pimenta, Deomar ligou para o jornal para avisar que Sandra tinha tomado dois tiros de Pimenta e estava morta. A equipe de emergência médica chegou ao haras e não pôde fazer nada. A polícia começava a chegar a Ibiúna.

Naquele momento, Pimenta circulava pelos lados de Sorocaba, já se sentindo um fugitivo da polícia, e, depois de falar com o Estadão, ligava para os jornais com os quais mantinha uma relação de confiança para dar a notícia do crime. Queria pautá-los e, se fosse o caso, até editá-los à distância. Tentava falar com a Folha, mais especificamente com um dos donos, Otavio Frias Filho, a quem conhecia desde garotinho. Conversou por cerca de dois minutos com Otavio, disse que tinha atirado e matado Sandra e fez um desabafo pessoal. Pediu desculpas à Folha, onde trabalhou nos anos 1960 e 1970, em São Paulo, e depois como correspondente em Washington, e ao pai de Otavio, Otavio Frias de Oliveira, pelo seu ato irracional. Temia que seu comportamento pudesse manchar a imagem do jornal onde ele já havia trabalhado um dia, no passado longínquo. Mas se a Folha se chamuscasse com o assassinato de Sandra, o que poderia acontecer, então, com o Estadão, dirigido por um homicida naquele exato momento? Montou-se uma operação de guerra no Estadão. O objetivo era tentar entender o que Pimenta havia feito e como um jornal deveria cobrir um crime que tinha seu principal executivo como protagonista. Outra preocupação era informar o restante da imprensa, que procuraria a empresa atrás de informações sobre um de seus funcionários. Sem contar o fato de que Pimenta era um foragido da polícia, um fora da lei. O jornal, em nenhuma hipótese, poderia ser cúmplice de sua fuga. Deveria se colocar ao lado da justiça. Havia uma dezena de testemunhas do crime, além de uma testemunha ocular, seu João. Eleno Mendonça chegou à redação no fim da tarde. Lourival Sant'Anna estava de férias. Ruy Mesquita não foi para a redação, mas manteve conexão permanente, já que seus quatro filhos estavam lá. Júlio César de Mesquita também não foi. Não era seu rolo, nem Pimenta era seu problema. No comando da cobertura e no gerenciamento da crise, ficava Fernão Mesquita, segundo filho, e naquele momento considerado o sucessor de Ruy. Por volta das 16 horas, Pimenta telefonou de novo para a redação e Mayrink atendeu. Em certo momento, Cláudio Augusto lembrou que não tinha enviado nenhum repórter para Ibiúna. Esqueceu completamente e, com algum atraso, destacou Flávio Mello para a missão. Por intermédio de José Carlos Cafundó, Pimenta monitorava o que acontecia no jornal e demonstrava consciência do caos que havia provocado. O circo da racionalidade jornalística pegava fogo.

Para a Gazeta Mercantil, Pimenta não telefonou. Sabia que assuntos policiais não interessavam muito a jornais de economia, embora o seu caso certamente merecesse atenção especial de qualquer jornal brasileiro. Tampouco telefonou para algum dos irmãos Levy ou para Herbert, que, nessa época, com 88 anos, via seus problemas de saúde se agravarem. O plantão de domingo da Gazeta Mercantil começava no meio da tarde e envolvia não mais do que cinco ou seis repórteres e um diagramador para fechar as páginas. Só ficava aberto o primeiro caderno, com alguns espaços predeterminados, e a capa, onde se encaixavam eventuais novidades ou notícias muito importantes que acontecessem no domingo. Mexia-se no jornal o mínimo possível. Um ou outro repórter aproveitava para fechar uma matéria especial que vinha escrevendo e outros ficavam olhando o noticiário das agências de notícias ou assistindo aos programas de notícias na televisão, principais dutos de informação para a redação.

Quem chefiava a redação da Gazeta Mercantil naquele dia era Klaus Kleber. Chegou à redação por volta das 16 horas. Na Gazeta Mercantil, acompanhava-se com lupa o caso de Pimenta Neves e Sandra Gomide, que, afinal de contas, havia brotado ali, exatamente naquela redação, no mesmo quadrante onde Klaus se instalava agora para fechar a edição de domingo. Cida Damasco também estava no plantão. Era um dia ensolarado e agradável, daqueles em que não se espera nenhuma tragédia, só monotonia e notícia fria, como dizem os jornalistas. Circulavam pela redação da Gazeta Mercantil informações que indicavam que Pimenta entrara numa trilha de loucura e destempero depois da separação de Sandra. Klaus sabia que o amigo estava sofrendo e perdido depois da decepção amorosa. Pensava, porém, que se tratava de um homem forte e maduro que saberia superar suas dificuldades. Mas enganou-se. Quando Klaus ouviu a notícia de que Pimenta, um dos homens e jornalistas que mais admirava, havia dado dois tiros na ex-namorada em um haras, em Ibiúna, não se conteve. Ficou pálido. Pensou que não entendia nada da natureza humana. Todos os que estavam ao seu lado ficaram em silêncio, querendo saber se a informação era correta. Em minutos, confirmou-se o fato macabro.

– Não pode ser. Pimenta matou Sandra! – exclamou Klaus ao saber da notícia.

Depois olhou para baixo e chorou.

EPÍLOGO

No momento em que Sandra caiu morta, a história de Antonio Pimenta Neves ficou manchada para sempre. Todos os seus feitos profissionais se evaporaram e sua obra jornalística deixou de ter qualquer importância. Ele virou apenas um assassino. Suas quatro décadas de trabalho tornaram-se irrelevantes. Depois de matar, renegou sua condição de homem de ideias, capaz de influenciar a sociedade, e afirmou-se como um sujeito primitivo, que se impõe por meio da violência. Depois de matar, ninguém pode mais pretender ser reconhecido como um ser pensante. É um ato de ruptura com a civilização. Além de interromper a vida de uma mulher cheia de alegria e potencial, Pimenta balançou momentaneamente a reputação do Estadão e dos outros lugares que confiaram em sua racionalidade e lhe pagaram altos salários para que usasse bem o intelecto. Se estivesse na Gazeta Mercantil, fragilizada e com pouco oxigênio, teria quebrado o jornal. A falência da razão do diretor de redação teria sido suficiente para estraçalhar a credibilidade do diário dos Levy naquele ano – a empresa ainda resistiu por mais nove anos. Muito mais forte, o Estadão, porém, sofreu um baque profundo, se expôs perante a opinião pública, ficou com graves cicatrizes e só aos poucos conseguiu dar a volta por cima.

Outra tragédia passional já havia perturbado o jornal noventa anos antes, mas nem de longe causou o mesmo impacto. Em 1909, um de seus jornalistas mais prestigiados, Euclides da Cunha, que escreveu sua obra-prima *Os Sertões* com base em reportagens feitas para o jornal, saiu perdendo em um conflito amoroso. No dia 15 de agosto daquele ano, foi morto a tiros pelo cadete do exército Dilermando de Assis, amante de sua mulher, Ana. O caso teve grande repercussão, mas em nada afetou a reputação do jornal ou perturbou seu bom andamento. Euclides não era diretor do jornal, apenas um de seus colaboradores. Dilermando alegou legítima defesa e não foi preso. Ana, depois da morte do marido, casou-se com o cadete. As questões sentimentais, nesse caso, em nenhum momento se misturaram com as profissionais. As esferas permaneceram separadas.

O caso de Pimenta Neves, porém, surpreende ao exibir a confusão entre questões que não deviam ser compatibilizadas e a fragilidade da governança corporativa de grandes jornais brasileiros em anos recentes. Pimenta fez o que quis nas redações que dirigiu e nenhum limite lhe foi estabelecido. Os caprichos amorosos de um executivo jamais poderiam prevalecer sobre os interesses da empresa, como aconteceu. O assassinato de Sandra não foi apenas um crime de paixão, mas também da corporação, mais permissiva do que deveria ser com seus amigos e preferidos.

O relacionamento de Pimenta e Sandra, tanto na Gazeta Mercantil como no Estadão, articulou-se com o funcionamento dos jornais de maneira viciada e, em menor escala, exibiu a estrutura de privilégios que facilita a vida das elites brasileiras. O nepotismo, favorecimento no emprego de parentes, amigos próximos, mulheres e namoradas, era algo que o Estadão sempre atacara com veemência quando se tratava do serviço público. Nesse caso, exibiu-se dentro da própria empresa em sua maneira mais cruel, causando um efeito colateral aparentemente improvável. A loucura de Pimenta talvez só tenha evoluído porque lhe deixaram cometer erros de procedimentos absurdos, desvios de conduta, tanto na Gazeta Mercantil, uma empresa caótica que desrespeitava direitos básicos dos funcionários e onde a promoção de mulheres e esposas de executivos era algo corriqueiro, como no Estadão, porque Ruy Mesquita acreditava cegamente no diretor de redação e amigo dileto. A morte de Sandra expôs esse sistema perverso de compadrios e liberalidades.

O problema é que a prática do nepotismo torna inútil a discussão sobre a competência e capacidade do profissional. Qualquer discussão sobre as qualidades de Sandra como repórter ou editora para por aí. Num caso como esse, não é a competência que está em jogo.

Qualquer nomeação de parente, amigo próximo ou namorada coloca, inevitavelmente, a capacidade do beneficiado sob suspeita. E assim deve ser de fato. Infelizmente, os donos dos dois jornais de São Paulo foram permissivos com seus funcionários e estimularam comportamentos contraproducentes. Desafetos e invejosos trataram de amplificar as deficiências de Sandra e omitir suas virtudes. Montou-se uma situação desfavorável para ela, que se tornou muito dependente das vontades de Pimenta. Quando percebeu isso, Sandra decidiu mudar de vida. O resultado foram dois balaços pelas costas.

No dia seguinte ao crime, durante a tarde, a prisão de Pimenta foi decretada. Todos os profissionais que conheciam os dois estavam tristes e abismados com o desenrolar dos acontecimentos. A morte de Sandra era chocante. Eu, por exemplo, estava num hotel, em Salvador, na Bahia, descansando no quarto depois de cobrir para a Gazeta Mercantil um evento do setor de autopeças (descobri, na ocasião, que a Toyota iria aumentar os investimentos em sua fábrica de carros em Indaiatuba), quando ouvi na Rede Globo, no programa *Fantástico*, que Pimenta havia matado Sandra. Eles eram da nossa turma. Percebia-se que o relacionamento era complicado, mas tudo era considerado no plano da normalidade. Os ciúmes eram excessivos, de fato. Mas estávamos acostumados a ver relações como aquela, que podiam ser consideradas malucas, terminarem pacificamente ou, ao menos, sem um desenlace trágico.

Ao ouvir a notícia do crime, ativei minha mente atrás de um lance qualquer que explicasse o assassinato de Sandra. Queria saber se nos anos anteriores alguma coisa tinha acontecido ou eu tinha notado algum comportamento em Pimenta que indicasse que ele chegaria a um ponto extremo contra um semelhante. Não se sabia de qualquer história de violência física que envolvesse Pimenta. Só se soube que ele havia batido em Carole, sua ex-mulher, depois da morte de Sandra. Suas perversões profissionais eram debatidas e causavam controvérsias, mas nunca ouvi ou percebi que fosse agressivo. Era polido. Pelo pouco que observava do seu relacionamento com Sandra, no início de 1997, achava que estava animado e orgulhoso da namorada jovem. Da parte dela, notava um respeito cerimonioso por Pimenta, até o episódio em que saiu de férias e viajou para a praia. Aí, comecei a notar que a convivência entre os dois era tensa e o jogo profissional se confundia com o amoroso. Ela desaparecia em uma viagem repentina justamente quando negociava com o namorado a promoção para a chefia do Caderno C. De qualquer forma, nunca a ouvi falando mal de Pimenta, por exemplo. E todas as vezes que os vi juntos me pareceram um casal normal. Diante da televisão, fiquei pensando em um homicídio cometido por um homem que estava do nosso lado, o lado dos jornalistas racionais e mordazes com as fraquezas alheias, gente que, às vezes, parece estar acima do bem e do mal, mais acostumada a narrar as mazelas do mundo do que a se envolver com elas. Naquele instante, Pimenta estava foragido e tinha escapado do flagrante. Era um inimigo público. Migrara repentinamente dos gabinetes do poder para a sarjeta.

Na segunda-feira, os jornais de São Paulo trataram o caso com prudência, cheios de cuidados, com mais responsabilidade do que tratariam qualquer evento trágico que envolvesse personagens anônimos. Evitaram publicar fotos. Mesmo depois de confessar o crime, como bem percebeu o professor do Departamento de Jornalismo e Editoração da Escola de Comunicações e Artes (ECA) da USP, Jair Borin, os jornais de São Paulo ainda o tratavam como suspeito[1]. Dava a impressão de que ninguém queria acreditar que Pimenta havia chegado a tal extremo. A Folha saía com o título "Jornalista é suspeito de matar ex-namorada". Na Folha, o delegado responsável pelo caso, Lincoln Kunisawa, dizia que "há indícios fortes e testemunhas que o apontam como principal suspeito". O Estadão foi na mesma linha precavida e também levou o assunto para a primeira página, mas com menos destaque do que o concorrente regional. O jornal Valor se destacou na cobertura online, inundando seu site com notícias sobre o crime, e acompanhou o assunto com cuidado e em detalhes nas semanas seguintes.

Fora de São Paulo, o caso foi tratado com um pouco mais de rigor, sem qualquer complacência com "um dos nossos". No Rio, O Globo e o Extra estamparam fotos de Pimenta e Sandra, algo que o Estadão

1. Revista IstoÉ, 23 de agosto de 2000.

não fez. Na Rede Globo, o diretor de jornalismo, Evandro Carlos de Andrade, resgatou imagens de Pimenta falando para os jornais da casa, cinco anos antes, quando ele condenava "a justiça feita pelas próprias mãos", por considerá-la primitiva. Evandro argumentou que colocou as declarações no ar "porque eram contraditórias com seu gesto".

De repente, o medalhão virava um assassino. Já não eram mais duas entidades, o jornalista e o assassino, do livro de Janet Malcolm[2], mas o jornalista-assassino, que sintetizava tudo – as melhores virtudes e os piores defeitos em um homem só, um editor-matador que falava o que queria e escrevia e editava a própria entrevista depois de cometer um crime horroroso. Não era mais o jornalista que manipulava o criminoso e se apropriava de seu discurso. Era o assassino manipulador, que gerava a notícia e a editava. Desde o dia do crime, Pimenta tentava editar os jornais em que tinha alguma influência. Mandou o responsável de plantão no Estadão de domingo, Cláudio Augusto, deslocar uma equipe para o Haras Setti. Na segunda-feira, Pimenta ainda ligou para o Estadão para falar que a cobertura do jornal tinha ficado abaixo da sua expectativa e que a da Folha estava melhor.

Em fuga, Pimenta rondou pelo interior entre domingo e segunda e depois se refugiou em São Paulo, em um imóvel do publicitário Enio Mainardi, que o acolheu com o argumento de que não poderia desamparar um amigo de 40 anos. Disse que recebia uma pessoa querida que lhe implorava ajuda. Havia uma rede de amigos operando a favor de Pimenta. Alguém o ajudara a trocar de carro entre Ibiúna e Vargem Grande e várias pessoas lhe deram algum tipo de apoio nos dois dias que se seguiram ao assassinato. Dava para ver que o diretor do Estadão era um sujeito protegido e cheio de privilégios. Em nota oficial publicada no dia seguinte ao crime, a direção do Estadão declarava que lamentava profundamente o ocorrido. Informava também que Pimenta havia feito contato telefônico com Ruy Mesquita. O jornalista declarara que pretendia se entregar à polícia para responder pelo crime e que seu

2. Autora de *O jornalista e o assassino:* uma questão de ética, livro que trata da natureza do trabalho jornalístico e discute a ética da profissão.

advogado seria o criminalista Antônio Cláudio Mariz de Oliveira, ex--secretário de Justiça e de Segurança Pública do governo de São Paulo. Já na segunda-feira, Mariz passou o dia negociando condições com a polícia para o jornalista se entregar e garantiu que seu cliente ficaria à disposição das autoridades em no máximo 48 horas.

No apartamento de Mainardi, Pimenta tomou algumas dezenas de remédios Lexotan e Frontal na tentativa de se matar. Na época, o publicitário contou para a imprensa que, ao chegar ao local, à noite, encontrou o jornalista estendido na sala, babando, quase morto, e o levou para o Hospital Albert Einstein. Mainardi avisou a polícia e Pimenta chegou ao hospital sob escolta do Departamento de Homicídios e de Proteção à Pessoa (DHPP). Chegou em coma induzido e foi levado diretamente para a Unidade de Terapia Intensiva (UTI). Seu quadro permaneceu estável durante toda a noite e, na manhã seguinte, ele foi transferido para um quarto, o 754. Estava em condições, inclusive, de tomar banho sozinho. De qualquer forma, suas duas filhas gêmeas vieram dos Estados Unidos para apoiá-lo.

Enquanto preparava o coquetel de remédios tarja preta, cuidou de escrever uma muito bem estudada carta de despedida para as filhas, em que dizia que havia cometido "uma insensatez pela qual tenho de pagar. Destruí duas vidas, a de Sandra e a minha, num momento de pânico". E seguia: "Perdi todo interesse em viver. Quero que compreendam o que estou prestes a fazer como um ato de amor por vocês, uma reparação pelo mal que lhes causei. Minha defesa num processo longo e penoso seria impossível. Nada diria que pudesse denegrir a imagem e a memória de Sandra. Eu só amei duas mulheres em minha vida, ela e sua mãe. Vivam com coragem e altivez. Vocês não têm de sentir remorso ou vergonha. Somente Sandra e eu sabemos toda a verdade e talvez nem toda", escreveu.

Morrendo, deixava uma última mensagem de arrependimento para suas filhas e para a opinião pública. Se não morresse, passaria a impressão de que alguma humanidade havia lhe restado, apesar do assassinato. Tanto a tentativa de suicídio como a carta compunham um esforço de vitimização. Pimenta tratou de se fazer de vítima para parecer menos cruel.

Longe da sordidez das delegacias e livre de qualquer constrangimento, Pimenta confessou o crime que cometeu. Já com a prisão temporária de 30 dias decretada pela polícia, fez uma confissão, em alto estilo, no dia 24 de agosto, em uma sala de reuniões no 5º andar do Einstein. Acompanharam seu interrogatório, além de Mariz de Oliveira, o promotor do 1º Tribunal do Júri, Marcelo Milani, o delegado responsável pela divisão de homicídios da DHPP, Nathan Rosemblatt, o delegado da 1ª Delegacia de homicídios do departamento, Carlos Sato, e o delegado responsável pelo caso, Marcelo Damas.

A assistente do advogado da família de Sandra, Rosier Custódio, não foi autorizada a assistir ao depoimento, em um primeiro indício de que o jogo não seria fácil para a acusação. Pimenta Neves falou por quase quatro horas, confessou que matou Sandra, mas negou a premeditação, apesar de ser facilmente verificável em vários de seus movimentos no fim de semana do crime. Disse que a matou porque ela o traíra pessoal e profissionalmente e se decepcionara com ela nos dois sentidos. Afirmou também que atirou porque perdeu a cabeça. No fim, Pimenta Neves foi indiciado por homicídio doloso, que é quando existe intenção de matar.

No interrogatório em que confessou ter atirado em Sandra, deu uma de suas demonstrações de arrogância. Em certo momento, tratou os policiais como seus subordinados, apesar de já ser, nessa altura, um homem sob responsabilidade da justiça.

– O que eu estou dizendo é que é inútil esse tipo de interrogatório, porque se eu não sentar e não escrever, vai sair besteira daqui, uma atrás da outra, entende? Porque ninguém tem memória para gravar esses pormenores. Eu sou especialista nisso, eu sei – declarou para a polícia.

Era uma reação típica de Pimenta. Tentava impor nesse caso o olhar privilegiado do jornalista observador, que distante dos fatos atinge o equilíbrio para contá-los, mas já era o matador-repórter. Sua realidade havia mudado. Tombou do alto do seu posto no Estadão de protetor da ordem e do bom funcionamento da sociedade e da economia e tornou-se um transgressor desvairado que já não mais analisava, mas era analisado. O jornalista não era mais o cão farejador, o analista privilegiado, o repórter arguto, mas o vil homicida. Tinha perdido o controle de sua própria imagem. O crime roubou sua identidade, sem que ele parecesse perceber. Pimenta fundiu o jornalista com o criminoso. A certa altura, confessou que guardou as duas cápsulas das balas de 38 que disparou contra Sandra, uma delas estraçalhada, no bolso da calça como provas do seu feito, como troféus.

– Guardei de recordação – declarou, cinicamente.

Imediatamente depois do indiciamento de Pimenta, Mariz de Oliveira fez um pedido de revogação da prisão temporária na 1ª Vara Criminal de Ibiúna. O advogado disse à imprensa que os motivos do crime eram muitos, "de ordem subjetiva e objetiva", e que o jornalista o cometera porque "se sentiu atingido em seus brios". No depoimento, que vazou mais do que deveria e acabou dando argumentos para que os advogados de defesa tentassem impugná-lo e ganhar tempo, Pimenta aproveitou para espinafrar mais uma vez a ex-namorada. Depois de escrever para as filhas dizendo que Sandra era uma das duas únicas mulheres que havia amado, recuperou o velho discurso e tratou de desqualificá-la. Disse que ela o traía com um jornalista equatoriano e que deixara de fazer uma reportagem sobre a Vasp, apesar de ter informações relevantes para publicar.

Segundo Pimenta, Sandra havia deixado de dizer que uma igreja desconhecida, que pretendia comprar a Vasp e arcar com sua dívida estratosférica, enfrentava uma ação de despejo por não conseguir pagar o aluguel. Ele insinuava que ela tinha recebido algum benefício financeiro para omitir a informação. Transformou isso na pedra de toque de suas condenações éticas a Sandra. Precisava se convencer de alguma coisa para tornar objetiva sua perseguição à ex-namorada e insistia nessa tese mentirosa. Sandra não era corrupta, nem tinha em sua personalidade nada que a predispusesse a isso. Pimenta estava muito mais propenso a falsear as coisas do que ela.

O jornalista Janio de Freitas, da Folha de S.Paulo, esclareceu a questão que envolvia Sandra e a Vasp. Antes de mais nada, disse que Pimenta praticava o "oficialismo"[3], que era o melhor executor de ordens do

3. Folha de S.Paulo, 31 de agosto de 2000.

patrão disponível no mercado. Ainda que Sandra tivesse "surrupiado" uma notícia, não seria nada perto do que Pimenta costumava fazer. "A notícia (que Sandra teria deixado de publicar), para começar, não tinha importância alguma", disse Freitas. "Além disso, a tal igreja, às voltas com ação de despejo por falta de pagamento, e a Vasp não seriam exatamente empresas em condições de comprar silêncio ou notícia, como logo perceberia o experiente Pimenta Neves."

E Janio foi ao ponto: "Admita-se, porém, que Sandra Gomide tenha surrupiado uma nota sobre a inexistente venda da Vasp. Isso nada alterou para os leitores do Estado nem para o conceito do jornal. O mesmo não se poderia dizer da sonegação por Pimenta Neves, a pedido da Presidência da República, da notícia de que Fernando Henrique Cardoso liberara verbas extras para o TRT-SP, apesar de já apontadas as irregularidades da obra". A obra em questão era a que envolvia o juiz Nicolau dos Santos Neto, o Lalau. "A notícia esteve nas primeiras páginas de numerosos jornais", continuou o articulista da Folha. "E, prova de que o 'Estado' a recebera, figurou no site do jornal na Internet. Houve quem fizesse um malabarismo global para disfarçar a notícia, mas o 'Estado', dirigido por Pimenta Neves, foi o único, entre os chamados grandes, que a sonegou inteiramente ao conhecimento dos seus leitores. A relevância de Pimenta Neves fica mesmo na sua condição trágica, uma notícia que o seu antijornalismo não pode deformar nem sonegar."

Pimenta ficou no Einstein por três dias e, graças a uma liminar concedida pelo desembargador Maurílio Gentil Leite, 2º vice-presidente do Tribunal de Justiça de São Paulo, do dia para a noite, conseguiu a transferência para uma aprazível clínica de repouso no bairro da Granja Julieta, em São Paulo. Ficaria na clínica por dez dias. O apelo para o Tribunal de Justiça e a decisão saíram tão rápidos que os desavisados chegaram a denunciar que a transferência estava sendo feita sem autorização. Mas Pimenta estava amparado por uma liminar. Para justificar o pedido, seus advogados alegaram que, se ficasse no hospital ou fosse para a cadeia, novamente tentaria se suicidar. Depois de receber a alta médica no Einstein, ele foi para a Granja Julieta, sob escolta policial.

Na clínica, atestaram sua sanidade. Os psiquiatras e demais autoridades médicas que o atenderam fizeram testes e garantiram que Pimenta tinha domínio dos seus atos, agia movido pela racionalidade. Seus advogados foram ganhando tempo. Embora Mariz tivesse dito, logo que pediu o relaxamento da prisão, que Pimenta não era louco, percebeu, em seguida, que a questão da loucura teria uma função tática.

A máxima insanidade de Pimenta talvez fosse o excesso de soberba, a pretensa superioridade em relação aos outros. Dizem que foi a soberba que aqueceu suas paixões e o levou a apertar o gatilho. Um livro de ficção[4], inclusive, foi escrito a esse respeito. O orgulho ferido carregou a alma de Pimenta de ira. Foi um assassinato racional, uma cobrança de fatura. Não estava acostumado a ser contrariado. Pimenta colocou os dois pesos, um de cada lado da balança, e concluiu que a humilhação de ser abandonado era mais dolorida do que a pena que cumpriria por tirar a vida da ex-namorada. E, além do mais, que pena seria essa? Poderia minimizá-la com uma boa defesa judicial. Era um homem da velha guarda. Acreditava mesmo que sua honra havia sido ferida e resolveu o problema a bala.

Assisti à missa de sétimo dia de Sandra, realizada na igreja Nossa Senhora Mãe do Salvador, conhecida como Cruz Torta, no Alto de Pinheiros, um bairro da Zona Oeste de São Paulo. É uma igreja modernista, de concreto aparente e muito bem iluminada. Cida Damasco e Vera Brandimarte estavam por ali. Luiz Henrique Amaral e Carlos Franco também marcavam presença na Cruz Torta, assim como outras cem pessoas, mais ou menos. Estava na missa não a trabalho, para cobrir a cerimônia, mas porque conhecia muito bem Sandra. Fui lá homenagear minha querida amiga, assassinada covardemente por um cara que eu também conhecia, que tinha sido meu chefe e com quem sempre tive uma relação cordial. Era tudo muito estranho, até onírico. Não pensava que nenhum um dos meus conhecidos pudesse matar, ainda mais um sujeito poderoso e aparentemente bem resolvido como Pimenta. Na redação da Gazeta Mercantil, onde eu trabalhava na época, ouvia falar de

4. *O vôo da rainha:* soberba, de Tomás Eloy Martínez.

acontecimentos que envolviam Pimenta e Sandra no Estadão até quinze dias antes do assassinato. Sabia, pelos colegas e por informativos como o Jornalistas & Cia. o que acontecia por lá, soube em primeira mão que Pimenta havia pedido demissão. Alguém me disse naqueles tempos que Pimenta foi visto com uma arma em um churrasco na casa de uma jornalista no interior. Existiam muitos boatos. E a memória vacila. Encontrei Sandra uma vez em uma festa de aniversário, meio por acaso. Ela perguntou do meu filho Matias, então com quatro anos. Lembrou que havia dado uma luvinha colorida para ele quando trabalhávamos no Caderno C da Gazeta Mercantil. Era uma luva bem legal, que o Matias usou muito.

Na igreja, fiquei algum tempo refletindo sobre a ferocidade do ato de Pimenta, o seu machismo exacerbado, e pensando que suas extrapolações como diretor da Gazeta Mercantil não tinham sido nada perto do que ele viria a fazer. Que tipo de impulso é esse que leva um homem com a vida feita a se converter em um assassino? Depois fui tomar um cafezinho com uma amiga no bar em frente. Conversamos sobre a maldade humana, a crise na Gazeta Mercantil e também sobre o jornal Valor, que estava chegando com matérias fortes e muitos furos. Admiti que estava cético sobre a condenação de Pimenta e, considerando os acontecimentos da primeira semana depois do crime, dava para perceber que se erguia um cerco de proteção ao ex-diretor do Estadão e tudo seria feito para amenizar sua pena.

Já na missa, denunciava-se a tentativa de duplo assassinato de Sandra. Antes de executá-la no haras, Pimenta tentou assassiná-la moralmente e, treze anos depois do crime, ainda existem vestígios da condenação moral sobre ela. Alguns a tratavam como aproveitadora, algo muito longe da verdade. Pimenta pavimentou os caminhos de Sandra, mas não os construiu. Sandra tinha uma vida profissional antes dele e era uma repórter curiosa e com um bom texto. Não era nem pior, nem melhor do que as outras namoradas de chefões da Gazeta Mercantil – foi só a mais perseguida e a mais odiada e ultrajada. No dia da missa, amigos, parentes e colegas convocaram um ato, apoiado pela ONG Sou da Paz, contra a impunidade e divulgaram um manifesto que alertava para o "assassinato moral" de Sandra. O objetivo dos organizadores da manifestação era impedir que o caso fosse abafado e Pimenta, no fim, absolvido.

Vi quando Ruy Mesquita entrou com seus filhos na igreja. Lembro-me de Rodrigo e Fernão ao seu lado. Aturdido, Ruy disse muito sobre Pimenta: falou que aquela foi "uma tragédia inédita na sua vida" e que não entendia como uma pessoa podia mudar da noite para o dia.

– Pimenta morreu no momento em que se tornou um assassino – disse Ruy na missa de sétimo dia.

Nessa altura, Rodrigo já tinha recontratado Carlos Franco como repórter de Economia do jornal, revertendo a decisão insensata de Pimenta. Na segunda-feira depois do crime anularam sua demissão. Sandro Vaia se preparava para assumir a direção de redação. Quando o convidaram para o cargo, sábado, Pimenta ainda não havia cometido o assassinato. A substituição seria interina, apenas durante o período em que Pimenta estivesse em tratamento psiquiátrico. Mas o crime transformou o cenário. A mudança de direção do jornal seria agora definitiva e a nomeação de Sandro deveria cumprir alguns rituais. Outros ramos da família Mesquita seriam consultados para buscar um comum acordo. De qualquer forma, a situação era calamitosa e ninguém queria perder tempo. Sandro apareceu como um nome de consenso, que poderia trazer a redação de volta ao equilíbrio, e acabou sendo confirmado no cargo.

Em entrevistas para a imprensa, Fernão Mesquita contou que, desde a demissão de Sandra, Pimenta vinha manifestando um quadro de estresse, de alteração de comportamento. "De início, atribuímos isso a seus problemas de saúde e aos de sua filha. Depois, soubemos que era muito solitário. Ele ficava completamente absorvido pelo trabalho. Passava o dia inteiro no jornal. Eu costumava lhe dizer: Ô Pimenta, isso é contraproducente. Você vai estourar. Precisa descansar. Mas ele explicava que não gostava de delegar poderes." Fernão elogiou as qualidades profissionais de Pimenta e minimizou seus defeitos. "O desempenho dele em O Estado de S. Paulo sempre foi muito bom. Ele fez um trabalho excelente, irrepreensível, apesar de certos incômodos causados pelo seu estilo", afirmou. "É uma pessoa difícil, impaciente, com quem não é simples trabalhar", disse Fernão.

Pimenta tinha amigos fiéis e poderosos, no governo e na iniciativa privada. O trabalho lhe havia rendido parceiros firmes e muitos não o abandonaram depois que cometeu o homicídio, como Enio Mainardi, Klaus Kleber, Marco Antonio Rocha, da turma de Araraquara. São alguns dos nomes que aparecem no site "O caso Pimenta", criado depois do crime para defender a honra do jornalista. Seus amigos todos estavam de acordo em uma coisa: Pimenta cometera um erro numa situação de desequilíbrio, mas não era um sujeito predisposto à maldade e à violência.

Houve uma exaltação geral de seu currículo brilhante e de sua competência fora de série. Na lista de defensores também entravam e entram (o site ainda continua no ar) o falecido empresário e bibliófilo José Mindlin, o editorialista do Estadão Robert Appy, no jornal desde 1953; a socióloga Cibele Maria de Souza Rocha, amiga de Pimenta desde que ele tinha 12 nos de idade; a antiga colunista do caderno Fim de Semana e do Caderno 2 Katia Zero; Enio Mainardi; além dos jornalistas Washington Novaes, Cecília Thompson, Cleide Sánchez Rodriguez e Luiza Pastor, que trabalhavam no Estadão comandados por Pimenta, e Albina Chagas, da Gazeta Mercantil. Todos prestaram solidariedade a Pimenta e lhe reservaram palavras carinhosas e elogios no site.

José Mindlin disse que sua amizade com Pimenta "se manteve sempre cordial e continua a existir. Todos nós seus amigos lamentamos a tragédia em que se envolveu, assim como lamentamos a perda de uma vida, mas só podemos atribuir seu ato a um grave processo de perturbação mental, pois foi inteiramente contrário ao espírito ponderado e ao seu procedimento corrente que sempre o caracterizou". Klaus Kleber, por sua vez, foi longe ao dizer que Pimenta "não é apenas o melhor editor de jornal com quem convivi. O seu padrão está muito acima da média. Como qualquer pessoa, Pimenta tem suas idiossincrasias e, cioso como sempre foi dos princípios éticos, pode ter sido muito exigente em alguns casos. Quando na chefia, ele sempre fez questão que sua orientação fosse observada e, como todo ser humano, pode ter cometido erros de julgamento".

Enquanto recebíamos as notícias do crime, tentávamos entender o que significava aquela tragédia e qual seria a sua lição, se é que existia alguma. Talvez o caso Pimenta representasse o último suspiro dos chefes de redação perturbados e autoritários e o fim dos abusos de poder em um ambiente de trabalho com políticas frouxas de recursos humanos. Poderia também ser um sinal de que o modelo de funcionamento das redações de São Paulo forjado nos anos 1970, com a inestimável contribuição de Pimenta, tinha se esgotado, graças, em parte, à ascensão profissional das mulheres e sua presença crescente no negócio da comunicação. Muito além do jornalismo, seria o fim de uma era machista em que advogados astutos alegavam legítima defesa da honra e conseguiam safar seus clientes da condenação por assassinatos cruéis? Pimenta seria preso e, assim, teríamos um sinal definitivo de que atos covardes seriam penalizados duramente, mesmo quando cometidos por homens poderosos? Quem sabe a justiça brasileira evoluiria. Não dava para prever nada. A única certeza era que Sandra estava morta.

Inicialmente, decidi contar esta história muito mais com o objetivo de mergulhar no drama empresarial da Gazeta Mercantil, com o qual me envolvi diretamente, do que de narrar o relacionamento de Pimenta e Sandra, mas isso se tornou inevitável. De alguma forma, o assassinato representou o fim de um ciclo, sob vários aspectos. O período de duração da relação do casal demarcou um tempo de crises e transformações na Gazeta Mercantil. Na segunda metade dos anos 1990, quando os dois se conheceram, o jornal vivia seu apogeu financeiro e editorial e também o início de sua queda, que seria irreversível. Ao mesmo tempo, o Plano Real transformava a realidade brasileira exatamente no período coberto por este livro, entre 1995 e 2000. Em seguida, estourava a bolha da internet. O namoro de Pimenta Neves e Sandra Gomide fornece uma linha mestra, um eixo narrativo para uma certa história da economia e do jornalismo paulistano em anos não muito distantes. Relacionamento afetivo, ambiente profissional e macroeconomia eram as três camadas que me interessavam neste livro, e todas elas estavam carregadas de conflitos e desafios de entendimento. Costurá-las passou a ser meu objetivo.

Alguns fatos desta narrativa não teriam a mínima importância em uma biografia convencional e podem ser absolutamente insignificantes na história de Pimenta e Sandra, mas representam grandes momentos no cruzamento da minha vida com a dos personagens da história. Só por isso são valiosos. Foram momentos de intersecção em nossas existências. Neles, ou eu estava com Sandra e Pimenta ou com um dos dois no mesmo espaço, quase sempre na redação. Para ser exato, convivi com Sandra no dia a dia de trabalho e em alguns eventos sociais e profissionais uma dezena, talvez. Tivemos contato em dois períodos. O primeiro foi entre abril de 1992 e dezembro de 1993, quando trabalhei na Gazeta Mercantil como editor assistente de Meio Ambiente, subordinado à editora Francisca Fagá. Molina era o editor-chefe naquela época. Roberto Müller estava licenciado. Sandra ficava na editoria de Construção e se sentava bem atrás de mim, a cerca de quatro metros. Simpatizei com ela desde o primeiro dia em que a vi. Achava-a boa gente e divertida. Tínhamos cumplicidade por causa dos atrasos de salários. Ficamos amigos, frequentamos festas e bares e estivemos juntos na passeata pelo *impeachment*, em 1992, evento contado no início do segundo capítulo. Circulamos pela Avenida Paulista e adjacências com o mesmo grupo.

O segundo período em que convivi com Sandra foi entre abril de 1996, logo depois de voltar de uma viagem de estudos de dois anos e meio em Barcelona, e agosto de 1998, quando ela foi demitida da Gazeta Mercantil e eu continuei por lá. Quando voltei da Espanha, tornei-me empregado dos Levy na Gazeta Mercantil, primeiro como editor do serviço eletrônico InvestNews, até abril de 1997, e, em seguida, como repórter de negócios, sendo subordinado direto de Sandra no tempo em que foi coordenadora do Caderno C. Ela foi minha chefe na fase final de seu trabalho na Gazeta Mercantil, e posso avaliá-la bem no exercício de uma função de comando. Sob certos aspectos foi uma boa chefe, com capacidade para selecionar e hierarquizar notícias, mas, muitas vezes, parecia desleixada e descomprometida. Mostrava-se dispersa para os subordinados e não colocava a mão na massa quando havia algum problema difícil para resolver.

Apoiada por um grupo de editores competentes, conseguia manter um ritmo e uma qualidade de produção adequados e fazer capas de impacto para o caderno. Se não tinha um poder propulsor e motivador, Sandra também não inibia forças produtivas e inovadoras. Não era estressada. O clima de trabalho costumava ser tranquilo e o ambiente se mantinha bem-humorado. Sempre me dei bem com ela e nunca tivemos qualquer estranhamento. Estava na redação quando Sandra fez o seu discurso de despedida, em julho de 1998, depois de ser demitida por Mário Alberto. Acompanhei a campanha difamatória que era movida contra ela e as críticas excessivas e, muitas vezes, gratuitas que faziam a seu trabalho. Muitos jornalistas não se conformavam com as promoções e os aumentos que recebia por ser a namorada do chefe. Nos bastidores, era atacada sem trégua. Angariou inimigos, alguns movidos apenas pela inveja ou por outras paixões obscuras e outros por considerarem a sua ascensão profissional injusta. Antes de começar a namorar Pimenta, Sandra até enfrentava algumas rusgas, por causa de seu jeito um pouco rude e comentários inadequados que, às vezes, fazia para um colega. Arrumava um ou outro desafeto, mas, de um modo geral, era querida na redação. Isso mudou completamente. O namoro com o diretor de redação despertou os piores sentimentos em algumas pessoas, muitas talvez, e fez mal à sua reputação.

Com Pimenta convivi profissionalmente durante alguns meses. Nos tempos em que estive no InvestNews fui apresentado a ele por Sandra e o encontrava uma vez ou outra no elevador ou nos cafés. Cumprimentávamo-nos de maneira simpática. Ele abria um bom espaço para minhas matérias na primeira página da Gazeta Mercantil. Embora trabalhasse no InvestNews no serviço chamado de tempo real, nos primórdios da informação online, eu podia publicar minhas matérias no jornal. Certo dia, no meio da crise que culminou com o afastamento do redator-chefe Alexandre Gambirasio e a suspensão da repórter Vera Saavedra Durão, Pimenta subiu ao andar do InvestNews e, por acaso, eu era o único editor que estava por lá naquela hora da manhã. Ele procurava a editora-chefe Rosa Dalcin. Queria falar dos problemas de Vera Saavedra Durão e da sua suspensão das páginas do jornal. Rosa não estava. Quando voltou, dei o recado para ela de que o diretor da Gazeta estava à sua procura.

Foi Pimenta que me contratou na Gazeta Mercantil, em abril de 1997. Eu queria escrever mais para o jornal e pedi para deixar o InvestNews. Eram empresas independentes que tinham uma parceria. Não pedi ajuda a Sandra nesse processo, nem imaginava que ela viria a ser coordenadora do Caderno C. Fui contratado ainda no tempo de Cristina Aby-Azar. Pimenta me aceitou como repórter sênior de negócios com salário de R$ 4 mil, 10% a mais do que eu ganhava antes, e me deu liberdade para escrever sobre os assuntos que quisesse. A direção do InvestNews, talvez não tenha gostado muito dessa mudança – a tensão entre Pimenta e Henrique Araújo, o vice-presidente responsável pelo InvestNews, era crescente e não era adequado mudar de lado, mas eu preferia o jornal ao meio digital. Sempre gostei de publicar no papel. Escrevia muitas matérias sobre a área de saneamento básico, que enfrentava problemas graves no Brasil – o tratamento de esgoto continua lamentável, e até sobre falsificação de dinheiro – , e investiguei a primeira onda de falsificações de notas de real, em 1996.

Tive uma rápida experiência profissional com Pimenta. Diria que minha convivência de trabalho com ele foi boa e contribuiu para o desenvolvimento da minha carreira. Ele apostava nas minhas pautas e abria espaço para elas na primeira página da Gazeta Mercantil, o que me dava grande estímulo. Trabalhei apenas quatro meses sob sua chefia. A última matéria que ele escolheu para manchete do jornal, antes de deixar a empresa, era de minha autoria e falava do otimismo dos empresários brasileiros diante dos efeitos da crise asiática, considerada a primeira grande crise das sociedades globalizadas. Foi quando, por própria conta e risco e sem consultar ninguém, Pimenta, em uma clara iniciativa de desafiar o sistema, decidiu mudar o padrão gráfico do jornal e adotar as seis colunas na capa. Logo em seguida, deixou a Gazeta Mercantil, demitido por Luiz Fernando, e nunca mais falei com ele, a não ser em abril de 2009, quando o entrevistei para este livro. Fora isso, nenhum contato, nem mesmo social.

Minha convivência com Sandra e Pimenta me deu alguma legitimidade para contar esta história. Estava, afinal, na posição de testemunha ocular de alguns acontecimentos e conhecia um pouco da maneira de os dois trabalharem. Não que minha participação em qualquer momento da história tenha sido importante, mas me forneceu várias cenas interessantes e me permitiu escrever um livro mais testemunhal. Como sou coadjuvante absolutamente secundário na narrativa, decidi me deixar de fora e assumir o único papel em que me senti confortável e legitimado: o de narrador. Na seleção dos fatos, privilegiei as coisas que vi. Não falei do que não sabia. Quase sempre abri mão de especulações e psicologismos. Se invadi a mente de Pimenta ou Sandra, foi acidentalmente. Procurei articular o livro com a minha memória, baseado, em certa medida, no que meus sentidos captaram ao longo dessa conturbada trajetória.

Convivi com a maioria das fontes que aparecem na narrativa. O que não vivi, ouvi. Em alguns casos, não lembro com clareza quem foi a fonte da informação, simplesmente escutei a conversa no corredor, no elevador ou no café e não sei nem dizer exatamente quem era meu interlocutor. Por isso, decidi ler bastante e falar com dezenas de pessoas para afastar esta história da ficção e das subjetividades e deixar o livro mais próximo de uma reportagem. Eliminei minha presença e reservei minha participação só para este epílogo, o que me pareceu razoável. Revelo agora o meu personagem oculto.

Pimenta passou dez dias no aconchego da clínica na Granja Julieta, antes de ser transferido para o 77º Distrito Policial, em Santa Cecília, no dia 4 de setembro. Expirado o prazo da liminar do desembargador Gentil Leite, a transferência para a prisão tornou-se obrigatória. Pimenta Neves só não passaria a noite na cela se o Supremo Tribunal Federal tivesse deferido um pedido de revogação da prisão preventiva. Mas isso não aconteceu. Outros recursos apresentados pela defesa de Pimenta para que ele permanecesse na clínica foram rejeitados. Pimenta saiu da clínica um pouco depois da meia-noite e chegou à delegacia meia hora depois. A equipe de defesa do jornalista foi surpreendida, pois não considerava a possibilidade de ele ser transferido durante a madrugada. Pimenta foi comunicado por seus advogados que iria para a delegacia e só concordou em sair depois que um termo de responsabilidade foi assinado pelo delegado Nathan Rosemblatt.

Mais de 70 policiais e 20 carros foram mobilizados para a operação de transferência de Pimenta. Ele deixou o quarto da clínica em cadeira de rodas. Vestiram-lhe um colete à prova de balas. Desceu do carro da polícia algemado e entrou na delegacia ao lado de uma investigadora. Andou até a porta sem falar nada, com a fisionomia abatida. A chegada de Pimenta Neves na área de prisão causou confusão entre os presos, que lhe gritavam ameaças como "Não dorme, não, Pimenta!". Àquela altura ele já era um personagem famoso. Assim que entrou na cela, deu de cara com seus novos colegas. Um deles era o ex-vereador Vicente Viscome, cassado depois da comprovação de que chefiava um esquema de extorsão na administração regional da Penha; outro era o estudante de medicina Mateus da Costa Meira, que disparara uma metralhadora a esmo num cinema no Morumbi Shopping, matando três pessoas.

No dia da prisão do jornalista, o advogado Roberto Podval, auxiliar de Mariz e também integrante da elite dos criminalistas de São Paulo, foi até Ibiúna para apresentar pedido à juíza Eduarda Maria Romeiro Corrêa, responsável pelo caso, para que Pimenta voltasse à clínica, com base em uma complementação de laudo feita pelo psiquiatra do jornalista, Marcos Pacheco de Toledo Ferraz. Podval anexou ao seu pedido uma declaração da clínica que afirmava não ter dado alta médica para Pimenta. "No distrito policial, não há condições de continuar o tratamento", alegou Podval. "São inúmeros remédios e não há condições de um médico ficar assistindo o paciente", completou.

No mesmo dia, o advogado Márcio Thomaz Bastos, contratado pela família da jornalista Sandra Gomide como assistente da promotora Lúcia Nunes Bromerchenkel Cunha, disse que o Ministério Público e a equipe de acusação se manifestariam contra o pedido para que Pimenta voltasse para a clínica particular. Informou que o laudo oficial tinha mais validade que as manifestações do psiquiatra de Pimenta. O laudo fora feito por peritos do Instituto de Medicina Social e Criminologia (Imesc) e assinalava que o jornalista não precisava mais ficar na clínica. "A gente se opõe à volta dele para a clínica. O laudo oficial diz que ele pode ficar na prisão e pronto", afirmou. Um pouco antes do meio-dia, Pimenta almoçou pela primeira vez na cadeia. Recebeu a mesma marmita que os outros presos, com arroz, feijão, frango, farofa, salada de tomate e alface, e comeu somente o frango.

Pimenta passou quase sete meses preso, primeiro no 77º Distrito Policial e depois no 13º DP, na Casa Verde. Foi o único período que ficou na cadeia antes do julgamento. No dia 23 de março de 2001, o ministro Celso de Mello, do STF, concedeu um *habeas corpus* revogando a prisão preventiva do jornalista. Pediu, em seu despacho, que sua decisão fosse comunicada com urgência ao juiz de Direito da 1ª Vara da Comarca de Ibiúna, a fim de que fosse expedido o alvará de soltura. Mello considerou que não existia "situação configurada de real necessidade" que possa justificar a prisão preventiva do réu. Disse também que os procedimentos adotados para a prisão do réu não se ajustavam à jurisprudência do Supremo. A partir daí, Pimenta passou a levar uma vida normal, morando em sua casa no Alto da Boa Vista. Nos cinco anos em que aguardou o julgamento, quase não se ouvia falar de Pimenta. Desapareceu de cena. Levava uma vida reservada e, quando saía de casa, usava bonés e óculos para não ser reconhecido. Sabíamos que de vez em quando algum amigo fiel ia visitá-lo ou que era visto em encontros privados em casa de gente de sua absoluta confiança. Também passou a cultivar uma barba hirsuta e deixou seus cabelos embranquecerem livremente. Sua defesa, enquanto isso, tentava aliviar a acusação de homicídio duplamente qualificado, por motivo torpe, de maneira fria e calculada e atirando pelas costas, ou seja, usando recursos que impossibilitavam a defesa da vítima. Seus advogados conseguiram vários adiamentos de seu julgamento, mas, felizmente, não conseguiram afastar a acusação de torpeza no assassinato de Sandra.

Pimenta permanecia em liberdade quando, finalmente, em janeiro de 2006, foi marcada a data de seu julgamento: 3 de maio. Seus advogados nessa altura eram os irmãos Ilana e Carlo Frederico Müller, filhos do ex-vice-presidente da Gazeta Mercantil Roberto Müller Filho, que insistiam em pedir que a mulher de Pimenta, Carole Neves, fosse ouvida no processo. Queriam reforçar a visão de que o jornalista não era um homem violento. Carole morava nos Estados Unidos e nunca veio depor a favor de seu ex-marido. Tampouco negou que tivesse apanhado dele durante a crise da separação, entre 1994 e 1995.

A disputa judicial nos primeiros meses de 2006 foi intensa. Os advogados de Pimenta tentavam adiar o julgamento de qualquer forma. Ingressaram no STF e também no Superior Tribunal de Justiça (STJ) com um Agravo de Instrumento, recurso para tentar rever uma decisão de segunda instância. No dia 15 de março, a defesa entrou com uma medida cautelar no STJ e o ministro Quaglia Barbosa aceitou o pedido, suspendendo o júri. Um mês depois, o mesmo ministro acatou pedido da acusação e revogou a liminar que suspendia o julgamento. A tensão persistiu até o último minuto. Ainda na véspera do julgamento, os tribunais superiores negavam *habeas corpus* e outros agravos empurrados pela defesa para tentar ganhar tempo e conseguir novos adiamentos.

O julgamento de Pimenta começou, finalmente, no dia 3 maio, no Fórum de Ibiúna, e sua primeira sessão durou 13 horas sem que nenhuma testemunha fosse ouvida. Durante os dez minutos em que se sentou no banco dos réus, Pimenta foi questionado pelo juiz se queria falar sobre o assassinato da ex-namorada e preferiu ficar em silêncio. Antes, deu informações pessoais, falou que morava sozinho, não trabalhava e era aposentado do INSS. A defesa pediu que oito testemunhas, todos amigos e colegas de trabalho, dessem seus depoimentos elogiosos sobre Pimenta. Entre o público, havia gente da família do réu, como Andréa, uma de suas filhas, uma irmã e duas sobrinhas. O advogado de acusação era Sergei Cobra Arbex. O julgamento limitou-se basicamente ao esforço da defesa para diminuir a torpeza do ato, mostrando Pimenta como um jornalista abnegado que certo dia perdeu o controle e teve um momento de fúria. A maneira calculada como cercou Sandra até matá-la, porém, negava a tese da impulsividade. Via-se que fora um crime planejado.

No dia 4, testemunhas de defesa e acusação deram seus depoimentos durante onze horas. Uma das testemunhas foi João Gomide, que tentava encarar Pimenta nos olhos. O pai de Sandra perseguia o assassino da filha com o olhar, mas o jornalista e seus advogados conseguiram arranjar pastas e papéis na mesa de forma que perturbasse seu ângulo de visão. Pimenta evitou a todo custo ficar frente a frente com João. Marlei Setti, esposa de Deomar, dono do Haras Setti, também prestou depoimento e falou tudo o que sabia. Lembrou que Sandra lhe havia contado sobre as ameaças de morte que vinha recebendo de Pimenta e que lhe mostrara a marca de uma agressão no pescoço. Deomar e Marlei também descreveram o momento em que Pimenta deu o segundo tiro na cabeça de Sandra, quando ela já estava caída. Contaram depois que "ele largou a mão, direcionou o cano do revólver para o chão e saiu andando calmamente em direção ao carro". Uma falha notável do julgamento foi a ausência do depoimento de seu João, o encarregado do haras, única testemunha ocular do crime, que presenciou Pimenta disparando os dois tiros. Ele não foi encontrado na época do julgamento.

De qualquer forma, no dia 5 de maio, sexta-feira, no terceiro dia do julgamento, quando os sete jurados deram sua decisão, Pimenta foi condenado a 19 anos e dois meses de prisão pelo homicídio duplamente qualificado de sua ex-namorada. Foi condenado, mas não preso. O juiz, considerando entendimento anterior do STF, que lhe deu o direito de recorrer da sentença em liberdade, decidiu não decretar a prisão do jornalista. Sob vaias, diante do inconformismo geral, Pimenta saiu do Fórum de Ibiúna, entrou no carro e, mais uma vez, seguiu direto para sua casa. Ainda podia recorrer da sentença e o faria no conforto do lar.

Em uma nova enxurrada de recursos, conseguiu, nos meses seguintes, mais um benefício: o Tribunal de Justiça de São Paulo reduziu sua pena para 18 anos de prisão porque ele havia confessado o crime e, ao mesmo tempo, decretou sua prisão. Com um *habeas corpus*, porém, Pimenta conseguiu se manter em liberdade e passou a aguardar o trânsito em julgado da sentença. Aguardaria até 2011. Nessa espera, ainda teria uma outra vantagem, quando, em setembro de 2008, a 6ª Turma do STJ, ao analisar recurso contra a decisão que o condenou, decidiu reduzir sua pena inicial em 4 anos e, em vez dos 19 iniciais, cumpriria apenas 15 anos.

O assassinato de Sandra Gomide foi um dos casos mais marcantes de impunidade da história do Brasil. Doca Street, que matou sua namorada Ângela Diniz, a "Pantera de Minas", em 1976, cumpriu 3 anos e seis meses de cadeia em regime fechado. Lindomar Castilho foi o algoz da sua segunda mulher, Eliane de Grammont, em 1981. Disparou cinco tiros em direção ao palco em que ela cantava e um lhe acertou o coração. Ficou dois anos preso em regime fechado e dois no semiaberto. O mais incrível é que os dois casos são do tempo em que ainda se falava em legítima defesa da honra, e criminalistas faziam fama e ganhavam popularidade sustentando essa tese. Pimenta é um condenado do século 21, momento em que o Brasil e seus aparatos institucionais estão, teoricamente, melhorando.

Perpetua-se um sistema que defende os mais fortes e em que os homens ainda matam por causa dos "brios". A conclusão do processo mostra que continuamos na Idade da Pedra no que se refere à Justiça e que no Brasil quem pode mais, o que nesse caso significa contar com uma defesa criminal competente, ainda chora menos. Com seu poder, sua rede de influência e aproveitando as brechas da lei, Pimenta poderá cumprir na cadeia, em regime fechado, cerca de três anos de uma pena que deveria ter durado, no mínimo, 15 anos.

Pimenta é o melhor advogado de si mesmo. Seu bacharelado em Direito, que nunca serviu para muita coisa prática na sua vida, concluído no que era então uma faculdade obscura de São João da Boa Vista, passou a ser de alguma utilidade depois que se converteu em um criminoso. Seus conhecimentos técnicos permitiram que olhasse com objetividade o emaranhado jurídico em que se metera. Além disso, foi sempre capaz de discutir de igual para igual com seus advogados. Mergulhou firme nos estudos e pensou em ir mais longe, não tivesse a Ordem dos Advogados do Brasil (OAB) negado seu pedido de registro, no fim de 2008, por unanimidade de todos os conselheiros, que alegaram falta de idoneidade moral.

Tentava defender a si próprio e encontrar, quem sabe, uma outra profissão para o futuro. Mesmo sem registro, dedicou-se com afinco ao próprio processo e pode-se dizer que é o principal responsável pela façanha de ficar tanto tempo fora da cadeia. Sua inteligência jurídica levou seus advogados a tomarem quase sempre boas decisões, conseguindo protelar ao máximo o processo. Pimenta foi ainda beneficiado pela morosidade da Justiça brasileira e sempre soube explorar ao máximo os prazos e locomover-se bem entre as várias instâncias jurídicas, encontrando boa acolhida para seus pedidos nos tribunais superiores.

Na mesma época em que fracassou em seu intuito de conseguir a carteira da OAB, Pimenta Neves foi condenado a pagar indenização por danos morais de R$ 166 mil para os pais de Sandra Gomide. A juíza Mariella Ferraz de Arruda Nogueira, da 39ª Vara Cível de São Paulo, além de definir a indenização, manteve parte do bloqueio dos bens do jornalista como forma de "salvaguardar terceiros de boa-fé, evitando que adquiram bens que possam estar ou vir a estar comprometidos em demandas judiciais contra seus titulares".

Os principais bens do jornalista eram a casa no bairro do Alto da Boa Vista e o sítio em São Roque, no distrito de Mailásqui. Em setembro de 2010, o Tribunal de Justiça de São Paulo quase triplicou a indenização, que chegou a R$ 400 mil. Os pais de Sandra disseram que ficaram doentes depois da morte da filha. João Florentino hoje só se locomove em cadeira de rodas. Leonilda enfrenta problemas psiquiátricos. A defesa de Pimenta argumentava que o jornalista também era vítima: havia sofrido abalo psicológico e tivera sua imagem pública destruída. Pimenta, além disso, afirmava que não era obrigado a pagar indenização "porque a dor não pode ser mensurada economicamente". Até junho de 2013, a indenização para os pais de Sandra, por causa de processos parados em tribunais superiores e das frequentes contestações judiciais de Pimenta, ainda não tinha sido paga.

Entrevistei Pimenta em abril de 2009, quando este livro começava a nascer. Foi nessa época que amadureci a ideia de fazer as entrevistas para escrevê-lo. Estava fazendo frilas e tinha tempo para levar alguns projetos pessoais adiante. Pedi a entrevista porque queria conversar sobre a história profissional mais recente de Pimenta, seus tempos de diretor da Gazeta Mercantil e do Estadão e, inevitavelmente, de Sandra e do assassinato. Fiz contato com um de seus grandes amigos, Klaus Kleber, com quem sempre tive uma respeitosa e agradável convivência profissional, desde quando ele fora meu chefe na Gazeta Mercantil, e pedi que me ajudasse na aproximação com Pimenta. Os dois conversaram, e Pimenta, além de se dizer disposto a me dar a entrevista, o autorizou a passar seus dois endereços de e-mail para mim.

Fazia doze anos, desde sua saída da Gazeta Mercantil, que eu não tinha contato com ele. O que tínhamos era a lembrança de uma relação cordial. Além disso, eu era um repórter dedicado, que cumpria meus deveres e trazia boas novidades para o jornal... Escrevi para ele no dia 4 de março, com um pedido inicial de entrevista, e ele foi muito receptivo. Deixou as portas abertas para uma conversa desde o início e queria saber melhor o que eu estava fazendo.

No dia 20 de março, fiz minha declaração de propósitos. Falei que estava escrevendo um livro sobre o desenvolvimento do jornalismo econômico brasileiro no fim do século 20 e meu cenário principal seria a Gazeta Mercantil. O que me interessava investigar, disse no e-mail, era em que medida a mudança na realidade brasileira, a partir do Plano Real, definiu uma nova forma de produção de jornalismo econômico, muito mais orientada para negócios do que para a macroeconomia e muito mais determinada pelas assessorias de imprensa do que pela inteligência editorial do jornal. A Gazeta Mercantil foi o termômetro dessa transformação. O Valor surgiu para concluí-la.

Falei também que iria tratar dos problemas financeiros que afetaram todas as grandes empresas brasileiras de comunicação na entrada do novo século, quando as receitas publicitárias caíram, a bolha da internet estourou, e vários jornais e TVs foram pegos de calças curtas, com alto nível de endividamento e uma estrutura de custos caríssima.

– Bom, Pimenta – disse, afinal –, o livro está sendo escrito em terceira pessoa, e o defino como um livro-reportagem. Só usarei a primeira pessoa na introdução para expor algumas coisas da minha experiência que acho mais interessantes (acabei desistindo dessa ideia). Quero me livrar de qualquer subjetivismo. Gostaria de conversar com você especialmente sobre o período que vai de 1994 a 1997, sobre o Plano Real, seus últimos tempos nos Estados Unidos, o convite para você comandar a redação, sua chegada ao Brasil e sua missão ao ingressar no jornal. Quero falar também sobre sua saída do jornal, sobre Luiz Fernando Levy e sobre sua visão da crise que arrebentou a empresa editora da Gazeta Mercantil. Por e-mail, estrategicamente, não toquei no nome de Sandra.

Pimenta respondeu ao meu longo e-mail e aceitou ter uma conversa inicial para avaliar melhor a natureza do livro. Acrescentou que estava muito ocupado com seus advogados e quis saber meus prazos. Ele me desejou boa sorte. Adorei a ideia de ter um encontro preliminar porque seria suficiente: tinha certeza de que acabaria sendo o definitivo. Não teria outra chance. Pensava em uma única conversa de pelo menos uma hora. Estava ótimo. E ambicionava o mínimo. A todos os jornalistas que o haviam procurado para dar declarações públicas, Pimenta mandava dizer por meio de seus advogados que não falava sobre o caso – "nem a Deus". Eu seria uma exceção, embora o foco inicial da minha entrevista não fosse o crime. Disse a ele que estava avançando nas minhas pesquisas. Ele topou me receber em sua casa em abril. Estávamos na época da Quaresma. No dia 6 de abril, chegou o e-mail de Pimenta.

"Como lhe prometi, escrevo-lhe no início de abril para marcarmos uma conversa preliminar, tendo em vista a entrevista que pediu. Raramente saio de casa. Quando o faço é para comprar mantimentos. Qualquer dia é possível, portanto."

Marcamos no dia 14, no começo da tarde. Ele quis que a entrevista fosse em sua casa, na Rua Senador Vergueiro, 652. Disse que a casa ficava no meio do quarteirão, à esquerda; que era branca e tinha uma grade preta.

"A campainha não funciona; então, bata palma." escreveu Pimenta.

Desejou Feliz Páscoa para mim e minha família e assinou o e-mail com "P.". Na ocasião, Pimenta tinha 72 anos e já se passavam três anos do seu julgamento. Morava sozinho, e sua casa era espaçosa demais para uma pessoa só. Era um grande sobrado, com garagens na parte de baixo, e todos os outros ambientes no piso superior. Pimenta recebia a faxineira uma vez por semana para cuidar da limpeza e de tarefas gerais. Ele próprio preparava suas refeições, que costumavam ser frugais e saudáveis. Continuava saindo pouco, mas, às vezes, disfarçado, aproveitava para ir com algum amigo a uma showria ou à churrascaria Buffalo Grill, que ficava no fim da Avenida Vereador José Diniz, a cinco quadras de sua casa. Muito raramente, ia se divertir com um pequeno grupo ou participava de uma reunião fechada. Vivia com discrição e, principalmente, tentava transmitir que não tinha prazer em sua vida, que cometera um crime e que, pela vergonha do ato, procurava parecer um sofredor que dispensava qualquer vontade hedonista. Também garantia a privacidade pagando uma caixinha para os guardas da rua, que o avisavam sobre a presença de qualquer curioso ou de jornalistas nas imediações.

Cheguei lá no horário combinado, por volta das 13h30. Subi as escadas da frente e ele me recebeu sorridente. Usava calças jeans e camisa branca. A porta de entrada se abria para uma sala de estar que tinha uma mesa de centro quadrada, cheia de livros. Acomodei-me em um sofá de três lugares e Pimenta sentou-se em uma poltrona. Em nossa conversa falou principalmente sobre a política das redações que dirigiu, sobre sua carreira, rivalidades, conquistas profissionais e infortúnios. Foi dele a iniciativa de mencionar pela primeira vez na entrevista o nome de Sandra. Falou sobre o crime, suas lembranças, as circunstâncias do assassinato e, superficialmente, sobre alguns dilemas existenciais que o perseguiam desde então. Nosso encontro durou quase cinco horas. Nas várias vezes em que se referiu à ex-namorada naquele dia, Pimenta não parecia falar de alguém que assassinara, mas de uma velha conhecida. "Sandra era uma boa moça. Tinha talento, mas acabou perseguida por pessoas que queriam me atingir", disse-me, olhando para a xícara de café, num tom de voz monocórdio e sem demonstrar nenhum tipo de emoção.

Por várias outras vezes na conversa, elogiou Sandra. "Dizem que eu a favoreci, mas ela estava preparada para exercer as funções que lhe passei", afirmou. Em nenhum momento pareceu traumatizado ou acuado. Tampouco fez qualquer reflexão sobre o crime. E não difamou Sandra. Nesse ponto, mudou seu padrão. Se até então só tinha defenestrado a namorada, naquele dia tratou sua memória com respeito. Só na carta de despedida para suas filhas, quando tentou o suicídio, vi um tom parecido. Enquanto preparava um cafezinho na cozinha, contou sua versão da promoção de Sandra para o cargo de coordenadora do Caderno C da Gazeta Mercantil. Disse que tinha uma lista tríplice em mente, com os nomes da namorada e de outras duas jornalistas, e me garantiu que teve todo o respaldo de Luiz Fernando na sua escolha final. No Estadão, não pediu autorização para ninguém para promovê-la a editora. Amparado no crescimento da circulação paga e na admiração de Ruy Mesquita, fazia, afinal, o que queria. Seu discurso para Sandra era de que enfrentava dificuldades políticas, mas o fato é que estava cheio de moral e tudo o que fizesse pareceria sensato.

Pimenta, rigorosamente, não falou mal de ninguém durante a entrevista. Se tivesse me baseado apenas em nossa conversa para escrever este livro, não poderia afirmar que alguma vez ele tivesse falado mal de alguém. Não ouvi nenhum xingamento, nenhuma palavra hostil contra quem quer que fosse. Duas únicas exceções talvez tenham sido o falecido jornalista Daniel Piza e Luiz Fernando Levy. Sobre um ato de Piza, Pimenta demonstrou certo ressentimento. Sua mágoa era com a abrupta retirada da orelha, assinada por Pimenta, do livro *Questão de gosto*, uma coletânea de ensaios e resenhas que Piza lançaria pouco depois do assassinato de Sandra. Chocado pelo crime cometido pelo amigo e mentor, Piza decidiu arrancar as orelhas do livro. Pimenta considerou essa iniciativa uma espécie de traição. Também disparou alguns petardos contra Luiz Fernando, como quando contou a história de que Herbert Levy havia chamado o filho de estroina publicamente. Fora isso, não falou mal de ninguém, nem de Celso Pinto, nem de Matías Molina, nem de Sidnei Basile. Elogiou os amigos e ignorou adversários.

Durante o tempo que falamos sobre Sandra e o assassinato, ele desenvolveu um discurso de autodefesa baseado no uso dos medicamentos psiquiátricos que o teriam privado da razão no fatídico dia. "Cheguei a pedir licença das minhas funções no Estadão, não estava em condições de trabalhar, mas a direção do jornal não quis aceitar o pedido", disse. Em determinado momento, insinuou que a "insanidade momentânea" foi catalisada pelo consumo de remédios tarja preta e que as pessoas mais próximas que estavam ao seu lado não tiveram sensibilidade para perceber a gravidade de sua situação mental. De fato, não resta a menor dúvida quanto a essa falta de sensibilidade. Ninguém brecou as vontades de Pimenta, nem seus patrões, nem seus amigos, nem suas filhas e irmãs, e ele tinha grande dificuldade para aceitar qualquer tipo de decepção. A separação de Sandra o deixou realmente transtornado, como se viu. "Vivia sob efeito de medicamentos e não estava em condições normais. Minha memória estava alterada e tenho dificuldades para me lembrar de muitos detalhes", disse-me, enquanto acariciava sua cadela Chanel, uma *daschund* tristonha e gorducha, que não saiu do seu pé durante a entrevista. Era sua principal companhia naqueles tempos.

Não abordei a questão dos remédios neste livro porque esse é um terreno pantanoso. Pimenta pode falar o que quiser dos medicamentos, pode exagerar sobre as doses para amplificar o seu drama suicida ou usar esse argumento para atenuar suas responsabilidades. Os efeitos colaterais de um remédio podem se transformar em aval para uma loucura momentânea. O ex-diretor do Estadão disse, ao sair da UTI do Einstein, que tomara 70 Lexotan e outras 31 pílulas variadas em um esforço para apagar de vez. Seus advogados disseram que ele engoliu 30 comprimidos de Lexotan e Frontal. Quem sabe ao certo quantos foram exatamente? Essa tentativa de se matar, além do mais, pode ter sido uma excelente manobra protelatória. "Só não morri porque no dia havia comido muito pão, estava cheio de carboidratos e bem alimentado", disse-me Pimenta.

Durante a entrevista, bebi dois cafés com leite na cozinha e comi algumas bolachas de maisena e de água e sal. Comparava o Pimenta diante de mim com o homem que vira no passado. Notava que estava mais gordo, apesar das refeições frugais, e mais calvo. No temperamento, acho que o encontrei mais humilde, simples talvez, desprovido de qualquer arrogância. Continuava seguro de suas opiniões, mas abandonou o tom de superioridade. Mostrou-se sereno e com um estranho convencimento de sua inocência. Parecia ter a íntima convicção de que fizera a coisa certa ao matar Sandra. Considerando que, até então, tinha ficado menos de sete meses preso, deve ter adquirido uma certeza maior ainda a esse respeito. Na sua casa, lembro que pairava um clima de fantasia no ar, era como se o tempo estivesse estagnado. A piscina vazia e toda arrebentada, vista do sofá da sala, compunha um cenário de abandono. Nada de brilhos, tudo era fosco, envelhecido. Quando o encontrei, ocorreu-me a imagem de um senhor perdido em um labirinto kafkiano, que, àquela altura, deveria estar participando do conselho consultivo de bancos e jornais e cuidando dos netos, mas em vez disso precisava desenrolar mentalmente o próprio destino por causa de um assassinato. Depois dos 60 anos, quando deveria estar se preparando para uma aposentadoria sossegada, decidiu se aventurar em algo que sobrepunha seus limites emocionais. Nessa idade, um homem deveria saber qual é o seu tempo. E sua força.

A condição imposta por Pimenta para conversar comigo foi que eu não gravasse a entrevista, nem fizesse anotações. Segui suas recomendações à risca. Ouvi Pimenta atentamente, fiz minhas perguntas e guardei muita coisa na memória. Não fiz uma abordagem policial. Não fui até lá para acusar ou acuar Pimenta. Conversamos com certa liberdade. Queria observá-lo e entender um pouco mais da história, abrir um canal de comunicação, articulando o relacionamento de Pimenta e Sandra com o ambiente e os conflitos internos das redações naquele período. Mais tarde, assim que cheguei à minha casa, cuidei de fazer as anotações da entrevista. Nos dois dias seguintes, continuei rabiscando. A conversa com Pimenta me deu uma estrutura literária e me fez pensar em uma narrativa com começo, meio e fim.

Um ano depois da entrevista, trabalhando no projeto de criação da revista Alfa, da Editora Abril, conversei com o diretor de redação Kiko Nogueira sobre meu encontro com Pimenta Neves e o excelente material que tinha em mãos. Achei que, antes do livro, tinha uma reportagem interessante para publicar em uma revista masculina, sobre o drama de um sujeito que teve tudo o que quis e virou um pária. Fiquei especialmente impressionado com um livro que havia visto na mesa da sala de estar em torno da qual Pimenta e eu conversamos. Era uma obra autobiográfica do filósofo franco-argelino Louis Althusser, chamada *O futuro dura muito tempo* (*L'avenir Dure Longtemps*).

Althusser, assim como Pimenta, matou a mulher, e a narrativa é um grande esforço de explicação de seu ato. Não sabia exatamente do que se tratava o livro. Mas nada perguntei a Pimenta sobre a obra, nem sobre o autor. Saí de lá pensando no título e, assim que cheguei em casa, acessei o Google para pesquisar mais informações. Rapidamente descobri que Althusser covardemente estrangulou Hélène Rytmann, com quem viveu por 34 anos, e que o livro era um desabafo do filósofo, um dos mais influentes da França. No livro, embora afirme não se lembrar exatamente do instante do crime, ele assume a responsabilidade pela morte de Hélène. Tudo aconteceu durante um surto psicótico – Althusser frequentava hospitais psiquiátricos desde a juventude e alegou que matou a mulher enquanto massageava distraidamente seu pescoço. A Justiça francesa considerou o filósofo inimputável.

Não parei de pensar nas relações entre o caso de Pimenta e o do filósofo, ocorrido em 1980. Foram dois medalhões que caíram em desgraça, romperam abruptamente com a racionalidade e mergulharam no abismo do isolamento existencial. Ambos cometeram o mesmo crime passional. Kiko Nogueira se interessou vivamente pela matéria. Gostou da ideia. E passei a fazer novos contatos com Pimenta para convencê-lo a colaborar mais uma vez. Decidi então escrever um e-mail solicitando algumas informações adicionais. Queria também informar-lhe que publicaria, antes do livro, uma matéria com uma pequena parte do conteúdo de nossa conversa em uma nova revista mensal da Editora Abril, que eu estava ajudando a produzir. Pimenta não pareceu gostar da minha iniciativa, nem aceitou posar para fotos, mas tampouco me repreendeu ou me pediu que não publicasse a matéria. Nas primeiras trocas de correspondência, inclusive, mostrou-se sereno e disposto a dar outra entrevista.

Alegou, afinal, que estava muito ocupado com seus advogados e não daria uma nova entrevista. Não queria falar mais e muito menos aparecer. Insisti, e em um novo e-mail perguntei a Pimenta se ele havia lido a obra de Althusser e se via correspondências com sua própria história. Queria saber se o livro do filósofo o havia ajudado de alguma forma. Ele não quis comentar o assunto e deu sua última resposta: "Caro Vicente, sei de sua urgência e sinto-me solidário, mas é uma agonia falar sobre essas coisas, especialmente para publicação. Na verdade, torna-se mais difícil a cada dia. Um abraço, P.", escreveu. Quando a revista estava em seu segundo número, em outubro de 2010, Alfa publicou a reportagem sobre Pimenta.

Os casos de Pimenta e Althusser tinham outra importante semelhança: os dois criminosos encontraram, logo em seguida ao crime, apoio de grupos de opinião influentes. Ainda que tenham percebido uma condenação e perseguição geral, algo normal diante da gravidade do crime que cometeram, o fato é que eram homens ilustres que receberam um tratamento especial do sistema jurídico. Desapareceram intelectualmente, mas tiveram a sua qualidade de vida preservada, situação muito diferente do que ocorre com gente comum. Althusser contava com a complacência de parte da classe intelectual francesa e nem chegou a responder a um processo judicial pelo assassinato de Hélène, cometido no apartamento onde o casal morava, em Paris. Rapidamente, foi condenado à impronúncia, considerada por muitos como um benefício para alguém que comete um crime tão grave. Ser impronunciado é não ser considerado inocente nem culpado – é ficar no limbo dos hospitais psiquiátricos e do isolamento social. Depois de matar a esposa, Althusser passou dois anos em um manicômio. "O destino da impronúncia é, na verdade, a pedra sepulcral do silêncio", diz, em uma passagem do livro.

Pimenta não foi condenado à impronúncia, mas foi calado pela história e pelos seus próprios erros. O fato é que, mesmo sem privação de liberdade, tanto Althusser como o jornalista brasileiro se transformaram em "desaparecidos", na expressão que outro filósofo francês, Michel Foucault, usou para designar a loucura. Todo pensamento anterior ao crime se evaporou, todo raciocínio brilhante do passado ficou sob suspeita. As biografias de Althusser e Pimenta acabaram se resumindo ao crime. Logo no primeiro capítulo de seu livro, Althusser admite: "Estrangulei Hélène". Depois de matar a namorada, Pimenta telefonou para o Estadão e disse para Cláudio Augusto, que o atendeu: "Atirei em Sandra". Althusser parecia sentir certa culpa por não ter sido julgado nem cumprir pena na prisão. Pimenta, naquela altura de sua vida, só queria uma coisa: que lhe deixassem em paz.

Escrevi que o jornalista virara um homem sem ambições, dedicado a uma única grande causa: conseguir a suspensão definitiva de sua pena, por conta da idade avançada, e ficar fora da cadeia no pouco tempo que ainda lhe restava de condenação até entrar no regime semiaberto. Pimenta canalizava sua inteligência para encontrar brechas no sistema jurídico que o deixassem longe da prisão. Seu objetivo é reverter sua condenação por conta de falhas técnicas processuais. "Como você deve saber, meu processo se aproxima do fim e tenho de assistir os meus advogados na pesquisa de jurisprudência e na preparação de algumas notas", disse-me, por e-mail, em setembro de 2010. Seu caso estava nas mãos do STF e ele tentava obter mais um recurso para se safar. Péssima hora em que apareci com uma pauta sobre seu caso, mas Pimenta, como bom jornalista que foi, sempre soube que jornalismo é oportunidade.

Sete meses depois de publicada a matéria na revista Alfa, Pimenta foi preso. Se alguém acredita no efeito marginal de uma reportagem, diria que foi isso que aconteceu. Algumas feministas manifestaram-se contra a matéria, que dava voz ao assassino, mas, naquela altura, nada seria mais efetivo do que mostrar o sossego de Pimenta, exibi-lo em sua escancarada liberdade e lembrar ao poder judiciário que sua pena não vinha sendo cumprida. Sua vida mansa era uma vergonha para um país que tentava parecer mais sério. Finalmente, a Justiça percebeu isso. Um último recurso de seus advogados ao STF, contra a condenação e contra a pena de 15 anos de prisão, foi rejeitado, e Pimenta teve mesmo que ir para a cadeia. No dia 24 de maio de 2011, a 2ª turma do STF confirmou a decisão do ministro Celso de Mello, tomada em março. Mello, que havia revogado a prisão preventiva de Pimenta em 2001, considerou esgotados todos os recursos do jornalista, inclusive um agravo de instrumento contra a confirmação da condenação, julgada pelo Superior Tribunal de Justiça. A defesa de Pimenta já não tinha direito de contestar a própria ordem de prisão, contestação que naquela altura seria o mais completo absurdo. Os ministros entenderam que a defesa não apresentou novos argumentos para manter o réu solto e determinaram a imediata execução da pena. O recurso pendente no STF era o último que mantinha o jornalista em liberdade.

Celso de Mello referendou o óbvio ao dizer que o caso "se arrasta desde 2000 e é chegado o momento de se pôr termo a este longo itinerário já percorrido". E seguiu: "Realmente esgotaram-se todos os meios recursais, num primeiro momento, perante o Tribunal de Justiça de São Paulo; posteriormente, em diversos instantes, perante o Superior Tribunal de Justiça, e também perante esta Corte. Esta não é a primeira vez que eu julgo recursos interpostos pela parte ora agravante, e isto tem sido uma constante, desde o ano de 2000. Eu entendo que realmente se impõe a imediata execução da pena, uma vez que não se pode falar em comprometimento da plenitude do direito de defesa, que se exerceu de maneira ampla, extensa e intensa", afirmou o ministro. Para o juiz, o jornalista valeu-se de todos os meios que estavam à disposição dele. "Enfim, é chegado o momento de cumprir a pena", afirmou. "Acolho a proposta da eminente ministra Ellen Gracie, no sentido de que comunique ao juiz competente da Comarca de Ibiúna para que se promova, desde logo, a imediata execução da pena privativa de liberdade imposta à parte ora agravante", concluiu o ministro. Em um balanço inexato, a defesa de Pimenta somou nos tribunais superiores mais de 20 recursos. Dez anos depois do assassinato, completados no dia 20 de agosto de 2010, o jornalista só tinha ficado menos de sete meses na cadeia.

Pimenta afinal foi preso. A polícia foi buscá-lo em sua casa, onde sempre esteve nos anos anteriores. Aos 74 anos, estava pronto, com a mala na mão, aguardando a escolta. Disse que já esperava havia um mês que a polícia chegasse. Admitiu também que preferia ter começado a cumprir a pena em 2006, logo depois do julgamento. "Só assim teria voltado a ser um homem normal, que vai ao restaurante ou à padaria", afirmou. Entrou no carro, sufocado por microfones e câmeras de TV, e foi direto para a delegacia do Bom Retiro, onde passou a primeira noite. Levava três livros na mala: um com as obras de William Shakespeare; *Vigiar e punir*, do filósofo Michel Foucault; e *Deus selvagem – um estudo do suicídio*, do ensaísta inglês A. Alvarez. Na manhã seguinte, levaram-no para a penitenciária 2, de Tremembé, no interior de São Paulo, onde encontrou companheiros ilustres. Também estavam presos ali Alexandre Nardoni, o pai acusado de matar a filha Isabella, de 5 anos, e os irmãos Cristian e Daniel Cravinhos, cúmplices de Suzane Richthofen no assassinato dos pais dela.

Assim que chegou ao Tremembé, Pimenta foi levado para uma cela isolada, de nove metros quadrados, onde havia uma cama e um espaço encolhido para tomar banho. Ficou na cela durante quinze dias. Foi um teste para saber se o jornalista teria condições de se integrar com a população do presídio. Testaram-se a sua sanidade mental e sua capacidade de se adaptar à nova realidade. Não houve problemas. De lá para cá, Pimenta tornou-se um preso exemplar. Resistiu bem aos efeitos da diabetes e aos problemas cardíacos e conseguiu reduzir seu tempo no presídio trabalhando algumas horas diariamente na alfabetização de outros detentos, dando aulas de inglês, organizando a biblioteca ou fazendo faxina. Para cada três dias trabalhados na cadeia, por lei, ele pode diminuir um dia em sua pena. Cumpriu, até maio de 2013, um sexto da pena de 15 anos a que estava condenado e ganhou o direito de pedir ao juiz de execuções criminais a progressão da prisão para o chamado regime semiaberto, que permite ao condenado deixar a cadeia durante o dia para trabalhar ou estudar.

Ainda em maio, a defesa de Pimenta, a cargo da advogada Maria José da Costa Ferreira, tratava de pedir a progressão do regime fechado para semiaberto, que, com certa frequência, acaba se transformando em prisão domiciliar por falta de vagas, problemas de saúde do condenado ou simplesmente pela inexistência de colônias penais, onde, segundo a legislação, deveriam passar a noite os presos nesse regime. Mas tudo depende da decisão do juiz e não há qualquer benefício automático. É um juiz que decide.

Na prática, aquele que foi um dos jornalistas mais poderosos do Brasil e depois se converteu em réu confesso de um assassinato cruel e premeditado deverá voltar para o conforto do lar e poderá ter uma vida normal. Alguém poderia se revoltar com isso ou lembrar a imagem de Sandra Gomide estendida morta no chão e encharcada com seu próprio sangue. Tarde demais. Seja como for e digam o que disserem, pelas leis brasileiras, Pimenta está cumprindo sua pena. É um homem em dia com a lei. Aniquilou-se em vida, foi banido da sociedade e amargou a experiência terrível de passar muitas noites dormindo em uma cela de cadeia. Alguns dirão que foi devidamente penalizado. Outros ficarão chocados ao pensar que as contas de dias de prisão lhe foram muito favoráveis. Usou a lentidão da Justiça brasileira para passar na cadeia só o tempo do que seria uma experiência jornalística. Três anos é muito pouco. Mas não adianta mais reclamar. Sandra morreu. A vida passou, os anos se passaram, os pais de Sandra nunca se recuperaram da tragédia da filha. E Pimenta, de certa forma, venceu; quer dizer, o homicídio doloso por motivo torpe saiu barato para ele. Protegido nas grandes redações de São Paulo enquanto esteve no mercado de trabalho, foi preservado também pelo sistema judicial no seu longo e moroso processo. Só temos de melhorar as relações de trabalho e fazer a sociedade evoluir para que esse tipo de injustiça não se perpetue... É preciso dizer que justiça que tarda, falha.

NOTA DO AUTOR

Realizei uma primeira etapa de pesquisas e entrevistas entre fevereiro e agosto de 2009, quando conversei com Pimenta Neves durante mais de cinco horas em sua casa no Alto da Boa Vista, em São Paulo. Na mesma época, quando o livro era só um projeto, entrevistei, por vídeo, Klaus Kleber, Dirceu Brisola, Paulo Totti e Júlio César Ferreira. A segunda etapa de entrevistas aconteceu entre julho de 2012 e abril de 2013, vinte delas pessoalmente e o restante por telefone. Algumas foram conversas rápidas de dez minutos ou nem isso, apenas para colher uma opinião ou esclarecer uma situação, e outras chegaram a durar cerca de duas ou três horas. Em certos casos, as entrevistas foram feitas pelo sistema de trocas de mensagens em redes sociais ou por e-mail. Posteriormente, consultei vários entrevistados por telefone para ajustar informações, certificar-me de algum detalhe ou esclarecer contradições. Ao todo, falei com pouco mais de 50 pessoas, além de contar com o conhecimento adquirido em várias conversas informais sobre o assunto, ao longo dos últimos vinte anos, com muitos dos personagens deste livro.

CRONOLOGIA

Antonio Pimenta Neves e Sandra Gomide

13 de fevereiro de 1937
Nasce Antonio Pimenta Neves.

17 de outubro de 1967
Nasce Sandra Gomide.

Novembro de 1989
Sandra começa a trabalhar no jornal de economia Gazeta Mercantil.

Setembro de 1995
Pimenta começa a trabalhar na Gazeta Mercantil.

Dezembro de 1995
Pimenta e Sandra se conhecem e acontece a primeira troca de olhares.

Fevereiro de 1996
Pimenta e Sandra fazem a primeira viagem juntos para o Uruguai, para participar de um evento internacional da Gazeta Mercantil e de um encontro com o presidente Julio Maria Sanguinetti.

Maio de 1996
Pimenta e Sandra começam, oficialmente, a namorar, no Rio de Janeiro, no Fórum Reis Veloso.

Abril de 1997
Sandra é promovida a coordenadora do Caderno C da Gazeta Mercantil.

Julho de 1997
Pimenta é demitido da Gazeta Mercantil.

Setembro de 1997
Pimenta é contratado pelo Estadão, como diretor executivo, situado abaixo do diretor de redação, Aluizio Maranhão.

Julho de 1998
Sandra é demitida da Gazeta Mercantil.

Novembro de 1998
Aluizio Maranhão deixa o Estadão e Pimenta é promovido a diretor de redação.

Fevereiro de 1999
Sandra começa curso de comércio exterior na Fipe (Fundação Instituto de Pesquisas Econômicas), da USP.

Setembro de 1999
Sandra passa a trabalhar no Estadão como repórter especial de Economia.

Abril de 2000
Sandra é promovida a editora de Economia.

Junho de 2000
Pimenta e Sandra terminam o namoro.

4 de julho de 2000
Pimenta demite Sandra do Estadão.

28 de julho de 2000
Pimenta pede demissão no Estadão, e seu pedido não é aceito pelo acionista da empresa e responsável editorial, Ruy Mesquita.

20 de agosto de 2000
Pimenta mata Sandra Gomide.

Maio de 2006
Pimenta é julgado e condenado a 19 anos e dois meses de prisão pelo assassinato de Sandra, mas fica em liberdade.

Abril de 2009
Vicente Vilardaga entrevista Pimenta em sua casa, no Alto da Boa Vista, na Zona Sul de São Paulo.

Outubro de 2010
A revista Alfa publica uma reportagem sobre a vida de Pimenta em liberdade com o título "Sandra era uma boa moça".

Maio de 2011
Pimenta é encaminhado para a penitenciária do Tremembé para cumprir sua pena de prisão.

BIBLIOGRAFIA

ABRAMO, Cláudio. *A regra do jogo*. São Paulo: Companhia das Letras, 1988.

ALENCAR, José Roberto de *et al*. Vida brasileira: reportagens sobre o Brasil Produtivo. *Gazeta Mercantil*. São Paulo: Lazuli, 1998.

CONTI, Mário Sérgio. *Notícias do Planalto:* a imprensa e Fernando Collor. São Paulo: Companhia das Letras, 1999.

LANCHINI, Cláudio. *Anábase:* a história da Gazeta Mercantil. São Paulo: Lazuli, 2000.

LINS DA SILVA, Carlos Eduardo. *O adiantado da hora:* a influência americana sobre o jornalismo brasileiro. São Paulo: Summus Editorial, 1990.

MALCOLM, Janet. *O jornalista e o assassino:* uma questão de ética. São Paulo: Companhia das Letras, 1990.

MARTÍNEZ, Tomás Eloy. *O vôo da rainha:* soberba. Rio de Janeiro: Objetiva, 2002. (Plenos pecados).

MOLINA, Matías. *O ofício da informação:* um perfil com vários autores. São Paulo: edição dos autores, 2012.

NOGUEIRA, Paulo Eduardo. *Paulo Francis:* polemista profissional. São Paulo: Imprensa Oficial do Estado de São Paulo, 2010.

PIZA, Daniel. *Contemporâneo de mim:* dez anos da coluna Sinopse. São Paulo: Bertrand Brasil, 2007.

SABINO, Fernando. *Zélia, uma paixão*. Rio de Janeiro: Record, 1991.

TACHINARDI, Maria Helena. *Roberto Müller Filho, intuição, política e jornalismo*. São Paulo: Imprensa Oficial do Estado de São Paulo, 2010.

PERIÓDICOS

Consulta de boa parte da coleção da Gazeta Mercantil entre 1990 e 1998, disponível na hemeroteca que o jornal manteve na Rua Gomes de Carvalho, na Vila Olímpia, até sua falência, em 2009. Complemento da pesquisa feito na hemeroteca da Biblioteca Municipal Mário de Andrade, em São Paulo, com identificação das principais matérias escritas por Sandra Gomide no início da sua carreira no jornal econômico, entre 1989 e 1992.

Consulta ao acervo do boletim informativo Jornalistas & Cia., relativo ao período entre os anos 1995 e 2000, para apuração de fatos do mercado jornalístico que envolveram os personagens principais e secundários desta história e os diários Gazeta Mercantil e Estadão.

Consulta ao acervo digital do Estadão, relativo ao período entre 1997 e 2000, com identificação de matérias e artigos escritos por Sandra Gomide e de outras matérias relevantes para este trabalho.

REPORTAGENS REFERÊNCIAS

Detrás das dunas do Estadão, Sandro Vaia, revista Piauí, setembro de 2007.
Poder de vida e morte, Caco de Paula, Veja São Paulo, 30 de agosto de 2000.
Ruy Mesquita: O grande desafio da liberdade, entrevista de Ruy Mesquita a Eduardo Martins, Master em Jornalismo.
Sandra era uma boa moça, Vicente Vilardaga, revista Alfa, outubro de 2010.
Li as principais matérias publicadas nas revistas Época, IstoÉ, Veja e nos jornais O Estado de S. Paulo, Folha de S.Paulo e O Globo sobre os fatos do assassinato.
Basei-me, principalmente, na cobertura jornalística do crime e das suas consequências feita pela Folha de S.Paulo, a partir de agosto de 2000.
Pimenta tem antecedentes, Angélica Santa Cruz, Folha de S.Paulo, 25 de agosto de 2000.

ÍNDICE ONOMÁSTICO

A

Albino Castro 226, 237, 293, 294
Alexandre Gambirasio 106, 115, 122, 159, 224, 358
Amália Safatle 53
Amarilis Bertachini 53
Ana Florence 53, 80, 171
Ana Luiza Mahlmeister 183
Andrea Licht de Moraes 129, 183, 236, 237, 246
Andreas Adriano 183, 236
André Lacerda 157, 189
André Lara Resende 80, 254
Angelo Pavini 294, 297
Anna Lucia França 183
Antonio Carlos Godoy 287, 293
Antônio Celso Cipriani 238
Arminio Fraga 271
Augusto Nunes 233, 274

B

Benjamin Steinbruch 185

C

Carla Jimenez 294
Carlos Alberto Parreira 98
Carlos Eduardo Moreira Ferreira 122
Carlos Franco 31, 228, 229, 235, 244, 285, 293, 294, 295, 297, 299, 303, 312, 323, 326, 352, 354
Carlos Haag 220, 293
Carlos Iberê 215
Carlos Salinas 178
Carlos Sato 349
Carlos Soulié do Amaral 223, 240, 264
Carlos Tilkian 179, 183
Carole Neves 100, 362
Cecília Thompson 355
Célia Chaim 293
Célia de Gouvea Franco 68, 98
Celso de Mello 362, 375
Celso Pinto 51, 68, 86, 89, 91, 97, 148, 150, 175, 205, 280, 281, 289, 297, 307, 370
Cesar Giobbi 314
Cibele Maria de Souza Rocha 355
Cida Damasco 102, 115, 123, 132, 134, 140, 168, 172, 174, 185, 186, 213, 235, 249, 250, 293, 341, 352
Cid Moreira 122
Cláudia de Souza 62, 68
Claudia Facchini de Cesare 53, 183
Claudia Izique 68

Claudia Mancini 33, 53, 94, 139
Cláudia Trevisan 53
Cláudio Abramo 47, 55, 60, 62, 102, 105, 109, 209, 323
Cláudio Augusto 338, 339, 340, 347, 374
Cláudio Gradilone 279
Claudio Lachini 56, 151, 167, 187, 188
Cleide Sánchez Rodriguez 355
Cley Scholz 279, 293
Clóvis Carvalho 80
Costábile Nicoletta 279, 293, 295
Cynthia Malta 64, 68, 87, 102, 141, 227

D

David Friedlander 49
Décio Trujilo 223, 240
Delmo Moreira 212, 226, 293
Denise Arakaki 53, 54, 70, 102, 140, 171, 186
Denise Neumann 293
Deomar Setti 8
Dilson Funaro 50
Dirceu Brisola 56, 82, 379

E

Edmar Bacha 80
Eduarda Maria Romeiro Corrêa 361
Eleno Mendonça 256, 278, 295, 315, 340
Elpídio Marinho de Mattos 148
Enio Mainardi 107, 318, 325, 347, 355
Eric Hobsbawm 60
Ernesto Zedillo 178

Eugênio Melloni 53, 127, 183, 240, 264, 275, 290
Evaldo Mocarzel 221, 273, 295
Evandro Carlos de Andrade 327, 347

F

Fernando Collor de Mello 41
Fernando Dantas 53
Fernando Henrique Cardoso 8, 51, 88, 129, 133, 170, 228, 351
Fernão Mesquita 340, 354
Flávio Mello 340
Flávio Pestana 281
Francisca Fagá 357
Francisco Lopes 268, 270

G

Gérman Efromovich 297
Getúlio Bittencourt 50, 95
Gilberto Freyre 63
Glauco de Carvalho 51, 56, 63, 77, 115, 117, 123, 175, 216, 224
Gustavo Camargo 227
Gustavo Franco 80, 268, 289

H

Hélio Gama 188, 215
Heloisa Magalhães 91, 160, 213
Herbert Levy 54, 57, 73, 102, 195, 196, 197, 370
Hideo Onaga 55
Hilton Hida 53, 168

I

Ibsen Costa Manso 279
Ignacio de Loyola Brandão 106, 289
Iris Walquiria Campos 170
Ismael Pfeifer 237
Itamar Franco 51, 67, 80, 83, 165, 182
Ivanir José Bortot 215
Ivone Santana 183
Ivo Ribeiro 116, 120, 158, 186, 191, 216, 228, 229, 237, 246

J

Jair Borin 346
Janet Malcolm 347
Janio de Freitas 108, 350
Jânio Quadros 42, 105
João Acácio Pereira 219
João Luiz Rosa 123, 180
João Santana 50
Jorge Miranda Jordão 106
Jorge Paulo Lemann 129
José Antônio Severo 118
José Carlos Cafundó 14, 234, 275, 288, 310, 340
José Casado 71
José Celso Martinez Corrêa 107
José Eduardo Carvalho 215
José Maria Mayrink 295, 315, 339
José Mindlin 355
José Pimenta Neves 107
José Ruy Alvarez 91, 100, 118
José Sarney 50

Juliana Almeida 121, 128, 130, 183, 246
Juscelino Kubitschek 105

K

Katia Zero 355
Klaus Kleber 56, 115, 123, 175, 190, 194, 203, 215, 216, 224, 246, 289, 311, 341, 355, 366, 379

L

Leandro Modé 294
Liliana Lavoratti 226
Lillian Witte Fibe 122
Lincoln Kunisawa 346
Lourival Sant'Anna 273
Luciana Magalhães 53, 121, 130, 133, 183, 240, 260
Lúcia Nunes Bromerchenkel Cunha 361
Luís Antônio Giron 294
Luiza Pastor 54
Luiz Fernando Levy 367, 370
Luiz Fernando Rila 273, 278
Luiz Henrique Amaral 48, 79, 156, 352
Luiz Inácio Lula da Silva 42
Luiz Recena 215
Luiz Roberto Salinas Fortes 107
Luiz Roncari 70
Luiz Vita 279

M

Mara Luquet 141
Marcelo Beraba 269
Marcelo Damas 349
Marcelo Milani 349
Marcelo Pontes 113, 269
Marcel Telles 129
Marcia Raposo 170, 183, 230
Marcílio Marques Moreira 271, 327
Marcio Aith 53, 71, 80, 120, 150, 156, 186
Márcio Thomaz Bastos 361
Marco Antonio Rocha 106, 127, 226, 256, 355
Marcos Pacheco de Toledo Ferraz 361
Marcos Wilson 226
Maria Cristina Fernandes 53, 71
Maria José da Costa Ferreira 377
Mariangela Hamu 278
Marianita 107
Mariella Ferraz de Arruda Nogueira 366
Mariluce Moura 54
Marinete Veloso 54
Mário Alberto de Almeida 62, 202, 203
Mário Viana 311
Mario Zamarian 53
Marlei Setti 364
Marli Prado 44, 102, 180, 216, 228, 229, 235, 246, 251, 285, 294, 295, 296, 297, 303, 312, 323, 326
Matías Molina 56, 60, 122, 202, 370
Maurílio Gentil Leite 351
Miguel Jorge 112, 210, 224, 328
Millá 11, 45, 335, 337
Milton Gamez 53

Milton Wells 215
Miriam Lage 328
Moisés Rabinovich 96, 210, 224, 232

N

Nair Suzuki 123, 141, 169, 172, 230
Nathan Rosemblatt 349, 360
Neide Magalhães 123, 180
Nelson Niero 183, 230
Nenê Constantino 298
Niles Simone 127, 144
Nora Gonzalez 53, 70

O

Octavio Frias de Oliveira 55, 243
Omar Fontana 238
Oscar Quiroga 221, 274

P

Paulo César Farias 42
Paulo Francis 105, 123, 125, 164, 165, 211
Paulo Roberto 85, 196, 289
Paulo Sotero 224, 289, 291
Paulo Totti 95, 150, 269, 274, 379
Pedro Cafardo 212, 213, 232, 250, 293
Pedro Collor 42
Pedro Malan 80, 178, 268, 272
Pérsio Arida 80

Plínio Pimenta 108
Priscilla Murphy 297

Q

Quaglia Barbosa 363

R

Raquel Balarin 120, 130
Roberto Civita 111, 242
Roberto Costa de Abreu Sodré 57
Roberto Gazzi 273, 338
Roberto Müller 55, 68, 155, 296, 357
Roberto Müller Filho 50, 317, 362
Roberto Podval 361
Rodrigo Mesquita 126, 228, 243
Rosana Hessel 182, 238, 246, 287
Rosier Custódio 349
Rui Plácido 224
Ruy Mesquita 34, 111, 112, 189, 204, 209, 220, 223, 226, 233, 241, 243, 249, 260, 264, 265, 268, 311, 315, 318, 322, 324, 334, 340, 344, 347, 354, 370, 381, 384

S

Samuel Wainer 106
Sandro Vaia 334, 339, 354, 384
Sergei Cobra Arbex 363
Sérgio Bueno 126
Sergio Garschagen 215

Silvia Faria 278
Sydney Omarr 222

T

Tânia Nogueira Alvares 169
Tatiana Bautzer 293
Teodomiro Braga 126, 141, 157
Tereza Navarro 132, 134, 144, 216, 235
Tim Maia 80, 120
Tom Camargo 62, 68
Torbern Bergman 137

V

Valério Fabris 155, 157, 175, 189
Vanessa Adachi 130
Vera Saavedra Durão 143, 160, 186, 188, 213, 358
Vladimir Herzog 105

W

Wagner Canhedo 16, 20, 181, 298, 300
Wagner Canhedo Filho 300
Washington Novaes 106, 115, 122, 355
William Salasar 294, 308, 329

Y

Yves Léon Winandy 180

Z

Zé Celso 108, 125
Zélia Cardoso de Mello 41, 79
Zuenir Ventura 105

Este livro foi composto em Dante MT Std
para LeYa em junho de 2013.